● 高等院校应用型专业心理学系列教材

# 公共心理学

## GENERAL PSYCHOLOGY

主编 李红　副主编 张仲明

西南师范大学出版社
国家一级出版社　全国百佳图书出版单位

图书在版编目(CIP)数据

公共心理学/李红主编. —重庆:西南师范大学出版社,2012.3
ISBN 978-7-5621-5676-5

Ⅰ.①公… Ⅱ.①李… Ⅲ.①心理学－高等学校－教材 Ⅳ.①B84

中国版本图书馆 CIP 数据核字(2012)第 029684 号

# 公共心理学
GONGGONG XINLIXUE

主　编:李　红
副主编:张仲明

责任编辑:郑持军
责任校对:赵琴琴
封面设计:尚品视觉
出版、发行:西南师范大学出版社
　　　　　网址:www.xscbs.com
　　　　　重庆·北碚　邮编:400715
印　　刷:重庆紫石东南印务有限公司
幅面尺寸:180mm×230mm
印　张:23
字　数:430千字
版　次:2012年3月　第2版
印　次:2020年12月　第7次
书　号:ISBN 978-7-5621-5676-5
定　价:55.00元

# 前　言

　　时光飞逝，我们编写出版的这本心理学教材，使用至今已历时八个春秋。在这八年中，国家和社会愈来愈重视心理学在各个领域的应用，民众也逐渐认识到心理学对生活、工作、人际和成长发展等诸方面的重要价值。因此，对心理学基础知识的渴求日益凸显，学习心理学的热情日益高涨，对理论联系实际的心理学教材的需求日益迫切。为了使教材更加适合不同基础和层次水平的学生，更加方便不同教师的教学需要，更加适合不同读者的阅读兴趣，我们集中精力，花了两年时间，对教材进行了再次修订。修订以"树立精品意识，打造精品教材，贴近生活，方便教学"为宗旨。在这次修订中，广大读者对教材提出的许多宝贵意见与建议，是我们修订教材时弥足珍贵的参考点。在此，对广大读者表示诚挚的谢意。

　　修订教材看似容易，但实际上是一次几乎全新的编写过程，所以这一过程工作繁琐、精力耗费巨大。修订教材也是自我的一次升华过程，这个过程使我们深深领悟到一个心理学工作者肩负的重要使命。经过修订，新教材凸显出四个特色：

　　（1）科学性强。心理学基础知识体系的科学性通过我们对部分章节的增删得以充分体现。基于以"心理学基础知识学习为核心"的视角，我们把初版教材中涉及社会心理学内容的"心理学在社会生活中的应用"、涉及教育心理学的"心理学在学校教育中的应用"以及涉及心理咨询和治疗的"心理健康与心理咨询"三章删除。增加了"心理的发生与发展"和"心理的生物学基础"两章内容。为了使基础体系更加符合科学性的认识逻辑，我们按照绪论——心理的基础与条件——认识过程（感知、思维、记忆）——情感过程——意志过程——心理特征——心理动力系统等顺序进行内容编排，充分体现从心理过程到心理状态，再到心理特征的学习主线，使教材编写更具科学性。同时，每章后增加一个反应知识结构的概念关系图来增加知识的科学性，讲解的重要概念用着重点来增加醒目性，每章在语言表达、术语运用等方面都充分考虑了科学性。

　　（2）趣味性强。科学是严谨的，但学习科学的过程却可以充满乐趣。修订时，为了增强学习心理学知识的趣味性，我们对写作的每章结构体例进行了较大调整。每章使用案例导入增加趣味性，知识讲解过程中适时增加微型阅读材料增加趣味性，每章后用"你身边的心理学"从生活角度增加趣味性。这些方式增加了知识理解的丰富性,凸显了理论与实践的联系性,使这本教材更具有浓厚的趣味性。

(3)可读性强。这是本次教材修订非常突出的一个关注点。从本教材的读者来看,多数是非心理学专业的人士,或是对心理学感兴趣的爱好者,在没有心理基础知识的前提下,要使读者对心理学产生持续的兴趣,要使枯燥的理论学习过程延续下去,要使理解过程变得轻松而充满乐趣,教材的可读性就是关键。因此,根据广大使用者的建议,本次修订中突出了教材的可读性。在写作文笔上,尽量摒弃学术研究者的写作手法,在案例的引用上更贴近生活,在概念的介绍上更明确、清晰具体,在句子使用上多使用简单句、陈述句,在文章段意上尽量使用简单明了的小标题,如此等等。这样使教材读起来更加易懂、有趣,同时展示了心理学在生活中的具体应用,使阅读教材的学习过程没有了"背着石板在剧院里看戏"般的苦累,而是一个愉快的知识遨游过程。

(4)实用性强。这本教材的实用性可以从两个方面来看。从读者来看,本教材介绍了心理学的基本原理,为读者构建了较为系统而全面的一般性的心理学知识体系,帮助读者指导自己的工作和生活,体现了很强的实用性。从教师角度来看,教师在教学中可以根据教材编写体例灵活进行教学,轻松备课,体现了较强的教学实用性。

本书修订版是作者们共同合作的成果和集体智慧的结晶。全书由李红教授计划、统稿、定稿。张仲明教授在整个书稿的修订工作中做了大量的具体工作,付出了艰辛的劳动,在此特别予以感谢!每个章节的具体分工如下:第一章,李红教授;第二章,冯廷勇教授;第三章,高雪梅教授;第四章,张仲明教授;第五章,吕厚超教授;第六章,杨东教授;第七章,曹贵康副教授;第八章,张婷讲师;第九章,邹枝玲教授;第十章,雷怡教授;第十一章,毕重增教授;第十二章,张丽教授;第十三章,李富洪教授;第十四章,陈安涛教授。感谢他们为本教材付出的辛勤劳动。西南师范大学出版社郑持军同志为本书的出版倾注了大量的心血,在此致以特别的谢意,同时感谢为本书顺利修订出版做了大量工作的所有人员。

由于编写人员水平有限,错误和纰漏等不足之处在所难免,敬请同行专家和广大读者批评指正,恳请在使用本教材的过程中不吝赐教,以帮助我们在未来的再次修订中克服缺点,力争编写出更加符合读者需求的优秀教材。

# 目 录

**第一章 绪 论** ............................................................. 1
   导 学 ................................................................ 1
   第一节 心理认识的变迁与视角 ............................................ 2
   第二节 心理学的理论流派 ................................................ 9
   第三节 心理学的研究问题与性质和应用 .................................... 17

**第二章 心理的生物学基础** ................................................. 30
   导 学 ............................................................... 30
   第一节 心理与遗传 ..................................................... 31
   第二节 心理与脑 ....................................................... 36
   第三节 认知神经科学的研究进展 ......................................... 48

**第三章 心理的发生与发展** ................................................. 60
   导 学 ............................................................... 60
   第一节 心理发展的实质 ................................................. 61
   第二节 心理发展的基本规律 ............................................. 67
   第三节 心理发展的影响因素 ............................................. 72

**第四章 感觉与知觉** ....................................................... 81
   导 学 ............................................................... 81
   第一节 感觉 ........................................................... 82
   第二节 知觉 ........................................................... 89
   第三节 错觉 .......................................................... 105

## 第五章　记忆 … 112
导　学 … 112
第一节　记忆的基本问题 … 113
第二节　记忆系统 … 117
第三节　遗忘及其规律 … 127
第四节　表象 … 133
第五节　记忆策略及运用 … 139

## 第六章　思维与想象 … 147
导　学 … 147
第一节　思维 … 148
第二节　想象 … 153
第三节　问题与问题解决 … 157

## 第七章　创造性 … 172
导　学 … 172
第一节　创造性的基本问题 … 173
第二节　创造性的测量 … 178
第三节　影响创造性的因素 … 181
第四节　创造性的培养 … 191

## 第八章　意识与注意 … 199
导　学 … 199
第一节　意识的基本问题 … 200
第二节　意识的不同形态 … 203
第三节　注意 … 210

## 第九章　智力 ………………………………………………… 218
　导　学 ……………………………………………………… 218
　第一节　智力概述 ………………………………………… 219
　第二节　智力理论 ………………………………………… 228
　第三节　智力测验 ………………………………………… 234

## 第十章　情绪与情感 ……………………………………… 243
　导　学 ……………………………………………………… 243
　第一节　情绪、情感与情商 ……………………………… 244
　第二节　情绪表现和情绪识别 …………………………… 250
　第三节　常见的情绪类别 ………………………………… 257
　第四节　情绪调节与心理健康 …………………………… 260

## 第十一章　意志 …………………………………………… 267
　导　学 ……………………………………………………… 267
　第一节　意志的基本问题 ………………………………… 268
　第二节　意志品质及培养 ………………………………… 276
　第三节　意志控制及失控 ………………………………… 281

## 第十二章　性格 …………………………………………… 288
　导　学 ……………………………………………………… 288
　第一节　性格概述 ………………………………………… 289
　第二节　性格的形成及理论 ……………………………… 295
　第三节　性格评定 ………………………………………… 303

## 第十三章　气质 …………………………………………… 309

导　学 …………………………………………………………… 309
第一节　气质概述 ………………………………………………… 310
第二节　气质的测量 ……………………………………………… 320
第三节　气质在教育和职业选择中的运用 ……………………… 324

# 第十四章　个性倾向系统 328

导　学 …………………………………………………………… 328
第一节　个性倾向系统概述 ……………………………………… 329
第二节　需要 ……………………………………………………… 332
第三节　动机理论与应用 ………………………………………… 335
第四节　兴趣及职业兴趣 ………………………………………… 341
第五节　价值观 …………………………………………………… 345

**参考文献** ………………………………………………………… 353

# 第一章 绪 论

## 导 学

心理是人人都具有的现象,也是人人时时刻刻需要理解的现象。如何认识心理学,本章将从心理学认识变迁、认识心理学的不同角度、心理学的理论流派,心理学的研究问题与性质和应用等方面来系统探讨。全章共3节。在学习中,要充分理解心理学在学习、生活、工作中的重要作用,认识心理学,提高心理素养水平。

由于本章是学习其他章节的基础,因此,不但要记忆重要的基本概念、基本原理,而且要把这些知识结构化,使之便于理解,便于实践运用。

本章学习重点:心理过程、心理状态、心理特征及相互关系;知、情、意之间的关系,个性、个性心理特征的主要成分以及个性倾向性的主要成分;心理学各理论流派的主要观点等。

**【阅读材料】瑞典科学家日前成功完成了"灵魂附体"实验**

人民网报道:在一项被戏称为"灵魂附他体"的实验中,研究人员在人体模型的头部(双眼位置)安装了两台摄像头,并将其与放在志愿者眼前的两台小屏幕联机。如此一来,志愿者就能看到人体模型所"看到"的一切。当人体模型的眼睛(其实就是摄像头)与志愿者的头部同时朝向下方后,志愿者通过屏幕看到的人体模型和他们自己亲眼所见的一模一样。这时,一旦研究人员用小棍触摸人体模型的腹部,"灵魂附体"的幻觉就会油然而生:志愿者在看到人体模型腹部被异物触摸时,自己腹部会有相同感,并且坚信那具人体模型才是自己的身体。这项研究负责人表示,上述控制感觉印象的方法,能让人误以为自己真的"灵魂出窍",并"附在"别人体内。而所有这一切,其实都是实验参加者产生的"幻觉"……

从上面的材料,我们很自然地探寻:奇妙的心理到底是什么? 心理现象的本质是什么？有哪些主要观点呢？对此，本章将进行一个系统解读。

## 第一节　心理认识的变迁与视角

心理现象具有最独特的性质，充满着神秘莫测之感。心理现象是世界上最纷繁复杂和奇特多变的现象，恩格斯在自然辩证法中称心理现象是"世界上最美丽的花朵"。心理现象具有无形、无色、无味、时刻变动不居等特性。正是这些特性，使得认识心理现象、清楚心理现象背后的机制，成了当代心理学工作者的核心任务。要深刻理解心理学，我们可以从心理认识的变迁、动态—稳态视角、个性视角和意识视角等进行。

### 一、心理认识的变迁

在人类发展历史上，处于不同历史阶段的人们，由于受到当时社会生产条件和整个社会的科学技术发展水平限制，对心理的认识产生了不同的观点。

在古希腊早期，人们认为心理的主题是"灵魂"。人们主要探讨灵魂的本质及运用过程。例如：古希腊米利都学派的创始人泰勒士认为所谓的灵魂、神，是指活动的活力或生命，是水造成的。并认为，万物由水生成，消灭后复归于水。而赫拉克利特却认为，人的身体是土，人的灵魂是纯净的火，是人体中最热烈的部分。灵魂受潮就入睡，全部潮湿就死亡，最干燥的灵魂最有智慧。在古希腊中期，亚里士多德认为，灵魂是生活的动力、生命的原理，是身体的形式，灵魂与身体统一而不可分割，以整体发挥功能。灵魂具有三个等级：植物只有滋长的灵魂，动物既有滋长的灵魂，也有感性灵魂，人类既具有滋长灵魂，也有感性灵魂，还有理性灵魂。灵魂具有动求功能和认识功能。心理的"灵魂"主题一直持续到公元14世纪左右。其余波一直延续到17世纪左右的资产阶级革命时期。

在17世纪40年代爆发了英国的资产阶级革命以后，人们对心理的认识就从灵魂主题逐渐转变为了认识论主题，探讨知识经验是怎样产生的问题，并形成了感觉主义和理性主义两种观点的对立。感觉主义者们"以经验为基础，以联想为工具"，来揭示观念的形成和发展规律。霍布士坚持知识观念来源于感觉经验，反对笛卡尔的天赋观念。穆勒把感觉和观念看作心理的元素，认为一切复杂的心理现象都是感觉和观念通过联想形成起来的。美特利是一个彻底的感觉主义者，认为一切知识都来自感觉,没有感觉就没有思想,他反对在感觉问题上的怀疑论和不可知论,指出感觉是完全可靠的。他认为,感觉是从来不欺骗我们的,除非是我们对各种关系下的判断太仓促。理性主义的代表人物莱布尼茨认为,人具有天赋的理性能力和理性原则,感觉经验不是知识的来源,而只是起到媒介的作用。通过它使人觉察出先天固有的理性原则,使心中不清晰的知觉变成清晰的观念。

在科学心理学诞生时期,心理学的研究主题集中在意识上。美国心理学始祖詹姆士提出了著名的意识流学说来解释人的心理。他认为,心理是对意识状态的描述和解释。意识状态是指感觉、愿望、情绪、认识、推理、决心、意志以及诸如此类的事件,它们必须在可能的范围内进行解释,要解释它们的原因、条件和直接后果。他认为,意识不是一些割裂的片断,而是一种整体的经验,一种川流不息的状态,也叫意识流、思想流或主观生活流。意识流具有私人性、常变性、连续不断性、自身以外的对象性、选择性等特点。他反对冯特把心理现象分析为感觉和情感等元素的观点。心理学的创始人冯特也认为,心理学是研究直接经验即意识的科学。

随着行为主义的兴起,心理的主题发生了巨大的变化,从研究意识转而研究行为。他们认为,心理学是研究刺激与反应的联结的科学。例如,华生认为,心理学的研究对象是行为。古斯里认为,条件作用是人类一切行为的基础,而刺激与反应的接近则是条件作用发生的普遍原则。托尔曼认为,心理学应该研究整体行为,而且这种整体行为具有目的性和认知性。整体行为并不是各部分之和,它有自己的描述性和规定性。整体行为总是坚持指向一定的目标对象。整体行为为实现指向目标对象,总是选择一定的途径和方式。整体行为在指向特定的目标对象时,总是选择那些较短的路径或较容易的手段,即所谓最小努力原则。斯金纳认为要研究行为,只需观察和研究行为本身,假设根本就是多余的,要使用客观方法,找到决定某一行为的特定因素,以此来分析行为,并把决定行为的先行影响与后继的行为之间的关系及其性质确定下来。斯金纳建立起了行为的实验分析体系,提出了与经典性条件反射不同的操作性条件反射原理,来解释人类的行为。

1908年,在奥地利西部的萨尔茨堡召开了一次在心理学历史上具有显著影响的大会,即第一次国际精神分析大会。由此,心理学研究的另一个主题"无意识"诞生了。这一年也标志着精神分析学派的形成。精神分析学派的主要代表人物弗洛伊德认为,精神分析的对象是无意识现象和内容。弗洛伊德断言:"精神过程本身都是无意识的,有意识的精神过程不过是一些孤立的动作和整个精神生活的局部。无意识的精神活动远比有意识的精神活动重要得多。"荣格认为,应该把情结和集体潜意识作为心理学研究的重点。情结是一些相互联系的潜意识内容的群集,人人都有情结,只是在内容、数量、强度和来源等方面各不相同。情结的主要来源是:童年期的心理创伤,与本性不和谐的道德冲突等等。情结具有自主性,并有强烈的情绪和情感色彩,也有自己的内驱力,对人的思想和行为有很大的影响,足以影响意识活动。情结是梦和症状的缔造者,是通往潜意识的捷径。情结属于个体潜意识的范畴,它可以把个体潜意识及其被压抑的内容与集体潜意识及其原型联结起来。集体潜意识是在漫长的历史演化过程中,世代积累的人类祖先的经验,是人类必须对某些事件作出特定反应的先天遗传倾向。它在每一世纪只增加极少的变异,是个体始终意识不到的心理内容。集体潜意识的主要内容是原型,是一种本原的模型,其他各种存在都根据这种原型而成形。原型深深地埋藏在心灵之中。当原型不能在意识中表现时,就会在梦、幻想、幻觉和神经症中以原型和象征的形式表现出来。主要的原型有人格面具、阿妮玛和阿妮姆斯、阴影和自性。

随着计算机技术的兴起与发展,认知在心理学中更受重视。此时,对心理学的认识转变为人的信息加工过程。信息加工认知心理学主要是研究高级层次的思维策略与初级信息加工的关系,把人的认知过程和计算机进行功能比较,用计算机程序和计算机语言来模拟人的思维策略和初级信息加工过程,这是信息加工认知心理学研究的出发点,也是其最显著的特色。

皮亚杰从儿童心理学角度,根据心理发生学的分析,提出了建构主义的观点。他认为,心理既不来自客体,也不来自具有自我意识的主体,心理是主客体之间相互作用的产物。主体与客体之间的相互作用是依赖动作或者活动来实现,心理来源于动作。动作既是感知的源泉,又是思维的基础。主体要认识客体就必须对客体施加动作从而改变客体。主客体的关系是一种双向关系:客体作用于主体的同时,主体也作用于客体。通过这种相互作用,主体实现了对客体的适应。在皮亚杰看来,在"同化于己"和"顺应于物"的作用中,通过"动作内化"和"图式外化"的两极转化的双向建构的综合决定了心理水平发展的高低。

20世纪60年代,人本主义把心理的认识转变为了人的本性,人的潜能、价值、需要和自我实现,寻找人的存在感,发现学习的自由等。例如,马斯洛强调要以健康的人或自我实现的人作为研究的对象。罗杰斯认为,人的行为是理性的,伴随着美妙的和有条理的复杂性,向着他的机体能奋力达到的目标前进。他趋向于把人类本性解释为生长和发展,把发展过程理解为生物和非生物两个方面。他认为,形成中的定向趋势,使得生物体朝着越来越复杂、相互关联和顺序的方向发展。这种发展趋势可能会受到不利环境的抑制,但只要生存着,它就不会毁灭。罗洛·梅把个人的存在视为其全部哲学的基础,他把主客体关系的分析作为理解人的存在的必要条件。人既是主观的,也是客观的。因此,在对人的研究中,应该首先关注我们自己的主观经验,然后以尽可能客观的方式来研究人。罗洛·梅认为人是一个有机的统一体。这是因为人类的存在是多样性的,其中既有物质性的一面,也有精神性的一面;既有理性和意识的东西,也有非理性和无意识的东西;既有外部自然和环境的影响,也有内部心理活动的作用。因此,研究人必须在承认人的基本存在的基础上进行。

从人们对心理认识的变迁来看,随着心理研究的不断深化和积累,人们对心理的认识越来越丰富、越来越深入。

## 二、动态—稳态的视角

当代心理学认为心理现象是一个复杂的系统,对这个系统可以从动态与稳态的视角来认识。从动态—稳态的视角看,可以把心理现象分为心理过程、心理状态和心理特征。

### (一)心理过程

心理过程是动态的,指心理操作的加工程序,包括认知过程、情绪过程和意志过程,一般简称知、情、意。

#### 1. 认知过程

认知过程是个体获取和运用知识与经验的过程,包括感觉、知觉、记忆、思维、想象和言语等。通过我们的眼、耳、鼻、舌和皮肤等,使我们感知到周围的事物及其直接的联系。感知过的经验能贮存在我们的记忆中。通过思维对已有的知识经验的加工,使我们能认识事物的本质和规律。我们大多数的认知活动是与言语活动相联系的。因此我们把感知、记忆、思维、想象、言语等称为认知过程。

#### 2. 情绪过程

情绪过程是个体对他所认知的事物、所做的事情以及他人和自己的态度体验。个体在认知周围世界的时候会产生愉快或不愉快以及喜、怒、哀、惧等情绪和情感。一般认为情绪和情感的分化从乳儿期开始,大致的分化到两岁左右完成。刚刚出生的乳儿情绪和情感基本上是未分化的。布瑞吉斯认为,初生儿只有"一般性激动";华生认为初生儿有惧、怒、爱三大原始情绪。但不论哪种主张都承认孩子情绪和情感的分化极差,大约要到两岁左右才能逐渐分化出成人所有的各种基本情绪和情感反应。但这些情绪和情感反应的起因和表现特征却随孩子年龄和经验的增长而不同。

### 3. 意志过程

意志过程是趋向目标追求时的意识活动,是有意识克服内心障碍与外部困难而坚持实现目标的过程。为了实现预定目的,人们自觉地组织、调节自己的行为并克服困难。人不仅能认识世界,对事物产生某种情绪体验,而且能以意志来选择环境,建构环境。为了达到一定的目的,人要克服不同种类和程度的困难,因而意志活动的表现不同。意志是意识的能动作用,只有人才有意志活动。

在心理过程中,认知过程、情绪过程与意志活动之间存在着复杂的关系。它们紧密联系,相互作用。(1)个体的情绪和意志受认知活动的影响。"知之深,爱之切"就说明认知对情绪的影响;意志的产生是以认识过程为前提的,"知识就是力量"则说明认知对意志行动的重要影响。(2)个体的情绪和意志也影响着认知活动。积极的情绪、锐意进取的精神能推动认知活动,意志是有目的性的,而目的是在认识活动中产生的。意志对认识过程也有很大的影响。人在认识中遇到困难,意志努力可以帮助我们克服并促进认识。相反,消极的情感、萎靡不振、畏难苟安就会阻碍认知活动。马斯洛认为,当人产生高峰体验时,认知会变得超越起来。(3)情绪与意志密切联系,相互作用。情绪既可以成为意志行动的动力,也可以成为意志行动的阻力,而意志则可以控制、调节自己的情绪,使其服从于理智,以利于认识活动。

## (二)心理状态

心理状态是指心理活动在一段时间里会出现相对稳定的持续状态。例如,在思维活动时,可能会出现灵感状态或刻板状态;在情绪活动时,可能会产生某种心境和激情状态;在意志活动时,可能会产生犹豫不决或果断的状态等等。心理状态是心理过程的相对稳定状态,其持续时间可以是几个小时、几天或几个星期。它既不像心理过程那样变化不居,也不同于心理特征那样持久、稳定。

## (三)心理特征

心理特征指心理活动中经常表现出来的稳定特点。例如,有的人观察敏锐、精确,有的人观察粗枝大叶;有的人记忆力强,有的人记忆力差;有的人思维灵活,有的人思维迟钝;有的人情绪稳定、内向,有的人情绪易波动、外向;有的人做事果断,有的人做事优柔寡断等等。在个体的认知、情绪、意志活动中经常表现出来的稳定特征,即为这个人的心理特征。心理特征主要表现在性格、气质和能力等方面。

在人的心理生活中,心理过程、心理状态和心理特征是密切联系着的。它们之间存在复杂的关系:(1)心理状态和心理特征是在心理过程进行中形成和表现出来的。如果没有对自己和周围世界的认知、情绪和意志行动,个体的心理状态和心理特征便无从形成,也无法表现出来;(2)心理过程的进行受心理状态和心理特征的影响和制约。例如,心灰意懒的心理状态会使人的情绪低落,降低认知和行动的效率;而精神振奋状态会使人的情绪高涨,也影响认知和行动的效率;(3)心理状态和心理特征也是密切联系的。如果说心理特征是个人经常的、稳定的特征,那么心理状态则是相对可变的、流动的。例如,腼腆是稳定的个性特征,尴尬则是暂时的心理状态。心理状态是一种介于心理过程与心理特征之间的相对稳定状态。如果某类心理状态(如漫不经心)经常反复出现,并且持续时间愈来愈长,那么这类心理状态就有可能转化为这个人的心理特征(粗心大意的心理特征)。心理特征会影响心理状态,内向、顺从的人受到挫折时多半会产生内疚、自责等心理状态,而机灵活泼、自信心强的人对挫折则往往泰然自若。可见,心理过程、心理状态和心理特征既有区别而又密切联系在一起的。

## 三、个性的视角

个性是指一个人在其生活、实践活动中经常表现出来的、比较稳定的、带有一定倾向性的个体心理特征的总和,指一个人区别于其他人的独特精神面貌和心理特征。每个人在生活中,极其独特的发展道路形成了与众不同的个性。个性贯穿着人的一生,影响着人的一生。个性倾向性中所包含的需要、动机、理想、信念、世界观等指引着人生的方向、目标和道路;个性特征中所包含的气质、性格、兴趣和能力等影响和决定着人生的风貌、事业和命运。从个性视角来看,心理包括了个性倾向性和个性心理特征两个部分。

### (一)个性倾向性

个性倾向性是人进行活动的基本动力,是个性结构中最活跃的因素。它决定着人对现实的态度,人对认识活动的对象的趋向和选择。

个性倾向性主要包括需要、动机、兴趣、理想、信念和价值观。它较少受生理、遗传等先天因素的影响，主要是在后天的培养和社会化过程中形成的。个性倾向性中的各个成分并非孤立存在，而是互相联系、互相影响和互相制约的。其中，需要是个性倾向性乃至整个个性积极性的源泉，只有在需要的推动下，个性才能形成和发展。动机、兴趣和信念等都是需要的表现形式。而价值观处于最高指导地位，它指引着和制约着人的思想倾向和整体心理面貌，它是言行的总动力和总动机。由此可见，个性倾向性是以人的需要为基础、以价值观为指导的动力系统。个性倾向性是人活动的动力来源。

### （二）个性心理特征

个性心理特征主要指个体身上经常的、稳定的心理特征，主要包括气质、性格和能力。个性心理特征首先表现出极其稳定的特点，例如，能力的变化是缓慢的，因此相对稳定。其次，个性心理特征是多层次、多侧面的，由各种复杂的心理特征的独特结合构成的整体。这些层次包括：第一是能力，指顺利完成某种活动的潜在可能性的心理特征；第二是气质，主要指大脑皮层神经细胞的特性类型，在心理活动中所表现出的动力特征，如心理活动的稳定或不稳定性，反应的速度的快慢性，反应的灵敏性及其兴奋性；第三是性格，主要是指完成活动任务的态度和行为方式的特征，是在社会实践中对外界现实的基本态度和习惯的行为方式。例如：温和、热情、奔放、忠诚、疾恶如仇、关怀、优雅大方、谈吐幽默等等。个性心理特征的各成分也不是孤立存在的，是错综复杂、相互联系、有机结合的一个整体。

## 四、意识视角

从觉知性的视角来看，可以把个体的心理现象分为意识和潜意识。

### （一）意识

意识是我们现时觉知到的心理现象。在清醒状态下，我们能够觉知到作用于感官的外界环境，如感知到各种颜色、声音、车辆、街道、人群等等，能够觉知到自己的心理特点和行为特点，还能觉知到"自我"与"非我"的相互关系。个人对于自我的觉知称为自我意识。意识使人能够认识事物、评价事物、评价自身，并实现对环境和自身的能动改造。

### (二)潜意识

潜意识指潜伏在意识之下难以被觉知的心理现象。我们每个人都有做梦的经验,梦境的内容可能被我们意识到,但我们觉知不到梦的产生和进程,也是不能进行自觉控制的。我们已被自动化的活动,在通常的情况下是觉知不到的。无法回忆起的记忆或无法理解的情绪通常也属于潜意识的范围。偶尔,潜意识中的一些东西也会闯入意识之中,诸如失言或说溜了嘴、笔误等,会把潜意识的欲望泄露出来。潜意识也是人的心理活动,在人的日常生活、学习和工作中,意识活动和潜意识活动是紧密联系着的。它们都属于人心理的重要内容和成分。

从不同视角分析和认识心理,可以使人们对心理的认识变得更加准确和清晰,也许这是所有心理学者永恒的主题。

## 第二节 心理学的理论流派

心理学在不同的研究者眼中,具有不同的概念框架及相关的研究模式,因而,产生了不同的心理学流派。这些理论流派对心理现象作出了不同的系统解读。现代心理学的发展过程中出现了五大具有影响力的理论流派:意识心理学流派、行为主义流派、精神分析流派、认知心理学流派、人本主义流派。同时,到了20世纪八九十年代,认知科学和神经科学的迅速发展催生了认知神经科学。认知神经科学主张回归人脑,用各种神经成像技术研究各种心理现象的脑机制。这一蓬勃发展的领域必将引领今后几十年心理学发展的方向。

### 一、心理学的主要理论流派

#### (一)意识心理学流派

意识心理学流派的心理学家大致可以分为两大阵营。第一阵营以冯特、艾宾浩斯、格奥尔格·缪勒等人为代表,这一阵营的心理学家所主张的心理学即后来人们所说的内容心理学。另一阵营则以布伦塔诺、斯顿夫、厄棱费尔、麦农、威塔塞克等为代表,他们主张研究意识机能。两大阵营的心理学家展开了激烈的争论,形成意动与内容之争。争论发生之初,双方各执己见,形成了僵局。为打破僵局,屈尔佩及其领导的符茨堡学派采取了折中的办法来调和双方的矛盾,提出了"二重心理学"的主张。这场争论后续表现为构造主义与机能主义的对立。

自冯特1879年在德国的莱比锡大学创立实验心理学至构造主义与机能主义对立这一历史时期内,西方心理学家皆以"意识"为其主要研究对象。冯特探讨意识的内容,试图把意识分析成各种心理元素;布伦塔诺与之相对立,他要研究意识的活动;美国心理学的先驱、实用主义心理学家詹姆士则把意识作为一种流动来探讨,强调意识在适应环境中的作用;铁钦纳的构造主义承袭了冯特的传统,把意识结构的分析作为心理学的首要任务;与之对立的机能主义则继承和发展了詹姆士的基本观点,反对意识结构的分析而主张意识机能的探讨,重视意识的适应价值。尽管他们观点不同,立场各异,但其探讨的对象都离不开意识的范围。

### (二)行为主义流派

行为主义流派大致可分为三代。从1913~1930年左右的行为主义以华生为代表,称之为早期行为主义。它坚持心理学只能研究行为而非意识,强调以绝对客观的而绝非内省的方法研究心理学。其特点为:客观主义、以刺激和反应的术语解释行为、强调联结学习、外周论、环境决定论。早期的行为主义的主要代表人物除了华生之外,还包括梅耶、魏斯、霍尔特、亨特、拉施里等人。从1930~1960年左右的大约30年期间,行为主义从早期行为主义发展到新行为主义,既是逻辑实证主义和操作主义影响的结果,又反映了行为主义自身发展的需要。主要的代表人物有古斯里、托尔曼、赫尔及斯金纳等。他们在坚持华生行为主义的基本立场方面没有分歧,但对华生极端简单化的观点和方法或多或少存有异议,于是展开了自己的研究,加以改进、弥补,或者干脆转向不同的方向。新行为主义的主要特征是:强调刺激与反应之间的中介变量;允许在经验事实的基础上,对行为的内部动因进行推测;以操作主义观点解释中介变量。从20世纪60年代到如今则为第三代行为主义,也称新的新行为主义。它们给予认知、思维等心理因素在行为调节中的作用以足够的重视,把认知、思维看成是积极、主动的过程,强调研究方法的客观性。因此,第三代行为主义的特点是:(1)大胆地使用以往被传统行为主义所摒弃和拒绝的心理学概念,探索认知、思维、意象在行为调节中的作用。他们认为,人类有机体主要是对环境的认知表征物,而不是对环境本身作出反应,大多数外部影响是通过中介的认知过程对行为产生作用的。(2)强调行为和认知的结合。一方面,人类的行为是以认知为中介的,可以通过人的思维、信念和期待等认知过程预测人类的行为,也可以通过改变人的认知来改变人类的行为;另一个方面,通过行为的改变也可改变人的信念、期待等认知过程。(3)强调自我调节的作用。第三代行为主义认为,如果行为仅仅由外部的奖励或惩罚所决定,人就会像风向标一样,不断地改变方向,以适应作用于各种短暂的影响。事实上,除了在某种强迫压力下,当面临各种冲突的影响时,人们表现出强有力的自我导向。由于人们具有自我指导的能力,使得人们可通过自为的结果对自己的思想、感情和行为施加影响。(4)强调心理过程的积极性与主动性。新的新行为主义者把心理过程看成是积极的、主动的,强调要把行为主义同建构论结合起来。重视以往经由学习而获得的认知规则在对环境信息作出反应过程中的作用。(5)坚持客观主义的态

图1-1 行为主义学派的创始人:华生

度。第三代行为主义的最终目的还在于说明人的行为,他们没有背离行为主义的基本立场,仍然严格遵循行为主义客观化的基本原则。

总的来讲,行为主义流派的主要观点是:个体一切行为的产生与改变,都是刺激与反应之间的联结(S-R);强化在刺激与反应的联结中起了重要作用,就强化的方式而言,有直接强化、间接强化和自我强化;行为主义的所有理论和应用均是建立在严格的实验研究的基础上;人的大部分行为通过学习而获得;个体可以通过学习消除那些习得的不良或不适应行为,也可通过学习获得所缺少的适应性行为。在现代心理学主题中,行为主义流派主要偏重在学习、动机、社会行为以及行为异常等方面的研究与应用。

### (三)精神分析流派

精神分析产生于19世纪末20世纪初的奥地利,由犹太医生弗洛伊德创立。精神分析是从精神病的治疗实践而非从实验室中发展起来的。精神分析从精神疾病的分析和治疗的实践出发,建构了心理和人格的解释。弗洛伊德认为"精神分析最初是一种特殊的治疗方法,而现在它变成了一门科学的名称——潜意识心理过程的科学。"

精神分析的发展一直是在矛盾斗争中进行。这些矛盾斗争首先体现在精神分析理论研究的分歧上。弗洛伊德本人不断修正自己的理论,使得前期理论与后期

理论有很大差别。其次也体现在心理治疗的严重分歧上,精神分析经常发生派别内部的分裂与重新组合。弗洛伊德的弟子们由于与弗洛伊德的理论与方法存在着日益严重的分歧,先后与他分道扬镳。阿德勒发展并建立了个体心理学,荣格形成了分析心理学。精神分析最初流行于德语国家,但第二次世界大战爆发以后,随着大批精神分析学家积聚美国,精神分析运动的中心就从欧洲转到了美国。在美国,哈特曼和艾里克森等人对弗洛伊德的古典精神分析理论和方法进行修正和扩充,从弗洛伊德重视本我转向重视自我,建立了精神分析的自我心理学派;霍妮、弗洛姆和沙利文等人从社会和文化方面扩充弗洛伊德的理论,形成了精神分析的社会文化学派。

图1-2 精神分析学派的创始人:弗洛伊德

　　精神分析认为人格结构由本我、自我和超我等三个部分构成。本我由先天的本能、基本欲望所组成。好像是一个巨大的深渊,一口充满沸腾刺激的大锅。本我纯粹依照快乐原则追求本能能量的释放和紧张的解除,不考虑时间、地点,不考虑用什么方式、方法进行活动,而是趋向于立刻寻求满足,以发泄原始冲动。它不知道进行价值判断,也不知道什么是不好的、邪恶的和不道德的。因此,本我是人格中与生俱来的最原始的潜意识结构部分,主要成分包括饥、渴、性等,其中以性本能为主。弗洛伊德认为,有机体受到外界刺激,会促使欲望增加,从而引起紧张和不安。这就需要降低紧张状态,否则将体验不愉快的紧张状态。儿童出生后只有本我,直到本我和环境相互作用时,人的自我才发展起来。个体与周围现实世界相接触、相交往,以适当的手段来满足需要,在解除紧张过程中,自我才从本我中分化出来,形成有意识的结构部分。自我按照现实原则行事,自我既要满足本我的即刻要求,又要按客观的要求行事。自我所代表的是理性,本我所代表的是情欲。自我不能脱离本我而单独存在。可见,自我的力量来自本我。自我是用来帮助本我并力图使本我得到满足的。超我是从自我中分化出来的。自我包括执行的自我和监督的自我两个部分,其中监督自我即超我。在活动中,超我遵循至善原则。在功能上,自我还不能完全控制本我的冲动,还需要超我的帮助,超我监督自我去限制本我的本能冲动。超我的监督作用是由自我理想和良心实现的。自我理想采用奖励的方式形成,在儿童的发展中,当儿童的行为符合父母的道德标准时,父母就给予奖励,从而就会形成儿童的自我理想。当儿童心目中与父母所鄙弃的道德观念相一致时,当这些观念或行为出现时,父母就给予惩罚,从而使儿童在心灵上受到责备,形成良心。自我理想和良心是完成超我对自我的监督功能的两个主要方面。自我理想它规定了自我应该做什么,是自我为善的标准;良心它规定了自我不该做什么,是自我为恶的标准。

  精神分析理论解释异常心理现象,是从两个命题出发的。命题一是心理过程主要是潜意识的。至于意识的心理过程则仅仅是整个心灵的分离的部分和动作。精神分析认为心灵包含情感、思想、欲望等作用,而思想和欲望都可以是潜意识的。命题二是性的冲动,从广义和狭义上讲都是神经症和精神病的重要起因。依据这两个命题,弗洛伊德推演出五个判断:(1)人类的生物本能,是心理活动的动力,这一动力冠名力比多;(2)力比多在幼年期驱动人的性心理发展,自出生起到发展结束,有三个发展阶段:口腔欲阶段、肛门欲阶段和生殖器欲阶段;(3)人的心理结构由潜意识、前意识和意识构成,与此对应的人格则由本我、自我和超我构成;(4)人格构成——三个"我",本我遵循快乐原则,自我遵循现实原则,超我遵循利他原则;(5)人们为了防止冲突引起焦虑,具有防止焦虑的能力,这种能力叫防御机制。由此精神分析理论认为:(1)合理地度过性心理发展的每个阶段,是未来心理健康的充分和必要条件;(2)由于我们的自我必须随时随地地学习外部世界,以便理性地处理本我与超我之间的冲突与矛盾,所以我们体验着焦虑;(3)为了防止、抵御和消除焦虑,我们克制、压抑非理性冲动。如果压抑力量不足,让非理性冲破防线,则产生异常心理与行为。如果冲不破防御,就可以形成意识不到的痛苦,可能会以变相的方式表达自己。

## 四、认知心理学流派

  认知心理学用信息加工的观点来研究知觉加工与模式识别、注意、记忆和问题解决等心理过程。它冲破了行为主义研究刺激—反应的简单模式,但又不是完全向传统心理学认知研究的回归,而是取二者之所长,采用客观的实验方法来研究认知。认知心理学作为一种体系既指20世纪60年代后产生的信息加工认知心理学,也包括以认识过程为主要研究对象的各种心理学流派和理论。因此,认知心理学包括广义与狭义两种理论:广义泛指对一般认知历程的解释,狭义仅指对信息处理行为的解释。广义的认知心理学既包括了以知觉和思维的研究而著称的格式塔学派,也包括了具有强烈的认知倾向,并且把知觉研究中的整体原则应用于个体和社会领域的拓扑心理学,还包括主要探讨儿童认知结构的形成和发展的皮亚杰学派;狭义的信息加工认知心理学,以现代科学的方法探索人的认识过程,代表着当前认知心理学发展的主流。认知心理学的主要观点认为:

(1)心理学的问题可以从不同的途径进行研究。把心理活动的不同水平与计算机进行类比、心理活动的最高层次思维策略与计算机程序相比、心理活动的初级加工程序与计算机语言相比、心理活动的生理过程与计算机的硬件相比。认知心理学研究高级层次的思维策略与初级信息加工的关系,把人的认知过程和计算机进行功能比较,用计算机程序和计算机语言来模拟人的思维策略和初级信息加工过程是信息加工认知心理学研究的出发点。

(2)认知心理学认为人具有智能,也是个物理符号系统。计算机是一个完整的物理符号系统,具有人工智能的基本条件,鉴于人和计算机都是一个物理符号系统,所以能用计算机来模拟人的心理活动。一个完整的符号系统应具有输入、输出、存储、复制、建立符号结构、条件性迁移六种功能。任何一个具有输入、输出、存储、复制、建立符号结构、条件性迁移六种功能的系统就能表现出智能。因此,人和计算机的信息加工系统都是一种符号操作系统。信息加工认知心理学就是用物理符号系统假设中的基本规律来解释人类复杂的行为现象。

(3)信息加工认知心理学研究的重心是人脑内部的信息加工过程,认为人的心理活动是一种主动寻找信息、接受信息,进行信息编码,在一定的信息结构中进行加工的过程。信息加工认知心理学强调认知中的结构优势效应,强调人的认知过程受情绪、动机等因素的影响,重视个别差异和个案研究。

认知心理学采用人脑与计算机进行类比的方式,在方法上出现了突破,使得认知心理学的研究出现了明显的特征。在现代心理学的主题中,认知心理学主要偏重在学习、智力发展、情绪和心理治疗等各方面的研究与应用。

## 五、人本主义心理学流派

20世纪五六十年代以来,人本主义心理学高举着反对行为主义机械的环境决定论和精神分析潜意识的性本能决定论的大旗,以心理学第三势力的名义登上了当代心理学的历史舞台,成为当代西方一种颇有势力的心理学运动。人本主义心理学认为,人们是先天良好而且具有选择能力的有能动性的动物。人们完全是可以信赖的,人的主要任务是使自身的潜能得到不断发展。人们有很大的潜能理解自己并解决自己的问题,而无需咨询师直接进行干预;一切人类都具有求生、发展和增强自身的天赋需要。一切生物的内驱力都可纳入实现趋向之中,因为有机体如果要维系他们正常发展的话,就必须得到满足。尽管障碍重重,但这种"生命的延伸"仍会顽强地延续发展下去。若能有一个适宜的环境,如果能处于一种特别的关系之中,一个人将有能力指导自己,调整自己的能力,控制自己的行动,能够通过自我引导而成长。

人本主义心理学以马斯洛、罗杰斯为代表。他们所倡导的以人性本善及天赋潜力的观念,解释在正常的环境下,个体自我实现的心理历程。他们认为心理治疗的目的不仅仅在于解决求助者眼前的问题,而是在于支持求助者的成长过程,以至能更好地解决他们目前甚至是将来面临的问题。人本主义认为人性是善良的,破坏和侵犯行为是人的基本需要遇到挫折后引起的;人是自由的,可以自主选择自己的未来;人是一直在成长的,行为动机指导人不断地趋于自我完善。人有自我实现的倾向,人拥有有机体的评价过程。

图1-3 人本主义代表人物:马斯洛

人本主义认为:学习是个人参与性质的,学习是自我发起的,学习是渗透性的,学习是由学生自我评价的,学习是有意义的心理过程,学习是学习者内在潜能的发挥,学习应该是对学习者有用的、有价值的经验学习,最有用的学习是学会如何学习。

马斯洛提出需要层次理论,认为生理需要、安全需要、归属与爱的需要、尊重的需要和自我实现的需要是相继出现的,低层次需要的满足是高层次需要出现的基础。罗杰斯用无条件积极关注来解释自我发展的机制。无条件积极关注是一种没有价值条件的积极关注体验,即使自我行为不够理想时,他感到自己仍然受到他人真正的尊重、理解和关怀。

"以人为中心"的治疗代表人本主义心理治疗的主要趋向,已经成为现代心理咨询与治疗的一条基本原则。罗杰斯认为自我概念与经验之间的不协调是心理失调产生的原因。求助者中心疗法的实质就是重建个体在自我概念与经验之间的协调,达到个体人格的重建。

罗杰斯提出的"以学生为中心"的教育观对素质教育也有很大贡献。人本主义深化了意义学习的含义,从学习与生活实际的关系中强化了意义学习对现代教育的重要作用;人本主义学习理论重视人的潜能开发和完整人的教育,在学习理论中开创性地提出自主学习方式;提倡开放性教育,教师以促进者的角色为学生提供学习资源,提供促进学习的气氛。

人本主义把整体论原则贯彻到人格、情感动机等领域,来解释人格的形成和发展。他们关注的问题是个体所体验到的主观世界,如人的本性、潜能、价值观、爱以及人类生活的迫切问题与真实感受。人本主义的观点扩大了心理学的领域,把从文学、历史和艺术的研究中得到的有价值的内容都包括了进来。人本主义心理学受到了越来越多现代人的重视。

## 二、认知神经科学的观点及发展

20世纪八九十年代,随着认知科学和神经科学的发展,产生了一个交叉的研究领域:认知神经科学。认知神经科学的研究旨在阐明认知活动的脑机制,即大脑如何调用其各层次上的组件,包括分子、细胞、脑组织区和全脑去实现各种认知活动。其根本目标就是阐明各种认知活动的脑内过程和神经机制,揭开大脑与心灵的关系之谜。认知神经科学采用多种先进的脑成像技术研究各种心理现象的脑机制问题,其主要研究内容包括脑认知功能模块(或系统)的实验性分离、意识与无意识的脑机制、学习与记忆的脑机制、个体差异的神经机制等。传统心理学的基础研究仅从行为、认知层次上探讨人类认知活动的结构和过程,认知神经科学采用新技术,向智能的本质和意识的起源这一基本的重大理论问题研究进军,将心理学的研究推向了一个新的发展水平。

在短短的发展历程中,这一领域已经取得了诸多重要发现,比如,目前已经确认了梭状回(fusiform gyrus)的面孔和字形的特异性加工功能,前额叶(prefrontal cortex)的规则整合与转换功能,杏仁核(amygdala)的情绪加工功能等。

认知神经科学是心理学研究中最新的也是发展最快的方向。无论是理论基础、研究方法和手段还是其与众多交叉学科的关系都反映了认知神经科学研究的重大意义和巨大的生命力。在今后的几十年内,认知神经科学必将成为引领心理学发展方向的一股潮流,它也将为认识人类心理现象内在机制作出重要贡献。

# 第三节　心理学的研究问题与性质和应用

在生活中,我们总是试图弄清楚诸多心理现象的实质,例如我们想知道记忆效果受到哪些因素的影响？知觉有哪些规律或特性？表情真的能反映内心世界吗？对如此等等问题的回答,仅仅靠观察远远不够,我们必须采用一定的方法、遵循一定的原则,按照一定的程序开展研究,才能比较科学地解答这些问题,同时进一步理解心理的性质及应用前景。

## 一、心理学研究的原则

### (一)客观性原则

客观性原则要求研究者实事求是,在研究与观察中不带有主观偏见地记录和呈现事实。客观性原则是心理学研究中最重要的原则。任何心理学研究都必须遵循客观性原则。

在心理学的研究中,研究者很容易把自己的主观体验和客观观察到的事实混淆起来。为了更好地贯彻客观性原则,研究者应注意几个方面:(1)在收集资料时,必须如实详尽地记录被试的情况,切不可用自己的主观体验、主观感受来代替客观观察到的事实,或附加在客观观察到的事实上面;(2)在资料的处理、结果的分析整理时应尽可能地用某种客观的尺度来评定,切忌主观偏见的影响;(3)在做结论时,要根据客观的事实下判断,不要做过分地推论。实事求是的科学态度,是从事心理研究最起码的条件。

如"伯特造假事件"就是违背客观性原则的典型例子。

### 【阅读材料】伯特造假

西里尔·伯特是英国最有影响力的心理学家之一,提出心理测验中的因素分析以及研究遗传对智力和行为的影响而著名。伯特共发表了300多篇论文。在这些论文中最著名的是对自小分开抚养的同卵孪生子的研究。同卵孪生子有相同的基因,如果智力受遗传的影响的话,那么即使他们从小生长在不同的环境,他们的智力高低也会非常接近。伯特发现分开抚养的同卵孪生子的智商非常相近。伯特在退休后就这个问题发表过3篇论文。

这3篇论文被广泛引用,但1972年,普林斯顿大学的心理学家利昂·卡民在读了伯特的这3篇论文后,发现这3篇论文涉及的孪生子数目不同,但是最终的数据却一模一样,而且精确到小数点后3位。虽然卡民本人并非智商领域的专家,但是统计学常识告诉他,这样的巧合是不可能发生的。卡民认为不仅这3篇有关孪生子研究的论文,而且伯特自1909年出道以来所有的论文的数据全都是编造出来的。

伯特生前好友莱斯利·赫恩肖受命撰写伯特的传记。他对这些指控极为愤怒,呼吁学术界不要忙着下结论。然而,在研究了伯特的私人记录之后,赫恩肖改变了看法,不得不在1979年出版的伯特传记中承认对伯特的指控很可能是成立的。同时,英国心理学学会也正式认定伯特造假。

(经济观察报,2008)

任何心理现象都是由客观刺激所引起,通过个体内部的一系列生理心理的变化而表现在行为上的。通过对刺激变量、机体变量和反应变量三者之间内在关系的考察,就可能客观地研究各种心理现象。

## (二)发展性原则

世界上的一切事物都是运动、变化和发展的。心理现象也是如此。无机物和植物没有心理,没有神经系统的动物也没有心理,只有有了神经系统的动物才有了心理。无脊椎动物只具有某种感觉器官,只有感觉心理现象;脊椎动物有了脊髓和大脑,能够认识整个事物,具有了知觉心理现象;灵长类动物,例如黑猩猩,有了思维的萌芽;人类才有了思维、有了意识。这是心理的种族发展。同时人的心理也有一个发生、发展和成熟、衰老的过程。同一心理现象也有发展变化。因此发展性原则要求我们看到心理发展的连续性、顺序性和阶段性。理解心理每一发展阶段都表现出某些独特的心理发展特点,具有相对的稳定性。前一个阶段的发展为后一个阶段做准备。发展性原则要求在研究个体心理时,要以发展的眼光来看待心理现象,避免停滞和片面;研究还应考虑被试当前最佳的心理发展水平,促进未来的心理发展。

## (三)教育性原则

心理学的研究往往要采用一些手段控制情境和被试,任何研究都不能以损害人的身心健康为代价,更要注意欺骗、恫吓等不良身心刺激所产生的后果。教育性原则要求在进行心理研究时,应从有利于教育、有利于个体身心健康的角度来设计和实施研究,尽量避免对被试的身心健康造成损害。因此,不仅在研究主题的选择上要考虑教育意义,而且在研究方案的设计和实际进行的过程中,要考虑其道德的可接受性。研究前应向被试说明研究计划的主要部分,并征得被试者的同意。特殊情况下的欺瞒须经严格的程序标准,并在事后向被试者说明,求得理解。在研究前,研究人员要仔细评估被试可能面临的风险程度。在具体研究中,研究者必须采取保护被试的措施,即使潜在的风险微不足道,也必须仔细考虑。被试者有退出研究的自由,同时研究者不得和被试建立工作以外的其他关系。违背教育性原则,可能会给被试带来灾难性后果,著名例子就是行为主义的创始人华生所进行的"小阿尔伯特"实验。

### 【阅读材料】违反教育性原则的"小阿尔伯特"实验

华生与雷纳进行的恐惧性条件反射实验就是违反教育性原则的一个心理学研究。实验开始阶段,让11个月大的婴儿阿尔伯特与小白鼠玩了3天。后来,当阿尔伯特伸手去触摸小白鼠时,立即响起了猛烈敲击钢条的声音。这是令人恐怖生厌的声音,小阿尔伯特的反应是惊怕和摔倒。在白鼠与敲击钢条的声音一起出现3次后,光是白鼠就会引起小阿尔伯特害怕和防御的行为反应。在6次条件作用后,小阿尔伯特见到白鼠时会产生恐惧情绪。最后,当白鼠单独出现时,阿尔伯特也表现出强烈的恐惧情绪和躲避反应。在小阿伯特1岁以后,华生进行了一系列泛化测验。他们发现阿尔伯特开始惧怕任何有毛的东西。不管是他看见了白兔、狗、毛大衣、棉毛甚至圣诞老人面具,他都哭或焦急,类似于对白鼠的反应。可见阿尔伯特的惧怕已泛化到一切带毛的东西上了。接下来,华生尝试用各种办法建立新的条件反射以便消除小阿伯特的恐惧情绪。但不幸的是小阿尔伯特在接受治疗之前,离开了日托中心,举家迁徙到别的地方去了(王振宇,2000)。

小阿尔伯特实验尽管具有研究价值,为恐惧性条件反射形成提供了直接证据,但是却明显违背心理研究的教育性原则,对小阿尔伯特造成难以愈合的心理伤害。因此,这个实验遭到了学术界的严厉批评。

### (四)系统性原则

系统是指由若干相互联系、相互作用的部分组成的具有一定结构和机能的整体。因此,系统表现出组成元素、新关系及新功能三大显著特点。在心理学研究中,贯彻系统性原则就是用系统论来考察心理现象,把人的心理作为一个开放的、动态的、整体的系统来加以考察。因为心理现象存在于一个系统之中,其产生与变化均有原因。系统论原则要求不仅要把研究对象纳入系统进行考察,而且要用系统的方法来研究。系统性原则的许多原则,如整体性、等级结构性、动态性、有序性以及反馈性等为心理学研究提供了理论视角与分析手段。

### (五)理论联系实际原则

科学研究的成果要运用于生活实际,因此,心理学的研究有其理论目的,这就是探索心理发生、发展和活动的规律,为解答心理本性和规律等方面提供科学的依据。但心理学不能为了研究而研究,心理学的研究要联系人们的现实生活,运用心理学的规律为人类的实践活动服务,解答各领域所提出来的实际问题,提高人们的生活质量。心理学研究中的生态效度(ecology validity)就是对心理学理论联系实际的一个重要考察。所谓的生态效度指研究结果推广到具体研究情境以外的可能程度。因此,理论联系实际原则要求心理学研究应该尽可能地提高生态效度以使研究结果可以在人们的实际生活中得以应用。提高生态效度,解决社会实践提出的心理问题,这也是推动心理发展的动力之一。

## 二、心理学的研究方法

心理学的研究方法在心理学的发展中扮演着重要角色。几乎每次心理学在研究中的重大进展都是以研究方法的创新为基础的。在心理学的研究中,观察法、调查法和测验法都属于心理学问题的相关法,可以用这些方法来发现两个或几个变量之间的相关程度,即关系的疏密程度,但却不能确定它们之间是否存在着因果关系。确定变量之间的因果关系,必须借助于实验法。

### (一)观察法

观察法就是在自然情境中对被观察者的行为作系统的观察记录以了解其心理的一种方法。例如,观察学生在挫折情景中的表现,以了解其情绪控制能力。观察法通常是由于种种原因无法对被观察者进行控制,或者控制会影响其实际行为表现或有碍于伦理道德才采用的。观察根据不同的目的要求,具有多种类别。例如参与观察和非参与观察,长期观察和定期观察。长期观察是指在相当长的时期内进行系统性观察,有计划地积累资料。例如,达尔文(C. R. Darwin,1809～1882)在其著作《人类和动物的表情》中的"一个婴孩的生活概述"就是这一类研究。定期观察是指在某一特定的时间里进行观察记录。例如,在每周中几个特定时间里观察中学生学习行为表现,待资料积累到一定的时候,进行分析整理得出结论。

实施观察法时需要注意两个效应的影响:(1)观察者效应(observer effect)指的是由于意识到自己被观察而引起行为上的改变。比如,对学生和老师之间的互动感兴趣,就不能简单地只在教室记录,因为观察者的出现可能会影响学生和老师的行为。观察者要尽可能隐蔽自己,避免这种影响。(2)观察者偏差(observer bias)指观察者只看希望看见的东西,记录的观察结果也就反映了观察者个人的偏见。因此,实施观察时要尽量做到客观。珍妮·古道尔教授对黑猩猩的观察是自然观察法的应用典范。

**【阅读材料】古道尔和她的黑猩猩**

珍妮·古道尔(Jane Goodall)的研究是自然观察法中最经典一个例子之一。古道尔花了30多年在非洲贡旦的坦噶尼喀研究黑猩猩的行为,发现黑猩猩和人类一样可以使用工具并证明了黑猩猩家族中母亲和后代长期情感联系的重要性以及黑猩猩之间行为和"个性"的惊人差异。在她的《猩猩在召唤》一书中,她谈到:"很快地调好双筒望远镜,我发现那是一只黑猩猩,而恰在此时它转向了我……它正蹲在一个红土白蚁窝的土墩旁边,我看见它将一根长草梗插进土墩上的一个洞,过了一会儿,抽了出来,并用嘴在草梗上舔食一些东西。我离得太远看不清它吃的是什么,但是很明显,它把草梗当做工具了。"(库恩等,2004,$P_{44}$)

图 1-4  黑猩猩在用草梗"钓"白蚁

古道尔通过对黑猩猩的复杂行为模式进行的自然观察获得了非常有价值的结果,对心理学研究作出了有价值的贡献。

## (二)调查法

调查法主要是以问问题的方式,要求被调查者就某个或某些问题回答自己的想法。根据研究的需要,可以向被研究者本人作调查,也可以向熟悉被研究者的人作调查。调查法可分为书面调查和口头调查两种。

书面调查即问卷法,是研究者根据研究课题的要求,设计出问题表格让被调查者自行填写用来搜集资料的一种方法。这种方法具有向许多人同时搜集同类型资料的优点。其缺点是发出去的调查表难以全部收回,只能得到被调查者对问题的相对完整的答案。要得到一份良好的问卷,在设计时应注意以下几点:(1)要针对调查的目的来设计问卷;(2)提出的问题要适合于调查的目的和被调查的对象;(3)使用方便,处理结果省时、经济。

口头调查即晤谈法,是研究者根据预先拟好的问题向被调查者提出,以一问一答的方式进行调查。要使晤谈法富有成效,首先应创造坦率和信任的良好气氛,使被调查者做到知无不言;同时,研究者应当有良好的准备和训练,预先拟好问题,尽量使谈话标准化,记录指标的含义保持一致。这样才有可能对结果进行客观的分析和概括。

### 【阅读材料】初三到高一心理适应开放式调查

通过一些开放式问题来了解高一新生告别初三,进入高中后,会面临哪些心理适应问题,各种问题的具体表现以及通常采用哪些适应策略,为编制高一新生心理适应量表做准备。

问题1:告别初三,进入高一,你遇到了哪些问题或困难?(至少详细列出5个)……

问题2:对刚才所谈到的困难,如果你要按照难易程度排序的话,你如何排?

问题3:遇到以上问题或困难时,你最希望哪些人帮助你解决?……

问题4:遇到以上问题或困难时,你觉得老师做什么工作能帮助你有效地解决?……

问题5:遇到以上问题或困难时,你常用哪些方法来解决?其中最有效的方法是哪些?……

问题6:对初三到高一,这段适应过程,我还想说的是?

(摘自高一新生心理适应及对策研究·唐远琼,张仲明,2010)

## (三)测验法

测验法是用标准化的量表来测量被试者的智力、性格、态度以及其他个性特征的方法。用标准化的量表进行测量是测验法的首要特征,也是与调查法的显著区别。测验的种类很多,可以把测验分为个别测验和团体测验,也可把测验按照测验目的分为智力测验、特殊能力测验和人格测验等。用测验法时要注意,选用的测量工具应适合于研究目的,主持测验的人应具备使用测验的基本条件。如口齿清楚,态度镇静,了解测验的实施程序和指导语,有严格控制时间的能力,按测量手册上载明的实施程序进行测验等。进行实测时应严格按测验手册上载明的方法记分和处理结果。测验分数的解释应有一定的依据,不能随意解释。测验法施行还要遵循心理测量职业的相关要求。下面是用明尼苏达多项人格量表对一个初试的测验结果。

表 1-1  某求助者的 MMPI 测验结果

| 量表 | Q | L | F | K | Hs | D | Hy | Pd | Mf | Pa | Pt | Sc | Ma | SI |
|---|---|---|---|---|---|---|---|---|---|---|---|---|---|---|
| 原始分 | 11 | 5 | 21 | 10 | 15 | 35 | 26 | 24 | 26 | 18 | 24 | 31 | 18 | 43 |
| K校正分 |  |  |  |  | 20 |  |  | ? |  |  | 34 | 41 | 20 |  |
| T分 | 50 | 47 | 60 | 43 | 59 | 68 | 57 | 58 | 46 | 63 | 55 | 56 | 47 | 62 |

从测量结果可以看到,被试在抑郁(D)、妄想狂(Pa)、社会内向(SI)等方面具有阳性症状(T 分超过了 60 分)。这就是采用标准化量表(MMPI)运用测验法所获得的结果。

## (四)实验法

实验法就是在控制的情境下系统地操纵某种变量的变化,来研究此种变量的变化对其他变量所产生的影响。由实验者操纵变化的变量称为自变量;由实验变量而引起的某种特定反应称为因变量。实验需在控制的情境下进行,其目的在于排除实验变量以外一切可能影响实验结果的因素即无关变量。在实验中实验者系统地控制和变更自变量,客观地观测因变量,然后考察因变量受自变量影响的情况。因此,实验法不但能揭明问题的内容"是什么",而且能进一步探求问题的根源"为什么"。

用实验法研究心理学问题必须设立实验组和对照组,并使这两个组在机体变量方面大致相同,控制实验条件大致相同,然后对实验组施加实验变量的影响,对照组则不施加影响,考察并比较这两组的反应是否不同,以确定实验变量的效应。实验法可分为自然实验和实验室实验。

### 1. 自然实验

自然实验是在实际生活情境中对实验条件作适当控制所进行的实验。例如,要研究小学一年级儿童普遍存在着的感知算式错误(把加法做成减法,或把减法做成加法)的原因,实验者在一个班里按一定的计划加强实验性训练,对另一平行班则不进行这种实验性训练,进行正常教学,对获得的材料加以整理和分析,就可以找出影响小学一年级儿童感知算式错误的原因。自然实验的优点是把心理学研究与平时的业务工作结合起来;研究的问题来自实际,具有直接的实践意义。其缺点是容易受无关因素的影响,不容易严密控制实验条件。

## 2. 实验室实验

实验室实验是在严密控制实验条件下借助于一定的仪器所进行的实验。例如,为了比较人的视觉和听觉简单反应时间的差异,在实验中布置好电秒表,光、声刺激器,电键等仪器,令被试者将一只手放在电键上,要求他当看到(或听到)信号时,便立即按下电键,经过多次实验,便可求出它们在统计学上有无差异。实验室实验的最大优点是对无关变量进行了严格控制,对自变量和因变量作了精确测定,精确度高。其主要缺点是研究情境的人为性。

一些特征会影响心理学实验中被试的反应,导致结果偏差。其中最主要的两个就是要求特征和实验者效应。(1)要求特征:许多时候参与实验的被试会自发地对实验目的进行猜测,并按照自以为符合实验者期望的方式来反应(坎特威茨等,2001)。这样被试的反应就不是由自变量而是由要求特征引起的,实验结果就不能推广到实验情境之外了。(2)实验者效应:即实验者的特征影响了实验的结果。例如,实验者可能没有意识到在被试做出他们期望的反应时,点了点头以示肯定。实验者的性别、种族等也可能是潜在的实验者效应。在控制要求特征和实验者效应方面心理学家们一般采用三种方法:(1)双盲控制:就是让实验的主试和被试都不知道哪些被试接受哪种实验条件;(2)通过设计将可能成为实验者效应的因素作为控制变量。如主试性别可能会影响实验结果,可以一半被试安排男主试,另一半被试安排女主试;(3)自动化呈现:通过计算机或其他设备来做实验可以很大程度地消除实验者效应(坎特威茨等,2001)。

**【阅读材料】实验**

学生的驱力状态是否会影响到他们把已习得的编码系统运用于新情境。

(1)实验者先让两组学生在一般实验条件下再认迅速闪现的卡片,卡片上有用三个词组成的简单句子。

(2)给紧张组(即实验组)学生从事一项不可能完成的知觉再认任务:要他们讲出一张复杂图片的详细细节。由于呈现时间极短,他们无法辨认。

(3)紧张组学生经过一系列尝试,虽竭尽一切努力,但成绩极糟。在这期间,给另一组(即控制组)学生一项简单的任务:只需评判这幅图画的亮度。

(4)再给这两组学生再认另外一些句子(形式上同最初再认的句子一样)。

结果表明:紧张组学生没有显示出任何进展,而另一组学生则有很大改进(Bruner,1973)。可见,需要状态在习得和应用编码系统中起重要作用。让学生始终处于紧张状态,不利于产生一般学习。

## (五)个案研究法

个案研究法是收集单个被试各方面的资料以分析其心理特征的方法。通常收集的资料主要是被试的一般资料,主要是人口学资料、个人生活史、家庭关系、生活环境和人际关系等资料。个案法的目的在于发现影响某种心理和行为的原因。现实中,为研究所提供的个案,有时是非常难得的机会,因为这样的机会如果不是现实生活提供的话,我们是无法用人为的方法制造出来的。用个案方法的研究,不同于用同一种方法或对许多被试的调查所搜集到的资料,需要用统计分析得出一般性倾向的研究。

### 【阅读材料】世界上"最健忘的男子"

现年82岁的美国康涅狄格州哈特福德市老人亨利·古斯塔夫·莫莱森是世界上"最健忘的男子",因为在55年前,自从进行了白质切除手术后,他的大脑永远都只有20秒钟的记忆。

莫莱森小时患有癫痫症,为了治疗癫痫,1953年,莫莱森接受实验性的白质切除手术,大部分内侧颞叶,包括部分海马状突起和扁桃体颞被切除了。手术后确实减轻了莫莱森的癫痫症,但他患上了"深度健忘症",莫莱森的大脑失去了对任何新信息的存储能力!

在过去半个世纪中,莫莱森成了世界大脑科学史上最重要的病人,他配合科学家接受了数百次大脑研究实验,帮助科学家了解大脑记忆的许多奥秘。

2008年12月2日,82岁的莫莱森由于呼吸衰竭,在康涅狄格州温莎·洛克斯市的疗养院离开了人世。一直对莫莱森进行大脑研究的麻省理工学院神经学家苏珊·科金称,莫莱森的大脑将像爱因斯坦的大脑一样被保存下来,在未来继续用作科学研究。莫莱森的大脑是科学史上永远无法替代的研究物(兰西,2008)。

图1-5 莫莱森

个案研究法的优点是能加深对特定个人的了解,有助于探索一些心理现象背后的心理机制。它的缺点是所收集的资料往往缺乏可靠性。如个人写的日记和自传往往因自我防卫而缺乏真实性,为他人写的传记也会因记忆误差和情感上的好恶而失真。

现在,随着科学技术的进步、社会的发展,在心理学研究方法上已经出现了一些新趋势与特点,例如,研究方法的综合化,研究设计的生态化,日益考虑计算机在研究方法中所起到的重要作用等。我们相信随着研究方法的日益改进与发展,终会揭示心理世界的奥秘。

## 三、心理学的性质与应用

### (一)心理的实质

现代心理学认为:心理是脑的机能,脑是心理活动的器官,心理是人脑对客观现实的主观能动的反映。

#### 1. 脑是心理活动的器官

心理离不开物质载体,这个物质载体就是脑。没有人脑这个物质基础,人的心理活动就无从产生。脑是心理活动的器官,人们获得这一正确的认识经历了几千年。这个观点得到了人们生活的经验、临床的事实、脑解剖、生理科学所获得的大量研究资料的证明。如大脑的威尔尼克中枢受损的患者,虽然能听到声音,听觉器官正常,却不能分辨语音,对字词失去了理解能力。同样,人的心理离不开环境刺激,几乎所有的心理现象都可以在客观环境中找到相关的刺激。

实际上,心理与行为密切联系。行为能够表现心理,无论简单与否。具体而言,不论装饰、面部表情、人际距离、言语等行为,还是工作、恋爱、聚会等复杂行为都能不同程度地反映人的心理活动。但行为与心理有所不同,行为可以直接观察到,而心理则不能直接被观察到。比如,两个人同样思考一个九九表的乘法问题,也许两个人采用的方法完全相同,但可能其内在心理过程很不一样。

#### 2. 心理的能动性

心理对客观现实的反映不是镜子式的反映,而是能动的反映。因为通过心理活动不仅能认识事物的外部现象,而且还能认识到事物之间的本质规律,并用这种认识来指导人的实践活动,改造客观世界。同时,行为具有支配和调节作用。人们的行为产生都有其心理根源。比如,找面包是因为饥饿,痛苦是源于伤心的事件等。心理对环境具有选择和建构作用。同样的环境,人们的感受往往不同。例如,同在电影院,外向的观众可能关注周围的观众和反应,而内向的观众则可能对此充耳不闻。心理对脑的活动也具有调节作用。心理对脑的调节作用通过生物反馈来实现。生物反馈(biofeedback)是根据身体内部的生理变化所显示的线索,通过条件反射原理,逐步学习由自己的意识来控制原来不能控制的生理活动。通过这种方法,人们可以控制自己体内的不随意的内脏机能及其他躯体机能。

## (二)心理学的应用

当今心理学的应用无处不在,已经深入到我们生活的各个角落。心理学的应用领域还在不断地拓展。

在日常生活中,心理咨询和治疗可以帮助人们解决学习、工作、生活中遇到的各种心理问题,健康心理学可以帮助人们解决各种适应性问题。例如,改善人际交往关系,减轻入学适应困扰,制订人生规划等。

在教育领域中,心理学能够为教师和学生提供更加符合学习规律的学习理论和教学模式。例如,建构主义学习理论、加涅的累积学习、情景性教学模式、支架式教学模式、研究性学习、建构主义教学、开放课堂等教学形式和方法,使学生的学习高效、实用,更能实现因材施教。

在人力资源管理中,企业希望通过对应聘者各种心理特征的测评,选拔出优秀的人才到公司,同时更希望提高人岗的适应性。另一方,实施对员工的心理援助(EAP)更是现代企业越来越迫切需要的心理支持。心理学在人力资源管理中的应用越来越广泛。

在广告制作中,行为主义大师华生曾经利用当时人们对牛仔的崇拜将万宝路香烟打造成国际品牌,还利用名人效应成就了旁氏化妆品。电视广告也大量运用了重复效应(反复播放)、对比效应(产品使用前后效果的对比)等心理效应来增进广告的效果。广告心理学在营销与消费领域一定将持续大放异彩。

在航空航天领域,飞行员和航天员心理素质对安全飞行至关重要。具有怎样的人格特征的人才能在该领域成为杰出的人才?应该对航天员的心理进行怎样的训练才能适应孤独、超重、失重、高速飞行状态的生活?飞行员和航天员如何进行科学的调节和适应才能完成任务?这些都是航空航天心理学研究的问题。

心理在体育中也获得了独特的应用。以 NBA 为例,NBA 中有什么心理学?除了冷静的邓肯学心理学以外,其实心理学的应用在 NBA 赛场上无处不在:迷信的小怪癖,能够"保佑"场上发挥更出色;多摸摸队友,能让团队合作更默契。可以负责任地说:"学好心理学,表现更出众。"

军事心理学的研究使心理战逐步成为现代战争的重要战术。中国古代兵法就谈到"不战而屈人之兵"、"攻城为下,攻心为上"等心理战,这些都强调心理战术的重要性。传统的战争影片中还会再现用扩音器喊话,用飞机散发传单等传统心理战术。当代的心理战已经发展出针对单兵、将领、军团的不同心理战术,并已经渗透到战争的各个环节。最著名的当属美国对伊拉克战争,为消灭萨达姆而制定的"斩首策略"。

心理学的应用范围可能超出你的想象。APA（美国心理学协会）1998年的数据显示：从事健康心理学的工作者占1%，教育心理学的占2%，发展心理学的占3%，社会心理学和人格心理学的占4%，工业和组织心理学的占4%，学校心理学的占4%，实验心理学其他研究领域的占5%，心理咨询的占11%，临床心理学的占48%，其他的占18%。从心理学家在不同机构的工作分布来看：中小学占4%，商贸、工业和政府部门占6%，社会服务机构占7%，医院和心理诊所占16%，私人开业占33%，大专院校占28%，其他占6%。从心理学家从事实际工作的分布来看：应用工作占4%，研究工作占10%，行政管理工作占10%，教育及教育辅助工作占19%，心理卫生服务占53%，其他工作占4%。

1998年，美国心理学会的一份调查表明，有236个心理学专业领域聘用心理学家。最近十年，心理学更是取得了突飞猛进的发展。以专业领域命名的心理学分支学科不断涌现，如航空心理学、社会心理学、教育心理学、健康心理学、人格心理学、军事心理学、认知心理学、宗教心理学等，还有许多心理学分支学科在现代社会中也极富活力，如工业心理学、文化心理学、运动心理学、女性心理学、积极心理学等。因此，在可预见的未来，心理学的应用必将越来越广泛，还可能出现更细的专业分工，价值越来越凸显，为人们的幸福生活提供越来越丰富和强大的精神工具。

## 本章知识结构图

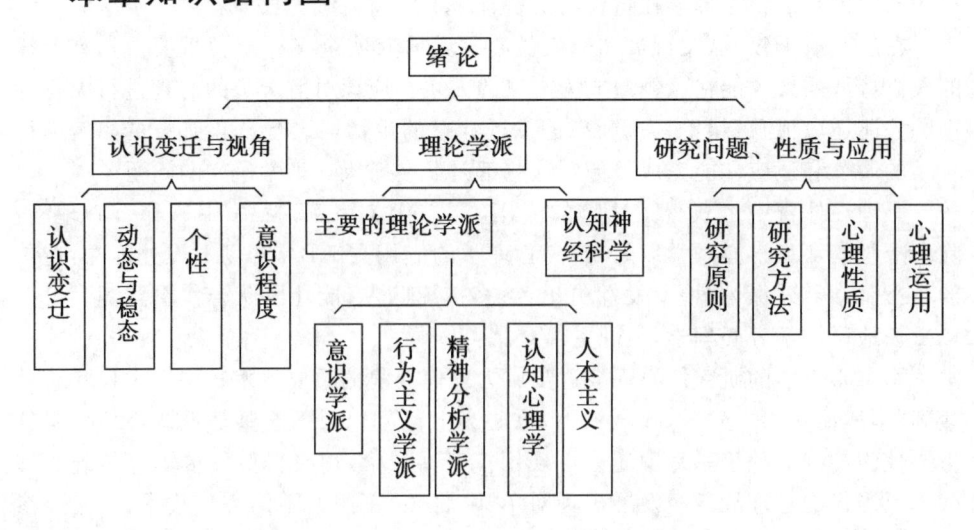

```
                            绪论
          ┌──────────────────┼──────────────────┐
     认识变迁与视角          理论学派         研究问题、性质与应用
    ┌────┬───┬───┐      ┌─────┬─────┐      ┌────┬────┬────┬────┐
   认识  动态  个性  意识   主要的   认知神    研究  研究  心理  心理
   变迁  与稳       程度   理论学派  经科学   原则  方法  性质  运用
         态
                    ┌─────┬─────┬─────┬─────┬─────┐
                   意识  行为  精神  认知  人本
                   学派  主义  分析  心理  主义
                         学派  学派  学
```

## 一、基本练习题

1. 名词解释：

心理过程，心理状态，心理特征，无意识，个性，个性心理特征，个性倾向性，观察法，晤谈法，问卷法，测验法，自然实验，实验室实验，个案研究法。

2. 心理过程、心理状态、心理特征三者的关系如何？
3. 认知过程、意志过程、情绪过程三者的关系怎样？
4. 心理学研究常用的方法有哪些？各有什么优缺点？
5. 当代心理学主要有哪些理论学派，各自的主要观点是什么？
6. 查找有关资料，说明心理学在哪些领域有怎样的应用？

## 二、你身边的心理学

1. 请你观察周围的邻居、同事或者朋友，并作分析，他们都遇到过什么样的心理困扰，由此请你谈谈心理学对我们的价值与作用。

2. 一位男孩，在8岁时，某天上课老师提问，高度紧张，出现了回答问题要先"嗯嗯嗯"的特点，此后，在相当长的时间内，说话时必须先"嗯嗯嗯"等。后来孩子长大后养成一个说话不好的习惯，那就是说话时必须先"嗯嗯嗯"一下，否则就无法正常说话，很影响他的语言表达。请你运用心理过程、心理状态和心理特征之间的关系，尝试分析该男孩形成这个特点的过程。

# 第二章　心理的生物学基础

## 导　学

　　人类的心理活动丰富多彩，那么心理活动如何产生？它的物质基础是什么呢？为解决这些疑惑，我们将一起学习本章的内容！本章的重点是带领大家认识心理与遗传的关系、心理与大脑的关系以及脑科学研究的最新进展。

　　在本章中，你可能会遇到的难点有：第一，理解行为遗传学研究的新途径——分子遗传学；第二，理解大脑功能的特异化及其发育的关键期；第三，理解认知神经科学研究的几种最新技术。本章学习的重点是：分子遗传学，大脑功能的特异化与关键期，认知神经科学研究的新技术。

　　日常生活中，有些奇特的心理现象难以解释。例如，可口可乐和百事可乐口味相似，但是为什么有些人喜好可口可乐，而有些人则成为百事可乐的忠实拥护者？"安慰剂效应"到底是不是心理作用呢？随着本章学习的深入，将逐渐揭开你的疑惑。

### 【阅读材料】大脑受伤使性格发生变化

　　1848年9月13日，一个名叫盖吉(Phineas P. Gage)的铁路工人，在美国弗蒙特州施工时发生了一场人身伤害事故。在一次意外爆炸中，他不幸被一根3.7英尺长的铁棍击穿头颅(如图2-1)，可是他的意识还是清醒的。人们用卡车把他送回旅馆时，他自己走上了楼。随后的2~3周内，他濒临死亡。幸运的是，他活了下来，而且他受到的身体伤害并不严重，仅左眼失明和左脸麻痹，运动、言语并没有问题(Harlow,1868;Gerrig,2003)。

　　但是，盖吉变了，在性格上发生了相当大的变化，可以说完全变成了另外一个人。

　　受伤前，大家都认为他是一个机灵、有毅力、精力充沛、努力工作的人。

　　受伤后，他变得无理、放纵、脾气暴躁、反复无常，常常说粗话。

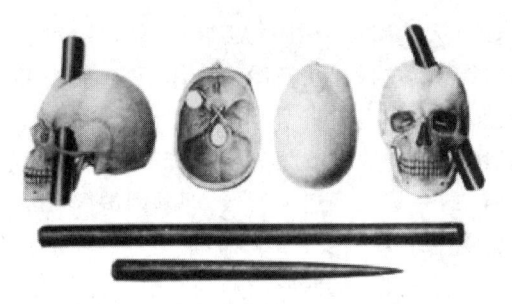

图 2-1　盖吉的头骨(Gerrig,2003)

这个案例刚好发生在科学家着手研究脑功能与复杂行为之间关系的时代,虽然人们没有想把盖吉的故事作为一个经典案例,但是他的故事却为证明脑是心理过程的基础提供了较早的证据。近年来,行为遗传学的发展为心理的生物学基础研究提供了大量证据,而认知神经科学的发展则为心理的生理学基础研究开辟了新视野。本章将带领大家认识大脑的结构和功能,采用各种研究方法和技术来揭开大脑之谜。

# 第一节　心理与遗传

人的心理与行为是怎样产生的？从古至今,人类对这一问题有着浓厚的兴趣。没有父辈的遗传基因,就没有我们的身体;没有后天环境,我们就无法生存。家谱分析法、双生子研究等传统行为遗传学研究为解决遗传和环境对心理与行为的影响作出了贡献,而现代分子遗传学则从基因水平上回答了这一古老的问题。心理学家参与基因行为组学,确定基因与行为的关系,产生了以基因为基础的诊断和治疗程序,这些技术正带着强劲的势头迅猛发展。

## 一、心理与行为的决定因素

现代科学表明,心理与行为的产生受到多种因素的制约,是一个复杂的系统工程(如图 2-2 所示)。心理与行为的产生具有其生物学基础和生理学基础。

按照达尔文进化论的观点,人类是物种进化的产物,基因则是物种进化中传递信息的载体。基因携带着由蛋白质构成的信息,蛋白质是复杂的化学结构组织,它是心理与行为的生物学基础。人体的生长发育有赖于基因的表达,其中神经系统特别是脑的发育构成了心理与行为的生理学基础。因此,可以这样说,没有基因就没有我们的身体,更没有人类引以为傲的大脑。当然,环境在心理与行为的产生中也起着重要作用。这些环境包括起初怀胎的母体子宫(胎内环境)和出生后生活的自然环境和社会环境。如果没有这些环境,我们也无法生存。胎内环境直接影响着胎儿的发育——从无到有的器质性发育。例如,我们经常听说某人患有先天性心脏病,其原因可能有二:一是由于遗传所致,即基因缺陷;二是在心脏发育的关键期(3~8周)子宫环境发生了异常变化,例如母体发生病毒感染(流感、风疹、腮腺炎)、服用某些药物(抗肿瘤药物、抗糖尿病药物),最终导致心脏发育异常。出生后的成长环境(包括自然环境和社会环境)对神经系统的成熟也有重要影响,而现有环境(情景环境)则直接对心理与行为的产生发生作用。因此,我们的神经系统有赖于基因和环境,心理与行为则取决于神经系统与环境的互动。

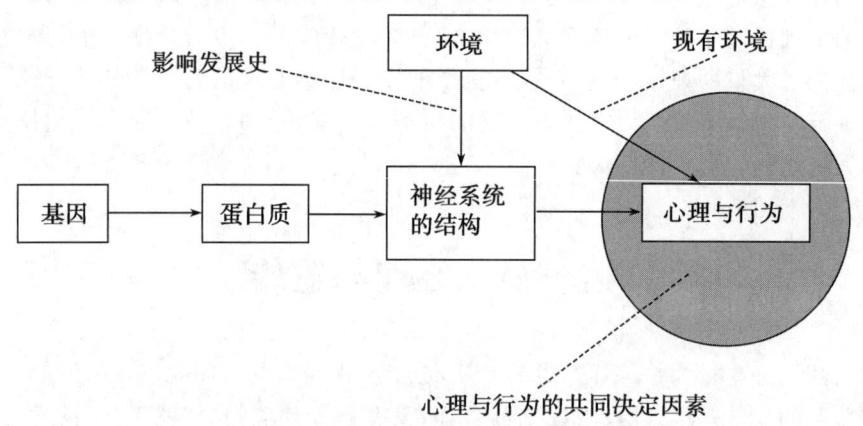

图2-2 心理与行为的决定因素(M. 艾森克,2000)

行为遗传学(behavioral genetics)主要研究行为的遗传基础,试图探明遗传因素和环境因素在个体的行为发展差异中所起的作用。行为遗传学是研究正常范围内的非病理变化,它与人类疾病遗传学存在明显差异。行为遗传学的研究内容是人的个性,而不是实际的疾病或病症(Michel,2004)。自上世纪80年代以来,行为遗传学取得了长足的进展。在定量遗传学方面,共享环境和非共享环境概念的引入深化了人们对环境作用的认识;对于环境和遗传关系,不仅认识到基因型—环境的交互作用可能存在三种形式,还揭示出遗传对环境测量的影响——基因型—环境的相关。分子遗传学作为新兴的研究途径,目前以寻找基因为主,将来则可能以认识基因如何工作为主(刘晓陵,2005)。

## 二、传统的行为遗传学研究

现在大多数心理学家认为,心理发展是遗传与环境交互作用的结果。遗传因素对心理发展的影响可以通过多种途径加以研究。传统的行为遗传学研究主要有两种途径。第一种途径是家谱分析和血缘关系的研究,它是早期遗传学的重要研究方法。家谱分析是对具有某一特征或某种异常行为的典型个案的家谱作调查,分析该种特征或行为在这个家族中出现的频率是否高于普通家族。优生学的创始人高尔顿(Francis Galton,1882~1911)从事了大量的家谱分析研究。他曾从英国名人(政治家、法官、文学家、科学家、艺术家)中选出 977 人,调查出他们父子兄弟中有 332 人也是名人。而另一个由一般人组成的人数相等的对照组,其成员的父子兄弟中只出了 1 个名人。高尔顿以此作为人的能力由遗传因素决定的证据,显然难以让人信服,因为同一家族的人不仅在遗传上有联系,而且也长期生活于相同的环境之中(黄希庭,1997)。高尔顿的研究缺乏科学性是由于没能将环境因素从中分离所致,但家谱分析的方法具有一定的科学性。例如,在现代精神病理学(例如精神分裂症、抑郁症)的遗传特性研究中仍然会用到家谱分析。

第二种途径是双生子研究。目前,同卵双生子的遗传基因可视为相同。同卵双生子是由一个受精卵分裂而来。细胞核均等分裂,所以他们的细胞核基因是一样的;而细胞质不均等分裂,所以他们的细胞质基因不一样。细胞核基因决定主要表现性状,因而同卵双胞胎表现为大部分相同只有细微区别。异卵双生子的遗传基因较为相近,而不同血缘的人的遗传基因则不相同。在人们最关心的遗传与环境在智力发展中的作用问题上,采用了大量的双生子研究。研究表明,不同血缘的人自幼生活在同一环境中长大者,其智力相关为 0.20;有血缘关系的同胞兄弟姐妹生活在不同环境中长大者,其智力相关为 0.47,而在相同环境中长大者,其智力相关为 0.55;异卵双生子生活在同一环境中长大者,其智力相关为 0.60;同卵双生子在不同环境中长大者,其智力相关为 0.75,而在相同环境中长大者,其智力相关为 0.87(Holden,1980)。这些研究结果表明了血缘与智力的关系:血缘关系越近,智力相关越高;无血缘关系但生活在同一环境中长大者的智力,呈中度相关;同卵双生子生活在同一环境中与不同环境中长大者的智力相关是有差异的。事实说明,就智力的发展而言,遗传与环境具有交互影响,遗传的作用看起来比环境的作用还要大一些。

## 三、行为遗传学研究的新途径——分子遗传学

个体心理与行为的发展是遗传和环境交互作用的产物。遗传对人的发展具有终生影响的作用,可以用基因型和表现型来表述。基因型(genotype)是指个体的整个遗传禀赋,表现型(phenotype)则是指在特定的环境中具有一定基因型的个体遗传得以实现的程度。

分子遗传学是行为遗传学研究的新途径。分子遗传学试图确定使行为和心理特质具有遗传性的特殊基因,目前取得的成果虽然不甚丰硕,但是发展势头非常强劲,成为行为遗传学研究的新兴途径。

### (一)鉴别基因——基因组学对行为遗传学的影响

总体上看,分子遗传学目前处于基因组学(genomics)的阶段,工作重心集中在具体基因的寻找上。遗传学家运用各种技术开展大量研究,取得了一定数量的成果,其中影响重大的当属人类基因组计划。首先,人类基因组计划的研究帮助我们确认了个体差异的遗传原因源于 DNA 排列顺序上的差别。该研究发现,人类 DNA 顺序 99.9%相同,只有 0.1%不同。因而对于某个体而言,每一千个 DNA 字母中就有一个字母与他人不同。如果以每个人拥有 30 亿个字母为基数,那么个体之间(同卵双生子除外)可能有三百万种基因变异,个体拥有自己独特的基因组。因此,可以肯定,DNA 排序上 0.1%的差异正是心理特质的正常变异和失调的遗传原因(Plomin,2000;Robert,2004)。

其次,人类的复杂性并不由基因的数量所决定。人类基因组计划公布的人类基因数量与老鼠、蠕虫的基因数量相当,说明基因的数量不能揭示人类行为的复杂性。人类和其他物种的差别可能在通过基因译码、合成蛋白质的过程中,可能是因为基因的细微变化造成了人类与其他物种的差别(Robert,2001)。

基因更加微弱的变化则可能是人类个体差异的遗传原因,能够体现这一观点的是数量性状基因座(quantitative trait ioci,简称 QTLs)思想。该思想的源头尽管略为古老,但在新基因鉴别技术的支持下,QTLs 对认识基因与行为的关系仍然具有深刻的理论指导意义。虽然确实存在单基因控制的行为,比如小鼠跳华尔兹舞(王明明,2000)。但是根据 QTLs,人类绝大多数行为和心理特质的遗传力很可能由多个具有不同微弱作用的基因决定。这种多基因系统中的基因与单基因的作用方式不同,前者的贡献可以改变和迭加,在一定数量范围内变化,称为数量性状。

因而,某一数量性状的正常和失调表现对应的遗传基因——QTLs很可能是相同的,只不过前者属于正常变异,而绝大多数的失调症则是数量性状变化的极端表现。因此,QTLs既是正常变异的原因,也是数量性状极端变态的原因。普洛明等进一步指出,QTLs观更深层次的意义在于"模糊了正常和变态之间的病源学界限",对重新思量精神疾病"具有一定的意义"(Robert,2001)。

## (二)运用基因——有心理学家参与的行为基因组学

面对基因浪潮的冲击,心理学家何去何从? 普洛明在自2000年以来发表的数篇论文中,不仅预期了分子遗传学的发展趋势,同时也为心理学家指明了前进的方向:心理学家的参与有助于对基因与行为关系的认识;心理学家的主要任务是运用基因(Plomin,2000;Robert,2004)。首先,分子遗传学目前处于基因组学阶段,寻找基因的工作难度高、费用大,心理学家很难参与其间。其次,一旦更多的DNA排列顺序和QTLs得以确定,遗传学的工作重心就会向认识基因的工作机制——从基因到行为的分析转移,主要从事鉴别基因产物,并在细胞水平上进行探测的分子生物学和生物化学研究,可称为功能基因组学(functional genomics)。不过,功能基因组学对基因和行为关系的研究是由下自上的分子水平分析,要全面认识基因和行为之间的联系,还需要自上而下、聚焦于整个生物体行为功能水平的分析,而后者正是心理学家的专门任务。为了强调行为水平分析的重要性,普洛明称之为行为基因组学(behavioral genomics),其主要任务就是运用DNA研究成果,结合定量遗传学的分析方法着重解决以下问题:了解遗传效应与环境是如何产生相关和交互作用的;它们对行为的遗传影响是如何作用于发展的;遗传效应是怎样对性状之间的相互影响起作用的。心理学家当前的任务就是要学会运用基因,比如,通过确定个体的基因型来认识与行为特征有关系的特殊基因;通过基因与环境的交互作用和相关来跟踪特殊基因与行为之间的作用途径;生成以基因为基础的诊断和治疗程序。可以认为,行为遗传学的研究前景就是定量遗传学、基因组学和功能基因组学三者以行为基因组学为中心的整合,心理学家将为之作出应有的贡献(Plomin,2000)。

### 【阅读材料】人类存在"利他主义"基因

以牺牲个人利益来成全他人的"利他主义(助人为乐)",在高等动物和人类身上都存在着,人类的表现更为突出。以色列西伯莱大学心理学家爱伯斯坦领导的研究小组通过长期研究,从遗传学角度,首次发现了促使人类表现"利他主义"行为的基因,其基因变异发生在11号染色体上。这一研究成果发表在《分子神经学杂志》电子版上。

研究人员指出,"利他主义"基因可能是通过促进受体对神经传递多巴胺的接受,给予大脑一种良好的感觉,促使人们表现利他行为。这意味着多巴胺在忠实于社会道德准则的利他行为中发挥着十分重要的作用。研究人员认为,拥有"利他主义"基因的人可以承担好的工作,因为他们可以从工作中得到更多回报。

这种"利他主义"基因是第一次被发现,但研究人员认为,一定还有其他"利他主义"基因有待发现。而且,"利他主义"基因只是决定人类表现利他行为的一部分原因,另一部分因素则来自外界环境的影响,如教育等(Richard Ebstein,2005)。

## 第二节 心理与脑

从盖吉案例,我们不难发现大脑对于心理与行为的产生有着决定性作用——"心理起源大脑而非心脏"。现代科学认为,脑是心理产生的物质基础,心理是脑的机能。脑区具有功能特异化的倾向,不同的脑区负责不同的工作,失语症、心盲等脑损伤提供了这方面的佐证。本节我们将介绍脑和神经系统的知识,大脑发育、关键期及其可塑性,以便更好地理解心理和行为产生的生理学基础。

数10亿个高度特化的神经元(神经细胞)组成神经系统。神经系统主要分为两个部分:中枢神经系统(central nervous system,CNS)和外周神经系统(peripheral nervous system,PNS),如图2-3所示。中枢神经系统是人体神经系统的最主体部分,包括脑与脊髓,其主要功能是传递、储存和加工信息,产生各种心理活动,支配与控制人的全部行为。周围神经系统是从中枢神经系统发出,导向人体各部分,可分为躯体神经系统和自主神经系统。周围神经系统担负着与身体各部分的联络工作,起传入和传出信息的作用。

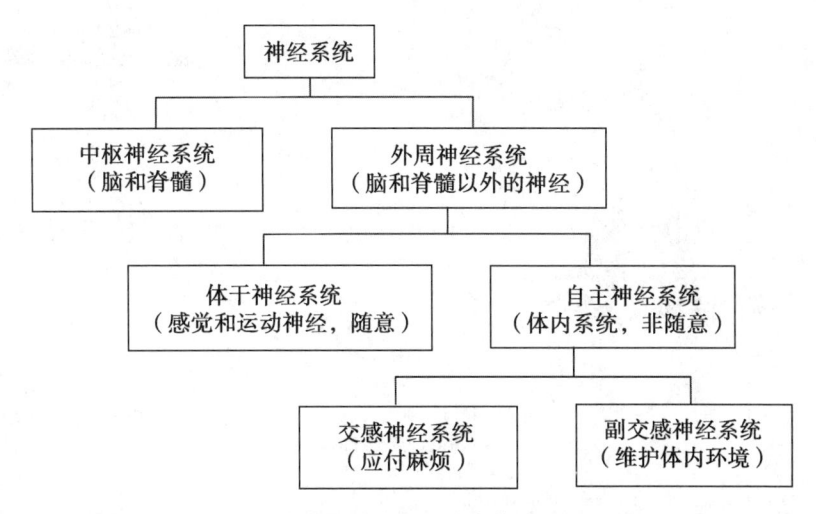

```
                    ┌─────────┐
                    │ 神经系统 │
                    └─────────┘
                     ┌────┴────┐
            ┌────────────┐  ┌──────────────────┐
            │ 中枢神经系统 │  │ 外周神经系统       │
            │ （脑和脊髓） │  │ （脑和脊髓以外的神经）│
            └────────────┘  └──────────────────┘
                                ┌──────┴──────┐
                    ┌──────────────────┐  ┌──────────────────┐
                    │ 体干神经系统       │  │ 自主神经系统       │
                    │ （感觉和运动神经，随意）│  │ （体内系统，非随意）│
                    └──────────────────┘  └──────────────────┘
                                            ┌──────┴──────┐
                                ┌──────────────┐  ┌────────────────┐
                                │ 交感神经系统   │  │ 副交感神经系统   │
                                │ （应付麻烦）   │  │ （维护体内环境） │
                                └──────────────┘  └────────────────┘
```

图 2-3　人类神经系统的层次结构（Gerrig，2003）

## 一、神经元的结构和机能

神经元（neuron）即神经细胞，是神经系统结构和功能的基本单位。神经系统主要由神经细胞和神经胶质细胞组成。神经元的形状和大小不一，但多数神经元具有一些共同结构（如图 2-4 所示）。大致都可以分为胞体和突起两部分。胞体的中央有细胞核，细胞核是细胞的能量中心。通过化学反应，胞体为神经活动提供能量，并大量制造用于传递信息的化学物质。自胞体伸出两种突起呈树枝状的被称为树突，它接受其他神经元传来的信息并传至胞体；那一根细长的突触称为轴突，它把神经冲动由胞体传至远处，传给另一个神经元的树突。髓鞘由胶质细胞构成，包裹在轴突上，起着绝缘作用。一个神经元的轴突有许多分支末梢膨大，呈葡萄状，称为突触小体，它是传递信息给另一个神经元的发放端。

神经元具有两个最主要的特性，即兴奋性和传导性。神经元的兴奋性具有一种很特殊的现象，当刺激强度未达到某一阈限值时，神经冲动不会发生；而当刺激强度达到该值时，神经冲动发生并能瞬时达到最大强度，此后刺激强度即使再继续加强或减弱，已诱发的冲动强度不再发生变化。这种现象称为全或无定律（all-or-none law）。神经元的传导功能，在性质上类似电流传导，但作用机制不同。电流靠接触传导，而相邻神经元则靠其间一小空隙进行传导。这一小空隙，叫做突触（synapse）。突触的作用在于桥接不同神经元之间的神经冲动。

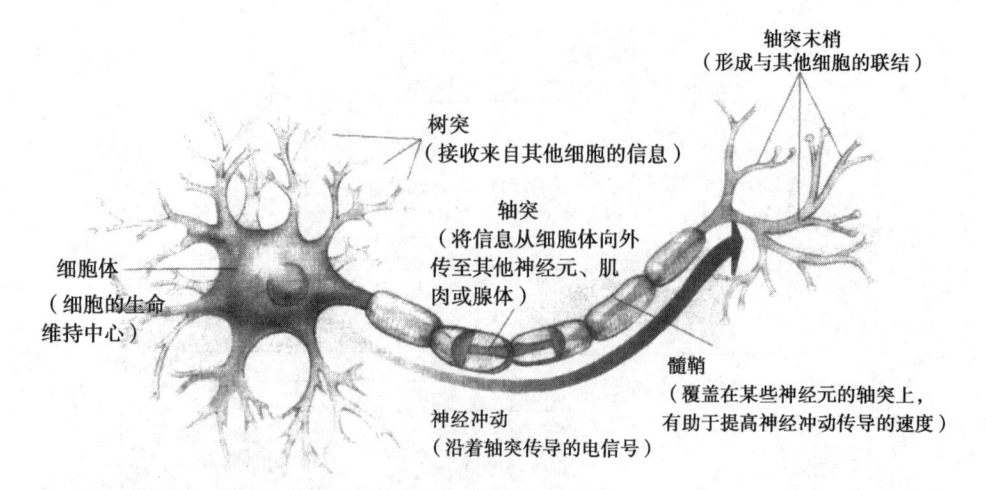

图 2-4　神经元示意图

神经元的功能表现多种多样,归纳起来可分为三类:(1)感觉神经元(传入神经元),其树突的末端分布于身体的外周部,接受来自体内外的刺激,将兴奋传至脊髓和脑;(2)运动神经元(传出神经元),其轴突达于肌肉和腺体。运动神经元的兴奋可引起它们的活动;(3)联络神经元(中间神经元),它介于上述两种神经元之间,把它们联系起来,组成复杂的网络,起着神经元之间机能联系的作用,多存在于脑和脊髓里。

## 二、脑的结构与功能

人类的脑是由约 1000 亿个脑细胞构成的重约 1400 克的海绵状神经组织。脑(brain)是中枢神经系统的主要部分,在构造上,按部位的不同分为前脑、中脑和后脑三大部分,分别具有不同的功能(如图 2-5 所示)。

### (一)后脑

如图 2-5 所示,后脑(hindbrain)位居脑的后下部,其中包括三部分:(1)延脑(medulla),位于脊髓的上端与脊髓相连,呈细管状,大如手指。延脑的主要功能在于控制呼吸、心跳、吞咽及消化,稍受损伤即危及生命;(2)脑桥(pons),位于延脑之上,是由神经纤维构成的较延脑更肥大的管状体。脑桥连接延脑与中脑,如受损可能影响到睡眠失常;(3)小脑(cerebellum),位于脑桥之后,形似两个相连的皱纹半球,其功能主要是控制身体的运动与平衡,如小脑受损,即丧失身体自由活动的能力。

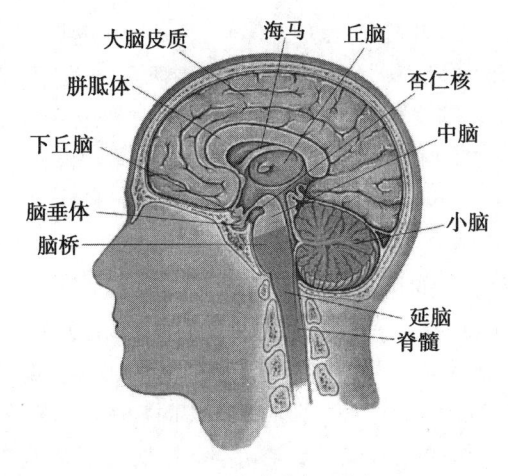

图 2-5 脑的纵切面图

## (二)中脑

中脑(midbrain)位于脑桥之上,恰好处在整个脑的中间。中脑是视觉与听觉的反射中枢。在中脑的中心有一个网状的神经组织,称为网状结构(reticular formation)。网状结构的主要功能是控制觉醒、注意、睡眠等意识状态。网状结构的作用扩及脑桥、中脑与前脑。中脑与后脑的脑桥和延脑合在一起,称为脑干(brain stem)。脑干是生命中枢。

## (三)前脑

前脑(forebrain)是脑的最复杂部分,也是最重要的部分。前脑主要包括五部分:大脑皮质、边缘系统、丘脑、胼胝体、脑垂体。大脑皮质(cerebral cortex)是中枢神经系统中最重要的部分,平均厚度为 2.5～3.0 毫米,面积约为 2200cm$^2$,上面布满了下凹的沟和凸出的回。分隔左右两半球的深沟称为纵裂,纵裂底部由胼胝体相连。大脑半球外侧面,由顶端起与纵裂垂直的沟称为中央沟。在半球外侧面由前下方向后上方斜行的沟称为外侧裂。半球内侧面的后部有顶枕裂。这样从垂直和水平方向上将每个半球又分为四个区,称为"脑叶"(如图 2-6 所示)。额叶(frontal lobe)具有运动控制和进行认知活动的功能,包括计划、决策、目标设定等功能,它位于外侧裂之上和中央沟之前,因意外事故而损伤额叶可能会毁坏一个人的行为能力,并引起其人格改变。前面提到的盖吉案例正是因为这一脑区受损,引起了明显的运动障碍和人格改变。顶叶(parietal lobe)负责触觉、痛觉和温度觉,位于中央沟后方,顶枕裂前方,外侧裂上方。枕叶(occipital lobe)是视觉最终达到的脑区,位于顶侧裂后方。颞叶(temporal lobe)负责听觉过程,位于外侧裂下方,即两个大脑半球的侧面。大脑半球深部是基底神经节,主要包括尾状核和豆状核,合称为纹状体(striatum),其机能主要是调节肌肉的张力来协调运动。

边缘系统(limbic system)是位于胼胝体之下包括多种神经组织的复杂神经系统。边缘系统与动机、情绪状态和记忆过程相关。它参与体温、血压和血糖水平的调节并执行其他体内环境的调节活动。边缘系统由三个结构组成:海马、杏仁核和下丘脑。海马(hippocampus)是边缘系统中最大的脑结构,在外显记忆的获得中具有重要作用(Eichenbaum,1999)。外显记忆是一类对自己觉知的记忆过程,很多临床证据都支持这种观点。例如,一个叫 H. M 的病人在 27 岁时进行了脑外科手术,试图缓解其频繁发作的癫痫症状。在手术中,切除了海马部分,结果他只能回忆出久远的事情,失去了新信息存入长时记忆的能力。在手术后多年,他仍然坚信自己生活在进行手术的 1953 年(Gerrig,2003)。杏仁核(amygdala)在情绪控制和情绪记忆形成中具有重要作用。下丘脑(hypothalamus)位于丘脑之下,其体积虽比丘脑小,但功能却比丘脑复杂。下丘脑是自主神经系统的主要控制中心,它直接与大脑皮质的各区相连,又与主控内分泌系统的脑垂体连接。下丘脑的主要功能是控制内分泌系统、维持新陈代谢、调节体温,并与饥、渴、性等生理性动机及情绪有关。如下丘脑受损,将使个体的饮食习惯与排泄功能受到影响,因为厌食中枢和摄食中枢均在下丘脑。

丘脑(thalamus)是卵形的神经组织,其位置在胼胝体的下方,具有转运站的功能;从脊髓传来的神经冲动,都先终止于丘脑,然后再由丘脑分别传送至大脑皮质的相关区域。如丘脑受损,将使感觉扭曲,无法正确了解周围的世界,产生幻觉等。此外,胼胝体(corpus callosum)的功能是连接大脑两半球,使两半球的神经网络得以彼此沟通。脑垂体(hypophysis)位于下丘脑之下,其大小如豌豆,在部位上虽属于前脑,但在功能上则属于内分泌系统中最主要的分泌腺之一,它与人的生长发育直接相关。例如,生活中常见的侏儒症,大部分都是由于脑垂体功能异常所致。

## 三、脑区的功能特异化与脑损伤

行为遗传学和认知神经科学的大量研究表明,脑区具有功能特异化的倾向,甚至具有功能高度特异化的神经元。现有研究探明了不同的脑区负责不同的工作(如图 2-6 所示)。中央前回是主运动区,是绝大部分运动的投射中枢;中央后回是主躯体感觉区,负责绝大部分感觉功能;枕极是主视觉区,是视觉的投射中枢;颞横回是主听觉区,负责听觉功能。

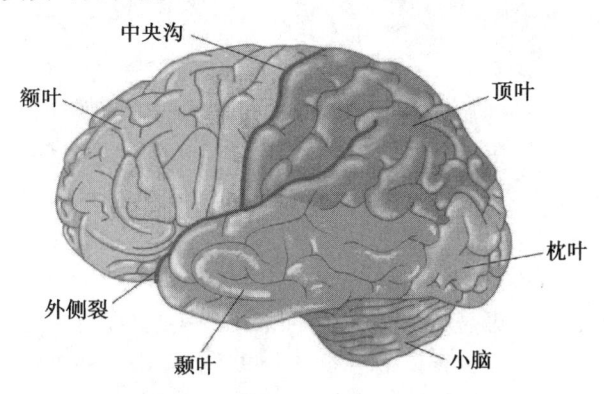

图 2-6　大脑半球各叶部位略图

### 【阅读材料】人的左右脑分工与合作

人的右脑和左脑按一种很有趣的方式分工合作。例如,语言性工作一般由左半球负责。大约95%的成年人用左半球控制说话、写作和言语理解。具体讲,在右利手者中,97%的人语言中枢在左脑;在左利手者中,有70%的人语言中枢在左脑。另外,左半球在数学、时间判断、节奏和控制复杂运动等方面的功能更强,在一切与语音有关的方面更优越。相比之下,右半球只对一些简单的语言和数字有反应。如果一个人只用右半球工作,讲起话来就好像是一个只懂十几个单词的小孩。

在相当一段时间内,人们认为右脑是"次要的"大脑半球。但是,现在我们都知道,右脑亦有其特殊才能。右半球在知觉技能方面的功能超过左半球,在对模式、面孔和音调的识别和对情绪的识别、表达等方面也都起着主要作用。右脑在视觉、空间技能和完成操作性任务等方面也比左脑功能强,例如,用积木排列图形、做填词游戏或绘画等活动都有赖于右脑。

为了证明右脑在空间技能方面的优越性,研究者做了一个有趣的实验:在一般空间能力测验中有一个几何题。在测验中,裂脑人能很好地运用左手,但是右手却不听指挥。有趣的是,当右手不听指挥时,左手会"纠正"右手。这好像是一个人在解题,另一个人在边上看着,当他看到别人犯错误时,便忍不住要替他写出正确答案(Dennis,2004)。

脑损伤的研究为我们了解脑区的功能特异化提供了大量的实验证据。下面,我们列举几个经典的脑损伤现象。

## (一)失语症

语言表达包括说话和书写。说话是由中央前回下方的布罗卡区(Broca area)控制的。布罗卡区受损的病人虽能看懂文字和听懂别人的谈话,甚至能唱歌,但却丧失了说话能力——话语中缺少了语法成分,语法小品词、名词和动词的结尾变化往往说不出来,这就是表达性失语症。这说明布罗卡区主要和句法有关。而书写则是由额中回后部的艾克纳尔区(Excuer area)控制的。该区受损的病人能听懂别人的话和看懂文字,自己也会说话,手部肌肉虽能活动,但却丧失了书写能力。说话和书写开始于意图或思想,因而大脑额叶必然参与语言表达。大脑额叶严重损伤(涉及两半球)的病人缺少言语的意图或思想。言语表达的神经冲动是通过锥体系和锥体外系而传达到效应器(发音器官和手部的肌肉)的。锥体系控制语言活动的随意动作,锥体外系则起着调节言语器官肌肉紧张度的作用(黄希庭,2007)。

感觉性失语症语言的感知和理解包括听话和阅读。听话是由颞上回后部的威尔尼克区(Wernicke area)控制的。该区受损的病人可以说话、书写并能做到句法正确,也能听到别人的发音,但却听不懂别人话语的含义,因为他们丧失了使用实词的能力。看书是由顶下叶的角回(Angular gyrus)控制的。该区受损的病人视觉良好,其他语言活动的功能也健全,但却看不懂文字的含义(字盲症)。听话、阅读不仅要理解话语的意义,而且还要理解"言外之意"。在这方面,大脑额叶起着决定性的作用。额叶受损伤虽然不影响理解词和简单句子的能力,但却严重影响理解复杂句子的能力,特别是无法理解复杂语句的弦外之音。

早期对失语症患者的研究发现,语言功能在左半脑,而非右半脑。这种两侧半球功能特异化的现象被称为单侧化(Lateralization)。通常情况下,人的大脑左半球产生和理解语言,而右半球负责对复杂空间关系的加工。但是新近的研究发现,并不是所有人都用左半球来管理语言的。大约97%的右利手者是符合上述情况的,另外3%的人则呈现出一种镜像图模式:右半球控制语言。在左撇子中的情况是:大约70%用左半球管理语言,大约15%用右半球管理语言,剩下的15%由两个大脑半球共同管理(Banish,1997)。

## (二)失视

众所周知,大脑右半球的损伤会导致左侧躯体的瘫痪,而左半球的损伤会导致右侧躯体的瘫痪。右半球的损伤还会产生一种奇怪的现象,叫做失视(neglect)。这类病人对他们左视野的东西"视而不见",常常不吃放在盘子左边的食物,其中有些人甚至不承认左手瘫痪。当右半球损伤病人照着图画进行临摹时,他们画出的图画常常缺少左侧部分。很多右半球损伤的病人都有类似的"失视"行为(如图 2-8 所示)。但令人吃惊的是,左侧半球的损伤一般不会造成病人对右侧空间的"失视"(Dennis,2004)。

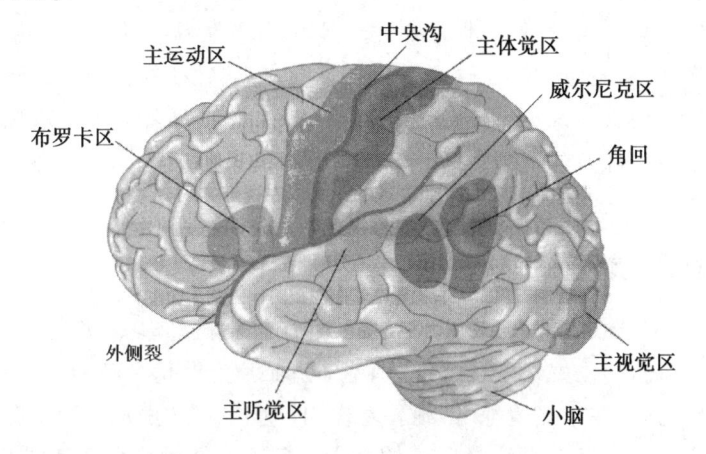

图 2-7 大脑左半球分区功能略图

图 2-8 右半球损伤的病人对左侧空间的"失视",他们临摹出的图画缺少左侧部分(Dennis,2004)

### (三)心盲

大脑损伤会造成"心盲"(mindblindness)。失认症(agnosia)是一种"心盲"现象,患者不知道自己看见的物体是什么。例如,你给失认症患者看一根蜡烛,问他这是什么,患者也学会形容说,这是一根长长的、顶端尖细的物体,甚至可以把蜡烛准确地画出来,但就是说不出它的名词。然而,如果你让患者触摸蜡烛,问他这是什么,他马上能够说出名字——蜡烛。失认症患者一般能够说出物体的颜色、大小和形状,但认不出它到底是什么东西。

### (四)面孔失认症

面孔失认症(facial agnosia)是失认症的一种特殊情况,患者失去了对面孔的辨认能力。例如,一位失认症女患者,她不知道照片上谁是自己的亲生孩子。当她的丈夫和母亲到医院来探望她时,她看着他们,但不知道他们是谁。直到探望者开口讲话之后,她才通过声音认出自己的亲人。负责面孔识别的关键脑区位于枕叶下部,是一个叫做梭状回(fusiform gyrus)的区域。目前看来,该区域的唯一功能就是识别面孔。从进化的观点来看,这一部分大脑区域专门为识别面孔而存在也不奇怪,因为对不同面孔的识别在社会生活中有着非常重要的意义。

## 四、脑发育及其关键期

### (一)脑的发育

人脑在胚胎期逐渐形成雏形。到妊娠4个月时,脑已经拥有了大多数神经元。出生时,人脑与黑猩猩的脑大小相当(约350克);之后,人脑继续生长,在8个月时,达到最终体积的一半;在2岁时,为成人的四分之三;4岁时人脑的大小则为出生时4倍(约1400克),已与成人十分接近。

更重要的是,大脑皮层单位体积内的突触数目(突触密度)在出生后迅速变化。出生时,婴儿大脑皮层突触密度远低于成年人,出生后的几个月内,大脑皮层突触数迅速增加。9岁左右的儿童,其大脑皮层各区的突触密度达到顶峰,约为成人的150%。在整个儿童期,突触密度保持在远高于成年人的水平。到青春期,大脑皮层启动某种尚不清楚的机制,开始裁减突触数目,其突触密度逐渐接近成年人的水平。

与突触密度的变化相应,神经回路在出生后也继续发育。出生时婴儿脑的神经元数量已与成年人不相上下,但神经回路的构建远没有完成,有些回路尽管已经建立起来,但并不稳固,在其后相当长一段时间(至 15 岁)内才能逐渐完善起来。

### (二)脑发育的关键期

在脑科学中,脑发育的关键期(critical period)与人类智力发展有着十分密切的关系。脑科学研究表明,在脑的发育过程中存在着关键期。所谓的关键期是指在这一时期,脑在结构和功能上都具有很强的适应和重组的能力,易受到环境的影响。在关键期内,某些脑功能的建立要比到青春期脑发育成熟后更容易。关键期内适宜的经验和刺激是运动、感觉、语言与其他脑高级功能正常发育的重要前提(杨雄里,1998)。

视觉系统的发育是最经典的案例。婴儿如果从出生起就缺乏有效的视觉刺激(例如先天白内障患儿),将导致原本用于视觉的脑细胞萎缩或转而从事其他任务。如果视觉在 3 岁时还不能得到恢复,患儿就会永久性地丧失视觉功能。在医学史上有这样一个病例:一名 6 岁的意大利男孩,一眼失明,对其原因人们起初惶惑不解,因为眼科检查表明其眼睛是完全正常的。最后真相大白:在视觉发育的关键期内(在他还是婴儿时),为治疗轻微的感染,他的眼睛被绷带缠了两周。这样的治疗对于已成熟的脑固然不会有影响,但对发育中的婴儿的大脑来说,影响就非常严重。由于缠绷带,那只眼暂时不活动,脑内相应的神经元发生萎缩,从而导致了这一悲剧。动物实验表明,在猫或猴出生后的最初几个月内,通过手术把一只眼的眼睑缝合一段时间,那么这只被剥夺了视觉的眼睛,即使在重见光明后也不能恢复其应有的视觉能力,导致终生弱视甚至丧失视觉。然而,对于成年猫或猴,类似的视觉剥夺并不影响被剥夺眼的视觉功能。这些例子说明,在视觉系统的早期发育过程中存在一个关键期。关键期内的视觉经验的有无和视觉经验的丰富与否,对正常视觉功能的建立,具有极其重要的意义。对猴子来说,视觉发育最敏感的关键期是出生后的 6～8 周。之后,有长达一年的敏感度较低但仍易受影响的时期。至于人的关键期,最敏感的是在出生后半年内,一般认为可长达 4～5 年,甚至更长。

### (三)语言习得的关键期

语言对于人类智力的发育具有极重要的意义。语言习得同样存在关键期。为了能正常地习得语言,人必须在特定的年龄接触正常的语言环境。婴儿的大脑在出生后就有区分语音刺激与其他刺激的能力,而且这种语言能力一生下来或在出生以前就优先地在左半球发育。但是,随着大脑的发育,与语言活动对应的皮层结构不断经历着特异化的过程。5 岁之前是儿童大脑高速发育的时期,也是儿童语言习得的关键期。在青春期以前,如果儿童还没有接触到正常的语言环境,其左半球的语言潜能就会消失。在关键期后,虽然儿童的语言能力可继续得到发展,但其发展速度、加工过程以及学习效果都与正常语言习得有显著差异。

儿童第一语言习得关键期的证据,最早来自对语言环境受到剥夺的"野孩"研究。早在1754年,法国哲学家康迪拉克曾描述过一个在熊群中生活的立陶宛男孩。当人们发现这个男孩时,他没有任何理智,不会讲话,用四肢行走,只有经过相当长时间的训练后才开始讲话。以后,在许多其他国家都发现过由野兽哺育大的孩子。所有这些孩子的共同特点是:不会讲话,不能直立行走。回到人类社会之后,虽然经过很长时间的努力,他们也未全部学会说话。这说明,野孩由于自幼离开了人类的语言环境,错过了语言发展的关键期,他们的语言能力乃至智力已经不可逆转地被破坏了(杨雄里,1998)。

来自失聪者的资料同样支持语言习得存在关键期的观点。曾有一项对不同失聪者的手势语能力的研究,其中一些失聪者出生后就接触美国手势语(本族手势语者),另一些在6岁时接触手势语(早手势语者),还有一些到12岁才接触手势语(晚手势语者)。结果发现,失聪者对词法和复杂句法的理解,以本族手势语言最好,其次是早手势语者,最差的是晚手势语者。这些发现和关键期的假设一致。

支持语言发展关键期的另一个证据是,儿童早期由于大脑损伤导致的言语障碍可望得到部分改善。儿童早期的左脑损伤不会像成人左脑损伤那样引发严重的、不可逆转的失语症;儿童脑损伤时的年龄越小,引发失语症的可能性越小,言语障碍的程度越轻。中国有"十聋九哑"的传统说法,而现代科学研究表明,只要在关键期(口语获得的关键期是0~5岁)内教他们讲话,绝大多数聋童都可以学会说话。

对第二语言学习的关键期问题,目前尚存在很多的争论。但是,第二语言学习确实受到学习者年龄的影响,这种影响既表现在口语水平,也表现在写作和语法水平上。对在英语环境中母语为朝鲜语和汉语的受试者的研究显示,随着开始学习时年龄的增加,学习者对英语词法的掌握有明显的下降趋势。研究进一步表明,成年后开始学英语的亚裔移民虽能成功地掌握词汇及句子的基本词序,但对他们来说,英语中的非基本词序(如疑问句中的倒装词序),以及名词与动词间的依从关系(如名词复数与动词复数相匹配),掌握起来很困难。初抵美国时不足7岁的移民所犯类似的错误明显少于成年后的移居者。对于学习英语的年龄始于7~15岁的人,他们所犯的错误随开始学习的年龄不断增高,15岁时达到成人犯错的水平。

虽然脑科学和认知神经科学研究积累的大量证据表明,脑的许多功能的发育存在关键期。但应该说明的是,对于关键期的研究还有大量的工作要做,特别是对人类脑高级功能发育的关键期的认识还处在初级阶段,对关键期的概念也存在争议,甚至有意见认为关键期只存在于视觉、听觉、语言这些功能,而其他脑高级功能的发育并不存在关键期。

## 五、脑的可塑性

脑损伤恢复情况与人的年龄有关。对于同样的脑损伤,儿童一般比成人恢复得好。这显示了大脑的可塑性(Plasticity),即在脑组织中功能转移的灵活性。例如,当左半球受到严重损伤后,2岁以下的儿童通常能将语言处理中心转移到右半球。如果左脑损伤发生在2～5岁,语言区不能再向右脑转移,但能够转移到左脑中一个新的区域。10岁以后,这种可塑性就不存在了(Dennis,2004)。脑的可塑性可能与神经元树突能长出更多的分支有关。那些天生无胼胝体者的大脑也许最具有可塑性,他们能够使用一个半球回答问题,用任何一只手写字或画画,两只手也有着同样的操作能力,例如电影《雨人》主人公(一位白痴天才)的原型人物 Kim Peek。近来一项关于盲人的研究发现,当他们用手"阅读"盲文时,脑的视觉区非常活跃。这也是脑功能定位和可塑性的有力证据。

大脑受到损伤后造成的影响是令人担忧的,然而大脑的恢复潜力也是令人吃惊的。如果在5岁以前大脑受损伤,一般会影响到成年以后的智力水平。一个男孩在5岁时做了左半球切除手术,因此右侧躯体瘫痪,右侧视野失明,但他能说、能读、能写,并在大学里修完了两门课程,智商也高于平均水平。这种康复能力说明,脑功能的恢复潜力也许是我们现有的知识无法解释的。关于大脑还有许多不解之谜,科学家们还在不断地研究。未来研究中的突破也许能够使我们知道如何更好地利用我们的脑来提高我们的记忆、思维和解决问题的能力。

### 【阅读材料】

扫描"雨人"的大脑:1988年由好莱坞影星达斯汀霍夫曼所主演的电影《雨人》(Rain Man),真实生活中的"雨人"是金·皮克(Kim Peek)。他的脑子就像是一个庞大的资料库,可以过目不忘,还能自动搜索。他的父亲形容,当金·皮克在读一本书时,可以左眼看左页,右眼同时看右页,看过一遍的书,在一年后还可以记得95%的内容。他从四岁起已阅读过并熟记的书籍超过9000本,被专家称为"金电脑"(Kimputer)。金·皮克阅读一页书只需要8～10秒,然后他会将已经记住的书倒置在书架上——这说明这本书已经被存进他的智力"硬盘"。

金·皮克也存在一些严重的发育失衡问题:他走路时步态倾斜,无法料理自己的日常生活,甚至不会扣衣服的扣子。在抽象思维方面,他也存在很大的困难。几乎所有的"白痴学者",都会不同程度地出现这些症状。

科学家们通过对金·皮克的大脑扫描图像研究,发现其大脑结构与常人有很大不同。更令人吃惊的是他缺少胼胝体,即一个相当大的连接大脑左右半球的柄状神经组织。目前,这些发现还不能直接和他异乎寻常的技能联系起来,不过脑部显影技术的新突破,不仅能绘制出大脑的结构,还能描述它的功能,可以更好地帮助我们解开这些谜题。同时,我们认为更有意义的是,金·皮克这样的人是不容易被发现的。他为我们了解"学者综合征",了解这种特殊才智,提供了一个极好的窗口。如果我们不能解释金·皮克的智力之谜,也就不能说已经完全了解其大脑是如何工作的(Darold,1996)。

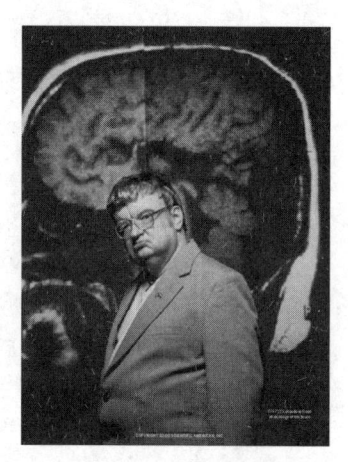

图 2-9 雨人的原型人物 "Kim Peek"

## 第三节　认知神经科学的研究进展

21世纪被世界科学界公认为是生物科学、脑科学的时代。上个世纪末,在欧美"脑十年"和日本"脑科学时代"计划的推动之下,对人脑语言、记忆、思维、学习和注意等高级认知功能进行多学科、多层次的综合研究已经成为当代科学发展的主流方向之一,而认知神经科学的根本目标就是阐明各种认知活动的脑内过程和神经机制,揭开大脑——心灵关系之谜。

传统的心理学基础研究即认知心理学,仅是从行为、认知层次上探讨人类认知活动的结构和过程。而认知神经科学作为一门新兴的研究领域,则高度融合了当代认知科学、计算机科学和神经科学,把研究对象从纯粹的认知与行为扩展到脑的活动模式及其与认知过程的关系。对认知神经科学的意义与前景,国际科学界已经形成共识,许多人把它看成是与基因工程、纳米技术一样在近期内会取得突破性进展的学科。

认知神经科学的特点是强调多学科、多层次、多水平的交叉。它把行为、认知和脑机制三者有机结合起来,试图从分子、突触、神经元等微观水平上和系统、全脑、行为等宏观水平上全面阐述人和动物在感知客体、形成表象、使用语言、记忆信息、推理与决策时的信息加工过程及其神经机制(周晓林,2003)。

## 一、认知神经科学的研究方法与技术

### (一)微电极记录与刺激技术

神经心理学家不仅可以在头皮上记录到脑活动时的电位变化,而且还可以使用电极记录脑内大量神经元的活动情况。微电极记录法(micro-electrode recording)为研究者提供了更为重要的证据。微电极是一根极为细小的、内含盐分和导电液体的玻璃管,其顶端部位小得足以探测单个神经元的活动(直径小于0.1微米)。通过观察单个神经元的电位活动,我们才可能了解行为的起源。微电极记录法是这样的:用立体定位仪将微电极插入脑中非常接近某个神经元的地方,同时给动物的感受器以各种刺激,随后引导出单个神经元的动作电流。研究表明,神经系统中有许多觉察器。例如,在枕叶中,有的神经元只对光的开关起反应;有的既对光的开关起反应,又对声音刺激起反应;有的则对任何刺激都不起反应。在颞叶中,有一类神经元只对高音起反应,另一类只对低音起反应,并且这些神经元有严格的布局。进一步研究还表明,大脑皮质中有一类"注意神经元",其中有的神经元只对直线起反应,或只对曲线起反应,或只对锐角起反应,或只对圆形起反应等;有的神经元对线条的斜度和厚度起反应,或只对刺激的一定数量起反应;有的神经元对专门的感觉刺激不起反应,但对刺激物的更换或性质上的改变起反应,对习惯化刺激不起反应,一旦刺激发生变化就起反应(黄希庭,2007)。

除了微电极记录技术,还有微电极刺激技术。1954年,加拿大蒙特利尔大学教授潘菲尔德医生描述了采用微电极刺激技术的经典案例。一位年纪已60多岁的病人在切除位于颞叶的癫痫病灶之前,一旦对附近的正常颞叶皮层采用微电极刺激技术给予适当的微弱电流刺激,则病人立即童声稚气地唱起一首社会上早已失传的童歌,或说出绝传的童谣,并不时喊起爷爷、奶奶或小猫、小狗的名字。停止电刺激,病人就会立即从50多年前的生活情景中回到手术台的现实中来。医生请他重复刚才唱的歌和说的童谣,他却十分茫然,不明白医生要他做什么。这一科学事实说明,人类无意识记忆的容量是无限的,它可以把你一生中所看到、所听到的一切情景完好无损地存储到头脑中。我们之所以回忆不起来,既不是没把事情放入脑海,也不是记忆痕迹在脑海中随时间推移而消退,其真正原因是提取困难,很难投射到意识中来(杨雄里,1998)。

## (二)脑电图

在头皮表面记录到的自发节律性电活动,称为脑电图(electroencephalogram,EEG)。这种自发电位主要是由皮质大量神经组织的突触后电位同步总和形成的。人脑只要没有死亡就会不断地产生 EEG。健康成年人在清醒状态下,头皮表面记录的 EEG 为数微伏至 75 微伏左右,但在病理状态下(如癫痫发作时)可达 1 毫伏以上。EEG 的测量方法是将许多平头的金属电极放置在头皮上的各个部位,电极把探测到的脑电活动送入脑电图仪,再由脑电图仪将这些微弱的脑波信号放大并记录下来。

1947 年,道森(Dawson)首次报道用照相叠加技术记录人体诱发电位。1951 年,他又首先介绍了诱发电位平均技术,从 EEG 中提取出诱发电位(evoked potentials,EP),EP 是刺激(包括物理刺激和心理因素)引起的脑电的实时波形,时间分辨率可以精确至微秒,这里将刺激视为一种事件(event),故 EP 又称为事件相关电位(event-related potentials,ERP)。事件相关电位是指当外加一种特定的刺激作用于感觉系统或脑的某一部位,在给予刺激或撤销刺激时,在脑区引起的电位变化。ERP 的研究已经深入到心理学、生理学、医学、神经科学、人工智能等多个领域,并发现了许多与认知过程密切相关的成分。例如,关联负变化(Contingent Negative Variation,CNV)的 ERP 波与期待、动作准备、定向、注意、时间认知等心理活动有关;P300 与注意、辨认、决策、记忆等认知功能有关,现已广泛运用于心理学、医学、测谎等领域;失匹配负波(mismatch negativity,MMN)反映了脑对信息的自动加工;N400 是研究脑的语言加工原理常用的 ERP 成分(罗跃嘉,2006)。

## (三)计算机断层扫描

计算机辅助的 X 射线扫描在对大脑疾病和损伤的诊断中起着革命性的作用。传统的 X 光检查最多只能产生一幅大脑阴影的图像,这样的影像分辨力不高。为解决这个问题,研究者设计了计算机断层扫描(computed tomography,CT)。CT 是以 X 线从多个方向沿着头部某一选定断层层面进行照射,测定透过的 X 线量,数字化后经过计算机算出该层层面组织各个单位容积的吸收系数,然后重建图像的一种技术。这是一种图质好、诊断价值高而又无创伤、无痛苦、无危险的诊断方法。它使我们能够在任何深度或任何角度重建脑的各种层面结构。CT 扫描能够显示出脑创伤后遗症、损伤、脑瘤和大脑其他病灶的位置。

可以通过 CT 扫描来诊断一个人行为变化在脑水平上的病因。目前,广泛应用在科研和临床领域多为多层螺旋 CT。它具有较传统 CT 扫描范围大,图像质量好,成像速度快等优点。据专家称,由美国通用公司生产的全世界最先进、运行速度最快的64排螺旋CT能10秒内快速完成全身扫描,5秒内无创完成心脏检查,1秒内精确立体完成单器官检查。CT的出现无疑是医学技术上的一大进步。之后,其他新的脑成像技术也相继出现。

### (四)磁共振成像技术

磁共振成像(magnetic resonance imaging,MRI)是运用磁场原理来产生体内活动的图像。在MRI扫描中,由一个探测器负责记录身体内氢原子对强磁场的反应,之后,通过计算机程序产生一个三维的大脑或躯体的图像。体内任何一个两维平面的物体都能在计算机对MRI数据的选择中找到并形成一个图像,然后在屏幕上显示出来。这样,研究者就仿佛在一个透明的三维空间中观察大脑的内部状态。

功能磁共振成像(functional magnetic resonance imaging,fMRI)是MRI的一种运用和深入发展,主要是用MRI的方法研究人脑和神经系统的功能,通过磁共振信号的测定来反映血氧饱和度及血流量,间接反映脑的能量消耗,在一定程度上能够反映神经元的活动,间接达到功能成像的目的。它是目前认知神经科学领域应用最为广泛的技术。

在心理学研究中,fMRI被广泛地应用于探测认知功能的源定位,如感觉、知觉、运动、记忆、语言、思维、决策以及儿童大脑发育等研究。这种技术的显著优点是:信号直接来自脑组织功能性的变化,无须注入造影剂、同位素或者其他物质,是无创伤性的方法;实验准备时间短,同一被试可以反复参加实验;可以进行单被试分析;可以同时提供结构像与功能像;空间分辨率非常高,可以达到1立方毫米。但是,fMRI最大的局限性在于时间分辨率较低。原因在于认知过程所引起的血流量变化通常需要数秒后才能达到高峰,而认知过程往往能够非常迅速完成(黄希庭,2007)。

### (五)正电子成像术

正电子成像术(positron emission tomography,PET)是目前脑成像技术中应用广泛的方法之一。当含有微量的放射性同位素葡萄糖溶液进入血液被大脑吸收后,PET能检测到这种溶液发射的正电子。大脑工作时必须消耗能量,这样,PET扫描就能显示大脑中的哪个区域在消耗更多的葡萄糖,能量消耗越多的地方,也是大脑活动越多的地方。研究者把正电子探测器放置在头部周围,探测到的数据送入计算机,这样就能够生成一个正在变化的、彩色的大脑活动图像(图2-10)。

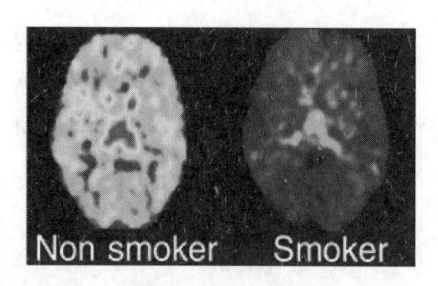

图 2-10 香烟成瘾者与正常人的脑 PET 图:左图为正常人,右图为成瘾者,结果表明成瘾者在奖赏中枢等脑区的代谢明显变弱(volkow,2003)

PET 自 70 年代面世以来,已广泛地应用在临床和基础研究上。临床上主要用于诊断神经类疾病、心脏疾病、癌症等,也可辅助设计治疗方案和评估药物疗效,并可用于探寻一些神经类疾病的发病机制。由于 PET 能定量无损地测量血流、物质代谢、配基结合位点等,给认知神经科学提供了观测手段,被越来越多地应用于研究人类的学习、思维、记忆等生理机制。

### (六)经颅磁刺激技术

经颅磁技术(transcranial magnetic stimulation,TMS)可以看做一种暂时的、可逆的"虚拟性损毁"。其基本原理:首先电容器储存大量电荷,然后将电荷输至感应器,感应线圈瞬时会释放大量电荷产生磁场,磁力线以非侵入的方式轻易地穿过头皮、颅骨和脑组织,并在脑内产生反向感生电流。皮层内的电流激活较大的锥体神经元,引起轴突内的微观变化,进而诱发电生理和功能变化。目前,TMS 共有三种主要的刺激模式:单脉冲 TMS(sTMS)、双脉冲 TMS(pTMS),以及重复性 TMS(rTMS)。每种刺激模式分别与不同的生理基础及脑内机制相关。

TMS 可用以刺激视皮层、躯体感觉皮层等大脑皮层,引起局部的兴奋或抑制效应,用以探测系统的功能。另外,TMS 还可以用于学习记忆、语言及情绪等领域的研究。新一代的无框架立体定位式 TMS 能整合 fMRI 结果,极大地提高了 TMS 刺激部位的准确性,并精确地控制刺激大脑的深度,从而可以准确地调节刺激强度,已经发展应用于科学研究和神经外科手术中。

### (七)脑磁图

脑磁图(magnetoencephalogram,MEG)检测的是头皮脑磁场信号,脑磁场信号是由神经细胞内电流的体积电流所产生,这种脑磁场信号与颅骨形状的复杂性以及颅骨内脑组织导电率的不均匀一致性无关,因此 MEG 具有定位精度高、无损伤、无须测定基准等优点。空间定位精度可达 2 毫米范围以内，而且其时间分辨率可达 1 毫秒。

人的颅脑周围也存在着磁场，这种磁场称为脑磁场。但这种磁场强度很微弱，要用特殊的设备才能测知并记录下来，需建立一个严密的电磁场屏蔽室，在这个屏蔽室中，将受检者的头部置于特别敏感的超冷电磁测定器中，通过特殊的仪器可测出颅脑的极微弱的脑磁波，再用记录装置把这种脑磁波记录下来，形成图形，这种图形便称作脑磁图。它能反映脑的磁场变化，这与脑电图反映脑的电场变化不同。脑磁图对脑部损伤的定位诊断比脑电图更为准确，加之脑磁图不受颅骨的影响，图像清晰易辨，是认知神经科学研究的一种崭新手段。

### 【阅读材料】走向现实的科幻之一：控制大脑

2002 年，美国一群科学家在《自然》杂志上发表文章指出，在活生生的老鼠背上装了迷你无线电波接收器，再将 3 个电极分别植入老鼠脑部控制左右方向以及产生兴奋感觉的区域。接下来只要发出无线电讯号刺激老鼠，老鼠就会一个命令、一个动作，乖乖向左、向右转弯。这只活生生的"机器鼠"将成为灾难搜救的利器（Sanjiv，2002）。

图 2-11　机器鼠（Sanjiv，2002）　　　图 2-12　盲人重见光明（Nicolelis，2006）

### 走向现实的科幻之二：盲人重见光明

脑机接口（brain-computer interface，BCI）是在人或动物脑（或者脑细胞的培养物）与外部设备间建立的直接连接通路。对脑机接口的研究已持续超过 30 年了。20 世纪 90 年代中期以来，从实验中获得的此类知识显著增长。在多年动物实验的实践基础上，应用于人体的早期植入设备被设计及制造出来，用于恢复损伤的听觉、视觉和肢体运动能力。研究的主线是大脑不同寻常的皮层可塑性，它与脑机接口相适应，可以像自然肢体那样控制植入的假肢。在当前所取得的技术与知识的进展之下，脑机接口研究的先驱者们可令人信服地尝试制造出增强人体功能的脑机接口，而不仅仅止于恢复人体的功能。这种技术在以前只存在于科幻小说之中(Lebedev & Nicolelis,2006)。

## 二、生活中的认知神经科学

认知神经科学是21世纪心理学研究的发展趋势，它是脑科学的重要研究学科。在人们生活的各个领域，认知神经科学开展了大量的研究，从2000年以后每年在《科学》(Science)、《自然》(Nature)、《神经元》(Neuron)等国际顶级杂志上发表大量的研究成果，而这些研究成果越来越贴近我们的生活。下面介绍几个有趣的研究：

### (一)"买还是不买？"的认知神经机制

这款新的iPod MP3实在是太棒了……但是249美元的标价可不是一个小数字。是选择买下还是选择放弃？一项新的研究深入剖析了消费者的决策机制。

人类行为研究者对激发人们购买商品的内在机制提出过两套理论：一套理论认为，购买者会掂量预期的喜悦和与钱"分手"的痛苦孰轻孰重；另一套理论认为，购买者掂量的是购买其他同样价格的商品时收益是否更大。简单地说，两套理论，一个是利弊权衡理论，另外一个是最优权衡理论。

为了证明哪套理论更为准确，Knutson和麻省理工学院以及卡耐基—梅隆大学的同事们进行了一个有趣的研究：采用功能性磁共振技术(fMRI)测试26名志愿者在做出"买还是不买？"决策时的脑部反应。志愿者面前的显示屏上有一些富有吸引力的商品，如MP3、《越狱》(Prison Break)DVD、Godiva巧克力和斯坦福大学的T恤衫等等。为了模仿真实的商店，志愿者开始时先查看商品，再看价格，之后他们需要作出决定——买还是不买？为了让他们真实地进入购买的心境，每个人都发了一张商店的信用卡。为了让实验更具真实性，参与者可以真实地购买一些他们看中的商品。看完这些图片后，研究者们询问他们对每件商品的喜爱程度，可以为此心甘情愿地花多少钱。

研究者发现当志愿者真心喜欢某样商品时，脑中的伏隔核(NAcc)被激活。伏隔核是人类大脑中奖赏中枢，该脑区的激活则会引起愉快、高兴等正性情绪体验。另一方面，当他们发现这个物品太贵时，脑中的岛叶(insula)区域被激活；同时，内侧前额叶皮层(MPFC)的区域发生去活化(deactivated)。岛叶和内侧前额叶皮层是人类大脑中的厌恶中枢,它的激活则会引起厌恶、难过等负性情绪体验,它们与之前研究提到的失去、代价的期望相关。Knutson 认为,研究结果支持了"利弊权衡"理论——当得到某商品带来的愉快感超过了损失很多钱带来的不愉快感时,人们就会做出"买下它"的决定;当损失很多钱带来的不愉快感超过了得到该商品带来的愉快感时,人们就会做出"放弃买它"的决策(Knutson,2007)。

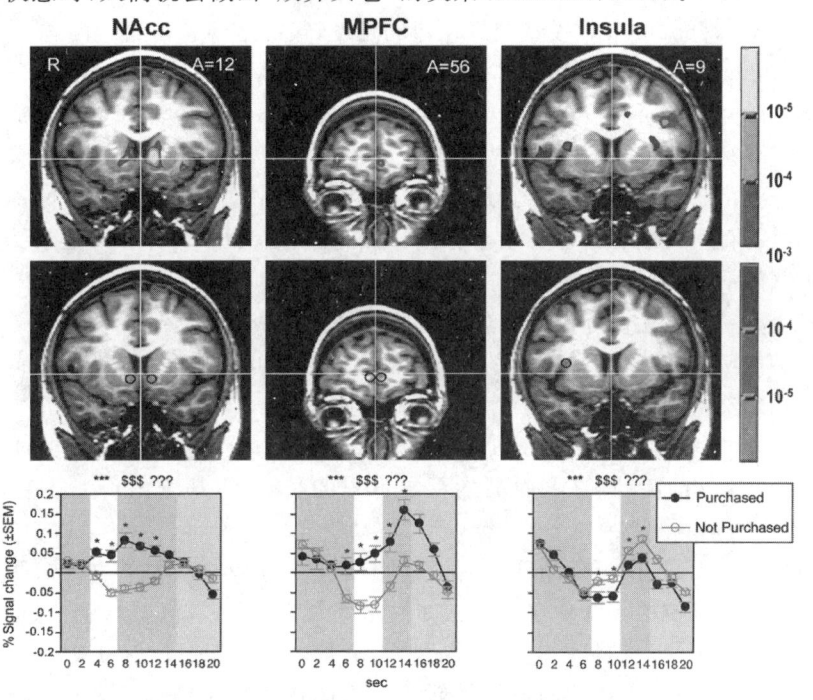

图 2-13 人们在做出"买还是不买?"的大脑激活图:黑点线表示做出"买"决定的大脑激活水平,灰点线表示做出"不买"决定的大脑激活水平(Knutson,2007)

神经科学家 Alain Dagher 在《神经元》(Neuron)杂志上发表评论认为"这是一个非常简单而又精心设计的研究"。他说:"尽管在实验室中按键与在 Macy's 百货公司里购买商品不完全一样,但是他们确实成功地模仿了购买者的处境。"之前有研究表明伏隔核与成瘾行为有关,Alain Dagher 指出,接下来一个值得探讨的问题就是有购物狂心理的人与其他人是否有着不同的神经机制(Alain,2007)。

## (二)百事可乐与可口可乐哪一种更好喝?

百事可乐与可口可乐哪一种更好喝?为了这个问题,百事可乐公司与可口可乐公司争论了几十年。20 世纪 70 年代,百事可乐公司请一批消费者品尝多种没有品牌标志的饮料,结果有 2/3 参加者挑选出来的口味最好的饮料是百事可乐。这次口味实验当时引起了极大轰动,成为百事可乐攻击可口可乐重要理由,但是反对者怀疑这项实验的真实性和科学性。争论一直延续了 30 年,两种可乐的口味都没什么变化,可口可乐还是占据了明显的市场优势,拥有最多的品牌忠诚者。究竟是口味问题还是品牌问题造成了这种差异?美国贝勒医学院人类神经影像学实验室主任 Read Montague 教授从神经反应的角度,很好地回答了这个问题。2004 年 Read Montague 教授等人做了一项非常著名的关于"百事可乐和可口可乐的品尝的脑成像研究",其研究成果被认为是神经营销学领域的标志性成果。该成果发表在 2004 年《神经元》(Neuron)杂志上。

Read Montague 教授的实验过程是:让受试者分别品尝撕去商标标签和具有商标标签的百事可乐和可口可乐,同时用功能性核磁共振(fMRI)来记录受试者品尝时大脑的活动状况。

在受试者品尝无商标的两种可乐时,脑扫描显示,品尝百事可乐的受试者大脑的腹内侧前额皮层(vmPFC)的活跃程度是品尝可口可乐的 5 倍。这个脑区域是大脑产生强化奖赏的区域。但是当受试者品尝具有商标的两种可乐时,结果发现,品尝可口可乐的受试者大脑的海马区(hippocampus)、背外侧前额叶皮层(DLPFC)和中脑(midbrain)活动加强,而品尝百事可乐的受试者,却未出现上述变化(McClure & Montague,2004)。

在神经学上,可口可乐品牌所激活的脑区被认为是与高水平的认知能力有关的区域,如,背外侧前额叶皮层是与认知控制等有关,而海马区与情感信息有关,同时偏向于记忆收集与回忆。这表明,品牌对消费者的作用是高级认知功能区域活动的结果,此时与味觉相关的低级认知功能区域被高级认知所取代。这项研究实际上证明了营销学中的一个关键命题,即产品的质量并不是购买的最终决定因素。

另一个有趣的神经营销学的研究是,2004 年前后,美国国家卫生研究院(NIH)和德国汽车公司合作,做了一项关于汽车品牌的实验。该研究发现当被试者看到名牌汽车商标并想象自驾的时候,与看到非名牌相比,大脑内侧前额叶皮质(Medial prefrontal cortex,MFPC)的神经元有明显的活动。而这一区域和"处理自我信息"有关,即当人们感受到所接触的外在世界和自己有高度相关性或有比较熟悉、亲切的感觉时,这个区域的神经元活动便会增加。这为体验式销售提供了神经学上的依据。

### (三)你真的明白自己的真实意图吗?

不论是经济人的理性假设还是有限理性假设,都有一个隐含的前提:经济人具有普遍的自知能力,能够在已经获得信息的范围内做出最优决策(1978年诺贝尔经济学得主Simon观点的基础),确知自己的观点是什么,确知自己能够陈述自己的本来意见。但是,认知神经学研究的结果却与此相悖。

2004年,Amodio等人进行了一项名叫"探知无意识种族偏见的神经信号"的研究。研究者安排了44个自信没有任何种族偏向的白人女学生,进行一项"武器—工具"的识别测试。实验过程是:先在屏幕上出现黑人或白人面孔照片(呈现时间为200毫秒),接着在屏幕上出现手枪或者是工具把手照片(也呈现200毫秒),然后要求被试者立即对看到的是"手枪"还是"工具"进行选择判断。

显然,如果在"黑人面孔后再出现工具",经常被误判为后出现的是"手枪",或者在"白人面孔后再出现手枪",经常被误判为后出现是"工具",就能够反映出被试者具有典型的种族偏向,而不是被试者自信的"没有任何种族偏向"。先前的认知神经学研究已经发现,"错误的识别判断"在ERP测试中往往出现一个产生于大脑扣带前回(anterior cingulate)的错误相关负波(error-related negativity,ERN)。

在这项研究中,研究者发现有种族偏向的错误选择所引发的错误相关负波(ERN)更强。图2-14是探知无意识种族偏见的ERP波形图。左图把"黑人—工具"误判为"黑人—手枪"的错误相关负波ERN(实线)明显强于右图把"黑人—手枪"误判为"黑人—工具"的错误相关负波;而左图所示的把"白人—工具"误判为"白人—手枪"的错误相关负波(ERN),基本上与右图所示的把"白人—手枪"误判为"白人—工具"的错误相关负波(ERN)相同。这表明,自信没有任何种族偏见的白人女学生在潜意识中存在种族偏见。

更有意思的是,在这44名被试者中那些识别判断准确率更高的被试者,他们的反映种族偏向的错误相关负波(ERN)更强烈。

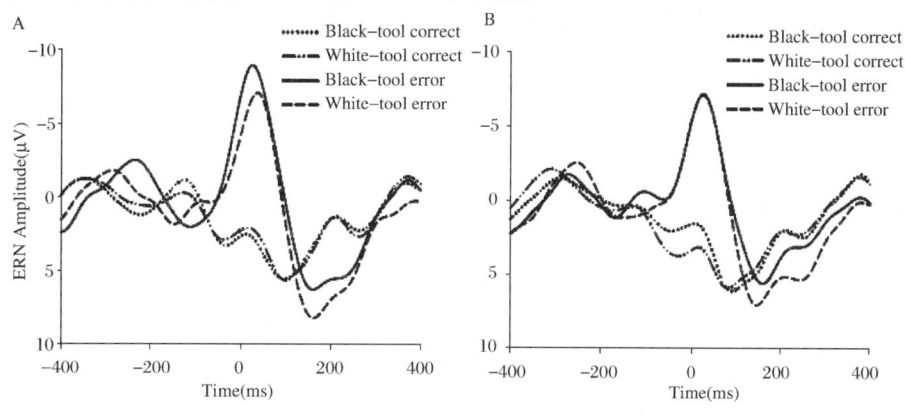

图2-14 探知无意识种族偏见的ERP波形图(Amodio,2004)

这项研究揭示了,社会学中的种族倾向问题在人脑中存在一个自我判断过程,即当人脑进行对判断是否正误的鉴别之前,往往会先有一个早期自动加工与处理。这也表明,经济人的理性(或有限理性)假设的隐含前提"经济人具有普遍的自知能力"并不成立。

## 本章知识结构图

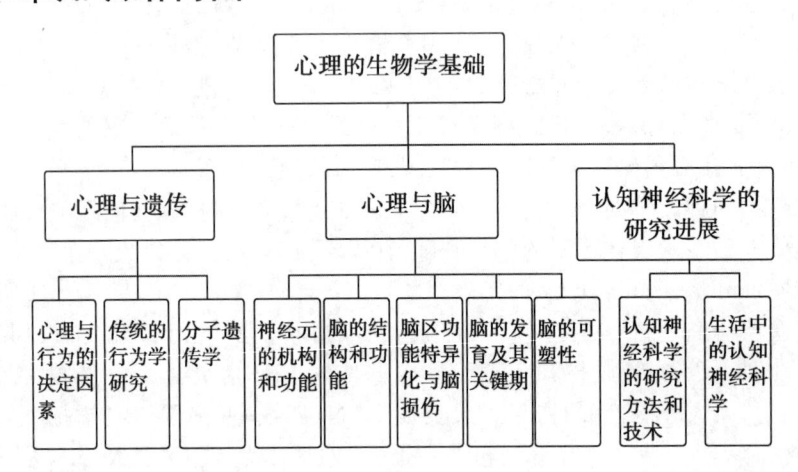

```
                    心理的生物学基础
          ┌─────────────┼─────────────┐
       心理与遗传      心理与脑    认知神经科学的
                                    研究进展
       ┌──┬──┐    ┌──┬──┬──┬──┐    ┌──┬──┐
      心 传 分    神 脑 脑 脑 脑    认 生
      理 统 子    经 的 区 的 的    知 活
      与 的 遗    元 结 功 发 可    神 中
      行 行 传    的 构 能 育 塑    经 的
      为 为 学    机 和 特 及 性    科 认
      的 学         构 功 异 其       学 知
      决 研         和 能 化 关       的 神
      定 究         功    与 键       研 经
      因            能    脑 期       究 科
      素                  损          方 学
                          伤          法
                                      和
                                      技
                                      术
```

## 一、基本练习题

1. 名词解释:

基因,行为遗传学,家谱分析,基因型,表现型,神经元,全或无定律,表达性失语症,字盲症,单侧化,失视,失认症,面孔失认症,关键期,可塑性,微电极记录法,脑电图,事件相关电位,CT,磁共振成像,功能磁共振成像,正电子成像术,经颅磁技术,脑磁图。

2. 心理与行为的决定因素有哪些?

3. 遗传与环境在智力发展上如何发挥作用?

4. 分子遗传学为什么成为行为遗传学研究的新途径?

5. 人类神经系统的层次结构是怎样的?

6. 表达性失语症与感觉性失语症的神经机制是什么?

7. 如何利用好脑发育的关键期?

8. 认知神经科学的研究方法与技术有哪些?

9. 认知神经科学的应用前景如何?

## 二、你身边的心理学

1. 现代科学证明"十聋九哑"的传统说法是错误的。为什么聋童可以学会说话？应该在什么年龄教他们说话？

2. 将来我们的知识能够像电影《骇客帝国》里描述的一样直接输入吗？为什么？请打开你的科幻大脑尽情想象吧。

# 第三章　心理的发生与发展

## 导　学

　　动物有心理吗？人的心理是怎样发生的？在不同的年龄阶段中，我们的心理是怎样发展变化的？这些发展变化在人的生活和发展上具有怎样的意义？本章，我们将要带领大家一起走进心理发展的历程，讲述一段你和我生命成长的故事。

　　在本章中，你将遇到的难点可能有：第一，心理发展为什么包括种系发展和个体发展；第二，人类心理发展为什么具有关键期；第三，遗传与环境的相互渗透与相互转化是如何进行的。本章的重点是种系发展与个体发展，关键期，遗传与环境的相互渗透与转化。

　　人的心理是在漫长的过程中逐渐进化而来的，我们要学会用发展的眼光来思考和解释人生，你会发现每一个生命的成长都演绎着一段精彩的瞬间和永恒！

### 【阅读材料】——狼孩

　　1920年，在印度一个名叫米德纳波尔的小城，人们常见到有一种"神秘的生物"出没于附近森林，往往是一到晚上，就有两个用四肢走路的"像人的怪物"尾随在三只大狼后面。后来人们打死大狼，在狼窝里发现这两个"怪物"，原来是两个女孩。其中，大的年龄约七八岁，小的约两岁。这两个小女孩被送到米德纳波尔的孤儿院去抚养，人们给她们取了名字，大的叫卡玛拉，小的叫阿玛拉。第二年，阿玛拉死了，而卡玛拉一直活到1929年。这就是曾经轰动一时的印度"狼孩"。

　　"狼孩"刚被发现时，生活习性与狼一样：用四肢行走，慢走时膝盖和手着地，快跑时则手掌、脚掌同时着地；白天躲藏起来，夜间潜行；怕火和光，也怕水，不让人们替她们洗澡；不吃素食而要吃肉，并且不用手拿，而是放在地上用牙齿撕开吃；不会讲话，每到午夜后像狼似地引颈长嚎；她们没有感情，只知道饥时觅食，饱则休息，很长时间内对别人不主动发生兴趣。

　　辛格夫妇花了很多的心血教育卡玛拉，但都不能使她很快地适应人类的生活方式。她2年后才会直立,6年后才艰难地学会独立行走,但快跑时,还得四肢并用。经过7年的教育,才掌握45个词,勉强地学几句话,开始朝人的生活习性迈进。卡玛拉死时约17岁左右,但其智力只相当于3~4岁的正常孩子。

这个案例带给我们的思考是:为什么一个人在婴儿时期离开人类社会后,会出现"有嘴不会说话,有脑不会思维"的现象?在人类心理发展的过程中,遗传和环境究竟扮演着什么样的角色?人类心理是如何从动物心理逐渐演变而成的?人类的心理如何才能不断地向前发展?带着这些问题,我们将从心理发展的实质,动物心理的发生与发展,人类心理的演变与发展以及遗传与环境等角度展开探讨。

# 第一节 心理发展的实质

## 一、心理发展

心理发展(psychological development)是指个体或种系从产生到死亡的持续有规律的心理变化过程。这个过程犹如一条蜿蜒长河,奔流不息,时而汹涌澎湃,时而静静流淌,演绎着从动物到人类,从受精卵到衰老死亡的生命传说。因此,心理发展从广义上来说既包括种系心理发展,也包括个体心理发展;而狭义的心理发展仅仅是指个体心理发展。

## 二、种系发展

种系心理发展是指从动物到人类心理的演变过程。这种演变经历两个过程:一个是动物心理的进化过程,研究动物心理是如何随着动物种系的进化而发生,又是怎样在适应自然的情况下逐渐从低级形态(受刺激性)向高级形态(思维的萌芽)发展的,这是人类心理发生和发展的前史;一个是人类心理的进化过程,探讨人类从原始人到现代人的演变过程中心理发展的历史轨迹,这是现代人类心理发生和发展的前提。人类心理是由动物心理发展演变而来的,是人类祖先在劳动过中,在语言的参与下逐渐形成和发展起来的。因此,人类的心理与动物的心理既有联系,又有本质的区别。人类不但能适应现实,而且能变革现实。

### (一)动物心理的发生与发展

动物进化的标志之一是其结构的分化,其中最主要的是神经系统的出现。动物心理的发生与发展主要决定于神经系统的演化水平及其生活环境。动物适应日益复杂的生活环境的过程,推动了神经系统及其机能的发展,神经系统的发展又使动物更好地适应外界环境,这样动物心理就发展起来了。

原生动物是动物进化过程中最低等的一种,例如,单细胞动物草履虫和变形虫,它们能朝向食物运动,并摄取和消化食物,同时能趋利避害。它们具有的这种刺激感应性的特点,能在一定范围内按照环境中的变化因素与自身的关系来调整自己的动作。但是,无论感应性的表现形式如何不同,都是生物体对外界刺激所做的反应,因此,它们的这种感应性是一种生理反应而不是心理活动。

在动物演化过程中,腔肠类动物如水螅、水母身上首先出现神经细胞,但是它们的神经系统还处于演化的低级阶段,即网状神经系统。腔肠类动物由于是以泛化的方式对外界刺激发生反应,因此,还不能对信号刺激形成稳定的反映,它们的反映形式主要处于感应性阶段,还处于心理发生的阶段。心理活动产生以后,随着动物演化阶梯的发展,动物的心理活动也经历着不同的发展阶段。

动物心理的发展大体上经历了三个阶段:感觉阶段、知觉阶段和思维的萌芽阶段。

#### 1. 感觉阶段

随着神经系统的进一步发展,网状神经系统进化为梯形神经系统,于是动物进入了心理发展的最初形式——感觉阶段。感觉阶段发展水平的动物为无脊椎动物,蚂蚁、蜜蜂等昆虫就是典型的无脊椎动物,它们只有感觉这种心理现象。例如,蚂蚁在打仗时,仅凭气味来分辨敌友。它们的嗅觉器官是触角,如果把它们的触角切断,蚂蚁就无法分辨敌友了。

节肢动物是进入较高级发展水平的动物,它们的感官不仅越来越发达,还形成了各种本能,如蜜蜂的交际本能,蜘蛛的捕食本能等。

#### 2. 知觉阶段

无脊椎动物发展到脊椎动物,是动物进化史上的一次重大飞跃。动物演化到脊椎动物,例如,鱼类、两栖类、爬行类和鸟类,形成了较为复杂的中枢神经系统和脑,进入到心理发展的知觉阶段。知觉阶段的动物不仅能够反映刺激的个别属性,而且能够对刺激物的多个属性进行反映。

鱼类是最低等的脊椎动物,它们有味觉、嗅觉、触觉、听觉、视觉、温度觉等,但是本能行为在鱼类的活动中仍然占据主要地位。两栖类的心理发展到比较复杂的知觉阶段,已能辨别物体的运动和形状。爬行类动物出现了真正的大脑皮质,它们的行为方式极其多样,能适应地面、地下、树上和水中的不同生活,能动、能走、能跑、能爬行、能爬树、能游泳等等。在爬行类的基础上,动物的演化沿着两个方向发展:一支发展为鸟类,另一支发展为哺乳类。鸟类有比较高的分析综合能力,有较复杂的心理,但其发展水平仍然处于知觉阶段。

### 3. 思维萌芽阶段

大部分哺乳类动物的心理达到了知觉的高度复杂阶段,但只有灵长类动物的心理发展到了思维萌芽阶段。哺乳类动物演化到类人猿,如黑猩猩时,它们的反映活动也达到了动物心理发展的最高水平,即思维萌芽阶段。类人猿不仅具有多种感觉、知觉以及各种情绪反映,而且能够根据已感知过的事物之间的关系解决较复杂的问题。

## (二)人类心理的发生与发展

人类心理是由动物心理发展演变而来的,是人类祖先在劳动过中,在语言的参与下逐渐形成和发展起来的。因此,人类的心理与动物的心理既有联系,又有本质的区别,人类不但能适应现实,而且能变革现实。

### 1. 人类心理发生的条件

人类心理的发生有两个基本条件:一是劳动,二是语言。

劳动具有两个基本特征:一个是制造工具和使用工具;另一个是劳动的社会集体性。这两个特征相互联系,在人类心理的产生和发展中起着极为重要的作用。

劳动的第一个基本特征是制造工具和使用工具。劳动是从制造工具开始的,以制造工具为标志的劳动过程,形成了人类意识的目的性。人类祖先在长期的共同劳动中,逐渐认识了劳动工具的固有属性和劳动对象的固有特点。这种劳动过程经过多次重复,便在头脑中形成了感知和表象,慢慢地,他们开始脱离具体事物,超出一定的时空限制,在头脑中进行概括和思考。在此过程中,逐渐能将自身同劳动对象加以区分,形成个体的自我意识,这是人类心理产生过程中极为关键的一步。

劳动的另一个基本特征是劳动的社会集体性。在集体性的劳动过程中,人类祖先开始把自己和他人、集体和自己的关系既区别开来又联系起来,逐渐地认识到自己在集体劳动中的地位和作用,从而促进了人类意识的产生和发展。例如,人类祖先为猎取食物以求生存这一共同目的而协同活动:有的人负责惊吓野兽,有的人负责捕捉野兽,而惊吓野兽是为了使别人更容易地捕获到野兽。可见,随着劳动的产生和劳动方式的变化和发展,逐渐形成以生产劳动为基础的人类社会,这是人类心理发生和发展的重要条件之一。

在动物演化到人类这个漫长的历史发展进程中,语言和劳动一起促进了人类大脑的发展,是人类心理产生和发展的最直接原因。

语言是在人类的生产劳动过程中产生的。恩格斯指出语言的产生需要两个极为重要的条件:第一,共同劳动中的交际需要;第二,发音器官的完善。这两个条件缺一不可。在劳动中,由于协同劳作和交往的迫切需要,由于表达胜利时的喜悦和危机时的求援的需要而产生了语言;而直立行走使人体生理结构发生了变化,为语言的产生提供了物质基础。在语言的交际过程中,在代代相传的过程中,随着劳动经验的日益丰富和人类交往的日益频繁,这个系统也日益复杂和完善,最终形成了稳定的社会语言体系。

综上所述,可以看到从动物进化到人类,从动物的脑演化到人脑是人类心理产生的基础和前提;而使动物变成人,动物心理变成人类心理的是社会生产劳动和劳动中产生的语言。

### 2. 人类心理的特点

人类心理是从动物心理在漫长的过程中进化而来的,但是人类心理与动物心理有着本质的区别,主要表现出三个特点:

(1)有意识的心理。人类意识是心理发展的最高阶段,是人的自觉反映形式,也是人的心理最集中、最本质的体现。人类意识作为反映客观现实的最高形式,概括起来有三个基本特征:

第一,觉知性。指人对外部刺激和自身心理的了解,表现为人不仅能意识到客观事物的存在,而且也能意识到自身的存在,自身同客观事物的关系以及自己的心理活动和行为等。例如,人能够了解自己感知到什么,还能够觉知到自己对他人及对客观事物所抱有的态度、从事的行为和行为的后果等。

第二,能动性。指人的意识能动地反映客观世界和改造世界的能力和作用。具体表现在人的意识活动具有目的性、计划性和主动创造性等。例如,用树木做家具,人总是先考虑做这个东西干什么,其次在大脑中想象出不同家具的形象,然后制定制作方案和步骤,有时还在制作的过程中根据具体情况修正头脑中的计划,甚至改变预期的目的等。

第三,社会历史制约性。马克思和恩格斯明确地指出:"意识一开始就是社会的产物,而且只要人们还存在着,它就仍然是这种产物。"人类意识是在社会生产劳动的实践中产生的,也是随着社会历史条件的变化而发展的。

(2)社会性的心理。人类心理是社会历史发展的产物,会受到社会的影响和制约,因此,人类的心理是社会性心理。一方面,人在生活中总要与社会政治、经济、文化、思想等各方面产生联系和影响;另一方面,由于社会生活和社会关系的错综复杂,不同社会、不同时代、不同民族有其不同的心理特点。民族心理学就是研究原始人和现代人的心理差异的。社会心理学家研究社会及文化背景下的人类心理和行为表现,例如,研究社会境遇如何影响社会知觉,社会因素如何作用于人类的态度和信仰等。离开了人类社会和实践,就谈不上人类的心理。

(3)有语言功能的心理。语言在社会劳动中产生,是人们交流思想不可缺少的工具和手段。由于有了词,人脑才有可能进行抽象思维,产生人类意识。语言有两个主要的功能:概括作用和调节作用。人类借助于语言,认识了周围事物的内容,使感知、概念、记忆概括化、理性化,使情感、意志更具有调节功能。人类借助于语言,将世世代代积累的社会实践转化为知识,一代一代地传递下去,促进社会的文明和发展。人类有意识的心理,正是以语言为基础的个体经验和社会经验的总和。

图 3-1　种系的发展和进化简图

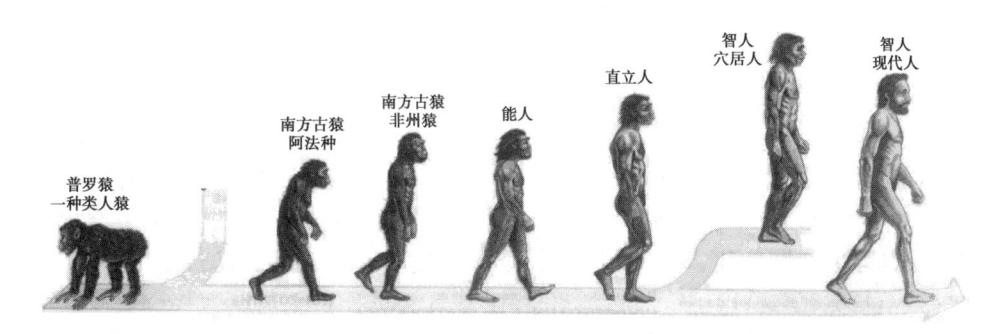

图 3-2　人类进化简图(拉尔夫,1998)

## 三、个体心理发展

个体心理发展指个体从受精卵开始到出生、成熟,直至衰老的生命全程中,心理的发生和发展。个体心理发展是一个由量变到质变、持续一生的发展过程。个体心理发展大致可分为八个阶段:婴儿期(从出生到3岁)、幼儿期(3岁到6、7岁)、童年期(6、7岁到11、12岁)、少年期(11、12岁到14、15岁)、青年初期(14、15岁到20岁)、成年早期(20岁到30岁)、成年中期(30岁到65岁)、成年晚期(65岁以后)。整个生命全程中,个体的心理不是固定不变的,而是处在一个不断发展变化的过程中,是生长和衰退两个对立面的统一,童年期以生长为主,成年期则处于较为稳定的状态,到老年期则逐渐衰退。童年期和青春期是人生中最美好的一段,充满了变化、探索、活力和追求,从教育的角度而言,也是个体素质的全面培养和潜能被开发的重要时期。

个体心理发展包括两个大的发展主题:认知发展和社会性发展。前者主要指感觉、知觉、注意、记忆、思维、想象和言语等认知能力的发展,其中思维的发展是认知发展的核心环节;后者主要指自我意识、情绪、动机、兴趣、价值观、人格和道德品质等的发展,其中人格的发展是社会性发展的核心环节。

人类个体的认知在出生以前就已经开始产生和发展。新生儿一出生就具有一些与生俱来的反射活动,如吸吮反射、觅食反射等,这是他们赖以维持生存和防御外来伤害的本能。他们出生不久,就表现出一定的感觉能力,甚至还有感觉和运动之间的初步协调,比如能将头转向声源方向,逐步有与成人之间的目光交往等。新生儿的这一类活动尽管还很原始和粗糙,而且很不稳定,也缺乏充分的协调,但它们是构成认知活动十分必要的基础,个体认知的发生及其后的发展都以这个基础作为最初的根据。随着年龄的增长,个体的认知发展由浅入深,由认识事物的表面现象逐步达到认识事物的实质,从而达到人类思维的最高水平——抽象逻辑思维阶段。

个体心理发展的过程,是一个社会化的过程。社会化是个体由自然人成长、发展为社会人的过程。每个人必须经过社会化才能使外在于自己的社会行为规范、准则内化为自己的行为标准,这是社会交往的基础,并且社会化是人类特有的行为,只有在人类社会中才能实现的。社会化过程包括学习、适应、交流,人类个体借以发展自己的社会属性、参与社会生活的一切过程。人类在社会化过程中,学会基本的生活技能,掌握社会规范、生活目标,形成社会职能,培养社会角色,从而保持社会文化的传承和社会生活的延续。

## 第二节　心理发展的基本规律

### 一、心理发展的基本规律

#### (一)方向性和顺序性

个体的心理发展在正常条件下,总是具有一定的方向性和顺序性,而且是不可逆,也不可逾越的。比如,个体动作的发展,就遵循由上到下、由近到远、由粗到细的发展规律,每个婴儿都是如此。所谓由上到下,就是指个体动作的发展总是头部动作最早发展,其次是躯干动作,最后是腿脚的动作,所以儿童总是先学会抬头、转头,然后才能够翻身和独坐,最后才会直立行走和跑跳。由近到远指的是,个体发展是从身体中部开始,然后延伸到边缘部分,越接近身体中心的部位发展越早,表现为头部和躯干的动作比四肢先发展,手臂和腿的动作比手指和脚趾先发育。由粗到细指的是,个体总是先学会运用大肌肉、大幅度的粗动作,以后才逐渐学会运用小肌肉的精细动作。

在儿童思维的发展中同样遵循一定的方向性和顺序性:直觉行动思维、具体形象思维、抽象逻辑思维。因此,根据发展的方向性和顺序性,教育和训练都必须遵循循序渐进的原则。

#### (二)不平衡性

心理发展的不平衡性主要是指人一生全程的心理发展并不是以相同的速率前进的,而是按不均衡的速率向前推进的。因此,心理发展可以因发展速度、起始时间、达到成熟水平的不同而表现出多样化的发展模式。从总体发展来看,整个发展不是匀速上升,而是呈波浪形向前推进。婴幼儿期是个体心理发展的第一个加速期,儿童期是平稳发展期,青春期出现第二个加速期,然后平稳发展,最后老年期各方面都表现出下降趋势。

心理发展的不平衡性一方面表现在不同系统在发展速度、发展起止时间和到达成熟时期的不同进程等方面。比如,感知觉在胎儿阶段已经发生发展,到婴幼儿阶段很多感知觉就已经达到成熟水平,而智商要到 25 岁左右才达到顶峰状态。不平衡性的另一方面还表现在同一机能系统特性在发展的不同时期有不同的发展速率。比如智力的发展,在儿童期呈上升趋势且发展速度非常快,到青年期达到顶峰,以后随着年龄的增长而缓慢下降。可见,心理发展是不平衡的,在教育中必须遵循适时性原则,不能急于求成、拔苗助长。

### (三)普遍性和差异性

人类的心理发展具有普遍性,正常个体的发展总是要经历一些共同的基本阶段,如思维的发展,都是从直觉行动思维到具体形象思维,再到以抽象逻辑思维为主。与此同时,个体心理发展在进程、内容、水平等方面又具有千差万别的特殊性,各种特殊性统称为心理发展的差异性。世界上没有完全相同的两片叶子,世界上也没有完全相同的两个人,在人类的心理发展中也是如此:有的人聪明早慧,有的人大器晚成;有的人活泼好动,有的人沉默寡言;有的人善于逻辑思维,有的人善于形象思维等等,可谓千人千面,各具特色。而心理发展最典型的差异性代表则是称为白痴学者的学者症候群体。

众多心理学家曾专门研究了个体心理发展的差异,并由此建立起"差异心理学"。他们的研究发现,不同的个体在心理发展过程中,其"心理机制、运动系统的活动能力、感觉和知觉的灵敏度、智力、知识范围、学习成绩、兴趣、态度以及其他种种不同的心理特征……都存在着程度不等的差异性"。造成个体心理发展的差异性的原因很多,主要与个体自身的遗传素质、后天生活环境、学习等因素有关。正是由于心理发展的差异性,才构成了多姿多彩的人类世界;也正是由于心理发展的差异性,才要求我们在教育工作中必须因材施教。

### (四)连续性和阶段性

心理发展是一种连续、渐进的过程,是一个不断地由量变到质变的发展过程。这种从量变到质变的过程使心理发展表现出连续性和阶段性。

在心理发展过程中,连续性表现在个体整个心理发展是一个逐渐变化的连续性过程,即量变的过程。每一种心理过程、心理特征的发展,都是对先前心理活动的继承与发展;阶段性表现在当某些代表新质要素的量积累到一定程度时,就会取代旧质要素而处于优势的主导地位,表现出一些明显的、可以标志出来的阶段,即质变的过程。

例如,思维的发展遵循着从动作思维到形象思维,再到抽象思维的顺序,整个思维的发展既是一个连续的过程,也是分阶段的。具体来说,幼儿的思维继承着婴儿动作思维的特点,同时形象思维开始发展起来;小学中、低年级儿童的思维以形象思维为主,又开始发展起抽象思维;小学高年级的儿童抽象思维进一步发展,但仍保留着具体形象思维的特点;中学生阶段抽象思维逐步占主导地位等。因此,个体心理的发展是连续性与阶段性相统一的过程,它是一种量的积累过程,发展过程中每一质变的转折点,都是在个体长期发展过程中,量的积累的结果。每一个发展阶段有意无意地为下一发展阶段作了准备,并且每一发展阶段又是先前成长发育与经验的结晶。

## 二、心理发展的关键期

关键期指人的某些行为与能力的发展有一定的最佳时间,如在此时给以适当的良性刺激,会促使其行为与能力得到更好的发展;反之,则会阻碍其发展甚至导致行为与能力的缺失。

"关键期"是奥地利著名的生物学家昆拉多·劳伦兹(K. Z. Lorenz)博士提出的,并因此荣获了诺贝尔奖。1935年,劳伦兹在研究小鸭和小鹅的习性时首先发现,小鸭和小鹅在刚孵化出来后不久,会有明显的认母行为,它会追随第一眼见到的活动物体,把它当成自己的"母亲"而跟着走。劳伦兹把这种无需强化的、在一定时期内容易形成的反应叫做"印刻"(Imprinting)现象,把"印刻"现象发生的时期称为"关键期"。关键期最基本的特征是,它只发生在生命中一个固定的短暂时期,如小鸭的追随行为典型地出现在出生后24小时内,超过这一时间,"印刻"现象就不再明显。

心理发展"关键期"的理论认为:人类个体从出生到成熟有一个漫长的过程,在这个过程中,不同年龄阶段的发展水平和速度是不同的。个体在其发展过程中有某个特定时期对某些能力或知识信息的获得特别敏感,如果接受了适当刺激的影响,就能不知不觉地、毫无困难地获得这些能力和知识;而一旦错过这一时期,以后对这些知识和能力的获得就会事倍功半,得花几倍、几十倍的时间与努力,甚至永远失去获得这些能力和知识的可能。印度发现的"狼孩"就是关键期发展缺失的典型事例。

关键期的研究在教育实践方面引起了强烈反响,它促进了人们对儿童早期教育的重视。近期的研究证明,在关键期内,越早进行教育和训练,大脑就越聪明灵活。例如:婴儿4~6个月是吞咽咀嚼关键期;8~9个月是分辨大小、多少的关键期;7~10个月是爬的关键期;10~12个月是站和走的关键期;2~3岁是口头语言发育的关键期,也是计数发展的关键期等等,在这个时期采取积极的教育措施促进发展,将会获得事半功倍的效果。

### 【阅读材料】何时开始教育最好？

在《世界经典教育案例启示录》一书中有这样一个小故事。

一位英国少妇希望自己的孩子能成才，可她不知道什么时候开始对孩子教育比较好，于是，她抱着孩子去请教伟大的学者达尔文。

"达尔文先生，您是世界上著名的大科学家，请问您，我的孩子什么时候开始教育最好呢？"

"亲爱的夫人，"达尔文瞅了少妇一眼，关切地问，"您的孩子已经多大了？"

"她还小着呢，才两岁半。"

达尔文叹了口气道："哎，夫人，您对孩子的教育已经晚了两年半了！"

不过应该注意到的是，对人类心理发展的关键期问题，目前还存在一些争论。一些研究者认为，关键期教育的缺失对人类发展所造成的负面影响，通常只有在极端情况下才难以弥补，错过关键期后，心理功能产生和发展的可能性依然存在，只是可能性比较小，形成和发展相对比较困难。例如，运动技能的学习关键期在10岁左右，如果一个人在此之前学习一种乐器，那么他经过较少的练习就能够演奏这种乐器，并且很容易保持这种技能；然而，如果一个人在10岁以后才学习乐器，他仍然可能成为一名出色的演奏家，只是他必须进行更多的练习，付出更大的代价。因此，错过关键期的儿童或成人通过后期适宜的教育仍然能够获得良好的发展。

## 三、心理发展的年龄特征

人的心理发展是以年龄作为指标的，没有年龄，个体的心理发展也就无法表达，因此，年龄是心理发展的时间维度。儿童期心理总是随着年龄的增长而发展和提高，到老年期，则随着年龄的增长而衰退和下降。

不同的个体在生理发育、心理和社会化的发展方面都存在着个体差异。同一个人在生理、心理和生活等方面的成熟也不同步，所以人们一般会从四个角度来衡量一个人的年龄大小：一是实际年龄，也称为时序年龄或自然年龄，表示一个人自出生之日算起的年龄；二是生理年龄，即是从生理学和医学的角度来衡量人的年龄时使用的概念，通常是指一般人达到一定时序年龄时的生理及其功能的发展水平，比如，一个人的时序年龄为50岁，可他的脑细胞的总重量仍和40岁的人一样，则可认为他的生理年龄为40岁；三是心理年龄，是从心理学的角度来标识大多数同龄人达到某一实际年龄时其心理发展的水平，与实际年龄并不完全一致；四是社会年龄,是指一个人在他所处的环境中,被其他人在心理上所认为处在的年龄状态,例如一个18岁的人,在法律上已经是成年人,但在周围人的眼中,他仍只是一个孩子,直到他自己有了家室,才会被认为是真正融入了社会,真正成为了一个成熟的人。

个体心理的年龄特征,是指在一定的社会和教育条件下,个体在不同的年龄阶段中形成的一般的、本质的、典型的心理特征。

第一,年龄特征是从许多个体心理发展的事实中概括出来的,它代表了某一年龄段大多数人心理发展的特征和一般趋势。个体从出生到老年大约经历了乳儿期(0～1岁),婴儿期(1～3岁),幼儿期(3～7岁),童年期(7～12岁),青春期(12～18岁),成年初期(18～25岁),成年中期(25～50岁),成年晚期(50岁以上),每个年龄阶段会表现出不同于其他阶段的特征。例如,乳儿早期的动作特征主要表现为各种先天的无条件反射动作,如眨眼反射、瞳孔反射等等;而青春期则表现出心理发展的矛盾性、反抗性及过渡性等年龄特征。关于年龄特征的论述,我国伟大的教育家孔子提出的"吾十有五,而致于学,三十而立,四十而不惑,五十而知天命,六十而耳顺,七十而不逾矩。"直到今天仍然具有很大的参考价值。

第二,年龄特征不是某一年龄阶段儿童所有的心理特征,而是与其他年龄阶段所不同的具有代表性的典型心理特征。个体的年龄特征主要表现在四个方面:(1)表现在主导的生活事件和主导活动形式上,比如,我们称幼儿期为游戏期,就是因为游戏是幼儿的主导活动;(2)表现在智力发展水平和人格发展特点上,比如,小学生的思维特征是从具体形象思维向抽象逻辑思维过渡,其具体表现为小学低年级以具体形象思维为主要形式,小学四年级是思维发展的关键年龄或者转折年龄,小学高年级逐渐以初步的抽象逻辑思维为主要形式;(3)表现在生理发育水平上,例如,人一生有两个生理发育的加速期,一个是婴幼儿期,一个是青春期,在这两个时期是个体生理发育的高峰期;(4)表现在语言发展水平上,语言的发展更表现出典型的年龄特征,个体一般在1岁左右开始说出第一个有意义的词,到3岁就基本掌握了母语等。

第三,年龄特征既具有稳定性又具有可变性。年龄特征是在一定社会、教育条件下形成起来的,一经形成,便表现出了很大的稳定性。年龄特征之所以具有稳定性,是因为:第一,年龄特征的质变并不是立刻反映出来的,至少要经过一代人或几代人才会有所反映。第二,社会历史条件和教育条件的变化具有相对的继承性和稳定性。拿游戏的发展来说,人类社会从古至今,任何地区、任何民族的儿童都喜欢游戏,并且在有些游戏的内容和方式上具有跨文化的一致性,如婴儿都喜欢藏猫猫的游戏，幼儿都喜欢过家家的游戏等。第三，个体掌握相应的知识经验和其生理、心理的成熟也必须遵循共同的顺序和规律，并不是一蹴而就。例如，在个体的心理发展过程中，最先发展的总是感知觉，之后是运动能力和言语能力，最晚发展的则是抽象思维。这个发展顺序是固定不变的，各个阶段之间的顺序不能互换，也不能跨越。

尽管心理的年龄特征具有一定程度的稳定性，但也不是一成不变的。在不同的社会文化背景和教育影响下，个体的心理发展水平在年龄上可以提前或推后，所以不存在一个古今中外统一的、一成不变的、永久性的年龄特征。据国外一些研究报道，当代儿童在心理上较30年前的儿童早熟两年，十多岁的儿童每隔10年身高增长一寸；儿童智力的发展也表现出一定的可变性，1972年的常模测定（S-B量表）比1960年普遍提高智龄6个月左右。

## 第三节　心理发展的影响因素

### 一、遗传与环境之争

遗传与环境的影响是心理学争论的永久命题，遗传与环境在心理发展中究竟扮演什么样的角色？哪个起着决定性的作用？心理学家对这一问题的认识经历了三个阶段：第一个阶段，心理发展是由遗传决定的还是环境决定的？第二个阶段，遗传与环境在心理发展中各起多少作用，谁的影响大？第三个阶段，遗传与环境如何相互作用形成心理机能？

#### （一）第一阶段：单因素论

早期的心理学家对制约心理发展的两大基本因素——遗传与环境的作用问题持"非此即彼"的单因素观点。单因素论者认为，心理发展要么是遗传因素决定的，要么是环境因素决定的，即遗传或者环境单独对个体心理的发展起决定性作用。代表性的观点为遗传决定论和环境决定论。

遗传决定论的基本观点：心理发展是由遗传因素决定的；心理发展的过程是遗传素质的自然显现过程；环境的作用只能促进或延缓遗传素质的自我显现而已。遗传决定论的代表人物是英国的心理学家高尔顿（F. Galton），他采用家谱分析法，归纳出了心理发展的遗传定律，断定"人的能力来自遗传"。该定律表示，人的遗传

1/2来自父母,1/4来自祖父母,1/16来自曾祖父母……"一两的遗传胜过一吨的教育",从这个观点折射出儿童心理学家霍尔(G. S. Hall)也是遗传决定论的支持者。美国教育心理学家詹森(A. Jense)认为人的心理80%来自遗传。

环境决定论的基本观点:心理发展是由环境因素决定的;片面地强调和机械地看待环境或教育在心理发展中的作用,否定遗传在心理发展中的作用。环境决定论者的代表人物是美国行为主义创始人华生(J. B. Watson)。华生的一段名言是环境决定论和教育万能论观点的典型写照:"给我一打健康的婴儿和一个我可以给予特殊培养的世界,我保证在他们当中任意选择一个,能训练成我想培养的任何一种专家:医生、律师、艺术家、大商人,甚至是乞丐、小偷,而不管他的天赋、爱好、能力、倾向性以及他的种族和职业。"

很显然,遗传决定论、环境决定论分别重视了遗传素质、环境教育对心理发展的制约作用,但两者都因为片面强调单因素的作用,走向极端而失去科学性。

## (二)第二阶段:二因素论

为了克服遗传决定论和环境决定论的片面性,心理学家们提出了各种调和的观点,这些观点被统称为二因素论。二因素论的基本观点是:遗传因素和环境因素共同决定心理的发展,把两者视为相互孤立存在的因素,关注各因素在心理发展中发挥作用的程度。二因素论的观点在20世纪50年代以前较为流行,代表人物是德国儿童心理学家施太伦(W. Stern)和美国心理学家格塞尔(A. Gesell)。施太伦认为:"心理的发展并非单纯是天赋本能的渐次显现,也非单纯由于外界影响,而是内在本性和外在条件复合的结果。"

格塞尔认为支配儿童心理发展的因素有两个:成熟和学习。学习与生理上的准备状态有关,在人的生理发展还没有达到准备状态时,学习不会发生,一旦准备好了,学习就会生效。格塞尔的这种观点主要来源于他在1929年所做的著名的双生子爬楼梯实验。由此,格塞尔认为儿童的学习取决于生理的成熟,没有足够的成熟就没有真正的发展,而学习只是对发展起一种促进作用,发展的过程不可能通过环境的变化而改变。

二因素论在单因素论的基础上同时关注到遗传与环境对心理发展的作用,但是它没能进一步揭示遗传与环境两个因素之间复杂的本质关系。

## (三)第三阶段:相互作用论

相互作用论的基本观点:在心理发展中,遗传与环境之间是相互依存、相互联系的制约关系;是相互渗透、相互转化的互动关系;遗传与环境的相互作用受到个体主观能动性的影响。相互作用论的观点是现在心理学家们普遍承认的观点,它摒弃了绝对决定论的极端、片面,改变了调和作用论的孤立、机械,以一种辩证的观点来看待遗传与环境的辩证关系。其代表人物有皮亚杰(J. Piaget)、瓦龙(H. Wallon)以及苏联的社会文化历史学派。

著名的儿童心理学家皮亚杰认为个体心理的发展既不是来源于主体之外的客体,也不是来源于独立于客体的主体,而是来源于主体和客体之间的相互作用。遗传与环境相互作用决定了个体发展:遗传与环境是两个维度,它们在个体发展中都具有100%的作用,但两者不是孤立作用的,而是通过相互作用决定着个体的发展。对于两者发挥怎样的作用?目前的主流观点认为,遗传决定了个体发展的潜能范围,环境决定着在这一潜能范围之内的个体实际的发展水平。遗传只提供儿童心理发展的可能性,而环境和教育则规定儿童心理发展的现实性。一般地说,大多数人的遗传素质是差不多的,其心理发展之所以有差异,决定性的因素还是在于环境和教育的不同。

相互作用论是目前国际心理学界普遍认可的观点。它对于我们科学认识遗传和环境在心理发展中的作用提供了科学的视角,也为实践教育提供了理论支持。从前面印度"狼孩"的例子中,我们不难发现遗传与环境在个体心理发展的过程中是相互起作用的,狼孩虽然是人的后代,拥有人类的大脑,但不与人类社会接触,高级的心理品质还是不能得到发展。而没有人类的大脑为基础,就不会具有高级的心理品质,"聪明的汉斯"就是很好的证据。

### 【阅读材料】聪明的汉斯

20世纪初,一匹叫汉斯的马引起了巨大的轰动。在主人的训练下,汉斯可以自己敲着蹄子数数,而且即使只把一个数字大声地念出来或者把它写在黑板上,汉斯也可以正确地数出来。更令人称奇的是,在主人的教导下,聪明的汉斯经过一段时间的训练,还掌握了4种基本的数学运算。当人们向它呈现算术题目时,它会用蹄子敲出准确答案。汉斯还学会用敲击蹄子的方式认字:每个字母可以翻译成数字代码,汉斯就可以用蹄子敲击次数来代表这个字母。后来,聪明的汉斯引起了科学机构的关注。人们成立了一个委员会,对聪明的汉斯进行科学鉴定,结论却没有发现任何骗人的花招。

鉴定结果更让人困惑:难道汉斯真的能够做出过去人们认为动物不能做的事?动物难道真具有超乎人们想象的思维能力吗?

在更深入的调查中发现：如果在向马提问时，在场的人谁也不知道答案，汉斯立刻就会陷入迷乱，既不会数数，也不会计算，更不用提认字了。原来，汉斯根本不会计算。有研究者注意到当汉斯踏步数数到正确数目时，他的主人会微微地昂一下头，马主人这个令人几乎无法察觉的点头动作，让马由此得到了信号。例如，如果让马计数 7，它开始用蹄子踏地，当它踏够了数目，主人送出的微细信号告诉它已经数够了，它便停下来。汉斯十分敏感，即使主人的眉毛微微一挑，甚至是他鼻孔的微小扩张也足够使它从中得到正确答案。不但如此，汉斯还会通过周围观看者"下意识发出的信号"得到正确答案的线索。比如，每当汉斯的蹄子敲击到正确的次数时，观众都会做出"突然放松"的一些下意识反应。

汉斯并没有计算能力和思维能力等人类所具有的高级心理品质，它具有的是另一种特殊能力——敏锐的洞察能力，这使它能从各种各样的人那里获得微妙的提示以得出正确的答案(Pfungst,1911)。

## 二、遗传是心理发展的自然基础和前提条件

从前面的争论中，我们可以看到人的心理发展同时会受到遗传和环境的影响，无论是动物还是植物，遗传是保持生物性状的最普遍现象，所谓"龙生龙，凤生凤"、"种瓜得瓜，种豆得豆"就是这一写照。遗传的生物特征主要是那些与生俱来的解剖生理特征，如人类机体的构造、形态、感官和神经系统的特征等。没有良好的遗传基础，便不会有个体后天良好的心理发展。例如，无脑畸形儿天生不具有正常的脑髓，因而只能有一些最低级的感觉，不能产生思维；一个先天耳聋的孩子，无法辨别声音，更无法成为音乐家。

遗传信息是怎样传递给下一代的呢？遗传信息主要通过 DNA（脱氧核糖核酸）传递，因此，在精卵结合的一刹那，遗传素质就已经决定了我们是黑发还是金发、是卷发还是直发、是黑色的眼珠还是蓝色的眼珠等。

当遗传基因中有一个缺陷时，就可能在个体身上产生发展的偏离，如唐氏综合症、RH 溶血病、苯芮酮尿症等。唐氏综合症是最先得到证明由常染色体的异常引起人类智力低下的例子，它主要源于第 21 对常染色体上出现三条染色体，所以又称 21-三体症。患者一般脸型圆满，两眼间距较正常人宽，塌鼻梁，口小舌大，都有轻度或中度的智力低下，性格较为平和与开朗。

RH 溶血病是一种"抗原"和"抗体"的免疫反应，是由母亲与胎儿 RH 血型不合而引起新生儿免疫性溶血。如果怀孕的母亲是 RH 阴性，第一个孩子是 RH 阳

性，那么胎儿的血液透过胎盘进入母亲的血液循环系统，使母亲的血液产生RH抗体。当第二个孩子又是RH阳性时，母亲的RH抗体就会进入孩子血液，侵袭他的红细胞，造成流产死胎、心脏缺陷等问题。

苯芮酮尿症也是一种遗传疾病，它是由于在遗传过程中，血液中缺乏一种分解苯芮酮酸的酶，以至损害中枢神经系统，造成儿童严重的智力低下。如果在孩子生下来后，通过饮食疗法，可以使其智力恢复正常。

可见，遗传对个体的心理发展有很大的影响，因为它为个体的发展提供了自然前提和可能性，但是，遗传不可能完全决定一个人的发展。例如，一个生来言语器官健全的儿童，如果出生以后没有和社会接触，就不可能学会说话，甚至不可能形成人的心理；如果没有适当的音乐环境或音乐教育，就不可能成为音乐家等。

遗传对个体心理发展的影响因年龄而有所不同，总的趋势是：遗传对心理的影响随着年龄增大而减弱，尤其是到青少年期，遗传的作用不如环境和教育的影响那么明显和直接。因此，遗传在个体心理发展中扮演着自然基础和前提的角色，它为个体的发展提供了可能性，而这种可能性要转变为现实性，则取决于后天的环境和教育的影响。

## 三、环境为心理发展提供了现实条件

环境是指个人身体之外的客观现实，按其性质可分为自然环境和社会环境两大类。

自然环境包括大气、水、土壤、生物及各种矿物质资源等，如果没有这些条件作保障，人类就无法生存，所以，自然环境是人类赖以生存和发展的物质基础。人的体力、性格、相貌、声音等，在不同的自然环境中成长会有很大的区别。俗话说："一方水土养一方人"，江南多才子佳人、塞外多勇武豪爽之人等，都反映了自然环境对个体心理发展的影响。

社会环境主要是指个体所处的社会地位、家庭、人际关系和周围的社会风气等社会生活条件。社会环境对个体心理发展有着重大的影响，所谓"近朱者赤，近墨者黑"、"孟母三迁"等都阐释了社会环境在个体心理发展中的作用。

### 【阅读材料】孟母三迁

孟子幼时，其舍近墓，常嬉为墓间祭拜之事，其母曰："此非吾所以处吾子也。"遂迁居市旁；孟子又嬉为贾人炫卖之事，母曰："此又非所以处吾子也。"复徙居学官之旁；孟子乃嬉为设俎豆揖让进退之事，其母曰："此可以处吾子矣。"遂居焉。

## (一)社会环境使心理发展的可能性变为现实

个体心理发展的可能性是由遗传素质提供的,但是如果没有社会环境的作用,可能性就不会变成现实。例如:遗传素质提供了人类使用语言的可能性,但在教养不良条件下的婴儿,说话的时间会大大推迟。特别是和野生动物一起生活的人类婴儿,即使长到很大,也不会说出完整的话。只有在正常的人类环境中生活,婴儿说话的可能性才能得以实现。

## (二)社会环境决定着心理发展的方向、速度和水平

环境不仅影响心理的形成,而且也影响心理发展的方向、速度、水平等。一般地讲,人们的遗传素质和生理成熟是差不多的。例如,正常儿童出生时,都具有人所共有的、基本的解剖生理特征,然而,现实生活中却没有心理发展水平和表现完全一样的儿童,每个孩子的智力、兴趣、爱好、性格等都千差万别。造成这种差异的原因主要不在于遗传,而在于环境和教育。心理是遗传、环境、教育交互作用的结果,遗传为个体心理的发展提供了物质基础,环境和教育决定了心理发展的方向、速度和水平。

## (三)教育对人类心理的发展起着主导的作用

在人类心理的发展中,教育起着主导的作用,主要表现为:

第一,教育尤其是学校教育对个体进行的是一种有目的、有计划、有系统的影响过程,这比自发的、偶然的、无计划的环境因素的影响要更有力、更有效。学校教育将文化知识和道德规范以课程形式体现,对个体实施德智体美劳全面发展教育,能引导个体的心理朝着适应社会需求并发挥个人潜能的方向发展。

第二,在个体心理发展早期,即婴幼儿时期,家庭教育是重要的影响因素,家庭是人生的第一所学校,又是终身的学校,父母是孩子的第一任老师,又是终身的老师。家庭的教育功能主要是通过父母与子女的相互作用来实现的,良好的家庭环境、积极、民主的教养方式、融洽的生活氛围等都是个体心理良性发展的保障。在儿童青少年时期,大部分时间都是在进行系统教育的学校中度过的,学校是个体系统学习文化科学知识、德智体美劳各方面全面发展的地方,学校教育作为特殊的环境和特殊长期的活动,是影响个体心理发展的环境因素的重要组成部分。

第三,教育可以充分利用、发挥遗传和环境中的有利因素,而克服和消除其不

利因素,以促使个体心理更快、更好地发展。美国著名女作家、女教育家海伦·凯勒自幼又聋、又哑、又盲,可就是由于受到了良好的专门教育,使她可以通过触觉、嗅觉来认识世界。最后,不仅她的心理各方面得到了正常、健康的发展,而且在许多其他方面超过了常人,还写出了许多很有价值的文章和著作,闻名于全世界。

家庭教育、学校教育和社会教育是教育的三种基本形式,每一个人的成长过程都是这三种教育形式综合作用的结果。对于每一个人来说,这三种教育形式就像一座综合加工厂,哪一道工序出问题都不可能造就完美的人。

## 四、内因与外因的辩证关系

环境和教育对个体心理发展是十分重要的,但社会环境和教育并不能简单地、机械地、任意地左右心理的发展,因为它依然是外因或外部条件,这个外因必须通过个体心理发展的内部动力(即内因)起作用,才能真正推动心理的发展。

在个体心理发展过程中,社会和教育向个体提出的要求所引起的新需要和个体已有的心理水平和状态之间的矛盾,就是个体心理发展的内部矛盾,或称为心理发展的动力。如小学生学会了加减法后,再教乘除法(教育要求),才能够使他们产生学习的欲望(新的需要)。新的需要产生后,与学生原有心理水平和状态形成矛盾,这时教育必须通过各种措施,同时组织积极的活动和实践,如进行各种学习和练习、课外作业、课外活动等等,促使学生心理上升到一个较高的新水平,掌握新的知识和技能。

在个体心理发展中,外因的作用是重要的,它是心理发展所不可缺少的条件。但是,外因的作用不管有多大,毕竟只是一种条件,如果它不通过心理发展的内因,不对心理发展的内在关系施加影响,它是不可能起作用的。如果心理发展中不存在某种特定的内因,则无论有多好的环境条件或教育措施,也不能使个体的心理发生某种特定的质变。

同时,环境或教育条件所提出的要求,必须是适当地高于个体心理的原有水平并经过个体的主观努力后能够达到的要求。这样,新的需要与原有心理水平的矛盾不断产生,并得以解决,才能够推动个体心理不断地向前发展。

## 本章知识结构图

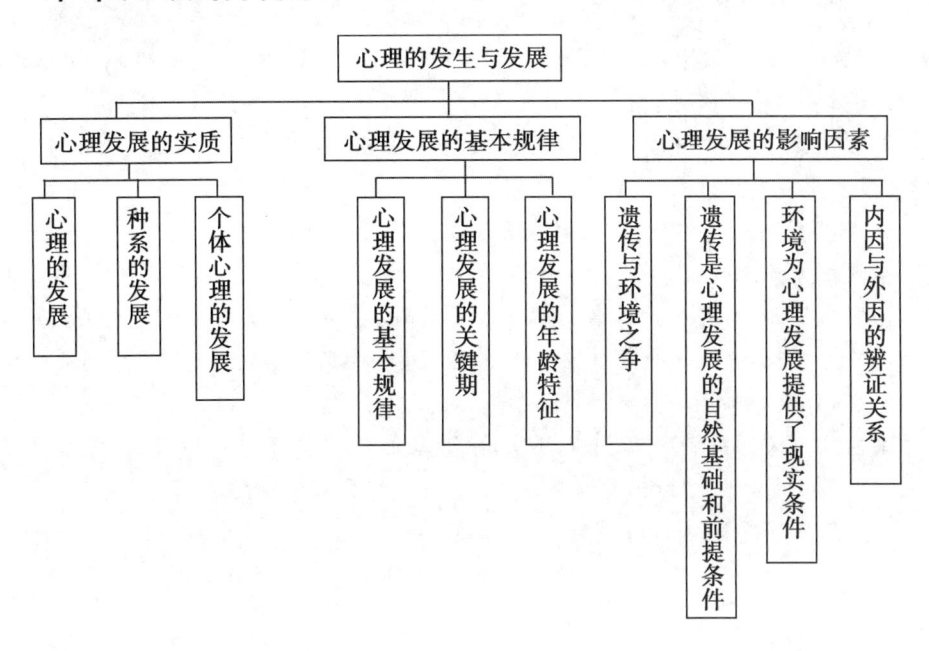

```
                    心理的发生与发展
           ┌───────────┼───────────┐
      心理发展的实质   心理发展的基本规律   心理发展的影响因素
      ┌────┼────┐    ┌────┼────┐    ┌────┬────┬────┐
    心理  种系  个体  心理  心理  心理  遗传  遗传是 环境为 内因
    的    的    心理  发展  发展  发展  与    心理   心理   与
    发展  发展  的    的    的    的    环境  发展的 发展   外因
                发展  基本  关键  年龄  之争  自然   提供了 的辨
                      规律  期    特征        基础和 现实   证
                                              前提   条件   关系
                                              条件
```

## 一、基本练习题

1. 名词解释:

   心理发展,种系发展,个体心理发展,心理发展的不平衡性,个体心理的年龄特征,心理年龄,社会年龄,心理发展的动力

2. 种系心理发展包括哪两个过程?
3. 人类心理有哪些特点?
4. 心理发展的基本规律有哪些?
5. 你如何看待心理发展的关键期问题?
6. 心理发展的年龄特征指的是什么?
7. 遗传决定论的基本观点是什么?你如何理解?
8. 环境决定论的基本观点是什么?你如何理解?
9. 遗传与环境在心理发展中扮演着什么样的角色?
10. 结合自己的成长说说家庭在个体心理发展中的作用。

## 二、你身边的心理学

1. 在我们的生活中,每个人都是与众不同的:有的活泼,有的安静;有的聪明,有的迟钝;有的擅长文艺,有的精于推理……这是什么原因呢?

2. 我国民间总结出婴儿的动作发展会表现出"三翻、六坐、八爬、十二走"现象,请用所学的知识进行阐释。

3. 案例解析:《伤仲永》的故事告诉了我们什么样的心理学道理?

金溪民方仲永,世隶耕。仲永生五年,未尝识书具,忽啼求之。父异焉,借旁近与之。即书诗四句,并自为其名。其诗以养父母、收族为意,传一乡秀才观之。自是指物作诗立就,其文理皆可观者。邑人奇之,稍稍宾客其父,或以钱币乞之。父利其然也,日扳仲永环谒于邑人,不使学。

余闻之也久。明道中,从先人还家,于舅家见之,十二三矣。令作诗,不能称前时之闻。又七年,还自扬州,复归舅家,问焉。曰:"泯然众人矣。"

# 第四章 感觉与知觉

## 导 学

  花朵的五颜六色，音乐的悦耳动听，美食的香气袭人……在日常生活中我们是如何获得知识，如何认识世界的？通过感觉和知觉！感觉无处不在，它是我们获得内外环境中的信息的窗口和通道，是机体与外界环境信息保持平衡的基础！在本章中，我们共学习三节内容：第一节，感觉；第二节，知觉；第三节，错觉。本章的重点内容为：感觉与知觉的概念、特征、规律以及错觉的本质及理论。本章难点为：感觉的定义，感觉和知觉的区别与联系。

  感知觉的规律在生活中的应用无处不在，通过本章的学习，要学会运用感知觉的规律，如：感觉阈限规律、感觉适应、错觉等来思考和解释生活，你会发现生活其乐无穷、丰富多彩！

### 【阅读材料】感觉剥夺实验

  1954年，加拿大心理学家贝克斯登、赫伦和斯科特在麦克吉尔大学进行了感觉剥夺的实验研究。他们招募了一批大学生每天每人给二十美元来参加实验。当时大学生每小时收入50美分，因此该实验对大学生非常有吸引力。实验时，被试戴上半透明的塑料眼罩，手臂裹上纸板做的袖头，戴棉手套，腿脚用夹板固定，头枕U形泡沫橡胶枕头上，同时利用空气调节器的单调嗡嗡声限制听觉，以减少被试的感觉输入。被试只需每天躺在有光的室内的舒适床上，吃喝都由主试事先安排好，用不着被试移动手脚。开始被试都很安静地躺着，有的被试借此机会构思论文或演讲内容。但稍后，被试的惬意感慢慢被难受感代替，觉得痛苦、焦躁不安。有被试报告说，感到时间过得很慢、思维混乱、难以集中注意力；有的被试产生恐惧感和焦虑，甚至出现幻觉。被试纷纷要求停止实验，即使追加更多报酬也很难让他们在试验室中坚持2～3天以上。实验后，心理测验结果表明：多数被试注意力无法集中，记忆力部分丧失，反应迟钝，不能做精细的动作等。

从实验可以看到，多数正常人在感觉大部分被剥夺的情况下，正常生活所需要的思维能力和行为表达都受到显著影响，甚至导致异常心理。可见感觉对我们来说既奇妙又重要！没有感觉，一切复杂、高级的心理现象就无从产生。

# 第一节 感 觉

## 一、感觉概述

### （一）感觉概念

感觉是刺激物直接作用于感觉器官，经过神经系统的信息加工所产生的对该刺激物的个别属性的反映。刺激通过感受器或感受器系统使个体产生出内外部基本经验，对这些经验的察觉和描述就是感觉。感觉是对事物直接、及时的基本经验。感觉虽然简单，但却在人的生活工作中发挥着重要的作用！

首先，感觉在人的各种心理活动中起着十分重要的作用。感觉是一切高级的心理现象的基础，是个体和环境之间的桥梁，是认识客观世界的第一步。只有通过感觉，我们才能分辨事物的各种属性，例如事物的声音、颜色、软硬、重量、温度、气味、味道等。同时，只有通过感觉，我们才能了解自身的运动、姿势以及内部器官的工作情况。一切高级、复杂的心理现象，如知觉、思维、情绪、意志等，都是在感觉的基础上产生的。某种感觉的丧失会对个体的生活带来巨大的影响，例如聋哑患者。

其次，感觉是对内外刺激的反映。在日常生活中，外界的许多刺激物作用于我们的各种感觉器官，经过神经系统的信息加工在我们的头脑里就产生了各种各样的感觉，使我们可以看到颜色、听到声音、闻到香味、感受到一定的温度等等。同时，感觉也反映人体内部的刺激，觉察到自身的姿势和运动，感受到内部器官的工作状况，如舒适、疼痛、饥渴等。

第三，感觉反映个别属性。感觉反映认识对象的个别属性，这是感觉最显著的特点。人们认识事物常常从一些简单的个别属性开始。我们前面放着一个草莓，那么我们怎样认识这个草莓呢？看上去，红红的、小圆小圆的，这是颜色和形状的属性；拿在手上，有一定的重量，这是重量的属性；咬上一口，甜甜的、酸酸的，这是味道的属性。红色、圆形、有重量、酸甜味等都是对草莓个别属性的反映，是头脑接受和加工了这些事物的属性后产生的感觉。

☕ **【阅读材料】**

以下是父亲和三岁孩子的对话：

爸爸指着高楼外墙上的空调外机问孩子：儿子，那是什么？

儿子：那是圆的。（注：空调外机，通常有一个明显的圆形形状。）

为什么儿子不告诉父亲是空调呢？这是因为很小的孩子缺乏生活经验，不能根据以前的经验从知觉上来认识事物，而是经常在感觉水平上认识外界事物，例如事物的形状。

## （二）感觉的信息加工

尽管感觉是在脑中发生的，但我们经常认为感觉产生在外部世界或身体表面发生刺激的地方，甚至刺激大脑皮质所引起的感觉也导致这样的结果。感觉的这种投射现象是习惯和过去经验作用的结果。感觉信息的神经加工包括三个主要环节：首先是对感受器的刺激过程，然后通过传入神经的活动进行信息传入，最后中枢神经系统特别是通过大脑皮质的活动产生感觉，即信息刺激感受器——传入神经——大脑皮质活动——感觉。

感觉信息加工的第一个环节是感受器感受到刺激的过程。我们的神经系统不能直接加工外界输入的物理能量或化学能量，如光波和声音。这些能量必须经过感官的换能作用，即感受器把刺激的能量如机械的、物理的、化学的等转化为神经冲动，这个过程称为感觉编码。对某一感受器来说，存在感受敏感的那种能量刺激，叫做这种感受器的适宜刺激。机体的感受器在进行反应时具有一些奇妙的特性。

首先，感受器具有一定的特异性。特定的感受器只反应某种类型的刺激，而完全不反应其他种类的刺激。例如，眼睛对光波敏感，对声波不起反应；而耳朵则相反。其次，不同类型的刺激能，如光的、声的和机械的，由不同的感受器将其转化为神经冲动，并反映刺激的不同性质和强度。第三，感受器具有一定的自主性。感觉器官的主动探索活动是感觉信息加工的必要条件之一。感受器不是消极的受纳器，在信息加工过程中，感觉器官不断进行着探索，并依据先行的感觉效应对感受器进行反馈调节，不断使我们获得清晰、准确的感觉经验。

感觉信息加工的第二个环节是传入神经的活动。它把神经冲动传递到中枢，体内外的信息在传入神经通路中以单个神经元或一群神经元的电位形式呈现。在传入过程中,对刺激进行编码,即神经细胞的电事件以某种方式代表或表示作用于机体。编码包含着把一种形式的信息转变为另一种形式的一套法则。感觉信息可用多种方式的"全或无"的动作电位来编码,如冲动发放的频率、节奏、串长等。通常刺激强度由冲动发放频率来表示,刺激类型由感觉道类型来表示。由于神经冲动在多个神经元之间的传递主要是借助于神经介质进行,因此,在传入通路中,感觉信息加工既有电编码,也有化学编码。

感觉信息加工的最后环节是大脑皮质发生活动,从而产生感觉。从感受器经脑的各部最后到达大脑皮质由一系列神经元连接起来。感觉信息在到达大脑皮质之前都要经过皮质下中枢的各中继核。中继核既是一个接力站,更是一个信息的深入加工站。感觉传导系统进行的低水平、简单信息加工为复杂皮质水平上的信息加工准备好适当的输入。最后,皮质的感觉代表区接受丘脑传来的信息,它按严格配置接收传来的信息,然后又从该区域将信息再输送至联络区进行更高级的加工,这样就产生了感觉经验。感官的性质不同,感觉神经具有的能量不同,由此引起的感觉也不同。感觉的性质不是由感觉神经的特殊能量决定的,而是由客观世界刺激的性质最终决定的。

### (三)感觉类别

按照不同的标准,可以将各种各样的感觉分为不同的类型。

首先,根据感觉刺激是来自有机体外部还是内部,可以将感觉分为外部感觉和内部感觉。外部感觉接受机体外的刺激,反映外界事物的个别属性。如:视觉、听觉、嗅觉、味觉、皮肤感觉等。内部感觉接受机体内的刺激,反映身体的位置、运动和内脏器官的不同状态。如:肌肉运动感觉、平衡感觉、内脏感觉等。

其次,根据刺激能量的性质,可把感觉分为电磁能的、机械能的、化学能的和热能的四大类。视觉是对光波电磁能的反映;听觉是对声波机械能的反映;味觉和嗅觉是对滋味、气味化学能的反映;皮肤感觉是对触压机械能和温度热能的反映。

最后,也可以根据临床需要把感觉分为四类:(1)特殊感觉,包括视、听、味、嗅和前庭等感觉;(2)体表感觉,包括触压觉、温觉、冷觉、痛觉;(3)深部感觉,包括肌肉、肌腱、关节等感觉及深部痛觉和深部压觉;(4)内脏感觉,如饥饿等。

## 二、感觉的规律

### (一)感受性与感觉阈限的规律

对刺激的感觉能力,叫感受性。感受性的大小用感觉阈限的大小来度量。感觉阈限是指能引起感觉并持续一定时间的刺激量。每种感觉都有两种感受性和感觉阈限:绝对感受性与绝对阈限,差别感受性与差别阈限。

#### 1. 绝对感受性与绝对阈限

我们经常不能觉察到过弱的刺激。刺激只有达到了一定的强度才能被我们觉察到。那种刚刚能觉察到的最小刺激量称为绝对阈限。绝对感受性是指刚刚能够觉察出最小刺激量的能力。在测量感觉阈限时,随着刺激量逐渐增加,对刺激从觉察不到,到有时能觉察到,有时不能觉察到,再到最后完全能觉察到。因此,绝对阈限并不是一个单一的强度值,而是一个逐渐过渡的强度值范围。在心理学上,心理学家把有50%的次数被觉察到,50%的次数不能被觉察到的刺激值定为绝对阈限。

绝对感受性与绝对阈限在数量上成反比关系。用公式表示为:

$$E = 1/R$$

在这个公式中,$E$ 代表绝对感受性,$R$ 代表绝对感觉阈限。

绝对阈限也具有独特的性质。首先,各种感觉的绝对阈限不同。在适当的条件下,人对视觉的绝对阈限与对痛觉的绝对阈限不同。对听觉的绝对阈限与触觉的绝对阈限也可能不同。其次,同一感觉的绝对阈限也可以在不同的条件下发生变化。例如,视觉可能在一些条件下绝对阈限很低,但在另一不同情况下可能会增高。第三,不同个体的绝对阈限有相当大的差异。不同个体由于先天遗传、后天的社会经验等诸多影响使个体的绝对阈限存在显著差别。最后,低于绝对感觉阈限的刺激,虽然我们觉察不到,但却能引起一定的生理效应。例如,低于听觉阈限的声音刺激能引起脑电波的变化和瞳孔的扩大。因此,有意识的感觉阈限与生理上的刺激阈限并不完全等同。一般说来,生理的刺激阈限低于意识到的感觉阈限。因为一个人说出"我感觉到它"之前,早就有一定的生理过程发生了。

【阅读资料】警犬的超强嗅觉

据称,美国警犬能辨别10万种以上不同的气味。美国亚拉巴马州奥本大学生物学检测系统学院犬类项目主任保罗·瓦戈纳解释说,人类和狗的嗅觉从原理上是一样的,都是通过嗅觉上皮细胞来闻的,嗅觉上皮细胞的底层是比头发丝还细小的受体。但不一样的是,人类只有 4000 万个嗅觉受体,而狗则有大约 20 亿个。这就使得狗完全有可能感受到癌变细胞发出的最淡气味。以上材料说明警犬在嗅觉上的绝对感受性比人类高,绝对阈限很低。

## 2. 差别感受性与差别阈限

两本大小相似的书,你能用手掂量出哪本书更重吗？一般说来,只有两本书的重量差别达到一定程度时,你才能判断出来。差别感觉阈限就是指能觉察出两个刺激最小差别的量。对这一最小差别量的感觉能力,叫差别感受性。心理学认为差别阈限就是 50% 的刺激次数能辨别出来的刺激最小差别值。差别感受性与差别阈限成反比关系。差别阈限越小,差别感受性越高;反之,差别阈限越大,差别感受性越低。差别阈限的大小取决于原来刺激的大小,如果原来刺激强度较大,那么需要较大的变化量,才能觉察出与原来刺激的差别,反之,则需要较小的变化量,就可觉察出与原来刺激的差别。

如果以 $R$ 表示最初的刺激强度,以 $\Delta R$ 表示刚刚觉察出有变化的刺激变化量,那么在一定范围内,每种感觉的差别阈限都是一个常数,用数学公式表示即为：

$$K = \Delta R/R$$

这个公式称为韦伯定律,即当 $R$ 的大小不同时,$\Delta R$ 即最小觉差的物理量的大小也不同,但 $K$ 则是一个常数。例如,原先举起 50 克($R$)的重量,其差别阈限是 1 克,那么至少是 52 克的重量才被我们觉察出比原先稍重一些;如果是 100 克重量,那么至少是 102 克才被我们觉察出比它稍重一些。可见,差别阈限值是刺激重量的同一分数:1/50＝2/100＝0.02。该韦伯分数表明,必须在原初重量的基础上再增加它的 2%,才能觉察出它比原初重量稍重一些。不同感觉系统的韦伯分数相差很大。韦伯分数越小,则感觉越灵敏。各种感觉的韦伯分数在中等强度刺激范围内符合这个公式。

费希纳确定了接近绝对阈限时,韦伯分数所发生的变化,进一步假设一个最小觉差为一个感觉单位,并在韦伯定律的基础上推导出费希纳定律：

$$S = K \log R + C$$

其中,$S$ 是感觉强度,$R$ 是刺激强度,$K$ 和 $C$ 是常数,即是说,刺激强度按几何级数增加,而感觉强度只按算术级数增加。费希纳定律也仅适用于中等刺激强度的范围内,但这个范围相当大。

差别感受性和差别阈限在日常生活中也常见,例如,品酒师要区别不同的酒,就需要良好的差别感受性。

## (二)感觉适应规律

由于刺激对感受器的持续作用从而使感受性发生变化的现象,叫适应。这是在同一感受器中,由于刺激在时间上的持续作用,导致对后续刺激感受性发生变化的现象。适应可以引起感受性的提高,也可以引起感受性的降低。适应现象表现在所有的感觉中,但在各种感觉中适应的表现和速度是不同的。具有代表性的是视觉的暗适应和明适应。

例如,刚刚从外面走进电影院时,会感觉眼前一片漆黑,什么东西都看不见,等我们坐下后,我们能够慢慢地看清附近座位的情况,再过一会儿,甚至能够看到整个室内的大致情况,这就是感觉适应中照明停止或由亮处转入暗处时,视觉感受性提高的过程,称为暗适应。它使我们能够在很低的光线刺激下,感觉到周围情形。反之,刚从电影院出来时,会觉得外面白晃晃的一片,很刺眼,要过一会儿才觉得正常,这个过程称为明适应。明适应是由暗处转入亮处时人眼感受性下降的过程。"入芝兰之室,久而不闻其香;入鲍鱼之肆,久而不闻其臭"就是对感觉适应后,感受性降低的典型诠释。

## (三)感觉后象

对感受器的刺激作用停止以后,感觉并不立即消失,还能保留一个短暂时间。这种在刺激作用停止后暂时保留的感觉印象,叫感觉后象。

感觉后象在视觉中特别明显。视觉后象分为正后象和负后象。如果在灯前闭上眼睛二三分钟后,睁开眼睛注视电灯三秒钟,再闭上眼睛,就会看见眼前有一个灯的光亮形象出现在暗的背景上。因为后象和灯一样,都是亮的,品质相同,所以叫正后象。正后象出现以后,如果继续注视,就会看见一个黑色的形象出现在亮的背景上,此时,后象和灯光在品质上是相反的,所以叫负后象。彩色视觉也有后象,但正后象很少出现,负后象却很清楚。例如,注视一个红色的正方形之后,再看一张白纸,在这张白纸上就可以看到一个蓝绿色的正方形。彩色的负后象是注视色的补色。

后象可以使断续的刺激引起连续的感觉,但是断续的刺激必须达到一定的频率。刚刚能引起连续感觉的最小频率,叫临界闪光频率。这时产生的心理效应是闪光融合现象。即看到的不再是闪光而是融合的、不闪动的光。

在中等光强度下,视觉后象保留的时间大约是0.1秒。因此,一个闪烁的光源每秒钟闪烁超过10次,就会产生闪光融合现象。但是临界闪光频率还要受许多主客观条件影响。例如,光的强度、波长、光落入视网膜的位置以及机体的生理心理状态等。

### 【阅读资料】

爱迪生最伟大的发明之一电影放映机就利用了人眼的感觉后象。电影胶片以每秒24格画面匀速转动,一系列静态画面就会因视觉后象的作用而造成一种连续的视觉印象,产生逼真的动感。我们感觉到放电影的那束光看着好像是一直在亮着的,其实不然。每张胶片只有运行到镜头正前面的时候,镜头里的光才亮,然后就立即被遮掉,在下一张胶片到位时又马上打开。胶片看似匀速运动,实际是一动一静交替运行。而镜头光看似一直亮着,实际是一亮一灭地在闪。只不过每秒24次灭亮交替进行,过快的速度已经超过了闪光融合的临界值,我们的眼睛根本分辨不出来,所以我们感觉到的就是连贯的而非闪烁的画面。

### (四)感觉对比

感觉对比是同一感受器接受不同的刺激而使感受性发生变化的现象。这是同一感受器中不同刺激效应相互影响的表现。感觉对比包括同时对比和先后对比。几个刺激物同时作用于同一感受器会产生同时对比现象。这在视觉中表现得很明显。例如,把一个灰色小方块放在白色的背景上,小方块看起来就显得暗些;把相同的一个灰色小方块放在黑色的背景上,小方块看起来就显得明亮些,同时在相互连接的边界附近,对比特别明显。如果把一个灰色的小方块放在绿色的背景上,看起来小方块显得带红色;把相同的灰色小方块放在红色的背景上,看起来小方块显得带绿色。彩色对比在背景的影响下,向着背景色的补色方面变化,同时在两色的交界附近,对比也特别明显。刺激物先后作用于同一感受器会产生先后对比现象。例如,吃了糖之后,紧接着就吃桔子,觉得桔子很酸;吃了苦药之后,接着喝白开水也觉得有点甜味。凝视红色物体之后,再看白色物体,就会出现青绿色的后象等。

### (五)不同感觉的相互补偿

感觉的补偿是指某种感觉系统的机能丧失后而由其他感觉系统的机能来弥补

的现象。例如,盲人失去了视觉机能,但能学会通过声音来辨别附近的建筑物、地形等,通过触摸觉来阅读盲文。聋哑人能"以目代耳",学会看话,甚至学会"讲话"等。随着科学技术的发展,不同感觉相互补偿有了更大的可能性。例如,有一种"阅读仪"能把印刷文字的视觉形象转换成低频的触觉信号,盲人用手把着这个仪器在书页上移动,能以每分钟80个字的速度进行阅读。还有一种"电眼"能把外界物象转换成作用于盲人的皮肤信号,能使盲人在房间里自由行走,取东西等。各种感觉之所以能相互补偿,是由于各种刺激的能量可以转换,例如,视觉缺失时光能可以转化为电能或机械能,这样视觉信息就可以由其他正常的感官接收。各种感觉系统的机能都能通过练习提高。这样,一种或几种感觉机能的丧失,可以由其他经过练习从而感受性提高的感觉系统来弥补,这是盲人的听觉和触觉比普通人要灵敏得多的道理。

### (六)联觉

当某种感官受到刺激时出现另一种感官的感觉,这种现象称为联觉。最常见的联觉是色听联觉。色听联觉是听到某种声音时(听觉)产生生动鲜明的彩色形象(视觉)的现象。除此以外,还有味色联觉。有人看见黄色会产生甜的感觉,有人看见绿色会产生酸的感觉。铁钦纳曾报导过,在某些人中,酸味会引起头皮发痒的触觉,锯金属的尖声会产生蚁走感觉。联觉具有普遍性,例如,我们经常听到人们说"甜蜜的嗓音"、"沉重的乐曲"、"明快的曲调"、"尖酸的气味"。这些联觉现象是由于在日常生活中各种感觉现象经常自然而然地联系在一起的缘故。朱自清在《荷塘月色》里写道:"微风过处,送来缕缕清香,仿佛远处高楼上渺茫的歌声似的。"这就是一种典型的联觉,即嗅觉影响到了听觉。

日常生活中,感觉规律普遍存在,这使我们的生活丰富多彩、充满情趣!因此,在工作、学习、生活中,我们要有意识地利用这些规律为我们服务。

## 第二节 知觉

### 一、知觉概述

#### (一)知觉定义

知觉是客观事物直接作用于感觉器官而在头脑中产生的对事物整体的认识,

是人对感觉信息的组织和解释过程。知觉按一定方式整合个别感觉信息，形成一定的结构，并根据个体的经验来解释由感觉提供的信息。知觉比感觉复杂得多。例如，当我们行走在林荫道上时，不仅能看到各种颜色，听到各种声音，闻到各种气味，而且还可以意识到这是美丽的街心花园，汽车在行驶，人群川流不息，即在我们头脑中产生了花园、汽车、人群的整体形象，这就是知觉。

知觉是个体对感觉信息的组织过程。外部世界的大量刺激冲击我们的感官，我们倾向于有选择地向大脑输入信息，把感觉信息整合、组织起来，形成稳定、清晰的完整影像。

知觉的组织功能既依赖于直接作用于感官的刺激物特征，也依赖于感知主体的过去经验。依赖于直接作用于感官的刺激物特征的加工方式称为数据驱动加工或自下而上的加工。依赖于感知主体的过去经验的加工方式称为驱动加工或自上而下的加工。人的知觉系统不仅需要外部信息的输入，而且需要加工头脑已存储的信息。个体经验在一定程度上会影响到知觉的过程和结果，同时这些经验会受到所在地区文化和环境的影响。

知觉是人对感觉信息的解释过程。知觉一个客体时，我们总是根据自己的经验把它归为某一类，说出它的名称或赋予它某种意义，这就是对感觉信息进行解释的过程。平常我们对熟悉对象的知觉和假设检验过程都是压缩的，是一种无意识推论的过程。只是在知觉困难时，这些过程才显现出来，才被我们觉察到。知觉的产生以头脑中的感觉信息为前提，并与感觉同时进行。

## (二)知觉的信息加工原理

对作用于感觉器官的刺激物，大脑的知觉过程包含了相互联系的三个阶段：分析、比较和决策。

第一阶段：分析。把信息从感觉存储中抽取出来，把它分解为各个组成部分。例如，将刺激"A"分解为"/、一、\"三个组成部分。

第二阶段：比较。将抽取出来的信息与头脑中储存的记忆编码相匹配。

第三阶段：决策。经过比较后，到底哪个编码能给出最佳的匹配，需要作出判定，这就是决策阶段。决策阶段确定了识别系统的输出，即认识了该客体，如认识了刺激"A"读"ei"或知道是英文字母表中的第一个字母等。

在识别客体时，需要使用头脑中的记忆编码。大脑识别客体时并不是以模板匹配的方式进行，它倾向于把客体分解为若干较小的特征，个别抽取这些特征来识别客体。我们所感知到的客体都是各种特征按照一定的联结方式所形成的结合体。例如，英文字母就是由垂直线、斜线、直角、锐角、连续曲线和不连续曲线等特征组成。当感受器接受一个输入信息后,神经系统首先就对它的特征进行分析,找出输入信息具有哪些特征,然后把它们与储存在头脑中的各种特征进行比较,如果获得最佳的匹配,那么这个刺激就被识别了。在这个过程中,知觉把输入的多余信息排除掉,把关键信息抽取出来,使大脑能以更经济的方式对信息进行加工。如在观察一幅照片时,注视的次序不是紊乱的,而是有一系列的循环。在每次循环中眼睛巡视画的一些主要特征,从一个特征到另一个特征有规则地移动,如先注视头像的眼睛,然后再注视嘴等。因此,当第一次看一个客体并熟悉它时,他用眼睛扫描它,并形成一种扫描路线,在头脑里建立起特征环的记忆痕迹。这个特征环记录了感知活动和动作活动。当以后再见到同一客体时,他就用这个特征环与它匹配,从而再认它。

知觉客体时,大脑对感觉信息进行加工主要通过两种方式:系列加工和平行加工。所谓系列加工是指感觉信息在脑中是一级一级加工的。例如,听神经的冲动首先激活延脑中的神经元(耳蜗核),然后依次在中脑(下丘核)、丘脑(内侧膝状体)和最后在大脑皮质加工。每一级的加工都有重点,突出感觉信息的某一特征。所谓平行加工是指同一种感觉信息进入多个皮质代表区进行不同性质的加工。例如,已经发现视觉信息进入 6 个皮质代表区进行分析,躯体感觉信息进入 7 个皮质代表区进行分析。运动动作是知觉的必要成分,在观看客体时眼睛运动的动觉信息是视知觉形成的必要条件。在听知觉、触知觉中动觉信息也是必不可少的。因此知觉的形成,需要一种感觉道具有平行线路,向皮质不同区域发送信息,并进行不同的加工,同时不同感觉道信息也是相互联系、相互作用的。

### (三)知觉的种类

根据知觉对象是否是人的特性,可以把知觉区分为社会知觉和物体知觉。社会知觉是对人的知觉;除对人的知觉外,其他各种知觉都可称为物体知觉。

根据人脑所认识的事物的空间、时间和运动特性,可以把知觉区分为空间知觉、时间知觉和运动知觉。空间知觉就是我们对物体的形状、大小、深度、方位等空间特性的知觉。时间知觉就是我们对客观现象的持续性和顺序性的知觉。运动知觉就是我们对物体的静止和运动以及运动速度的知觉。

根据知觉中哪一种感受器的活动占主导地位,可以把知觉分为视知觉、听知觉、嗅知觉、视听知觉和触摸知觉等。

### (四)知觉与感觉的关系

感觉与知觉是相互联系、相互影响的复杂关系。感觉是知觉的基础,知觉是对

感觉的深入。它们的区别如下:

(1)感觉是对刺激个别属性的反映,而知觉则是对刺激物的整体反映。

(2)感觉对经验依赖性少,而知觉对经验的依赖性更大。在感觉的基础上形成知觉,还必须依赖于个体已有的知识经验。例如,当我们走在路上,听到各种声音,闻到各种气味,见到各种颜色,这就是属于感觉层次,此时,对已有经验的依赖性较低。然后我们一想,这些要素组合成一个整体就可能产生这是一个公园、商场或是其他场所,这就形成整体的知觉,此时我们要识别出公园,就需要已有关于公园的经验。可见知觉对经验的依赖性更高。

(3)知觉以感觉为基础,但它不是个别感觉信息的简单组合,也不是各种感觉的简单总和。因为在知觉中除了包含感觉之外,还包含记忆、思维和言语活动等等。知觉属于高于感觉的感性认识阶段。感觉是从感官得到信息,具有简单反射性和被动性特点。知觉是感觉的后续过程,是在感觉的基础上进行大脑高级中枢的信息加工。

感觉与知觉的联系如下:

(1)知觉和感觉一样,都是刺激物直接作用于感觉器官产生的,都是对现实的感性反映形式。离开了刺激物对感觉器官的直接作用,既不能产生感觉,也不能产生知觉。

(2)单一的感觉几乎不存在,它总是与知觉紧密结合在一起。知觉通过已有的知识经验对输入的信息加以整合与识别。经过感觉与知觉,看似杂乱无章的刺激才有了意义。

(3)感觉与知觉都是认识过程的低级过程。

## 二、知觉特性

### (一)知觉的对象性

知觉的对象性就是指要把知觉的背景和知觉的具体对象区分开来。知觉对象产生的必要条件是只有当刺激物之间有某种差别时,一部分刺激物才能成为知觉的对象,而其他刺激物成为背景,从而使知觉对象从背景中分离出来。知觉的对象与背景相比较,它形象清楚,好像突出在背景的前面,而背景则好像退到它的后面,变得模糊不清。从背景中区分出知觉对象,依存于两个条件:一是对象与背景之间的差别。对象与背景之间的差别越大,对象从背景中区分出来就越容易;反之,则越困难;二是注意的选择作用。当注意指向某个事物时,该事物便成为知觉的对象，而其他事物便成为知觉的背景。当注意从一个对象转向另一个对象时，原来的知觉对象就成为背景，知觉对象便发生了新的变化。因此，注意支配着对知觉对象的选择。

知觉对象与背景互相依存、互相转化。在均匀化的知觉域中不可能有对象知觉，因而，也不可能有知觉的背景。知觉对象和背景的互相转换在双关图形中表现得更为清楚。图4-1可以知觉为黑色背景上的白色花瓶，也可以知觉为白色背景上的两个侧面人像。图4-2可以知觉为翘鼻子的少妇，又可以知觉为一位老太婆。这都说明知觉不是对某一事物的孤立反映，对象及其背景之间的相互关系会影响我们的知觉。

图4-1　人像与花瓶　　　　图4-2　少妇与老太婆

## (二)知觉的整体性

知觉对象有不同的属性，由不同的部分组成，但我们并不把它感知为个别孤立的部分，而总是把它知觉为一个有组织的整体，这就是知觉的整体性或组织性。知觉按照一定的规律形成和组织起来。知觉对象不是各部分简单的相加，而是各部分的有机组成。知觉的整合作用离不开组成整体的各个成分的特点。在知觉中，分析事物的特征及其结构关系有十分重要的作用。人们对整体的知觉还可能优先于对个别成分的知觉，即"整体优先"现象。

## (三)知觉的理解性

知觉的理解性主要是指人都根据自己已有的知识经验来理解事物。人在知觉某一事物时，通常要在内心说出它的名称，用词来概括它，用词来标志它，使它具有一定的意义。例如，在九寨沟出沟口的石壁上，导游经常让游客去找石壁上的生肖动物。一般人不容易找出来，但在导游的介绍下，我们慢慢地就把那个图像知觉为某个生肖。知觉的理解性意味着人们根据知觉对象提供的线索，提出假设，检验假设,根据自己的经验予以合理解释。知觉的理解性有利于从背景中区分出知觉对象,有助于形成整体知觉,还能产生知觉期待和预测,从而扩大知觉的范围,使知觉更加准确、迅速。

### (四)知觉的恒常性

知觉的恒常性是指知觉对象的物理特性在相对微小的范围内发生变化时,知觉形象仍然不变的特性。例如,在不同的距离、角度或者明暗条件下去看一个冰箱,虽然视网膜上的物像不同,但我们仍知觉其为同一个冰箱。常见的知觉恒常性类别有:

#### 1. 大小恒常性

随着距离的变化,所观看的物体在视网膜上的影像实际上是不同的。但是,在一定范围内,不论观看距离如何变化,我们仍倾向于把物体看成特定的大小。例如,同样的一只狗即使多次站在离我们 2 米、3 米、5 米等不同距离的地方,它在我们视网膜上的成像因距离不同而变化,但我们看到这只狗的大小却不变。

#### 2. 形状恒常性

从物理学来看,不同的观察角度,同一个物体具有不同的形状。但从知觉的角度看,尽管观察物体的角度发生变化,但仍倾向于把该物体知觉为相同的形状。如:观察杯子的形状时,只有它的平面与视线垂直的时候,它在网膜上的视像形状才与实际形状相同。若偏离了这个角度,网膜上的视像形状就不同于杯子的实际形状。但是,此时,我们看到杯子的形状仍然不变。

#### 3. 明度恒常性

在不同的照明强度下,物体的明度实际上会发生变化,但人们仍倾向于把物体的表面亮度知觉为不变。例如,不论在强烈的阳光下,还是在通常的阳光下,一本书反射的光量是不同的,我们都同样知觉为具有相同明度的书。

#### 4. 颜色恒常性

在不同颜色的光照下,物体的颜色实际上会改变,但我们仍把它感知为原先的颜色。这就是颜色的恒常性。如,黑色衣服的颜色在自然光下还是在红色光下,我们仍然感知为黑色。

除视知觉外,知觉恒常性在其他知觉领域都有表现。例如,声音对听觉器官的作用条件随头部的转动发生了变化,但我们感到声音的方位并没有变化,这是方位知觉恒常性现象。

### 【阅读资料】

20世纪50年代末60年代初,人类学家特恩布鲁进入刚果的Ituri森林研究俾格米人的生活和文化。当他穿过森林从一个俾格米部落到另一个部落进行考察时,随行的向导是一名来自部落的本地人,名叫肯格的小伙子。当他们驱车到达广阔的草原时,放眼望去,一群野牛正在几英里外吃草。肯格转向特恩布鲁问道:"它们是什么昆虫?"特恩布鲁回答那是野牛。肯格马上笑了起来,认为他在开玩笑,并再次询问那是什么昆虫。当他们开车逐渐接近吃草的野牛时,肯格看到野牛的形体在不断地增大时,对特恩布鲁说:"这应该是魔法!有人在耍花样……"。在肯格生活的丛林中,没有开阔的景象,实际上,他们的视野通常被限制在30米以内。

上例中的俾格米人肯格因为生活环境的限制,其大小恒长性没有发展起来,因此面对变化的环境,表现出不适应性。由此可见,知觉的恒常性在人的生活、学习、工作中具有重大价值。缺乏知觉的恒常性要想获得确定的知识不太可能,我们更难以适应复杂万变的世界。

## 三、知觉规律

知觉现象表现出一些规律性,这些规律为更好地认识现实世界提供了支持。格式塔学派的心理学家在对这些规律的研究中作出了突出的贡献。

### (一)知觉过程中图形组织的规律

#### 1. 接近性

接近性认为在时间或空间上彼此接近的部分容易形成一个整体,容易组合成图形并作为一个整体被感知。例如,图4-3的12个黑色小圆点更容易看成是六对圆点,而不是12个独立的圆点,原因是每两个圆点之间更接近。

图 4-3

#### 2. 相似性

相似性认为相似部分容易被看做一个整体,例如在形状、大小、颜色、结构等方面相似的部分容易组成一个整体。如图4-4虽然各圆点的距离相同,但容易将白色圆点或黑色圆点分别看成6组。因为黑色或白色在颜色上很相似。

●●○○●●○○●●●○○●●●○○●●●○○●●
图 4-4

### 3. 完整倾向

完整倾向认为在面对杂乱无章的形式时,我们尽可能地把图形看作是一个"完好"图形,从最完善的角度来认识它,如把不完全的图形视为完全的图形,无意义的图形看作有意义的图形。一个"完好"的图形是匀称、简单而稳定的。闭合仅是完整倾向的特例。我们的知觉对不完满的图形或残缺的图形,有一种使其完满的倾向,即填补缺口的倾向。在知觉时,我们倾向于把它组合成一个封闭的完整图形。如图 4-5 中三组图形都有缺口,但都被看成完好图形。

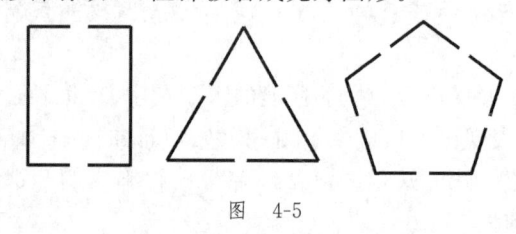

图 4-5

### 4. 良好连续

组成一个连续平滑方向的部分容易被看成一个整体。如图 4-6 所示:我们容易看成是两条线交叉,而不容易看成四条线段。原因是两条交叉线组成了更好的连续性,形成了 ac 与 bd 两条线,而不是 am、bm、cm 和 dm 四条线。

### 5. 共同命运

共同命运认为从运动变化的角度来说的,向着相同方向变化倾向的部分容易看成为一个整体。一个整体中的部分,如果向共同的方向移动,那么这些共同移动的部分易被感知为一个新的整体,而未动的部分组成另一个整体。如图 4-7 所示,容易把它看成三个部分。

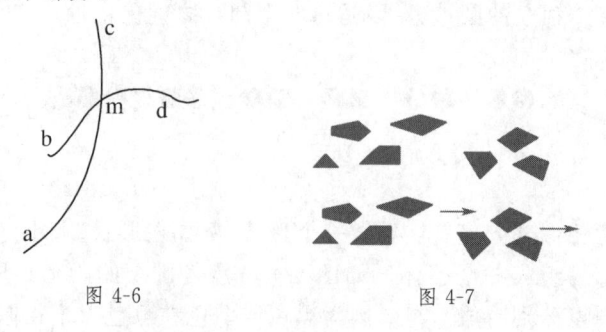

图 4-6     图 4-7

### 6. 定势因素

定势是心理活动的准备状态,定势因素认为先前知觉的组织形式会对紧接着的知觉产生相同的影响。如图4-8,从左向右看 ABC 三行的圆点后,再接着看 D 行,很容易把 D 行也看成是成对的;其实 D 行圆点并不是两两接近的。

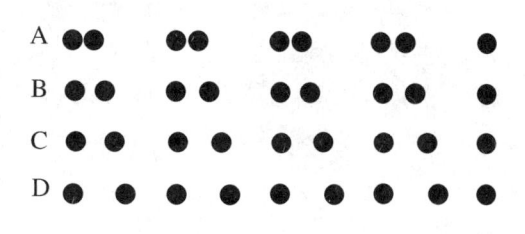

图 4-8

### 7. 经验因素

经验因素认为过去经验是知觉整体化的重要因素,如图4-9,学过英语的人容易把它看成 B。早期的格式塔心理学家强调,知觉的组织性是刺激本身的自然特点,是人的先天完形倾向,与过去经验很少联系。但是,大量的研究(包括一些跨文化研究)表明,知觉的组织性与知觉的历史经验有直接的联系。现代认知心理学家用"自下而上"和"自上而下"加工同时

图 4-9

进行的观点来解释知觉中的部分和整体的关系。所谓自下而上加工,是指知觉系统直接依赖于外部世界输入信息的作用,而不受主体经验的影响过程。所谓自上而下加工,是指知觉系统是知觉者以其知识和概念结构作用于环境从而确定知觉对象意义的过程。看来,知觉的形成确实是这两种加工同时进行的。

## (二)视空间知觉规律

人如何依靠视觉来辨别物体的方位、距离呢?心理学发现人主要依靠单眼线索和双眼线索等来辨别方位与距离。

### 1. 单眼线索

单眼线索指当人只用一只眼睛时也能感受到方位的深度,这主要是经验的作用。视空间知觉的单眼线索很多,其中主要的有如下几种:

(1)对象的相对大小

对象的相对大小是距离知觉的线索之一。如图4-10,小气球好像离我们远些,大气球好像离我们近些。对熟悉物体的判断有所不同。高矮不同的两个熟人,如果现在你看到那个本来矮小的人显得高大些,而那个本来高大的人看起来矮小些,那么,你便会觉察到前者离你近些,后者则离你远些。

### (2) 遮挡

如果一个物体被另一个物体遮挡,遮挡物看起来近些,被遮挡物则觉得远些。物体的遮挡是距离知觉的一个线索。如果没有物体遮挡,远处物体的距离就难以判断。如图 4-11,a 物体看起来远些,b 物体看起来近些。

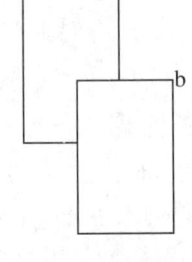

图 4-10

图 4-11

### (3) 结构级差

视野中物体在视网膜上的投影大小及投影密度上的递增和递减,称为结构级差。当你站在一条砖块铺的路上向远处观察,你就会看到愈远的砖块显得愈小,即远处部分每一单位面积砖块的数量在网膜上的映像较多。在任何表面,随着距离的增加,都会产生远处密集和近处稀疏的结构密度级差,这种结构级差是帮助人们判断距离知觉的一个线索。如图 4-12 中,上部结构密度较大,下部结构单元密度较小,于是产生了向远方伸延的距离知觉。

图 4-12

图 4-13

### (4) 空气透视

由于空气层中蓝灰色彩的影响,当我们观看远处物体时会感到:物体离我们越远,能看到的细节就越少;物体的边缘越来越不清楚,越来越模糊;物体的颜色变淡,变得苍白,变得灰蒙蒙、蓝莹莹的。远处物体在细节、形状和色彩上的这些衰变现象,称为空气透视。不过,空气透视和天气的好坏有关系。天高气爽,空气透明,看到的物体就觉得近些;阴雾沉沉或风沙弥漫,空气透明度小,看到的物体就觉得远些(如图4-13)。

(5)明亮和阴影

我们生活在一个光和影的世界。它帮助我们感知体积、强度、质感和形状。黑暗、阴影仿佛后退,离我们远些;明亮和高光部分显得突出,离我们近些。在绘画中,常常运用明暗色调,把远的部分画得灰暗些,把近的部分画得色调鲜明些,以造成远近和立体感的效应。

(6)线条透视

线条透视是指空间对象在一个平面上的几何投影。同样大小的物体,离我们近,在视角上所占的比例大,视像也大;离我们远,视角所占的比例小,视像也小。视角大小的变化会引起线条透视的视觉效应,线条透视是距离知觉的一个线索。铁路上近处的两条铁轨间的距离宽些,远处的窄些,更远处则汇合成一点,这就是线条透视的视觉效应(如图4-14)。

图 4-14

(7)运动视差

当观察者与周围环境中的物体相对运动时,远近不同的物体在运动速度和运动方向上将出现差异。一般说,近处物体看去移动得快,方向相反;远处物体移动较慢,方向相同。这种现象称为运动视差。坐火车或汽车时,我们在向前运行的火车上,看窗外景物,近处的电线杆向后飞驰而过,较远的田野、房舍向后移动较慢,最远处的山峦则向我们相同的运动方向移动。视野中各物体运动速度的差异,是我们估计它们相对距离的重要标志(如图4-15)。

图 4-15

(8)眼睛的调节

眼睛的调节是指水晶体曲率的改变。人在看东西的时候，为了使视网膜获得清晰的物像，水晶体的曲率就要发生变化：看近物时，水晶体比较凸起；看远物时，水晶体比较扁平。这种变化是由睫状肌进行调节的，睫状肌在调节时产生的动觉，给大脑提供了物体远近的信息。但调节作用只在 10 米范围内有效。

以上八种距离知觉线索，对单眼视觉和双眼视觉都起作用。

## 2. 双眼线索

由于人的两眼相距 6～7 厘米，两眼见到的物体就有差异，这些差异信息在大脑皮层的整合下，就形成方位知觉。另外，两眼看事物时，两条视线（视轴）要辐合在一起，这就给大脑提供了另外一个信息：物体近时，视轴趋于集中；物体远时，视轴趋于分散。双眼的距离线索主要是双眼的辐合作用和双眼视差所提供的距离信息。

(1)辐合作用

辐合就是指两眼随距离的改变而将视轴汇聚到被注视的物体上，即两眼视线向注视对象的合拢。看远物时，两眼视线近似于平行；看近物时，双眼视线向正中聚合对准物体。眼睛肌肉在控制视线辐合时，产生的动觉，给大脑提供了物体远近的线索。不过，辐合作用所提供的距离线索只在几十米的范围内起作用。物体太远，视线趋于平行，对物体距离的感知则依靠其他线索（如图 4-16）。

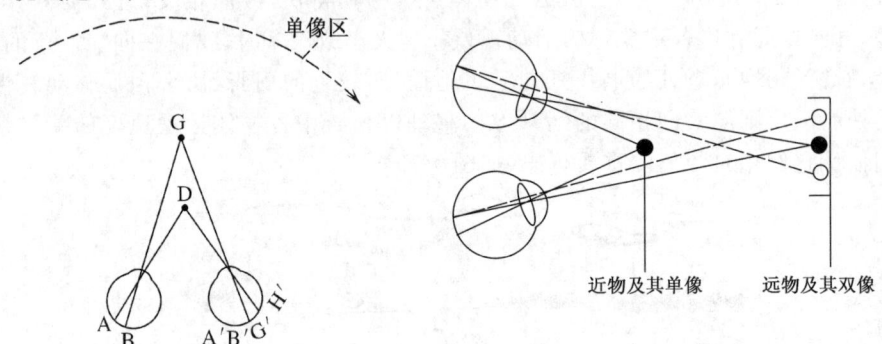

图 4-16

(2)双眼视差

人的两只眼睛相距约 65 毫米。当我们看立体物体的时候，两眼从不同的角度看同一物体，视线范围存在差别：右眼看到右边多些，左眼看到左边多些。这样，两个视线落在两个视网膜的部位上便不完全相同，也不完全重合，这就是双眼视差。

例如,当在面前正中约 30cm 处立一铅笔时,先闭右眼只用左眼看它,记住其位置,再闭左眼只用右眼看,你会发现铅笔的位置移动了(见图 4-17)。双眼视差是空间知觉的主要线索。根据双眼视差原理,从不同角度制作同一物体的两张照片,放在实体镜中观察也可以产生立体知觉。

图 4-17

### (三)听空间知觉规律

关于空间的感受,除了视觉之外,还能从听觉器官获得。耳朵不仅接受声音,而且还提供声音的方向和声源远近的线索。听觉线索也有单耳和双耳的区别。

#### 1. 单耳线索

一只耳朵聋了,另一只耳朵还能感受声音刺激。由单耳所获得的线索,虽不能有效地判断声源的方位,但却能有效地判断声源的距离。平时我们往往以声音的强弱来判断声源之近远:强觉得近,弱觉得远。特别是熟悉的声音如汽车、火车等声音,按其强弱来判断声源远近较为准确。

#### 2. 双耳线索

对声源远近和方向定位,靠双耳的协同工作才能获得准确的判断。关于空间知觉的双耳线索主要有以下三种:

(1)时间差

从一侧来的声音,两耳感受声音刺激有时间差异,即一只耳朵早于另一只耳朵。这种时间差是声源方向定位的主要线索,声源被定位在先接受到刺激的耳朵同侧。

(2)强度差

声音的强度随传播远近而改变,即愈远愈弱。与声源同侧的耳朵获得声音较强,对侧耳朵由于声波受头颅阻挡得到的声音较弱。因此,声源就被定位于较强的一侧。

(3)位相差

低频声音因波长较长,头颅的阻挡作用小,两耳听到的强度差也较小。这时,判定方位主要靠两耳感受声音的位相差,即同一频率声波的波形不同部位作用于两耳,因而内耳鼓膜所受声波的压力也就有了差别。虽然这种差别很小,但它是低频声源定位的主要线索。高于 3000 赫的声音,两耳强度差较大,易于定位。两耳

101

感受刺激的强度差是高频声音方向定位的主要线索。声速为344米/秒,当声源从正中偏向3度时,刺激两耳的时间差仅为0.03毫秒,人便能感觉到声音偏向一侧。时间差越大,感到声音偏向侧面的角度越大。偏向身体左右两侧的声音,到达两耳强度差和时间差较大,易于辨别其方向;处于两耳轴线垂直平分面上的声音,到达两耳的强度差和时间差相等,难于分辨其方向。

在听觉的方向定位上,人经常转动身体和头部的位置,使两耳的距离差不断变化,以便精确地判断声音的方向。这样,即使是一只耳朵,借助头部和身体转动的线索也能够确定声音的方位。

听觉方向定位要靠大脑两个半球的协同工作。实验证明,切断胼胝体的狗,不能对声源定向。在通常情况下,正常人的空间知觉主要依靠视觉和听觉。嗅觉也是一种特殊的器官,由于气味到达两只鼻孔的时间、强度不同,也能分辨出气味的来源和位置。在特殊情况下,还可以用其他感官来感受空间。如在黑暗中,靠触摸觉和动觉来确定周围物体与人之间的方位关系等。

### (四)时间知觉的规律

#### 1. Tau 效应

时间知觉和空间事件是互相影响的。赫尔森和金(Helson & Kins,1931)最早发现 Tau 效应。Tau 效应就是时间知觉对空间知觉的影响。在被试的前臂上安排了三个等距离的受刺激点,组成一个触觉的等边三角形,当刺激 A 点和 B 点之间的时间间隔大于刺激 A 点和 C 点的时间间隔时,受试者觉得 AB 的距离似乎要大于 AC 的距离,表现出时间知觉对空间知觉的影响。Tau 效应在视觉领域也得到了证明(Abbe,1937)。

#### 2. Kappa 效应

Kappa 效应指时间知觉受空间事件影响。汉塞尔和西尔威斯特(Hansel & Sylvester,1953,1955)在实验中将三个灯泡排成一行,开亮 A 灯泡和 B 灯泡之间的时间间隔等于开亮 B 灯泡和 C 灯泡之间的时间间隔。但由于 AB 的距离大于 BC,被试者觉得 A 灯泡和 B 灯泡之间亮的时间间隔要长些,表现出空间知觉对时间知觉的影响。一些研究发现,Kappa 效应在儿童身上表现得特别明显,年龄愈小,Kappa 效应也愈明显。

Tau 效应和 Kappa 效应在霓虹灯装饰中得到了充分的应用,为美化城市夜景发挥了直接的作用。

## (五)运动知觉的规律

运动知觉是对客体不断变化的知觉。我们对客观事物不断变化和变化速度的知觉,是通过多种感官的协同活动实现的。当物体通过我们的视野,它将依次刺激视网膜上的一系列感受器,并使相邻感受器受到连续的激发,从而为大脑提供运动信息。如果随着一个运动物体移动头和眼,那么反馈系统就会把眼和头的运动信息传递给大脑,我们就知觉到物体在运动。通常,我们依据一个背景来感知物体运动,这个背景就是运动知觉的参考。知觉对象和背景的相互关系为我们提供了物体运动变化的多种信息:

(1)物体位移时,往往将运动的物体看作知觉的对象,而固定的事物则被当做背景。

(2)一个小物体在大背景中运动,比起大物体在小背景中运动时看起来要慢得多。

(3)一个物体通过一个平滑不变的背景时,看起来运动得慢;通过一个多样化的背景时,由于提供了较多的参考点看起来就显得快。

(4)临近的两个物体同时发生位移,较小的物体易被看做是运动的。

(5)当多种事物明暗不尽相同,发生位移时,较暗的物体易被看做在运动。

(6)选择的参考系不同,运动知觉也不同。被注视的物体倾向于运动的;不被注视的、模糊不清的部分易被当做固定的背景。

运动知觉通常分为真动知觉和似动知觉。真动知觉是指物体按特定速度或加速度,从一处向另一处作连续的位移,由此引起的知觉。似动知觉是指在一定的条件下人们把客观上静止的物体看成是运动的,或把客观上不连续的位移看成是连续运动的。在似动知觉中,存在一些奇特的现象及规律:

### 1. PHI 现象

在看电影、电视时,我们知觉到的物体连续的运动并不是真实存在的,而是一个接一个连续呈现的很相似的静止画面。在实验中,不同的位置上的 a、b 两条直线,如果以适当的时间间隔(0.06 秒)依次先后呈现,便会看到直线 a 向直线 b 移动;当时间间隔过短(低于 0.03 秒)看到的是 a、b 两线同时出现;时间间隔过长(长于 1 秒)看到的是 a、b 两线先后出现。实际上 a、b 两线都没有运动,只是在不同的呈现时间间隔条件下被感知为在运动,这种知觉现象称为 PHI 现象。PHI 现象是指由于视觉后象的作用使我们把不连续的刺激知觉为一个整体的运动刺激(如图 4-18)。

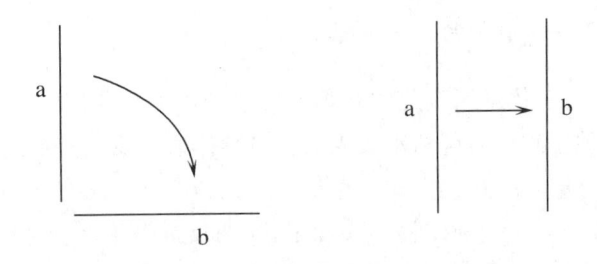

图 4-18

## 2. 自主运动

本身静止的物体,持续盯住看一段时间后,这个静止的物体好像也运动起来了,这种现象称为自主运动。例如,在一间黑暗的屋子里,你站在屋子的一头,在另一头安排一个亮点(如烟灰缸里一支点燃的香烟,或一只不透光的盒子里放一只电灯,再罩上一个盒子,在盒子壁上戳一个小孔),注视这个光点几分钟,你会觉得这个光点会古怪地动荡起来。在没有月光的夜晚,仰视天空的某一亮点几分钟,这些亮点也会游动起来,这些现象都是自主运动。造成自主运动的原因至今尚无一致结论。一种观点认为,自主运动是由于人们认为观察客体时眼睛是固定不动的,但实际上眼睛却在不随意地运动,即使在注视物体时仍有微弱的颤动。眼睛的震动信息输入大脑,从而使人觉得亮点在运动。眼动引起的运动知觉可从图 4-19 中看出,长时间注视这张图,你会感觉到它在运动。另一种观点认为,自主运动的产生是视野中缺乏参照物的原因,一旦视野里有某个参照物,自主运动即随之消失。也许,在实际的自主运动中两种原因同时存在,共同引起了自主运动。

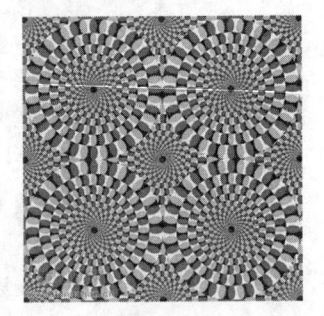

图 4-19

## 3. 诱导运动

在没有更多的参照物的条件下,一个物体的运动使其相邻的一个静止物体产生运动的现象,叫做诱导运动。例如:仰望夜空,我们经常觉得月亮在云彩后面移动,而实际上月亮是相对静止的,云彩是运动的。只是运动着的云彩诱导出静物月亮好像在运动。一般说来,细小的对象比相对较大的背景更容易看成是运动的。诱导运动可在图 4-20 中演示出来,方法是看着图中的黑色小圆点,然后头向后移动,就会觉得外面两圈图形仿佛在运动。

### 4. 瀑布效应

瀑布效应指在注视向一个方向运动的物体之后，如果将注视转向静止的物体，那么会看到静止的物体似乎朝着相反的方向运动，这种现象早在亚里士多德时代就有了文字记录。例如：用眼睛盯住一张旋转的唱片中心看，然后突然将转盘停住，在最初的几秒钟内，你会看到唱片仿佛向相反方向旋转。在看瀑布时也会产生同样的效应，凝视河水流动，然后再看周围静止的事物，例如看河岸，会觉得河岸仿佛朝相反的方向运动。图 4-21 可以演示这一现象。螺旋图案在转动时，看起来像是朝外膨胀，停下来又好像朝里收缩。一些放射线或一条半径也能产生这一效应。

图 4-20

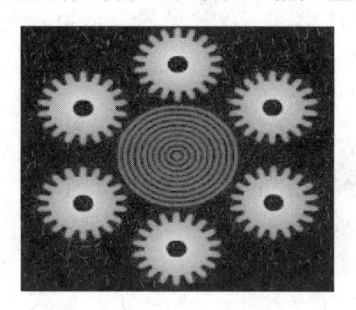

图 4-21

## 第三节 错觉

### 一、错觉及其种类

错觉是指在特定条件下，对事物必然会产生的某种固有倾向的歪曲知觉。错觉不同于幻觉，错觉是对客观事物的歪曲知觉，重点在看错了。而幻觉主要是将无的东西感觉成有了。错觉在一定条件下必然会产生。对错觉现象，我国古代早有论述，例如，《列子》中就曾记载两小儿辩日的故事，所谓"日初出大如车盖，及日中则如盘盂"，太阳在刚升起时近如"车盖"，在正午时又远似"盘盂"的现象就是错觉的一例（如图 4-22）。

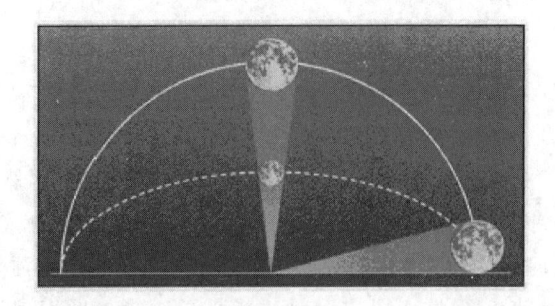

图 4-22

错觉的种类很多,常见的有形重错觉、运动错觉、时间错觉、形状错觉、几何图形错觉等。几何图形错觉是一种常见的错觉现象,它包含以下几种:

(1)方向错觉。一条直线的中部被切断,直线两端向外延伸部分看起来不在一条直线上了(Poggendorff,1860),如图 4-23;一些平行线由于附加线段的影响而看成不平行的(Zollner,1860),如图 4-24;同心圆看起来却是螺旋形了(Fraser,1908),如图 4-25。

Poggendorff 错觉　　　　Zöllner错觉　　　　Fraser 错觉

图 4-23　　　　　　图 4-24　　　　　　图 4-25

(2)线条弯曲错觉。两条平行线因为背景斜线的影响看起来中间部分凸了起来,不再平行了(Hering,1861),如图 4-26;两条平行线看起来中间部分凹了下去(Wundt,1896),如图 4-27。

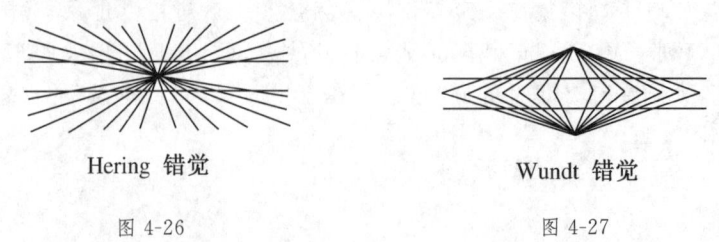

Hering 错觉　　　　　　　　Wundt 错觉

图 4-26　　　　　　　　　　图 4-27

(3)线条长短错觉。垂直线与水平线是等长的,但看起来垂直线比水平线长(Fick,1851),如图4-28;左边中间的线段与右边中间的线段是等长的,但看起来左边中间的线段比右边的要短(Müler－Lyer,1889),如图4-29。

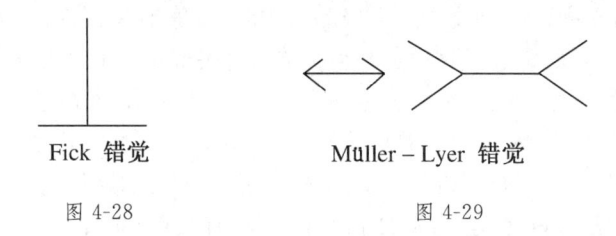

Fick 错觉

图 4-28

Müller－Lyer 错觉

图 4-29

(4)面积大小错觉。中间的两个圆面积相等,但看起来左边中间的圆大于右边中间的圆;中间的两个三角形面积相等,但看起来左边中间的三角形比右边中间的三角形大(Ebbinghaus,1901),如图4-30、4-31。

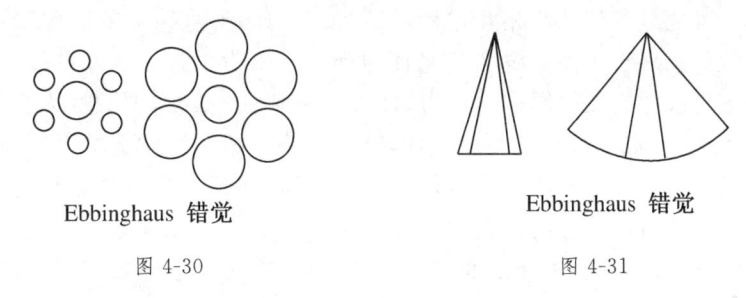

Ebbinghaus 错觉

图 4-30

Ebbinghaus 错觉

图 4-31

除了几何图形错觉外,还有:

(1)形重错觉。例如,一斤铁同一斤棉花的物理重量相等,但是,人们用手加以比较时(不用仪器)都会觉得一斤铁比一斤棉花重得多。这是以视觉之"形"而影响到肌肉感觉之"重"的错觉。

(2)方位错觉。例如,听报告时,报告人的声音是从报告厅侧面的扩音器传来的,但我们却把它感知为从正面的报告人传来。又如,在海上飞行时,海天一色,找不到地标,经验不够丰富的飞行员往往产生倒飞错觉,分不清方向,造成飞机坠海事故。

## 二、错觉理论

关于错觉产生的原因虽有多种解释,但直到现在,还没有一种理论能解释所有的研究资料。从现象上看,错觉的产生可能既有客观原因,也有主观原因。

客观上,错觉的产生大多是在知觉对象所处的客观环境有了某种变化的情况下发生的。有的是对象的结构发生了某种变化,如垂直水平错觉;有的是对象处于某种背景之中,如太阳错觉等。知觉的情景已经发生了变化,但人们却以原先的知觉模式进行感知。这可能是错觉产生的原因之一。

主观上,错觉的产生可能与过去经验、情绪等因素有关。人对当前事物的感知总是受着过去经验的影响,错觉的产生也受到过去经验的影响。例如,根据经验,我们习惯把小的对象看成是在大的静止背景中运动,如人、车辆在静止的大地上运动;黑夜观月也习惯把大片白云看成是静止的,误以为月亮在移动。

情绪态度也会使人产生错觉。例如,时间错觉:焦急地期待、通宵地失眠、百无聊赖、无事可干等都会使人感到时间过得很慢,有"度日如年"、"一日三秋"之感。全神贯注于自己的事业或欢乐的活动,会使人感到时间过得很快,有"光阴似箭,日月如梭"之感。战败了的士兵,由于恐惧情绪而产生"风声鹤唳,草木皆兵"的错觉等。

错觉也可能是各种感觉相互作用的结果。例如,形重错觉的产生很可能是大脑接受视觉信息多于肌肉动觉的信息而引起的。因为正常人从外界接受的信息,绝大部分来自视觉。在提同样重量的物体时,根据视觉提供的信息,人会准备用大力气去提大物,用较小的力气去提小物,结果便感到两个物体重量不同,总觉得较小的物体重些。听报告时声音是从侧面的扩音器而来,但我们总觉得它来自报告人的口中,这种"声源移位的错觉"则是视觉和听觉相互作用的结果。

心理学上,人们提出了许多解释错觉的理论,这些理论主要有眼动说、常性误用说、神经移位说、混淆和错误比较说以及对比同化说等。

## (一)眼动说

眼动说认为,人在知觉几何图形时,眼睛总是沿着图形的轮廓或线条作有规律的扫描运动,而对物体长度的印象就是以这种扫描为基础的。由于周围刺激的影响,眼动的方向和范围常常变化,因而产生长度错觉。例如,在观察缪勒—莱尔错觉图形时,如图4-32,向外伸展的箭头使眼球移动的距离增大,因此两个原来等长的线段看上去却不一样长了。在观看垂直错觉图形时,由于眼球做垂直扫描运动比做水平扫描运动困难一些,看垂直线段比看水平线段费力,因而垂直线段看起来比等长的水平线段长一些。眼动理论是较早的错觉学说,虽然也能解释部分几何图形错觉,但实验依据不充分,且相互矛盾。有些研究发现,眼动范围与缪勒—莱尔错觉确实有着某种关系。但另一些研究发现,在速示刺激图形或使用稳定网膜像的条件下,虽然眼动因素被排除,但错觉依然存在。所以,眼动虽然很可能是导致错觉的一个因素,但不是决定因素。针对眼动理论,有人提出错觉是由于中枢向眼肌发出了不适当的运动指令造成的。因此,只要人们有这种眼动的准备性,即使眼睛实际没有运动,都会产生错觉。但这种说法尚无实验依据。

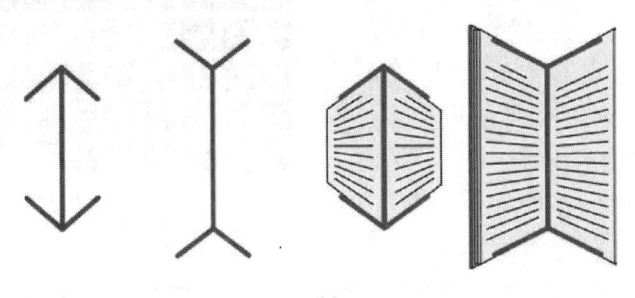

图 4-32

### (二)常性误用说

常性误用说认为错觉是由于误用了知觉恒常性所致。例如,在观察潘佐错觉时,如图 4-33,由于两条辐合线提供了线条透视,我们会觉得上方线段比下方线段远一些,如图 4-34。其实,两线实际等长,在网膜上的投影也相等。但是考虑到线段的距离,"远处"的线段就显得长了,因此,这种错觉是人们误用了知觉恒常性的结果。这种学说可以解释一部分错觉现象,但有事实证明,当观察者不产生深度印象时,有些错觉(例如缪勒—莱尔错觉)仍很强烈。可见,常性误用理论并不能解释所有的错觉现象。

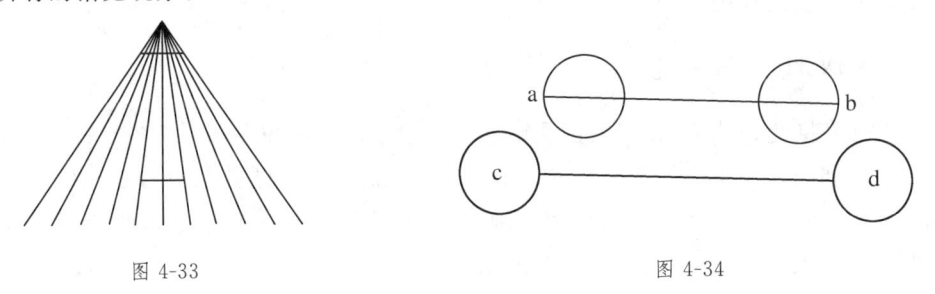

图 4-33   图 4-34

### (三)神经位移说

神经位移说又称神经抑制作用理论,认为错觉的产生并非个体对外在物体特征失实性解释,而是由于物体各部分引起的兴奋彼此抑制所致。如图 4-35,均匀白色线条交点处看起来有灰色阴影,这是一种明度错觉。按照神经抑制作用理论,因其周围全是白色而使中间部分出现白色的反光,投射到视网膜上的视细胞受到周围细胞的抑制,因而形成错觉。但集中注视某一交点时,灰色明影则消失。这是因为注视时,该交点的影像落在中央窝,该处神经细胞密集,感应敏锐,周围细胞不能对之形成抑制。轮廓的位移现象也是侧抑制的结果。轮廓的位

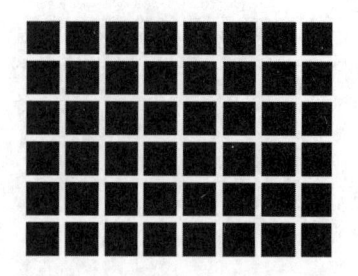

图 4-35

移现象指图像在视觉上产生偏移的错觉,即当后一轮廓在大脑皮层上产生兴奋时,被前一轮廓所引起的兴奋所抑制,发生位移现象。神经位移说能较好地解释波根多夫错觉。

### (四)混淆或错误比较说

混淆或错误比较说认为错觉是混淆或错误的比较所造成的。而缪勒—莱尔错觉,如图 4-36,是观察者在比较线段长度时,不是对中间的线段进行比较,而是对整个图形进行比较。错误的比较自然就造成了错觉。混淆和错误比较说虽然简明实用,但较肤浅,无法从根本上揭示错觉的成因。

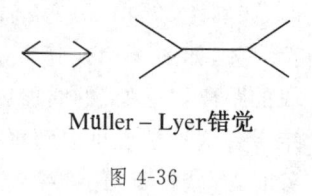

Müller–Lyer错觉

图 4-36

### (五)对比和同化说

对比和同化说认为,由于人们观察事物时总是在一定的参照系中进行的,所以对比效应和同化作用往往造成错觉。由对比效应造成的错觉就是对对象图形的知觉朝着与背景成分相反的方向歪曲。例如,艾宾浩斯错觉,如图 4-30,两个同样大小的圆分别被小圆或大圆包围,看起来被小圆包围的那个圆显得较大。这就是因为对于主图形(中间的圆)的知觉向着与背景成分(小圆或大圆)相反的方向歪曲(放大或缩小)。由同化作用造成的错觉则是指对主图形的知觉朝着与背景成分相同的方向歪曲。

## 本章知识结构图

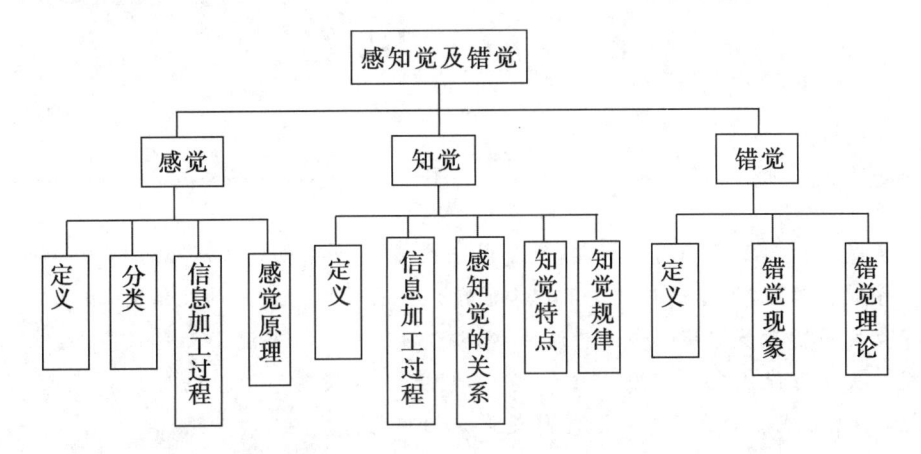

```
                    感知觉及错觉
         ┌──────────────┼──────────────┐
        感觉            知觉           错觉
    ┌──┬──┬──┐    ┌──┬──┬──┬──┬──┐   ┌──┬──┬──┐
   定义 分类 信息 感觉  定义 信息 感知觉 知觉 知觉 定义 错觉 错觉
          加工 原理      加工 的关 特点 规律     现象 理论
          过程          过程 系
```

## 一、基本练习题

1. 名词解释：

感觉，知觉，错觉，诱导运动，自主运动，PHI现象，Tau效应，Kappa效应，结构级差，知觉的整体性，联觉，感受性，绝对感受性与绝对阈限，差别感受性与差别阈限，感觉后象，感觉对比，感觉的相互补偿

2. 绝对感受性与绝对阈限，差别感受性与差别阈限之间存在哪些关系？
3. 知觉具有哪些特点？
4. 知觉的信息加工是怎样的？
5. 知觉组织的规律是怎样？
6. 图形组织的原则有哪些？
7. 影响时间知觉的影响因素有哪些？
8. 什么是错觉？错觉的种类有哪些？
9. 怎样解释错觉的形成？错觉理论有哪些？

## 二、你身边的心理学

1. 数数道路边的路灯数，是否能够根据感觉阈限规律给相关部门的路灯布局密度提供合理化节约建议，使路灯照明程度不明显降低，但路灯密度降低呢？

2. 你有这样的生活经历吗？做菜时，如果一边加盐一边尝味，最后端上桌子的菜，家人会觉得很咸，自己却浑然不觉，你知道原因吗？

# 第五章 记忆

## 导 学

你是否会忘了带房间的钥匙,忘了赴一个重要的约会?你是否遇到过一个人的名字就在嘴边,但你一时却说不出来的情形?当你回想童年的生活时,真正有清晰印象的事情有多少?……这些现象都与记忆有关。如果没了记忆,我们会怎么样呢?失忆可能使我们像刚出生的婴儿,对身边本该熟悉的事物变得一无所知。可见,记忆对我们的生活、学习、工作是多么的重要!

本章中,我们将一起学习记忆的基本问题,如记忆系统、遗忘及其规律、表象、记忆策略及运用等内容。学习本章,你需要重点理解:记忆概念,记忆结构及其加工过程,记忆三大系统的特点,记忆遗忘及规律。你可能会遇到的难点是:理解感觉记忆存在的实验证据,遗忘规律和记忆效应。

### 【阅读材料】奇怪的遗忘症

史蒂文清楚地记得,二月的一天,他到密歇根湖的水面上滑雪。天气很冷,他停下来环顾四周,茫茫雪原一片寂静。之后,他决定回去,但很快意识到自己迷路了。他在冰面上向前滑去。渐渐地,人开始感觉到越来越疲惫,越来越麻木,只记得自己孤独地向前走着……他还能清楚地记得。当他再睁开眼时,发现自己竟躺在一个牧场的草地上!他再次环顾四周,鲜花绿地一片春光,身旁有一个旅行背包,里面有一双旅游鞋和一副眼镜,但那些都不是他的东西。他又发现,自己身上穿的是他从来没见过的衣服。史蒂文问自己:"刚才到底发生了什么?"他不知道自己是怎样来到这个牧场的,也不知道自己的衣服和身边的东西是从哪来的。

实际上,此时离史蒂文去滑雪已经过去了14个月了,但他是一个遗忘症患者。由于遗忘症,史蒂文全然不知从"迷路雪原"到"梦醒牧场"之间的一年多时间中曾发生的事情。

这个例子生动地说明,当史蒂文患遗忘症后,完全失去了对过去一年多经历的记忆。那么,什么是记忆?记忆的原理是什么?提高记忆力的方法有哪些?本章将逐一回答。

# 第一节 记忆的基本问题

## 一、记忆的基本过程

记忆是个体对其经验识记、保持和再现(回忆和再认)的心理过程。按照信息加工的观点,记忆就是人脑对外界输入的信息进行编码、存储、提取的过程。感知过的、思考过的、体验过的和行动过的事物都可以成为个体的经验而成为记忆。例如,分别多年的老朋友,不在我们眼前时,仍能回想起他的音容笑貌、言谈举止。见到他时,能认出来,这就是记忆。记忆是一个活跃的系统,具有接受、存储、组织、改变和恢复信息的作用。记忆主要包括识记、保持和再现三个基本过程。

(1) 识记过程

识记是记忆的开端,是获得知识经验的过程。念书、听讲、经历某个事件的过程都是识记过程。从信息加工的观点来看,识记是信息的输入和编码过程。编码是对外界信息进行形式转换,形成心理表征的过程。心理表征有不同的层次和水平,而且是以不同的形式存在的。如果我们想了解,你最近一次得到的最满意的生日礼物是什么,你会怎样向我们介绍呢?你可能会描述礼物的特征,或者展示给我们一幅图画,或者你可能假装自己正在使用它。而你向我们介绍的这些都是原始物体的心理表征,它保存了过去经验最重要的特征,从而使我们能够把这些经验再现出来。在编码时,人们试图将当前经验与某一名称相联系。这个过程通常是自动的、迅速的,因而未被意识到。进一步的编码过程使新输入的信息同已有的知识经验建立广泛的联系,从而形成知识网络。

(2) 保持过程

保持是识记过的经验在头脑中的巩固过程。依据信息加工的观点,保持就是信息的存储。储存是对经过编码形成的心理表征保存一段时间。储存是一个积极的过程,储存的信息在内容和数量上都会发生变化。

(3) 再现过程

再现过程包括回忆和再认。经验过的事物不在眼前,能把它重新回想起来的过程,称为回忆;经验过的事物再度出现时,能把它认出来的过程,称为再认。从信息加工的观点来看,回忆和再认是提取信息的过程。提取是从头脑中查找已有信息,记忆的好坏通过对信息的提取表现出来的。提取包括再认和回忆两种形式。

记忆的三个基本过程是密切联系在一起的。没有识记,就没有对经验的保持;没有识记和保持,也就不可能对经验过的事物再现。识记和保持是再现的前提,而再现则是识记和保持的结果,并进一步巩固和加强识记和保持。

## 二、记忆的作用

记忆在人的心理活动中有着非常广泛而不可代替的作用。

(1)心理活动缺少记忆的参与,人的过去经验就无法发挥作用。在知觉中,如果没有记忆的参与,人的过去经验就无法发挥作用,也就不能分辨和确认周围的事物。在解决复杂问题时,如果没有记忆提供的知识经验,难题无法予以解决。

(2)缺少记忆就不能积累经验,也就没有了心理的发展。个体在发展一系列动作技能,如爬、走、跑、跳时,保存已经习得的动作经验是实现顺利发展的前提。人要发展语言和思维能力,也必须先保存有关的词和概念。一个人某种行为方式、能力、人格特征的形成,都是以记忆为前提的。可见,没有了记忆,经验的积累、扩大就无法实现,也就没有了心理的发展。

(3)缺少记忆人类文明无法传承,人类社会也无法发展。与个体发展相似,记忆也是人类社会发展的前提。如果没有记忆和学习,人类文明就无法传承,也就没有目前灿烂的人类文明。

### 【阅读材料】记忆是一切心理活动的源泉

人类历史的长河源远流长,人的生命记忆与人类历史的长河相比,实在是"沧海一粟"。正是依靠了大脑的记忆功能,人类社会的经验才能够一代代传递下去,人类的智慧才能不断发展,人类社会才能不断进步。俄国伟大的生理学家谢切诺夫说,记忆是"整个心理生活的基本条件。"人类具有认识世界的能力,社会才得以发展。今天,人类已经凭借着自己智慧和力量向天外进军,去探索宇宙的秘密;到微观世界,去洞察基本粒子的奥妙。然而,这些都离不开记忆。实验表明:记忆是从感知到思维的桥梁,是想象力驰骋的基地,没有它,就不能有人类的思维。正因为有了记忆,人们才能在不断地认识和改造世界中积累经验、运用经验。也就是说,有了记忆,人们才能在以往反映的基础上进行当前的反映,从而保证了对外界的反映更全面、更深入,保证了人们心理活动的前后统一和连续不断,进而形成一个发展的过程。通过记忆,人们丰富了自己的知识,提高了自己的认识能力,也形成了各自的个性心理特征。因为有了记忆,人类才能组成社会、组成生产、制造机器、革新技术和科学实验。否则,人类将永远处在愚昧状态,这是无可置疑的。可以说,记忆为人类历史的列车铺平了一条宽阔的道路。

## 三、记忆的分类

对于记忆,可以从不同的角度进行分类,从而对记忆可以获得更加深入的理解。

### (一)情景记忆和语义记忆

图尔文(Tulving,1972)将长时记忆分为两类:情景记忆和语义记忆。

(1)情景记忆是指根据时间和空间关系对某个事件的记忆。如:在大学三年级的暑假,我与同学一起去桂林旅游了。情景记忆是以个人经历为参照,以时间空间为框架的。由于受到特定的时间和空间的限制,信息的储存容易受到干扰,所以记忆不够准确,也不够稳定。

(2)语义记忆又叫语词逻辑记忆,是对一般知识和规律的记忆。语义记忆与特殊的时间、地点无关,而是以语词所概括的逻辑思维结果为内容的记忆,包括字词、概念、定理、公式、推理、思想观点、科学规则等。语义记忆具有高度的概括性、理解性、逻辑性、抽象性,还具有一定的形式结构。如:鲸是哺乳动物、电流=电压／电阻。语义记忆以意义为参照,很少受到外界因素的干扰,所以比较稳定。

### (二)外显记忆和内隐记忆

(1)外显记忆是指必须通过意识的控制,才能对信息进行的记忆,又叫受意识控制的记忆。可以直接进行测量,要求被试有意识地努力去提取信息。

(2)内隐记忆是一种自动的、不需要意识努力就能获得的记忆,但这种不经过有意识的回忆而储存在大脑中的信息却会在操作中自动起作用,又叫自动的无意识记忆。内隐记忆只能进行间接测量,要求被试专注于完成眼前的作业。启动效应是内隐记忆存在的强有力的证据。所谓启动效应是指由于之前受某一刺激的影响而使得之后对同一刺激的提取和加工变得容易的心理现象。

【阅读材料】内隐记忆

心理学家在研究脑损伤引起的记忆损害时,第一次注意到了内隐记忆。研究者给病人呈现一个词表,词表由椅子、树、台灯、桌子等常见的单词组成。但当研究者在几分钟之后,要求病人回忆单词时,发现他们一个也回忆不起来。后来,研究者换了一种方法,不再让病人自己回忆单词,而是对他说:"我们想让你说出一个以这两个字母开头的单词,你只要说出任何一个浮现在头脑中的词就行。ch——你想到什么词?"病人很快回答:"chair(椅子)。"

我们知道,以 ch 开头的英文单词很多,除了 chair,还有 child、chalk、chain 以及 check 等。因此,病人可能说出任何一个或是几个单词。病人自己对记忆词表是没有意识的,研究者通过给出词表中每个词开头的两个字母,来启动或激活无意识的记忆,在研究者给出的两个字母的启动效应(priming)影响下,病人说出的单词几乎全部来自词表。显然,这两个字母启动了内隐记忆。

### (三)感觉记忆、短时记忆和长时记忆

根据信息在头脑中保持时间的长短,把记忆分为感觉记忆、短时记忆、长时记忆。

(1)感觉记忆是指作用于感觉器官的刺激不再呈现时信息仍能保持瞬间的记忆。感觉记忆储存的时间大约为 0.25~2 秒。例如,我们在看电影的时候,虽然呈现在屏幕上的是一幅幅静止的图像,但我们却认为画面是运动的,则就是感觉记忆作用的结果。

(2)短时记忆是感觉记忆和长时记忆的中间阶段,保持的时间比感觉记忆长,大约为 5 秒~1 分钟。例如,我们记住别人所告诉的一个陌生的电话号码就属于短时记忆。短时记忆的容量是有限的,大约为 5~9 个单位。

(3)长时记忆是信息在头脑中长久保持的记忆,又称为永久性记忆。保持时间在 1 分钟以上,容量没有限度。长时记忆中包含了你所知道的一切,如你学来的知识、你看到过的事实、你认识的那些事物等。

### (四)陈述性记忆和程序性记忆

(1)陈述性记忆是对有关事实和事件的记忆。陈述性记忆的内容可以用言语表达,可以通过语言传授而一次性获得,提取时往往需要意识的参与。

(2)程序性记忆是关于怎样去做某些事情的记忆。它运用于获得、保持、使用知觉的、认知的和运动的技能中。程序性记忆通常包含一系列复杂的动作过程,无法用言语清楚表达,这种记忆需要多次重复练习才能逐渐获得,在利用时往往不需要意识的参与。例如,当弹奏一首熟悉的乐曲时,一位著名的钢琴家曾经说:"肌肉

的记忆是最久的。"这意味着乐曲的演奏是自动的、无需思索的。程序性记忆可以保持相当长的一段时间,例如,一旦你学会游泳,即使多年没有游过,再游时你也会游得很好。

获得技能的过程中,有陈述性记忆向程序性记忆的转化。例如,在学习拉二胡之前,我们读过一些有关的书籍,记住了某些动作要领,这种记忆就是陈述性记忆,以后经过不断的练习,把知识变成运动技能,学会熟练地拉二胡,这时的记忆就是程序性记忆了。

## 第二节 记忆系统

信息加工观点认为,记忆结构是由三个不同的子系统构成的:感觉记忆、短时记忆、长时记忆。这三个子系统在信息的保持时间和容量方面有差异,但它们处在记忆系统的不同加工阶段,彼此之间有十分密切的联系。信息首先进入感觉记忆,那些引起个体注意的信息会进入短时记忆,短时记忆中储存的信息经过加工再存储到长时记忆中,保存在长时记忆的信息在需要的时候又会被提取到短时记忆中(如图5-1所示)。

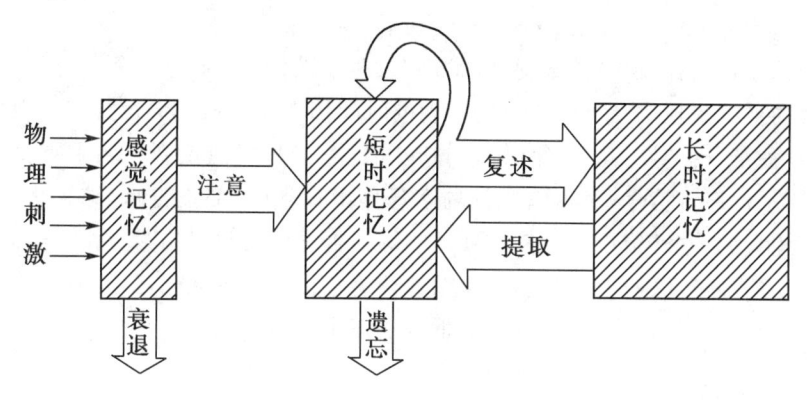

图5-1 记忆系统模式图

### 一、感觉记忆

当外部刺激直接作用于感觉器官,产生感觉像后,虽然刺激作用停止,但感觉像仍可维持极短的片刻。这种感觉滞留在视觉中最为突出。例如,人看电影、电视,将相继出现的静止画面看成运动的,人在看东西时不受眨眼和眼动的干扰而保持知觉的连续等,这些都有赖于视觉滞留。感觉滞留表明感觉信息的瞬间贮存,这种记忆就是感觉记忆或感觉登记。由于它的作用时间比短时记忆更短,故又可称瞬时记忆。

### (一)感觉记忆的编码

感觉记忆的编码形式主要依赖于信息的物理特征,因而,具有鲜明的形象性。其编码形式主要有两种:一种是视觉编码,一种是听觉编码。

#### 1. 图像记忆——视觉编码

视觉刺激停止后,视觉系统对信息的瞬间保持叫图像记忆。斯帕林(G. Sperling,1960)利用实验证实了视觉器官的这种编码能力。

斯帕林刚开始研究感觉记忆时,采取的是整体报告法,即同时呈现3、4、5、7等若干个数字,呈现时间是50ms,数字呈现后,立即要求被试尽量多地把数字再现出来。实验结果发现当呈现的数字少于4个时,被试可以全部正确地报告出来;多余4个时,被试报告的准确性开始降低。于是,斯帕林开始设想:在感觉记忆中所保持的信息可能比报告的多,只是由于方法的限制未能检查出来,于是重新设计了局部报告法。

局部报告法:呈现给被试刺激的方式发生了改变,具体为4个一排,一共三排的方式向被试呈现12个英文字母,呈现的时间仍为50ms,其中每排字母对应一种声音,比如第一排对应高音、第二排对应中音、第三排对应低音。要求被试在刺激呈现后,根据声音信号,对相应一排的字母作出报告(局部报告)。结果表明,当视觉刺激消失后,立即给予声音信号被试能够报告的项目数平均为9个,这比采用整体报告法增加了几乎一倍。由此,斯帕林认为存在一种感觉记忆,它有相当大的容量,但是保持的时间十分短暂。局部报告法证明了感觉记忆的存在。

#### 2. 声像记忆——听觉编码

感觉记忆不应只存在于视觉系统中,在所有其他感觉系统中也存在。但是,除视觉以外,目前能够实验证实感觉记忆存在的主要是听觉系统。听觉的感觉记忆称作声像记忆(Echoic Memory),这方面的实验最早是Moray等(1965)进行的。

【阅读材料】四耳人实验

Moray等(1965)模仿Sperling的部分报告法,设计了一个"四耳人实验"。他们把4个扬声器放在一间屋里4个角的位置,让被试处在当中的位置,使他可以同时从4个不同声源听到声音并能区分出声源,犹如人长了4个耳朵似的。实验时可从2个、3个或4个声源同时各呈现1~4个字母。刺激呈现完毕后,被试要报告他听到的字母。实验和Sperling的一样,分别采用全部报告法和部分报告法。用部分报告法进行实验时,在被试面前的板子上安着4个灯,各代表一个声源。声音刺激呈现后只开亮一个灯,哪一个灯亮了,被试就要报告它所代表的那个声源传来的字母。结果表明,部分报告法的回忆成绩优于全部报告法。这和视觉的实验结果相同,证实听觉系统中存在感觉记忆。

### (二)感觉记忆的保持

感觉记忆保持的时间十分短暂,但在外界刺激的直接作用消失之后,它为进一步的信息加工提供了可能性。感觉记忆有很大的容量,只是大部分信息得不到加工而消失,只有很少的一部分进入下一加工阶段。感觉记忆信息存储的时间很短,其中声像记忆可长达4秒钟,图像记忆时间较短;此外图像记忆的容量可高达8~9个,声像记忆平均只有5个左右。

## 二、短时记忆

短时记忆(short-term memory)亦称操作记忆、工作记忆或电话号码式记忆。指信息一次呈现后,保持在一分钟以内的记忆。短时记忆中信息保持的时间一般在0.5~18秒钟,一般不超过1分钟。如学生常常边听课边做笔记或者从朋友处听来一个电话号码,马上根据记忆来拨号,过后就记不住了,这些都是短时记忆在发挥作用。

### (一)短时记忆的编码

短时记忆的编码方式主要分为听觉编码和视觉编码。

#### 1. 听觉编码

听觉编码指通过听觉通道对信息进行转换加工的过程。人们通过研究语音类似性对回忆效果的影响,证实了语音听觉编码方式的存在。康拉德(Conrad,1964)在研究中用视觉方式依次呈现B、C、P、T、V、F等辅音字母,要求被试严格按顺序来进行回忆。结果发现,在视觉呈现条件下,发音相似的字母(如B和V)容易发生混淆,而形状相似的字母之间(如 E 和 F)很少发生混淆。这说明听觉编码是短时记忆的一种主要编码形式。

### 2. 视觉编码

视觉编码指视觉通道将信息以视觉代码形式保持的过程。短时记忆还有视觉编码这种形式存在。研究者(Posner,1969)让被试者判别两个字母是否是同一个字母。两个字母的关系分为两种：一种是两个字母的音和形都一样(如 AA),称为同形关系;另一种是两个字母的音一样,而形不一样(如 Aa),称为同音关系。两个字母的呈现方式分为同时呈现和先后呈现。结果发现,当两个字母同时呈现时,同形关系的字母反应更快;当间隔一两秒呈现时,同形关系和同音关系的反应时间没有差异。由此,研究者认为,由于同形关系比同音关系具有形的优势,因此,只有在依靠视觉编码进行编码的作业中才会出现这一优势。可以推断,在短时记忆的最初阶段存在视觉形式的编码,之后才逐渐向听觉形式过渡。

## (二)短时记忆信息的存储

信息在短时记忆中保持的时间尽管很短,但却是感觉记忆和长时记忆之间的桥梁。短时记忆中的信息主要通过复述和组块化的方法存储。

### 1. 复述

复述指借助言语重复刚识记的材料,以巩固记忆的心理操作过程。学习材料在复述的作用下,保持在短时记忆中,并向长时记忆中转移。复述又包括机械复述和精细复述两种形式。所谓的机械复述指对短时记忆中的信息只进行重复性的、简单的心理操作,使记忆痕迹得到加强,但不一定能进入长时记忆;精细性复述指通过复述使短时记忆中的信息得到进一步的加工和组织,使之与预存信息建立联系,从而有助于向长时记忆的转移。精细复述的加工水平较高,具有主动性。

机械性复述与精细性复述在短时记忆向长时记忆的转化中,具有不同的作用效能。一般认为,机械性复述并不能导致好的记忆效果。克瑞科和沃金斯(Craik & Wathins,1973)的研究表明,只有机械复述并不能加强记忆。研究者让被试者听若干个单词,并要求他们记住其中最后一个以特定字母开头的单词,如字母 K。在单词系列中,有几个以 K 开头的单词,因此,当被试者听到下一个以 K 开头的单词时,就可以放弃前面以 K 字母开头的单词了。由于这些以 K 开头的单词之间的间隔不等,因此,每个以 K 字母开头的单词得到的复述机会是不等的。实验结束后,研究者出其不意地要求被试者回忆所有以 K 字母开头的单词,结果发现,这些以 K 字母开头的单词的回忆成绩并没有差异,这说明简单的机械复述并不能导致好的记忆效果。

## 2. 组块化

### 【阅读材料】组块化加强记忆效果

蔡斯等人(Chase & Ericsson,1981)曾报道了一个叫 B.F. 的案例,这个人可以回忆 80 个数字。进一步的研究发现,原因是 B.F. 是一名运动员,他将随机的数字组成了各种长跑距离所需要的时间。例如,他把"3/4/9/2/5/6/1/4/9/3/5"记作"3 分 42 秒 9 跑一英里,56 分 14 秒跑 10 英里,9 分 35 秒慢跑 2 英里"。这样,他通过和长时记忆建立联系,将无意义的随机数字转换成有意义的、便于记忆的组块。这说明精细复述是短时记忆存储的重要条件。

在编码过程中,将几种水平的代码归并成一个高水平的、单一代码的过程叫组块化,是自动发生的。以这种方式形成的信息单位叫做组块。

(1)组块的大小、复杂性都是因人而异的。例如,记数字 748539,你可能按 74—85—39 记忆,他可能按 748—539 记忆。看一幅图片,我可以以地点关系为组块,你可以以色彩的特点为组块。一个组块可以是一个字母或数字、一组字母或其他材料,甚至是一组词或一个句子。

(2)个体的知识经验对组块有很大的影响。蔡斯和西蒙(Chase & Simon,1973)对象棋大师、一级棋手和业余新手的棋局记忆力进行了研究。结果发现,对一个随机设置的棋局,大师、一级棋手和业余新手的回忆正确率没有差异;而对一个真实的棋局,大师的记忆准确性为 64%,一级棋手为 34%,业余新手只有 18%。这种差别是因为在真实的棋局中,高水平的大师和棋手可以利用丰富的经验发现和建立棋子之间的关系,形成组块,而在随机摆放的棋局中,大师的经验就很难发挥作用了。可见,个体的知识经验对组块有很大的影响。

### 【阅读材料】7±2 效应

爱尔兰哲学家威廉·汉密尔顿发现,假如将一把子弹撒在地板上,人们很难一下子观察到超过 7 颗子弹。1887 年,雅各布斯通过实验发现,对于无序的数字,被试能够回忆出的最大数量约为 7 个。发现遗忘曲线的艾宾浩斯也发现,人在阅读一次后,可记住约 7 个字母。

1956年,美国心理学家米勒(George A. Miller)教授发表了一篇重要的论文《神奇的数字7加减2:我们加工信息能力的某些限制》,明确提出短时记忆的容量为7±2,即一般为7并在5~9之间波动。这个看法得到大量实验的证实并得到公认。

### (三)短时记忆的信息提取

人们是怎样从短时记忆中提取信息的？一般而言有三种可能的加工方式。

#### 1. 平行扫描

平行扫描是同时对短时记忆中保存的所有项目进行检索。那么无论短时记忆中保存的项目有多少,检索的时间都应该是一样的(见图5-2a)。

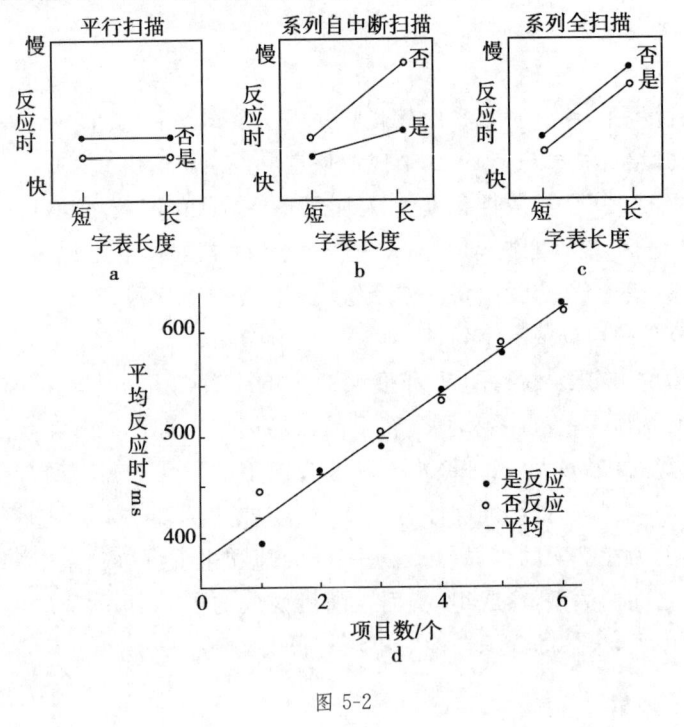

图 5-2

#### 2. 系列自中断扫描

将探测数字逐个与记忆中的项目相比较,发现有与探测数字相同的就中断扫描。如果用这种方法扫描,则长数字系列的反应时就比短数字系列的要长,同时,做出"否"反应比做出"是"反应的反应时长。因为做出了"是"反应被试即可停止扫描,但要做出"否"反应则需扫描记忆中的所有项目(见图 5-2b)。

### 3. 系列全扫描

将探测数字逐个与记忆中的所有项目都进行比较,不论记忆中有没有探测数字。如果用这种方法,扫描长数字系列的反应时就比短数字系列的要长,并且做出"是"或"否"的反应时是相等的(见图 5-2c)。实验结果如图 5-2d 所示,说明短时记忆中信息的提取是以系列全扫描方式进行的。另外,有实验(小谷津,1973)表明,如果记忆的项目是比较长的有意义的词、句子、文章,由于扫描的时间较长,短时记忆中信息是以系列自中断扫描原则进行的。

☕ 【阅读材料】短时记忆信息提取的具体举例

比如有一列数字,123456,平行扫描就是把这六个数字同时进行加工。这六个数字加工不分先后。实验如果是要找出某个目标数字(如 4),由于这些数字是同时加工的,所以不管数字的个数有多少个,找出目标数字所用的时间是不变的。因此预期得到的图是一条平的线。

如果是自动停止的系列扫描,那么找到数字 4 后,整个加工过程就自动停止,不再进行下去。如果一直找不到目标数字,那么就会继续找下去。所以不管数字容量是多少个,此时在预期的图上,如果不包括目标数字的话,反应时会比较长,因为不能在找到目标数字后自动停止。

而如果是完全系列扫描的话,找到数字 4 之后,仍然会继续加工下去,直到整个数字序列都加工完毕。就比如找到 4 之后,仍然会加工到 6 才停止。此时不管数字容量是多少个,有目标数字和没有目标数字的数字序列,扫描时间应该是完全相同的,就是完全系列扫描所有数字所用的时间,此时预期的图上,两根线应该是平行的。

## 三、长时记忆

长时记忆是指学习的材料,经过复习或精细复述之后,在头脑中长久保持的记忆。信息保持时间在 1 分钟以上,甚至数年乃至终生,是一种长久性的存储。许多长时记忆是短时记忆的内容经过复述和组块化等策略转入长时记忆的,也有一些是在感知中印象特别深刻的内容一次性进入长时记忆,特别是那些激动人心,容易引起强烈情绪体验的内容可直接进入长时记忆系统被储存起来,如拿到大学录取通知书的时刻。

### (一)长时记忆的编码

长时记忆的编码就是把新的信息纳入已有的知识框架内,或把一些分散的信息单元组合成一个新的知识框架。长时记忆的编码主要有以下几种形式:

**1. 语义编码**

在记忆一系列语词概念材料时,人们总是倾向于把它们按语义的关系组成一定的系统,并进行归类,这是典型的语义编码形式。例如,鲍斯菲尔德等人(Bousfild et al., 1972)让被试学习 60 个单词,如萝卜、斑马、菠菜、舞蹈演员、狮子、打字员等。当被试按语义关系将这些单词分别纳入动物、植物、人名、职业等四个类别中时,记忆的效果会明显提高。按语义类别进行编码,有助于信息进入长时记忆。

**2. 以语言的特点为中介进行编码**

借助语言的某些特点,如发音、字形、渊源等,对信息进行编码,使它们成为便于储存的东西。这种编码形式,在记忆无意义音节时经常使用。利用语言的音韵、节律等特点进行编码也是常用的形式。如,对农历 24 节气的记忆、对乘法和珠算口诀的记忆等。

**3. 主观组织**

对本来没有什么意义联系的材料,人为地加以组织,回忆时,使被加工的材料以群集方式再现,这种加工称为主观组织。1962 年 E. 图尔文在实验中,向被试呈现了 16 个无关联的单词,如音乐、兵营、发现、冰山、办公室、山谷、顽皮、女孩、发行量、丛林、谜语、叛徒、咸水湖、格言、润发油、步行者。这 16 个单词被排列出 16 个不同顺序,每一顺序向被试呈现一次,每秒呈现一个单词,如此反复多次,让被试按自己喜欢的顺序再现。结果发现,被试在连续的各次实验中,有以相同的顺序再现单词的倾向,他们把某些词组织在一起的情况越多,说明其主观组织的程度越高。

**4. 以视觉表象为中介的组织加工**

1972 年,鲍尔(Bower)进行了对偶联合的学习实验,他要求一组被试看到对偶词时尽量形成视觉表象,而对另一组被试不给这种提示。其结果,第一组的正确回忆量高于第二组的 1.5 倍。例如,识记"帽子—警察"这两个词时,第一组被试会加工成一个戴着帽子的警察这样一幅视觉意象,所以,当帽子刺激一出现,被试就可以从视觉表象的画面上想起警察这个词。而第二组被试就完全靠的是机械记忆的结果。

## (二)长时记忆的信息存储

长时记忆中信息存储是一个动态过程。在存储阶段,已保持的信息会发生量和质的变化。

### 1. 长时记忆量的变化

长时记忆在量的变化方面总的特点是信息随着时间的迁移而逐渐减少,但是特殊情况下会出现记忆恢复现象。例如,学习1天后测得的保持量比学习后立即测得的保持量要多,这种现象叫做记忆的恢复。记忆的恢复现象,儿童比成人较普遍,学习较难的材料比学习较易的材料更明显,学习程度较低的比学习纯熟的更容易看到。

### 2. 长时记忆质的变化

长时记忆在质的变化方面,表现出三个特点:(1)简略概括性变化。记忆的内容比原来识记的内容更简略、更概括,一些不太重要的细节趋于消失,而主要内容及显著特征被保持。(2)丰富详细性变化。保持的内容比原识记的内容更详细、更具体、更完整、更合理。(3)突出生动性变化。使原识记内容中的某些特点更加突出、夸张或歪曲,变得更生动、离奇、更具有特色。英国心理学家巴特莱特(Bartlett,1932)做过一个实验,他让被试看一个图,隔半小时后要他凭回忆画出来,然后把所画的给第二个被试看,隔半小时后要求第二个被试凭记忆把图画出,依次做下去,直到第18个被试。从第一个被试识记的枭鸟,经过18个的记忆改造,最后变成了一只猫的形象,这样大的差距说明信息在头脑中的储存不是静态,而是会发生变化的。

**【阅读材料】"魔鬼的战争"故事的记忆实验**

巴特莱特在实验中让许多被试阅读一篇"魔鬼的战争"的故事,过了一段时间,让他们复述,结果发现,经常阅读鬼怪故事的被试在回忆中增添了许多关于鬼的内容和细节,而受到逻辑学训练的被试在回忆中则大量删去鬼的描述,使故事变得更合乎逻辑。从识记的内容与回忆的内容之间的差异,可以看出,信息在头脑中的保持不是静止的、凝固的,而是一个重建过程。识记内容在保持的过程中受到思维的"剪辑"加工,或者使之更加简略概括,或者更加完整合理,或者被想象所补充而更加详细生动,或者被夸张突出。

## (三)长时记忆信息的提取

从长时记忆中提取信息包括再认和回忆两种过程。

### 1. 再认

再认指经验过的事物再度出现,有熟悉之感并能被识别和确认的过程。人在再认某一对象时,一方面要对它进行知觉分析,同时还要从长时记忆储存的信息中提取有关的信息(模式)与之对照比较,经过多层次的连续检验,最后才能完成确认,实现再认。当再认发生困难时,要努力寻找各种有关的线索,力图恢复过去已经建立的联系。可见,再认也不是一个简单的过程,它包含有知觉、回忆、联想、比较、验证等一系列的认知活动。

再认的速度和准确性主要取决于对事物识记的巩固程度和精确程度。熟记了的事物一出现,几乎可以无意识地、自动化地、在极短的时间内作出识别。

在日常生活中,错误地再认时有发生,其原因是多方面的:一是由于识记的不巩固、不精确,原有的联系消失或受干扰。一旦识记过的事物再度出现,不能激活原有的记忆痕迹,仅有熟悉之感而无法从整体上加以正确的再认;二是对有关信息(模式)的提取发生了错误,导致错认;三是由于联系的泛化,导致错误的再认。例如,错把一个陌生人当做一个熟人相认,这是因为他的许多特征与熟人相似,这些特征在头脑中产生了泛化,因此导致了"张冠李戴"。在学习识别汉字时,常常会出现认错、写错的现象。如像成、戍、戎,这几个字很相似,稍不细心知觉,又没有精确将它们加以分化,时间久了,头脑中的痕迹不清晰,极容易发生混淆,因此常常认错;四是病理性障碍也会发生不识物症或不识人症。

### 2. 回忆

回忆是指过去识记过的材料在头脑中的重新复现。回忆分为有意回忆和无意回忆。前者是有预定的回忆意图和目的,在回忆任务的推动下,自觉主动地进行的回忆,后者是没有明确回忆目的和意图,也不需要努力地搜索,完全是自然而然地想起某些旧经验。一件事偶然涌上心头,浮想联翩或触景生情,漫无目的,不由自主地引起种种回忆。这种回忆的内容往往是不连贯、不系统的。回忆常常以联想搜寻的形式进行。

所谓联想就是由一种事物想到另一事物的心理活动。当具有某种联系的事物反映到人的头脑中,并在大脑皮层建立起暂时神经联系,只要一事物出现,就会引起对另一事物的联想。

## 【阅读材料】联想的形式

1. 接近联想

在时空上比较接近的事物,容易在人们的经验中形成联系,只要其中某一事物出现,就会引起对另一事物的联想。提起北大想起清华,这是因为两校相邻,空间接近之故。看到闪电想起雷鸣暴风雨,这是由于两种现象是相继出现,在时间上是接近的。

2. 相似联想

由一件事物的感知引起与它在性质上相似事物的回忆,称为相似联想。文学中的比喻常常借用相似联想,作诗托物寄意也是靠相似联想。

3. 对比联想

由某一事物的感知或回忆引起同它具有相反特征或相排斥的事物的回忆,称为对比联想。例如,由美想到丑,由草原想到沙漠,由黑暗想到光明等。

4. 关系联想

由事物的多种关系而建立起来的联想。如部分与整体、种属关系、因果关系等所形成的联想均属关系联想。

在识记时,有意识地在事物之间多建立联系,形成各种联想,有助于回忆,联想越丰富,回忆越容易。

# 第三节　　遗忘及其规律

遗忘就是对识记的内容不能保持或者提取时有困难,是记忆保持的最大变化。遗忘和保持是记忆过程中矛盾的两个方面。人们常常抱怨遗忘是一种不良的心理品质,确实,过于健忘的确是一种不良的心理品质。但遗忘实际上是一种正常的心理现象,因为人每时每刻都会接触到大量的信息,如果没有遗忘,把所有的东西都保存在头脑中就会大大增加大脑的负担,同时如果没有对次要的、无关信息的遗忘,就不可能有对重要内容高效率的记忆。所以,从排除干扰的角度看,遗忘也是记忆的一个条件。

## 一、感觉记忆的遗忘及规律

进入感觉器官的信息首先在感觉记忆系统里被储存,信息是以其原有的物理特性被简单保存的,保存的时间较短。如果信息不被注意并进行一定的心理加工,那么就很快会消失而被遗忘。如果这些信息能够引起个体的注意并被及时地加工,将那些先后进来的不连续信息整理成新的连续印象,那么感觉记忆就转入短时记忆阶段,感觉记忆的遗忘就不会发生了。

## 二、短时记忆的遗忘进程及理论解释

### (一)短时记忆的遗忘进程

(1)短时记忆可以保持约15～30秒。短时记忆的容量有限,存储的时间也很短。在没有复述的情况下,短时记忆可以保持约15～30秒。在皮特森等人(Peterson et al., 1959)的实验中,要求被试记住以听觉形式呈现的3个字母,为了阻止被试对一个数字进行复述,在呈现字母之后马上让被试对一个数字进行连减3的计算,直到主试发出信号,让被试回忆刚才呈现的3个字母。结果发现,被试回忆的正确率是从字母呈现到开始回忆之间的时间间隔的递减函数。当时间间隔为3秒时,被试回忆的正确率达到80%,当时间间隔为6秒时,正确率迅速下降到55%,延长到18秒时,正确率就只有10%了。这个实验说明,短时记忆信息存储的时间很短,如果得不到复述,就会迅速遗忘。

### (二)短时记忆遗忘的理论解释

是什么原因导致短时记忆的遗忘呢？一种观点认为,短时记忆的遗忘是由于信息痕迹随时间的自然消退;另一种观点则认为,遗忘是由于短时记忆中信息受到其他无关信息的干扰所致。由于加入干扰信息需要时间,因此把这两个因素分离开来比较困难。沃和诺尔曼(Waugh & Norman, 1965)利用一个设计巧妙的实验解决了这个问题。他们让被试听由若干个数字组成的数字系列,数字系列呈现完毕后,伴随着一个声音信号呈现一个探测数字,这个探测数字曾经在前面出现过一次。被试的任务就是回忆在探测数字后边是什么数字,从回忆数字到探测数字之间所需的时间为间隔时间。在实验中,采用了两种数字来呈现数字:快速呈现,每秒4个;慢速呈现,每秒1个。这样,在间隔数字不变的情况下改变了间隔时间,从而使时间和干扰信息这两种因素分离开来。结果发现,在快慢两种呈现速度下,被试的回忆正确率都随着时间间隔数的增加而减少,并且不受间隔时间的影响。这一结果支持了干扰说,说明短时记忆的遗忘主要是由干扰信息引起的。

## 三、长时记忆的遗忘及规律

### (一)长时记忆遗忘的进程

德国心理学家艾宾浩斯最早研究了遗忘的发展进程。他自己充任主试和被试,独自进行实验,持续数年之久。他选用大量的无意义音节作为实验材料,实验采用重学法检查识记效果。无意义音节是人为形成的,在正常生活中不代表实际意义的音节,例如"bok"。

这种无意义音节由两个辅音和一个元音组成。又以每次检测时重新学习原材料所节省的时间或次数作为记忆保持量的指标的方法即重学法。艾宾浩斯先后识记了 7 组(每组 13 个无意义音节)材料,每组材料初学与重学的时间间隔分别为 20 分钟、1 小时、9 小时、1 天、2 天、6 天、31 天,实验结果见图 5-3。他的实验结果表明:遗忘的进程是不均衡的,在识记后的短时间内,遗忘得比较快、较多,以后逐渐减慢。到了相当时间,几乎不再遗忘,遗忘速率先快后慢,呈负加速型。艾宾浩斯根据记忆实验结果而绘制的曲线(纵坐标为保持的百分数,横坐标为间隔的时间),即著名的"艾宾浩斯遗忘曲线"。后来,很多人重复了他的实验,所得的结果和这个结论大致相同。

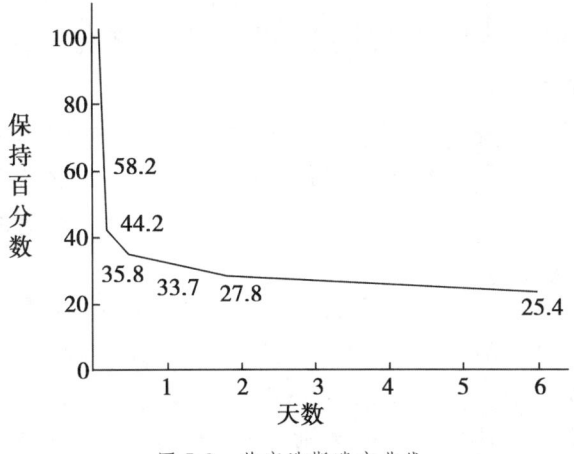

图 5-3 艾宾浩斯遗忘曲线

遗忘的进程不仅与时间有关,还受到其他因素的影响,主要有以下几个方面:

### 1. 材料的性质与数量

一般认为,对熟悉的材料遗忘得慢;对有意义的材料比无意义的材料遗忘要慢得多;在学习程度相等的情况下,识记材料越多,遗忘得越快,相反则遗忘得慢。因此,学习时要根据材料的性质来确定学习的数量,而不能贪多求快。

### 2. 材料的系列位置

在回忆系列材料时,材料的顺序对记忆效果有重要影响。一些实验结果表明,最后呈现的项目最先回忆起来,其次是最先呈现的项目,最后回忆起来的是中间的部分。这种现象叫系列位置效应。最后呈现的材料最容易回忆,遗忘最少,叫近因效应。最先呈现的材料较容易回忆,遗忘较少,叫首因效应。

### 3. 学习程度

一般认为,对材料的识记没有一次能达到无误背诵的标准,称为低度学习;如果达到恰能背诵之后还继续学习,称为过度学习。实验表明,低度学习的材料容易遗忘,而过度学习的材料比恰能背诵的效果还要好一些。

### 4. 学习者的态度

学习者对材料的兴趣、需要等,对遗忘也有一定的影响。研究表明,不符合个人需要、引不起个人兴趣、在个人生活中不占重要地位的材料,一般容易被遗忘。

## (二)长时记忆遗忘的理论解释

对长时记忆遗忘的原因,有多种解释。归纳起来主要有四种:

### 1. 痕迹衰退说

这一理论认为遗忘是记忆痕迹得不到强化而逐渐减弱,随着时间的推移而逐渐消退的结果。从信息加工的观点来看,记忆痕迹是指记忆的编码。从巴甫洛夫条件反射的理论来看,记忆痕迹是指大脑皮质有关部位的暂时神经联系。记忆痕迹只是一种形象的比喻说法。

记忆痕迹随时间推移而消退的假说因为比较接近常识,容易被人们理解,我们常见到一些物理和化学痕迹也是随着时间的推移而衰退的。

但是要用实验证明这一学说却比较困难,因为这样就必须要证明:在原初学习之前或之后没有其他心理活动产生,否则这些心理活动就会对原初学习所留下的痕迹产生干扰;或者神经组织中的记忆痕迹仅随着时间的推移而消退而不受其他因素的影响,否则这些痕迹就会产生新的神经联系。而要得到这些证明在事实上是不可能的。

尽管不能用实验来证明衰退理论,但也难以驳倒这个理论。因为事物都有发生、发展、衰亡的过程,记忆痕迹可能也不例外,也有一个发生、发展、衰退的过程。

### 【阅读材料】关于遗忘种种的观点

为什么信息会被遗忘,或从记忆中消失? 一种可能的解释是遗忘是旧的信息被新的信息取代了。如果我们把记忆类比成一个具有有限容量的盒子,那么可以想象只有把当前存在于盒子里的东西移出去才能装进新东西。这种观点假定人类的短时记忆由于结构的限制具有很有限的容量。事实上,短时记忆的容量确实是有限的,但不是由于结构的限制而可能是信息加工的限制,尤其是注意的限制。

也有观点认为,遗忘主要由于信息的衰退。Nairne, Whiteman 和 Kelley(1999)发现如果不进行复述,信息的迅速衰退是不可避免的。他们向被试呈现具有5个项目的单词列表,并通过两个方式降低遗忘率。首先,测试的内容是单词列表的顺序信息而不是单词本身。在测试中给被试再现5个单词,让被试按照正确的顺序编排。其次,每个实验中呈现的单词都不同,以降低前摄干扰。实验中在保持间隔期内也安排了用以防止复述的任务(让被试大声地读出屏幕上出现的数字)。结果发现即使保持间隔期为96秒也极少有遗忘发生。因此,只要没有前摄干扰并且记忆任务很简单的话,遗忘并不是不可避免的。

### 2. 干扰抑制说

这一理论认为,遗忘是因为在学习和回忆之间受到了其他刺激的干扰所致。一旦排除干扰,记忆就会恢复,而记忆的痕迹并未发生变化。

最早的研究是睡眠对记忆的影响。在一个实验(Jenkins & Dallenbach, 1924)中,让被试识记无意义音节字表,达到一次能正确背诵的标准。一种情况是识记后立即入睡,另一种情况是识记后继续日常工作。然后,分别在1、2、4、8小时后,让被试回忆学习过的材料。结果表明,日常工作干扰了对学习材料的回忆,其效果低于睡眠的被试。研究(Yarouch 等,1971)表明,有梦睡眠比无梦睡眠的保持差,也表明干扰对记忆的影响。

干扰抑制理论最明显的证据是前摄抑制和倒摄抑制。前摄抑制是先学习的材料对识记和回忆后学习材料的干扰作用。这种现象得到了安德伍德实验的证实。

实验者要求两组被试学习字母表:第一组被试在学习前进行了大量的类似学习和练习,第二组被试没有进行这种练习。结果表明,第一组被试只记住了字母表的25%,而第二组则记住了70%。倒摄抑制是指后学习材料对识记和回忆先学习材料的干扰作用。缪勒和皮尔扎克(Muler & G. Pilzecker,1990)首先发现了这种现象。他们让被试识记无意义音节后,休息 5 分钟,再进行回忆,结果回忆率为56%。如果被试在识记和回忆之间从事了其他活动,回忆率只有 26%。这说明后面从事的活动对前面的学习起了干扰作用,因而使成绩下降。前面的系列位置效应,也与这两种抑制的作用有关。材料中间部分由于同时受到前摄抑制和倒摄抑制的影响,因而识记与回忆较困难,而首尾材料仅受某种抑制的影响,因而识记与回忆的效果较好。

### 3. 提取失败说

这种理论认为储存在长时记忆中的信息是永远不会丢失的,我们之所以对一些事情想不起来,是因为我们在提取有关信息时没有找到适当的提取线索,而一旦有了正确的线索,经过搜索所需要的信息就能被提取出来。

提取失败是由于失去了线索或线索错误所致。对信息的提取就像我们在一个图书馆中找一本书,如果我们不知道它的书名、著者、检索编号,虽然它放在书库中,但我们也很难找到它。因此,在记忆材料时,我们尽量多地记住材料的其他线索,会帮助我们在需要时较容易地提取。

### 4. 动机性遗忘说

这种理论认为,遗忘不是保持的消失而是由情绪或动机的压抑而引起的。如果这种压抑被解除,记忆也就能够恢复。这种现象首先是由弗洛伊德在临床实践中发现的。他在给精神病人施行催眠术时发现,许多人能回忆起早年的许多事情,而这些事情在平时是回忆不起来的。他认为,由于回忆这些经验会使人产生痛苦、不愉快和忧愁,于是,便把它们储存在无意识中,拒绝它们进入意识,只有当情绪联想减弱时,这种材料才能回忆起来。在日常生活中,由于情绪紧张而引起的遗忘情况,也是常有的。例如,考试、参加大型演讲比赛等,由于情绪太紧张,致使一些内容想不起来。

动机性遗忘理论考虑到了个体的需要、欲望、动机、情绪等在记忆中的作用,是值得引起重视的。

总之,长时记忆遗忘的原因是多方面的。这四种理论都从某一方面入手,解释了遗忘的部分现象,但却不能解释遗忘的所有现象。所以,对于遗忘的原因,需要把这四种理论综合起来加以解释。

## 第四节　表象

### 一、表象的概念

表象是事物不在面前时，人们在头脑中出现的关于事物的形象。从信息加工的角度来讲，表象是指当前不存在的物体或事件的一种知识表征，这种表征具有鲜明的形象性。

### 二、表象的分类

#### (一)根据表象产生的主要感觉通道来分类

**1. 视觉表象**

视觉表象是在人们头脑中出现的具有视觉特征(颜色、形状、大小等)的形象。它们生动地保持在人的头脑中，就好像在内心中看到似的。我们有时用"仿佛又看到了他的音容笑貌"或"往事历历在目"来描述自己的视觉表象。视觉表象在大多数人的心理活动中都起重要作用，文学家和艺术家有着高度发达的视觉表象。例如，在小说家的作品中，对景物和人物形象的描写多是根据他们清晰的视觉表象。画家具有鲜明的视觉表象。如，文艺复兴时期的著名画家达·芬奇就曾要求年轻的艺术家观察并记住轮廓的主要特征的各种形态，如鼻子就有三种不同的类型：挺直的、凹形的、凸形的，每一种都有不同的变式。印染师通常可辨别常人不能辨别的颜色差别，也与其丰富的颜色表象有关。

**2. 听觉表象**

听觉表象是在人们头脑中出现的具有听觉特征(音调、响度、音色和旋律等)的形象，就好像实际地听见似的。在听觉表象中，言语听觉表象和音乐听觉表象最鲜明和突出。一个人如果不能正确分辨语言中的发音，他就无法学好这种语言。一个想学音乐的人，如果不能形成关于音乐的音调、旋律、节奏、音色等的恰当表象，也不可能成为音乐家。

### 3. 动作表象

动作表象是在头脑中出现的与动作系统有关的形象。这种表象可以是视觉性质的，如各种动作姿势的视觉形象，也可以是动觉性质的，如动作幅度和用力大小。动作表象对从事戏剧、电影、舞蹈、体育运动和各种操作技能（如驾驶、烹饪、操纵机床）的人来说，有重要意义。动作表象不仅是对过去的动觉的简单再现，而且与当时实际的动觉相联系。当一个人产生某种动作表象时，身体相应部分肌肉往往会产生微弱的收缩运动，即"意动"。

味觉、嗅觉、触觉等也都有相应的表象。一个好的厨师，必须有发达的味觉表象和嗅觉表象；纺织工人必须有发达的触觉表象。应当指出，以感觉通道来划分表象，只具有相对的意义。对绝大多数人来说，表象都带有混合性质。因为人们在知觉事物时，往往要同时运用各种感官。

### （二）根据表象的概括性来分类

对某一事物的表象称为个别表象；如对某人妈妈的形象，这种对个别具体事物的表象为个别表象；对于某一类事物的表象称为一般表象。人类所有母亲的形象就是一般表象了。

表象总是沿着从个别到一般的方向不断发展，同时向更富有概括性的方向发展，向更广更深的方向发展。

还有一种特殊的表象形式——遗觉表象，指在刺激停止作用后，脑中继续清晰的保持的异常清晰、鲜明的表象。遗觉表象是部分学龄儿童所特有的，随着年龄的增长而逐渐消退。

## 三、表象的特征

### （一）直观性

表象是在感知觉基础上产生的，感知觉中的客观事物是具体、形象、直观的，所以在头脑中形成的表象具有直观性和形象性。例如，我们感知过的山川河流、花草树木等，回忆时，头脑中的山、水、草、木历历在目，犹如身临其境，非常直观。

但是，感知觉是客观事物直接作用于人的感觉器官，是对真实事物的直接反映，而表象是对过去经历过的事物的反映，客观事物不在眼前，仅仅是头脑中的记忆"痕迹"活动。因此，表象和感知觉又有显著的区别。

(1)表象不如感知觉那样鲜明。无论多么清晰的表象,总比不上客观事物直接作用于人的感官时那样确切、鲜明、生动,表象活动反映的客观事物较模糊、不精确、暗淡。例如,我们回忆华山险峰时,就不如亲自攀登时那样具体、鲜明、真切。

(2)表象也不如感知觉那样完整。直接感知时,客观事物的全貌和各个细节都展示在人们面前。头脑中的表象活动往往有些地方清晰,有些地方模糊,甚至有些地方根本就没反映,表象不能完整地反映事物的全部和一切属性,具有片面性。

(3)表象还不如感知觉那样稳定。人的感知觉要受一定时间和空间的限制,而出现在头脑中的表象可以不受时间和空间的限制,甚至不受逻辑限制,可以跳跃出现、反复出现、重叠出现。因此,头脑中的表象活动,可以时而反映这一部分,时而突出另一部分,时隐时现,具有不稳定性。

**【阅读材料】哪一图像是"真正"的一便士?**

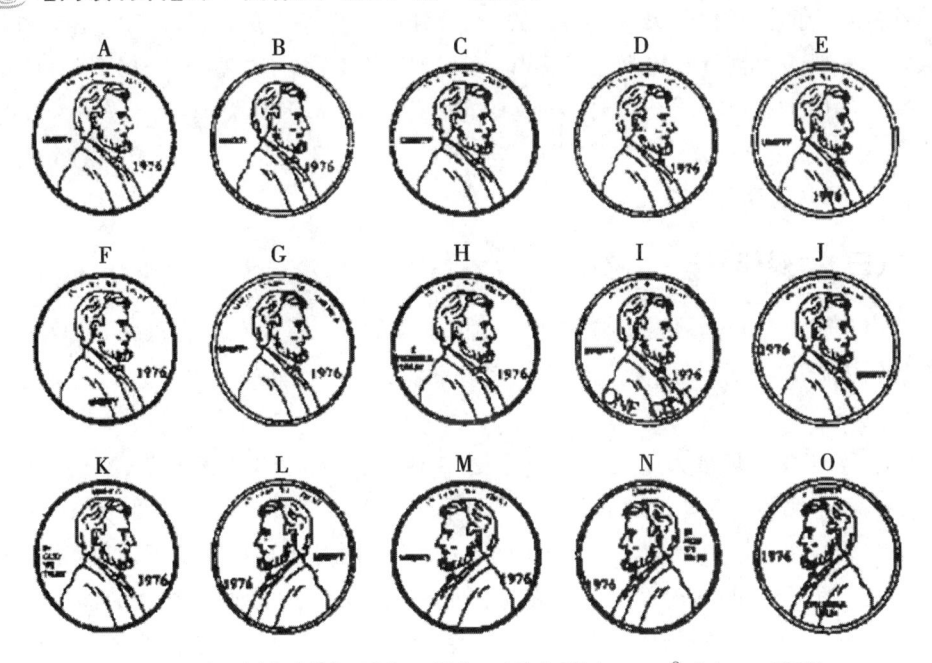

图 5-4　哪一图像是"真正"的一便士?(引自 Nickerson & Adams,1979)

尼科尔森和亚当斯(Nickerson & Adams,1979)这两位研究者要求被试对上图所示的 15 张一便士硬币的图案加以再认,以了解人对视觉细节保持的完整性与精确性。在这 15 张图案中,仅有一张是正确的,但绝大多数的被试都作了错误的选择。也就是说,尽管人们已不知多少次重复地看见过一便士的硬币,但绝大多数的人绝不会去留意它的图案细节,因为没有必要这样做,也许我们只需依据它与其他硬币在大小或颜色上的差别就能很快地将它与其他硬币区分开来,因此,如果发行的新钞或硬币需要人关注它的细节才能与别的钱币区分开来,肯定会遭到众人的抱怨。

从实验中,我们可以看到:人可以用视觉表象来帮助自己的记忆,但这种回忆并不一定需要人记住它的所有细节。因此,在没有必要记忆细节的情况下,人的视觉表象可能是不完整的或不精确的。

### (二)概括性

表象是经过不同时间或在不同条件下,对同一事物或同一类事物多次感知而形成的综合的概括化形象,并不是某一次感知的个别特点的反映。无论是个别表象还是一般表象都具有概括性。例如,人们对一年四季——春、夏、秋、冬,在头脑中留下的四季表象往往是春天——鸟语花香,夏天——烈日炎炎,秋天——果实累累,冬天——白雪茫茫。这是关于四季一般特征的形象反映,每个季节中的个别特点消失了,具有明显的概括性。

### (三)可操作性

由于表象是知觉的类似物,因此,人们可以在脑中对表象进行操作,且这种操作就像人们通过外部动作控制和操作客观事物一样。其操作性可通过心理旋转实验来说明。

1971美国斯坦福大学的心理学家谢帕德(R. Shepard)和梅茨勒(Metzler)等做了一系列实验。实验的材料是一对对不同方位的立方体二维形式图(见图5-5)。要求被试判断所用的时间。图5-5中的A和B是两对完全相同的图形,所不同的仅仅是它们的方位,A中两个物体在平面上相差80°角,B中两个物体的深度上相差80°角。C中的一对物体是两个方位和结构都不同的物体。谢帕德和梅茨勒制作了一千六百对这类图片,他们请了八位成人被试者进行判断实验。被试者报告了他们判断时使用的方法:首先是把一个物体图形在心理旋转,直到与另一物体的方位相同,然后进行匹配比较,从而作出完全相同或完全不同的判断。以被试者对八百对同物图片判断的结果,可以看出,无论图片所示的物体是在平面上调转(即通过旋转画纸就可以实现),还是在三维深度中旋转(把物体方位旋"进"画纸中去),判断所用的时间同两物图片上的角度差异呈线性关系,即旋转的度数越多,反应所用的时间越长。这就是著名的心理旋转的实验。

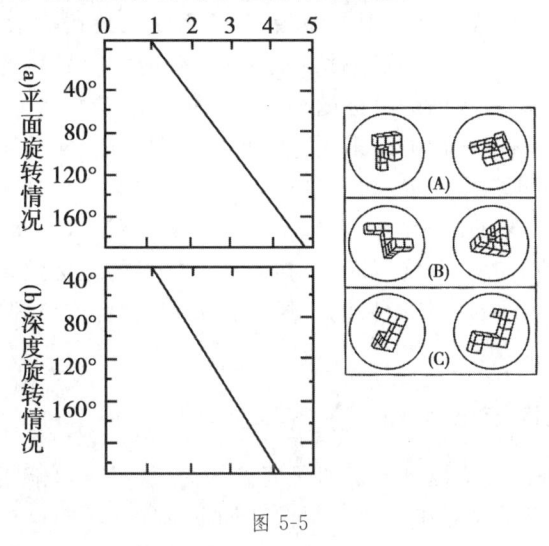

图 5-5

## 四、表象的信息加工理论

### (一)基本表象理论

美国心理学家巴格斯基认为,人们对信息的贮存是将视觉和言语材料转化为表象,表象是信息编码最基本的形式,人们可以对表象进行操作,这种操作类似于对具体事物的操作。基本表象理论得到了谢帕德(R. Shepard)和梅茨勒(Metzler)的心理旋转实验的支持。

### (二)双重编码理论

双重编码理论(dual code theory)是佩维奥在1969年的论文《联想学习和记忆中的心象》中提出的,1979年这篇文章被誉为"引用经典"。该理论认为大脑中存在两个功能独立却又相互联系的认知系统处理不同的信息:来自语言经验的语言系统和非语言系统(心理表象系统)。语言系统处理语言讯息,并将它以字符(logogens)为基本单位编码储存在文字记忆区;非语言系统则是处理非语言讯息,在实验中以视觉影像为主,编码以心像(imagery)作为其基本单位存储在图像记忆区,也在对应的语言记忆区留下一个文字对照版本。语言系统处理语言所传达的讯息，而非语言系统所处理的是图形、知觉上的讯息，两系统中存在着参照联结以互相传递讯息。这两种系统相互独立地工作，两种系统能直接地被特化的刺激激活：非语言系统被物体或物体的形象激活，语言系统被词语激活。然而，这两种系统同样能够相互关联地工作：词语性质的材料（单词"苹果"），通过语言系统的作用，可激活表象系统，导致词语指称的物体进入心理表象加工。反过来，与心理表象有特殊关系的材料也可用词语来表达。现已证明，许多实验事实与双重编码理论相符。佩维奥在实验中发现，如果给被试以很快的速度呈现一系列的图画或字词，那么被试回忆出来的图画的树木远多于字词的数目，这个实验说明，表象的信息加工具有一定的优势。也就是说，大脑对形象材料的记忆效果和记忆速度优于语义记忆，教学材料中的信息如果同时通过言语和视觉（或空间）两条通道输入大脑，记忆会变得更加容易。

### (三)共同代码理论

对双重代码理论最早提出异议的研究者认为，意义不可能用编码的简单联系来表征，进而提出了单独存在一种对图像和词汇都能表征意义的表征贮存库。意义在这些模型中以节点之间关系的网络来表征，节点与节点之间标记的连线代表相互关系。它首先是由奎利安（Quillian）提出来的，并与科林斯和罗夫图斯（Collin和 Loftus）等人在 1969 年和 1975 年对语义记忆的接否和操作又作了进一步发展。

例如，看一场电影与阅读改编成该电影的小说在更深层次上产生相同的表征。图像与言语编码系统保持有关图片与词语的表面信息，诸如他们长什么样子、发出怎样的声音，但是共同的概念贮存起着把两个表征联合起来的作用，因此相同意义和一个图片以及它的名称是相互联系的。

## 五、表象的作用

### (一)表象对知觉的促进作用

Hayes(1973)的实验研究表明，如果当前要知觉的字母大小与事先表象出的该字母的大小一致时，识别所需要的时间要少于大小不一致的字母。表象所携带的方位信息也可在一定条件下有利于知觉加工。可以说，表象为知觉相应的客体作了准备，成为知觉自上而下的加工的一个重要方面。

### (二)表象对学习记忆的作用

表象作为一种信息表征在学习记忆中起重要作用。Pavio(1969)进行成对联想学习实验中发现,表象在一些字词识记中起着中介作用,有利于学习和记忆。

### (三)表象在思维中的作用

表象为概念的形成提供了感性基础,并有利于对事物进行概括性的认识。例如对"动物"这个概念,孩子们常常用猫、狗、鸡等具体形象来说明。另外,在一项研究中,研究者要求二年级学生概括课文的中心思想。学生分为三组:第一组阅读完直接进行概括;第二组在阅读的同时看一张有关的照片;第三组在阅读后用口头语言描述每段故事情节,也就是用语言在头脑中引起有关情节的表象,然后进行概括。结果表明:第三组成绩最好;第二组由于受图片的影响,概括具有较大的局限性;第一组成绩最差。这说明第三组在头脑中形成的表象利于概括。

表象有利于问题的解决。例如小学低年级学生在解决数的运算问题时,在很大程度上需要表象的参与;中学生解决几何问题要依赖表象的支持;成人在利用概念进行抽象思维时,也需要具体形象的帮助和支持,如工程师在审阅建筑设计图纸时,他们倾向于在头脑中利用建筑物的形象来帮助思维。

## 六、表象与想象的区别与联系

表象与想象是一类很重要的表征。它们能使我们在对象未出现的情况下去表征和加工这些对象。但是,表象与想象之间存在一些重要的区别与联系。表象和想象交织在一起,互为补充,很难绝对区分开来。只有从表象中提取素材,想象才能得以进行,同时表象在某种程度上能够为想象所补充。

从区别上看,表象更多地表现为感知过的事物不在面前时,在头脑中重新出现该事物的心像。例如,当我们熟悉的中国地图不在面前时,头脑中仍能浮现出中国地图的形象。而想象是指经过我们的头脑对表象进行加工、改造而产生的新形象,这些新形象是我们未曾亲身经历过的,或许世界上还不存在的,因而具有新颖性。例如,《封神演义》《西游记》《聊斋》等古典名著中的许多形象就是想象。因此,想象属于思维过程,而表象属于记忆过程。

## 第五节　　记忆策略及运用

记忆是学习的重要历程,没有记忆,学习将无法进行。但机械的反复记忆,并非维持学习深入进行的良方。拥有技巧性的记忆能力才能增加学习力量,节省学习时间。记忆策略是学习的重要技能之一,学习者的记忆技巧若不能随着年龄的增长而日益多元化和自动化,在学习上将产生很大的困扰。现代记忆心理学的研究表明,运用各种记忆策略,可以对记忆材料进行不同层次的加工,扩大记忆材料的加工量,从而帮助人们提高记忆效果。人的记忆能力的差距,在很大程度上是由记忆策略的差别引起的。

**【阅读材料】超凡的记忆力**

金庸所著《射雕英雄传》中,黄蓉的母亲那非同寻常的记忆力给人留下了深刻的印象:她只用一个时辰通读一遍,再用一盏茶工夫复习一遍,就能将一部上万字的《九阴真经》背得滚瓜烂熟,可以一字不差地默写出来。当然,这只是小说的虚构,然而现实生活中的确有一些记忆超常的人,文学大师茅盾可以一字不漏地背诵《红楼梦》前八十回;美国一位超强记忆高手霍华德·贝格曾于1990年以1分钟阅读并记忆25000字的速度被载入《吉尼斯世界纪录大全》。

## 一、记忆策略的概念

记忆策略是指根据一定的目的,对记忆方法的选择、运用和调控。记忆策略的核心是根据预定目的,通过自我意识对学习方法进行自我监控,把记忆方法提到一个新的、更高的水平,将有助于获得最佳的记忆效果。记忆策略的基础是记忆方法。记忆方法的运用是否恰当直接影响学习效果。

## 二、记忆策略及运用

记忆能力是后天在实践过程中逐步练习培养起来的。提高记忆能力的关键在于自觉运用记忆的有关规律,创造有利于记忆的条件,选择恰当而有效的记忆策略。常用的记忆策略主要有识记策略、保持策略和提取策略。掌握和运用记忆策略能增强记忆能力。

### (一)识记策略

识记策略是指主体对自己记忆活动的有意识控制和有意识地使用那些能增强记忆效果的方法。有效的识记必须是在正确运用识记策略的情况下才能实现。常用的识记策略主要包括组织策略、主观组织策略和记忆表象策略等。

## 1. 组织策略

组织策略是指对记忆材料按照不同方式归纳、排队、分门别类，建立媒介联系，以便将记忆材料纳入已有的知识框架之中或把材料作为合并单元而组合为某个新的知识框架。经过组织加工的材料能有效地保存在长时记忆中。

组织策略的具体方法有许多种，较常见的是"组块化"和"归类"。"组块化"是指把一些独立的信息合并成一个整体，使大量信息具有整体功能。研究（Bower & Clark,1969）表明，在记忆彼此意义上无关联的记忆材料时，组块化可以显著提高记忆成绩。并且，任何人在训练后都容易做到将记忆材料组块。"归类"是把一系列的项目按照一定的类别来进行记忆。如果你在记忆某一组词时，能将这组词归入某几个范畴，而不是机械记忆一组相互无关联的单词，记忆效果会好一些。G·曼特勒认为，记忆一系列单词材料时，将所有单词归为七类或七个概念范畴，是最佳归类数。他在1966年的研究表明，如果不是简单的归类，而是能够按等级多层次地归类，即形成关系树，将更有效地改善记忆。

## 2. 主观组织策略

主观组织策略又称精加工策略，它是指当所要记忆的材料，既不能归入某个范畴而且明显无组织时，个体会倾向于采取主观组织策略对材料进行加工。主观组织策略通常借助于语言作为记忆的中间媒介，采用叙事的方法，借以联系本无关联的记忆材料。譬如，古罗马人发明的古老记忆术联系法，即是采用了主观组织的策略。古罗马人聪明地将要记住的一连串的物品名称，如汤匙、酒杯、香蕉、肥皂、鸡蛋、书柜、面包、西红柿、刀叉、玫瑰花、土豆、咖啡等等，通过一个怪诞的故事来记忆，被证明是相当有效的。心理学家塔尔文（Endel Tulving,1962）用实验方法证实，主观组织策略可以增强回忆的准确性。现代信息加工的观点认为，以语言形式加工记忆材料，的确是特别有效的主观组织策略。因为语言本身就带有意义，在意义层次上的信息加工，可以使信息编码更加深刻与精细，从而更加有效地提高记忆能力。

## 3. 记忆表象策略

运用形象加以记忆的策略就是记忆表象策略。例如，读莎士比亚的《哈姆雷特》时，在头脑中会浮现出哈姆雷特的形象；读曹雪芹的《红楼梦》时，在头脑中会出现林黛玉、贾宝玉的形象，这些都是记忆表象。美国学者哈拉里有一句名言："千言万语不及一张图。"把要记的材料同记忆表象联系起来进行记忆，记忆表象越清晰，记忆效果越好。记忆表象包括：视觉表象、听觉表象、运动表象、触觉、味觉、嗅觉方面的表象等。对于故事和诗歌或单词等，如果能在头脑中形成形象来记忆，其效果远远优于机械地重复记忆。实验表明,记忆具体形象或画面比记忆言语要容易些,记忆能引起形象的具体词汇比记忆抽象的词汇要容易些。在有效地运用记忆表象策略进行形象记忆时,要求人们对记忆材料全神贯注,利用记忆表象进行联想和想象,在头脑中出现清晰、鲜明、完整的形象,并进行多层次的加工和组织,能大大提高记忆效果。

### (二)保持策略

记忆材料的保持依赖于识记,也依赖于保持策略。记忆材料的保持策略主要是复习策略。俗语说:"熟能生巧"、"温故知新",要使记忆中的信息能够保持并尽可能少地遗忘,必须对信息进行反复有效的复习。复习是保持记忆最主要的途径。常见的复习策略有:

#### 1. 及时复习策略

由于遗忘的进程是先快后慢,所以要及时复习。及时意味着在遗忘尚未大规模开始前就进行。及时复习可阻止通常在学习后立即发生的急速遗忘。俄国著名教育学家乌申斯基曾经指出,我们应当"巩固建筑物",而不要等待去"修补已经崩溃了的建筑物"。复习时间的间隔按照不同的年龄和材料数量可以有所区别,但一般不能超过两天。

#### 2. 合理分配复习时间策略

复习时间分配有两种方式,集中学习和分散学习。连续进行的复习称为集中学习,学习之间间隔一定的时间称为分散学习。实验证明,一般情况下,分散学习比集中学习的效果好。但是,在使用分散复习时,时间间隔长短,要根据材料的性质、数量、识记已经达到的水平确定。一般是"先密后疏",即在识记后不久的一段时间内,复习的次数要多一些,复习之间时间间隔要短一些。随着知识巩固程度的提高,复习的次数可少一些,时间间隔可长一些。

#### 3. 尝试回忆策略

尝试回忆是在学习时尝试着回忆,不断地自问自答。尝试回忆策略是一种主动的记忆过程,它可以提高学习者的积极性、进取心和探索精神;可以使学习者知道自己记住了哪些内容,哪些内容还需要下工夫去记忆;可以使人在记忆时有的放矢,节省大量的时间。尝试回忆之所以能够提高记忆效率,主要是因为在整个学习过程中,学习者都处于积极的进取状态。每次尝试回忆后,都能及时了解自己的成绩,从而激发进一步学习的动机。尝试回忆策略告诉我们,在识记材料的时候,用全部时间复习,不如用部分时间复习而用另一部分时间尝试背诵的效果好。

### 4. 过度学习策略

过度学习策略是指在学习达到恰能成诵之后还继续学习一段时间。适当的过度学习是巩固保持、防止遗忘的有效方法之一,特别是对识记需要长期保持或记不牢固就会严重影响下一步学习的基础知识具有重要作用。研究表明,过度学习的量与保持量成正相关,但最佳记忆效果并非与过度学习的量成正比。一般过度学习50%左右效果最佳,一旦超过100%,保持效果便不再随之显著增长,反而逐次降低。

在复习过程中,把分散的、孤立的知识集合成一个整体,进行纵向梳理和横向比较,理清它们之间的联系,最后列出图表、整理成知识提纲,对提高记忆效率非常有效。因为这一方面消除了概念上的模糊和混淆,加深了理解;另一方面又精简了内容,减轻了记忆负担。

## (三)提取策略

提取策略是指为了从长时记忆中提取信息而进行的一种深思性的操作。从长时记忆中提取信息要依靠线索,一靠联想,二靠记忆术。记忆术就是记忆的方法,且多是人为的记忆方法。常见的记忆术主要有:

### 1. 联想记忆法

联想是由一种经验想到另一种经验的活动。根据事物间的接近性、相似性、对立性进行的联想相应分为接近联想、相似联想和对比联想。利用接近联想,从时间上或空间上与回忆目标接近的事物开始回忆,易找到回忆目标。根据相似联想,从形态上或性质上与回忆目标相似的事物开始回忆,有利于搜寻到回忆目标。按照对比联想,从性质上或特点上与回忆目标相反的事物开始搜索,便于发现回忆目标。凡是不能直接回忆的事物,借助以上联想方式可帮助搜索。

### 2. 自然语言媒介法

自然语言媒介法是指把要记的材料同长时记忆中已有的自然语言的某些成分(如词义、字形、音韵等)相联系以提高记忆的效率。例如,歌诀记忆法,是把材料编成有韵律的顺口溜,像乘法口诀、珠算口诀、二十四节气等;谐音记忆法,指根据字与字、词与词的读音相同或相似而赋予识记材料以引人入胜的意义,像化学元素中金属活动顺序为:钾、钙、钠、镁、铝、锰、锌、铁;锡、铅、铜、汞、银、铂、金,可谐音为:"加个那美丽的新的锡铅统共一百斤。"

### 3. 直观形象记忆法

把抽象材料加以形象化、直观化的记忆方法,称之为直观形象记忆法。例如,化学课中的"电子云"的概念比较抽象、难懂。有位老师在教学时,在一个气球上画了许多代表电子的圆点,通过讲授气球胀缩时圆点的密度发生变化而圆点数目不变的道理,讲清了电子云密度变化并不意味着电子数目变化的抽象概念。这种将感性认识与理性认知相结合的记忆法,学生不但容易理解,而且记得很牢。

### 4. 特征记忆法

特征记忆法是对那些无意义的材料人为地寻找特点来记忆的方法。如马克思诞生于1818年5月5日,可记为两个18和两个5。五四运动爆发于1919年,可记为两个19。明朝灭亡于1644年,可记为:后两个4相乘等于前两个数(16)。

### 5. 地点法

地点法是指把要记忆的材料想象为放在自己熟悉地方的不同位置上,回忆时在头脑里对每一个位置逐个进行检索。在一个实验中,考查40名大学生和40名女服务员记住7、11、15种饮料,并将其分送到顾客面前的记忆效率。结果发现,分送7种饮料的记忆效率,两组间没有多大差别,分送11、15种饮料,女服务员的记忆效率明显高于大学生,原因是女服务员采用了将每种饮料同特殊的面孔和特殊的地点联系起来的方法。

### 6. PQ4R法

目前最流行而又取得公认的记忆技术是PQ4R法。PQ4R法的得名是学习时应该遵循的6个步骤的英文缩写。

①预习(Prepare):涉猎全章学习材料,确定要探讨的一些内容。确定作为单元来阅读的各分段,把以下②~⑤四个步骤应用在各分段上。

②提问(Question):提出有关各分段的问题。把各分段的标题改为适当的问句。例如,一个分段标题是"信息在头脑中的储存",可改为"何谓信息在头脑中的储存"或"头脑中的信息是如何进行储存的"等等。

③阅读(Read):仔细阅读各分段的内容,尝试回答自己对于分段所拟订的问题。

④思考(Reflection):在阅读时思考内容,力图予以理解,想出一些例子,把材料和自己原有的知识联系起来。

⑤复述(Repeat):学完一个分段后,尝试回忆其中所包含的知识,力图回答自己对本分段所提出的问题。如果不能充分回忆,就重新阅读记忆困难的部分。

⑥复习(Review):学完全部材料后,默默回忆其中的要点,再次尝试去回答自己所提出过的各个问题。这种记忆技术由于学习者通过对学习材料进行良好的"主观上的组织",能够产生良好的记忆效果。

## 本章知识结构图

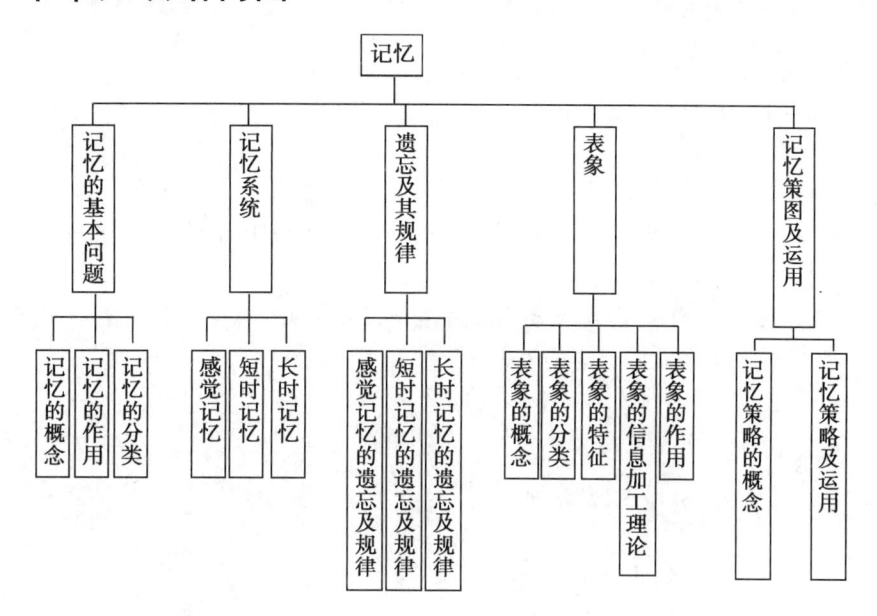

```
                              记忆
         ┌─────────┬──────────┼──────────┬──────────┐
      记忆的      记忆系统   遗忘及其规律  表象     记忆策略及运用
      基本问题
    ┌──┼──┐    ┌──┼──┐    ┌──┼──┐    ┌──┬──┬──┐    ┌────┐
   记  记  记   感  短  长   感  短  长   表  表  表  表   记   记
   忆  忆  忆   觉  时  时   觉  时  时   象  象  象  象   忆   忆
   的  的  的   记  记  记   记  记  记   的  的  的  的   策   策
   概  作  分   忆  忆  忆   忆  忆  忆   概  分  特  信   略   略
   念  用  类              的  的  的   念  类  征  息   的   及
                          遗  遗  遗              加   概   运
                          忘  忘  忘              工   念   用
                          及  及  及              理
                          规  规  规              论
                          律  律  律
```

## 一、基本练习题

1. 名词解释：

记忆,回忆,再认,感觉记忆,短时记忆,长时记忆,情景记忆,语义记忆,外显记忆,内隐记忆,系列位置效应,首因效应,近因效应,过度学习,前摄抑制,倒摄抑制,表象,视觉表象,听觉表象,动作表象,意动,遗觉表象,个别表象,一般表象,记忆策略,识记策略,组织策略,归类,记忆表象策略,程序性记忆,陈述性记忆,听觉编码,视觉编码,机械复述,精细性复述,平行扫描,联想,图像记忆,声像记忆,复述,组块化,尝试回忆,自然语言媒介法,直观形象记忆法,提取策略,特征记忆法,地点法,遗忘,痕迹衰退说,干扰抑制说,提取失败说,动机性遗忘说,类别群集,联想群集,主观组织,意义编码,心像化,记忆术

2. 记忆的种类及各自的特点有哪些？
3. 记忆包括哪些基本过程？
4. 什么是感觉记忆？部分报告法说明了什么？
5. 短时记忆的特点是什么？
6. 为什么短时记忆中的信息会发生遗忘？
7. 长时记忆的保持形式是什么？如何理解影响长时记忆遗忘的因素？

8. 表象的特征是什么？表象有何作用？
9. 什么是记忆策略？
10. 简述提高记忆能力的策略有哪些？

## 二、你身边的心理学

1. 一般人读一个电话号码只需读一遍就可以准确无误地拨号，但打完电话后，号码也忘得一干二净了。可是，如果多读几遍，记得的时间就会长一些，记熟了，甚至可以终身不忘。这是为什么？

2. 当你在背单词时，会发现最后看的单词记得最好，其次是最先看的单词，记得最差的是中间看的单词。这是为什么？

# 第六章　思维与想象

## 导　学

在日常生活中,人们会把萝卜青菜、鸡鸭分别归为蔬菜和家禽两种不同的类别,也会发现3、6、9、12等数字之间的内在关系,并得出12后面一定是15的结论;一个不曾到过沙漠的人,读着岑参"大漠孤烟直,长河落日圆"的诗句,头脑中会立刻浮现出沙漠的空旷景象。这两种现象分别反映了心理学中两个重要的概念:思维和想象。那么,究竟什么是思维,什么是想象呢?本章将引导大家学习这些内容。

本章共3节:第一节介绍思维基本问题;第二节介绍想象的基本问题;第三节介绍问题解决和决策。通过本章的学习,不仅要掌握思维、想象、问题解决、决策等基本概念和理论,还要能够利用这些理论知识来解释生活中的有关现象,解决生活中的相关问题。

本章学习重点:理解并掌握思维、想象、问题等概念,理解思维的心智操作,掌握想象的特点与想象的方式,理解决策过程。学习的难点:理解问题解决的影响因素和策略。

### 【阅读材料】创新思维成就梦想

有幸凭借智慧逃出奥斯维辛法西斯集中营的犹太人父子俩,漂泊到美国休斯敦,做铜加工生意。父亲对儿子讲:"我们现在唯一的财富就是智慧了,别人说一加一等于二时,你应该想大于二。"一天,父亲问儿子:"一磅铜的价格多少?"儿子答:"35美分。""对,"父亲说,"全得克萨斯州都知道每磅铜价是35美分,但我们应该说3.5美元。你试着把一磅铜做成门把手,看看是不是价格该成3.5美元。"父亲死后,儿子独自经营铜器店。他用铜做铜鼓、做奥运会奖牌,他能把一磅铜加工升值卖到3500美元。后来,他成了麦考尔公司董事长。1974年美国政府清理翻新"自由女神"像丢弃的废料,公开招标却数月无人应标。他闻讯从法国飞往纽约,实地察看堆积如山的铜块、螺丝、木料等废弃物后，当即签了清理合同。当时许多运输公司对他暗讽，要看他的笑话。而他立即组织人力对废料进行分类，把废铜熔化、铸成小"自由女神"像，把水泥块、木料加工成底座。两个月后，这堆废料竟奇迹般变成350万美元。充满智慧的思维，使一堆废料的价值翻了一百万倍。

从这一故事可以看到，优秀的思维品质是人们成就梦想、实现人生价值的关键因素。

# 第一节 思维

## 一、思维的概念及特征

思维是一种高级的认识活动，是人脑对客观现实概括的、间接的反映。借助思维，人的认识能够从个别透视一般，从现象看到本质，从偶然洞察必然，从现有的事物推测其过去，预见其未来。思维和感知觉的主要区别是感知觉只能反映事物的个别属性或个别事物，思维则能反映一类事物的本质和事物之间的规律性联系。例如，通过感知觉，我们只能感知形形色色的笔（铅笔、钢笔、毛笔、蜡笔等等）；通过思维，我们就能把所有笔的本质属性（写字的工具）概括出来。思维有四个重要特征：

### 1. 思维的概括性

思维最显著的特征是概括性。思维之所以能揭示事物的本质和内在规律性，主要来自抽象和概括过程。抽象过程就是区别某种事物的本质属性或特征和非本质属性或特征，从而舍弃非本质属性并抽取出本质特征。概括过程则是将某种事物一般的、共同的属性或特征抽取出来并加以结合的过程。例如，达尔文在自传中写道："我的智慧变成了一种把大量个别事实化为一般规律的机制。"把事实化为现象的一般规律的智慧过程正是思维的概括过程。

### 2. 思维的间接性

思维是通过已有的知识经验或某种媒介来反映客观事物，这就是思维的间接性。例如，早晨起来，推开窗户，看见对门屋顶是湿淋淋的，于是便推想到"昨夜下雨了"。这时，人并没有直接感知到下雨，而是以其他事物为媒介（屋顶潮湿），用间接方法推断出来的。间接反映的结果，可能正确，也可能错误，但不论正确与否，思维都是一种间接的反映过程。

### 3. 思维的逻辑性

逻辑，主要是指思维的规律。思维的逻辑性指思维过程采用一定形式、方法，按照一定的规律进行。思维的逻辑性，可以来自客观现实变化的规律性，也可以来自人类主观的规定性，它反映出思维的过程很多时候是按照一定的规则进行的。

### 4. 思维的层次性

思维的层次性指由于个体差异的存在，不同的个体会表现出不同的思维水平。思维的层次性可以从不同的方面来划分，比较典型的划分是从思维品质的高低将思维层次划分为不同的水平。思维的品质包括思维的敏捷性、灵活性、深刻性、独创性和批判性等五个方面，这五个方面结合在一起，就反映了个体思维的整体层次水平。不同个体相同的思维品质会表现出不同的层次，比如，有的人思维比较深刻，而有的人思维比较肤浅。同一个体在思维品质的五个方面也会表现出不同的差异，如有些人敏捷性好，有些人批判性好。因此，个体在思维品质方面存在一定的层次性。

## 二、思维的种类

### 1. 直观动作思维、具体形象思维和抽象逻辑思维

根据思维的抽象程度，可把思维区分为直观动作思维、具体形象思维和抽象逻辑思维。

直观动作思维又称动作思维，指直接与物质活动相联系的思维，其特点是以实际操作来解决直观的、具体的问题。例如，汽车维修人员在工作时，要不断思考，同时要不停地检查相关部件，直到排除故障。

具体形象思维是以心像为材料（成分）进行的思维，也称为形象思维。例如，在未动手重新布置房间前，我们想象着：电视机应摆在哪里，写字台应摆在哪里，书柜应摆在哪里，墙壁的某处应张贴什么画……不断在头脑中考虑着如何布置室内摆设的蓝图。

抽象逻辑思维是指在实践活动和感性经验的基础上，运用概念进行判断、推理的思维活动。例如，我们对"什么是道德"、"什么是图式"等问题的思考，就是抽象思维，这种思维是借助于语词、符号来思考的，因而也称为语词逻辑思维。

### 2. 上升性思维、求解性思维和决断性思维

根据人类实践活动目的的不同，可以把思维分为上升性思维、求解性思维和决断性思维。

上升性思维的基本特征是以实践所提供的个别性经验作为人们思维活动的起点,整个思维活动的目的是使个别性认识上升为普遍性认识,由于这种思维必须依靠比较、分析、抽象等方法,因此也是一种归纳性的思维。

求解性思维是始终围绕问题展开的思维,具体说,就是在问题解决中体现出来的思维。例如,解答数学题、考虑怎样才能到达东京等,都是求解性思维。

决断性思维也叫决策性思维,它是对未来实践的方向、目标、原则和方法所作的判断、决定。如,一个人在决定考研究生或不考研究生时所表现出来的思维活动,就是决策性思维。

### 3. 聚合式思维和发散式思维

根据思维探索答案的方向,可把思维区分为聚合式思维和发散式思维。

聚合式思维是把问题所提供的各种信息聚合起来得出一个正确答案或最好方案的思维方式。例如,依靠许多资料归纳出一个正确结论就是运用聚合思维法。

发散式思维是一种沿着各种不同的方向去思考,去探索新的远景,去追求多样性的思维。例如,在三分钟内列出红砖的可能用途,这就需要调动发散思维。

聚合式思维和发散式思维既有区别,又有联系。区别主要表现在:聚合式思维是把提供的各种信息重新加以组织,找出一个答案;发散式思维则需要根据问题所提供的信息,探索几个可能的答案(如图6-1)。发散式思维和聚合式思维又是紧密联系的,两者都是问题解决中表现出来的思维形式,在问题解决中需要密切配合。例如,当我们分析火灾发生的原因时产生的许多联想,作出种种假设,这是发散式思维;通过调查检验,并一一放弃这些假设,最后找到唯一正确的答案,这又是聚合式思维。

甲比丁大
乙比丙小
甲比戊小 → 戊最大
丁比丙大
戊比戊大

聚合式思维
(a)

上班时间到了,小王还没到,原因是 →
路上堵车
生病
睡过了头儿
已提前请假
其他

发散式思维
(b)

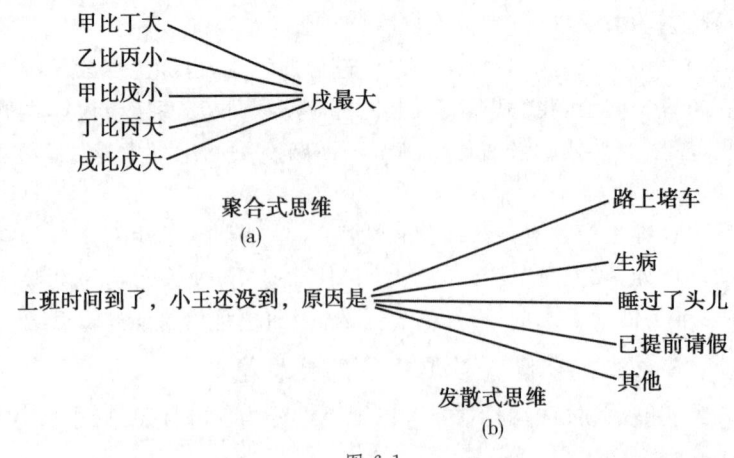

图 6-1

#### 4. 常规思维和创造思维

根据思维是否具有独创性，可把思维区分为常规思维和创造性思维。

常规思维就是运用已获得的知识经验，按现成的方案进行问题解决的思维。例如，学生运用已学会的数学知识解同一类型题的思维。这种思维缺乏独创性，是运用已获得的知识的过程，难以产生新的思维成果。

创造性思维是产生新成果的思维，具有独创性。创造性思维与发明、发现、创造、革新、写作、绘画、作曲等人类实践活动联系最为紧密。科学家在发明创造时常常用到直觉思维，这也是一种创造思维。

划分思维的方法有很多，如，根据思维的意识性水平，思维可分为我向思维和现实性思维；根据思维过程是否遵循明确的逻辑规则，可分为直觉思维和分析思维。这些不同的划分方式，反映了思维是一种极其复杂的心理现象。

### 三、思维的心智操作

思维之所以能够反映事物的本质和规律，解决生活实践中的各种问题，是由于它能对进入头脑的各种信息进行深入的加工，这种加工就是心智操作。思维的心智操作主要有判断、分析、综合、比较、分类、抽象、概括、具体化以及推理等。

#### 1. 判断

所谓判断，就是人脑凭借语言的作用，反映事物的情况或事物之间关系的过程。其实，人脑经过判断过程所达到的结果，亦即所产生的思想形式也叫做"判断"。所以，判断既包括判断过程又包括判断所产生的结果。

人脑判断的过程，就是对客观事物获得某种肯定或否定认识的过程，人们不是肯定某事物的价值，就是否定某事物的价值。判断和语句是不可分割的，人们所说出的每一个语句就是一个判断。语句的主谓语都是由词来组成的，而每一个词又代表着一个概念。所以，判断也就是人在头脑中肯定或否定某些概念之间的联系或关系的过程，是人在头脑中对已形成的概念所进行的一种分析与综合的过程。人们通过判断既可以表达自己对客观事物的态度和意见，又可以确定事物的情况和关系，既可以表现一个人的认识，又可以表现一个人的意向和情感。有的人遇事当机立断，有的却优柔寡断，这就表明判断的独立性和机敏性是不同的，其主要取决于进行判断所依据的有关知识经验和独立判断的习惯技能等因素。

### 2. 分析和综合

分析是在思想上把整体分解为部分，把复杂的事物分解分简单的要素，分别加以考虑的心智操作。这个过程需要运用记忆中储存的知识，形成一个标准，以此进行分析。分析的方式因标准的不同而不同。例如，对一篇课文可以从思想性的角度进行分析，也可以从艺术性的角度进行分析。

与分析相对应的是综合，综合是在把对象的各部分和各种因素联结起来考虑的心智操作。在综合的时候，要注意根据客观事物的内部联系来综合，如果不顾客观事物的内部联系，任意将各个部分、各个要素联结起来，就不能把握事物的整体特征。

### 3. 比较和分类

比较是确定对象之间差异点和共同点的心智操作。比较的客观基础是事物之间的差异性和同一性。比较既可以是空间上的，也可以是时间上的。空间上的比较是对同时并存的事物进行比较，这有助于我们辨别不同的事物；时间上的比较是对同一事物在不同时期的特点进行比较，这有助于我们了解事物的发展变化。在思维活动时，这两种比较往往是结合使用的。例如，教师要了解某个学生的知识质量，可以在同一时期内，用他的学习成绩与其他学生的成绩进行比较（空间上的比较），也可用该同学这学期和上学期的成绩进行比较（时间上的比较）。只有把这两种比较结合起来，教师才可能全面了解该学生的知识质量。

分类是根据对象的共同点和差异点，把它们区分为不同种类的心智操作。分类必须按照一定的标准，即必须根据对象的某种属性或关系来进行分类。由于事物有多种属性、多种联系，因此对同一事物分类的标准也可能是多样的，例如，要对一个班上的学生进行分类，可以依据性别、成绩、身高、体重等划分。另一方面，由于个体思维发展水平和知识经验差异，人们对分类标准的掌握也有所不同。如小学生往往根据事物明显的外部特征或它们的用途进行分类，随着年龄的增长，他们逐渐掌握了依据事物的本质特征进行分类。

### 4. 抽象、概括和具体化

抽象是把各种对象或现象之间的共同属性抽取出来，并把这些共同属性和其他属性分离开来的心智操作。例如，我们对各种鸟进行比较以后，抽取出"有羽毛"、"有翅膀"、"卵生"、"是动物"这些共同属性，并把这些本质属性和其他非本质属性如各种不同颜色等等分离开来，这是抽象。

概括是把抽象出来的各种对象或观念之间的共同属性结合并联系起来的心智操作。如,把抽取出"有羽毛"、"有翅膀"、"卵生"、"是动物"这些鸟的共同属性结合起来,从而认识到"鸟是有羽毛有翅膀的卵生动物",这就是概括。

具体化是同抽象相反的心智操作,它是把抽象出来的一般认识应用到具体对象上的心智操作。例如,用举例说明定律、规律,用一般原理来解答习题,做实验作业等。具体化可以使我们更好地理解一般的东西,使一般的认识不断扩大、丰富和深入。因此,具体化特别有助于理论知识的掌握。

5. **推理**

所谓推理,就是人们在头脑中根据已有的判断,经过第二信号系统的分析与综合,引出新判断的过程。判断是推理的组成部分,推理一般都是由相当复杂的语句来进行的,每一个语句都表达着一个判断。所以,推理本质上就是人脑凭借语言的作用,通过对某些判断的分析和综合,来引出新判断的过程。人在推理的过程中已有的判断,叫做"前提";推理过程所引出的新判断,叫做"结论"。前提是影响推理的首要因素,如果前提是错误的、不合理的,那么结论必然是不正确的。此外,还有一些心理因素,如"气氛效应"和"情绪偏见"等也会对推理过程产生影响。

在思维活动中,各种心智操作——判断、分析、综合、比较、分类、抽象、概括、具体化、推理等,是互相联系、互相制约的,借助于这些心智操作的不同组合,我们才能不断地认识世界,提出和解决生活实践中的各种问题。

# 第二节 想象

## 一、想象

想象是人脑对已储存的表象加工改造形成新形象的心理过程。根据他人的口头或文字描述,人能够形成他未曾见过的事物形象。如,一个不曾到过祖国江南的人,读着白居易的"日出江花红胜火,春来江水绿如蓝"的词句,头脑中可以浮现出江南秀丽景色的形象。人还能够在头脑中形成现实中未曾出现过的、有待于创造的新形象。如,发明家在设计新机器时,可以在头脑中创造出尚未存在的新产品形象。人脑也能够形成现实中没有的、今后也不会出现的新形象。如,作家在创作神话故事时,可以在头脑中形成现实中不可能存在的离奇形象。人脑形成这些形象的心理过程都属于想象。

## 二、想象的特点

形象性和新颖性是想象活动的基本特点。想象是在感知的基础上,改造旧心像,创造新形象的心理过程。它主要处理图形的信息,即以直观形式呈现在人们头脑中的表征,而不是词或者符号。例如,人们虽然没有去过美国对越南的战争前线,没有亲见过战争的情景,但是,人们见过高山、洞穴、树林、河流、沟壑、烟雾等,听过枪声、炮声、人喊等,从银幕上见过战争的情景,从报纸上读过有关的报道。人们运用头脑中已有的各种心像,就可以创造出越南战争的形象。想象不仅可以创造人们未曾知觉过的事物形象,还可以创造现实中不存在的或不可能有的形象。例如,三头六臂、牛头马面以及神鬼妖魔等等。尽管这一类形象离奇古怪,有时甚至荒诞无稽,但它们仍来自现实之中,来自对人脑中记忆形象的加工。

## 三、想象的作用

(1)想象具有预见作用,即超前认识功能。想象蕴涵着许多潜在的可能性,其中有些可能性在现实中是尚未实现的。符合客观规律性的想象,是一种超前反映现实的形式。科学家、文学家的创造性想象是超前认识的。在日常生活中,想象的超前认识作用也是屡见不鲜的。例如,外出旅游前对旅游情景安排的想象就具有超前认识的作用。

(2)想象具有创造功能。想象的新颖性、形象性是人们创造活动中不可缺少的因素。科学家的发明、工程师的工程设计、作家的人物塑造、艺术家的艺术造型、工人的技术革新、学生的学习,所有这些活动都离不开人的想象。想象为创造提供了广阔的、自由的空间。康德说:"想象力作为一种创造性的认识能力,是一种强大的创造力量,它从实际自然所提供的材料中,创造出第二个自然。"

(3)想象在人们的生活中具有补充认知的作用。当认识对象的客观信息不足或很难直接感知认识对象的时候,想象可以弥补认识的不足。例如,当我们感知一幅墨汁图时,所获得的信息模棱两可,这时想象可以填补感知内容的空白,从而把它看成不同的形象。历史上的事件和远距离的事件,我们的感官无法达到,但通过想象却可以认识。例如,人们在感知北京猿人化石的基础上,通过想象创造出北京猿人的形象和原始社会部落生活的图景等。

(4)想象还有代替和满足需要的作用。人类从事各种活动都在于满足自身的需要,但现实却不一定能满足人的需要,因此可以利用想象的方式得到满足或实现。例如，幼儿想当一名汽车司机，但由于他们的能力所限而不能实现，于是就在游戏中，把排列起来的小板凳想象成小汽车，手握方向盘开起了汽车。人们在精神失常时，有时也从想象中得到寄托和满足。

## 四、想象的种类

根据想象活动的目的性，可把想象区分为有意想象和无意想象。

### 1. 有意想象

有意想象是带有目的性的、自觉性的想象。它包括再造想象、创造想象和幻想。

（1）再造想象

根据言语的描述或图样的示意，在人脑中形成相应新形象的过程，称为再造想象。如，建筑工人根据设计图纸想象出未来的建筑物形象等，就属于再造想象。

（2）创造想象

在开创性活动中，人脑创造新形象的过程，称为创造想象。在创造新作品、新艺术、新产品、新理论时，人脑构成新事物的形象，都属于创造想象。创造想象的主要特点是，它的形象不仅新颖，而且是开创性的。

（3）幻想

幻想属于创造想象的特殊形式，是一种指向未来并与个人的愿望相联系的想象。神话、童话故事中的形象，科学幻想中的形象，宗教迷信中的形象都属于幻想。

### 2. 无意想象

无意想象是没有特定目的、不自觉的想象，它是当人们的意识减弱时，在某种刺激的作用下，不由自主地想象某种事物的过程。如，看到天上的云彩自然地想到它像奇峰异兽等。

梦是一种漫无目的、不由自主的、奇异的无意识想象。这是脑正常功能的表现。它不仅无损于身体健康，而且对人脑正常功能的维持是必要的。精神病患者由于意识发生混乱，第二信号系统的作用失调也会引起无意识想象，这种想象常见于妄想型精神分裂症患者。有些无意识想象也可能由某些药物引起。

## 五、想象的形成方式

想象是我们的大脑对已储存的表象进行加工改造所形成的新形象。这些加工改造主要是借助综合、夸张、拟人化、典型化等方式实现。

### 1. 粘合

粘合就是把各个生活领域和生活现象的不同方面和特征组合在一起,具体地说,是把客观事物中从未结合过的属性、特征、部分在头脑中结合在一起而形成新的形象。通过这种粘合活动,人们创造了许多形象。童话、神话中产生的许多形象,如孙悟空、猪八戒、美人鱼等,就是人们通过粘合活动而产生的想象;水陆两用的坦克,就是坦克与船的某些特征的综合。想象的综合不是按照事物的特征和方面之间固有的相互关系进行的,而是从已有的表象中分析出必要的元素,按照新的构思重新加以结合。

### 2. 夸张

夸张又称为强调,这是通过改变客观事物的正常特点,或者突出某些特点而略去另一些特点在头脑中形成新的形象。例如,李白的名句"飞流直下三千尺,疑是银河落九天",以及千手观音、七头龙、龙头鸟等形象,都是运用夸张方式而形成的想象。

### 3. 拟人化

把人类的特性、特点加在外界事物上,使之人格化的过程就是拟人化。我们在加工改造各种表象时经常运用拟人化的方式形成新的形象。例如,"雷公"、"电母"、"风婆"、"龙王"及《聊斋》、《西游记》中的许多形象,都是运用拟人化的方式创造出来的。

### 4. 典型化

典型化就是根据一类事物的共同特征创造新形象的过程。典型化在文艺作品、雕塑、绘画中被广泛运用。高尔基在谈到艺术创作曾指出,主人公的性格是由社会集团中,不同人物的许多特征构成的,为了能近乎真实地描写一个工人、和尚、小商人的肖像,就必须去观察一百个其他的工人、和尚、小商人。典型化使作家和艺术家创造出的形象更加生动、逼真。

### 5. 联想

由一个事物想到另一事物,也可以创造新的形象。想象联想不同于记忆联想,它的活动方向服从于创作时占优势的情绪、思想和意图。例如,一位诗人在某种情绪状态下,看到"修理钟表"几个字,便会联想到"修理时间",进而想出这样的字句"请替我修理一下年代吧!它已不能按时间度过"。这是一种异乎寻常的联想,它打破了日常联想的习惯,因而引起了新的形象。

## 第三节 问题与问题解决

人在生活和工作中总要面对许多问题。问题解决是一种重要的思维活动,它在人们的实际生活中占有特殊的地位,掌握问题解决的规律,可以更好地帮助我们解决各种问题。

### 一、问题与问题类别

#### (一)问题与问题解决

**1. 问题**

问题是指需要解决的某种疑难。具体指当一个人希望达到某一目标,但又没有可供使用的现成方法时,这个人就面临一个问题。问题包括四个方面的内容:(1)目标,问题解决的终极状态;(2)已知条件,可能内隐,可能外显;(3)转换状态的手段,是指解决问题的具体方法;(4)障碍,阻碍目标实现的因素。

**2. 问题解决**

问题解决是指通过一系列认知操作(或称之为算子),将问题由初始状态经过一系列中间状态转变为目标状态的过程。在这个过程中,问题解决者遇到各种问题情境,这些问题情境的总和构成了问题状态。

问题状态包含三种状态:(1)初始状态,是关于问题已知条件的表征,包括与已知条件相关的所有信息;(2)目标状态,是问题解决最终要达到的目标;(3)中间状态,是指将初始状态转变为目标状态过程中,所运用的多种操作而产生的不同状态,从初始状态到目标状态之间的各种状态都可以称为中间状态。初始状态、中间状态以及目标状态统称为问题空间或问题状态空间。信息加工理论认为,问题解决过程就是对问题空间的搜索过程。

问题解决有三个基本特征:(1)目的指向性。问题解决具有明确的目的性,它总是要达到某个特定的终结状态;(2)操作序列。问题解决必须包括一系列的心理操作过程。有的活动虽然也具有明确目的性,如回忆朋友的电话号码,但是这种活动只需要简单的记忆提取,因此,不是问题解决;(3)认知操作。问题解决的活动必须由认知操作来进行。有些活动,如打领结、分扑克牌等,虽然也含有目的和序列操作,但这些活动基本上没有认知操作的参与,因而也不属于问题解决之列。

## (二)问题的类别

根据不同的标准,可以把问题划分成不同的类别。

### 1. 结构良好型问题与结构不良型问题

结构良好型问题是指问题的初始状态和目标状态都是明确交代的。也就是说,我们很清楚这个问题的已知条件有哪些(初始状态),要求解决问题后最终达到什么目的(目标状态)。

结构良好型问题包括三种常见的类型:归纳结构问题、转换问题和重新排列问题。归纳结构问题要求解决者必须对问题中成分之间的关系作出鉴定,并在它们之间构造出一种新关系。类比就是最好的例子。例如,对照"拍篮球",乒乓球前面应放什么词呢?这个问题可表征为:"拍篮球,打乒乓球",第一对是动宾关系,因此,保持那种结构(关系)的正确反映,对乒乓球则用"打"。转换问题要求问题解决者运用一系列的算术或者说移动,把初始状态转换成目标状态。例如,传教士与野人问题就是一个转换问题的好例子:4个野人与4个传教士要通过一条河,而只有一条能容纳2个人的船,没有其他办法可以过河,不管在岸的哪一边,只要野人比传教士多,野人就会吃掉传教士,什么是最有效的方法使8个人不受伤害,都能平安到达河的另一边呢?对此问题,可以这样过河:(1)先让一个传教士和一个野人过,再由一个传教士把船开回来;(2)让传教士再把一个野人渡过河去,再由传教士把船开回来;这时河对岸有两个野人,没过河的有三个传教士和一个野人;(3)让两个传教士过河,并且都留在河对岸,让一个野人把船开回来。(4)让野人把最后的一个传教士度过对岸;再由野人把船开回来。这时河对岸有一个野人和三个传教士;(5)最后两个野人一起过河。重新排列问题要求问题解决者对问题成分重新排列,或者以满足某一标准的方式重新组合。例如字谜游戏就是一个好例子,成分并没有变化,只是重新排列了。

结构不良型问题中,则初始状态和目标状态两者或有一个没有清楚界定。比如,我们在生活中遇到这样的问题:"我的学习成绩不好,要想提高学习成绩,应该怎样做呢?","我对数字很敏感,将来我能做什么呢?"。前一个问题只有目标,没有已知条件,不知道成绩不好的原因有哪些;而后一个问题,则只有已知条件,没有目标,不知道要如何发挥优势,应该努力的方向是什么。

### 2. 语意丰富型问题与语意贫乏型问题

语意丰富型问题,是指问题本身带有很大的专门性,涉及某个领域知识。比如,数学问题、语文问题、物理问题等,在解决问题的过程中,要分别用到相关的领域知识。如果不具备相关的知识，就不可能解决。但并不是说，只要有了领域知识，就能很好地解决这一类问题，其中还要恰当地运用思维策略。语意贫乏型问题是不涉及领域知识，只需要具备常识性知识就可解决的问题。这一类问题在智力训练和智力测试中常见到。

### 3. 限定型问题与开放型问题

限定型问题是指问题本身就限定了解决问题的范围，有准确的答案，评价是比较标准化的。比如这样的题目：一件衬衣的单价是 50 元，一套西服的单价是衬衣的 5 倍，西服的单价是多少？这道题有这样几个特征：(1)解决问题的范围比较固定，只能是用乘法或加法，没有更多的思考范围；(2)只有一个正确答案 250 元；(3)答案正确就得分，错误则不得分，老师不可能凭主观评分。

开放型问题没有限定解决问题的范围，允许人自由发挥，不是只有唯一答案，评价标准相对较主观。如：现在西部许多地方严重缺水，想想可以怎样解决这些地方的缺水问题？这个问题有多种思路、多种角度和多种可能性，更特别的是它们的答案都不是唯一的，对答案的评价也不是标准化的，会涉及评价者的主观意愿。

限定型问题和开放型问题的划分也不是绝对的。有很多问题可能是半限定性的，这些问题有多种思路、多种角度，但答案却是唯一的。比如，老师经常讲的一题多解。这两类问题有各自的鲜明特色，因此，在解决时涉及的思维策略存在一些差异，我们可利用它们的特色对不同的思维策略进行训练。

### 4. 对手问题与非对手问题

对手问题涉及两个或更多人之间的竞争，如，下棋就是一个对手问题，由于问题空间会因对手的参与而改变，所以这类问题比非对手问题复杂得多。非对手问题是指在解决问题的过程中没有对手的参与。如，完成一道数学题。目前，问题解决研究主要还是集中在非对手问题上，因为研究者通过变量的控制，可以使非对手问题的问题空间比对手问题更大。后面章节在讨论解决问题的策略时选用的都是非对手问题。

### 5. 常规问题与非常规问题

问题还可分类为常规问题与非常规问题。当问题解决者以一种预知的、系统的方式来选用算子时，此问题对该解决者而言则是常规问题。例如，两个四位数相乘，对一般人而言是个常规问题，只要运用数字乘法规则就可以解决。非常规问题是指没有现成有效的方法解决问题，需要问题解决者以一种新的方法或程序来运用算子。如，大多数心理学研究就是非常规问题。对非常规问题的研究，可以使我们了解问题解决过程的全貌。

## 二、问题解决的阶段

思维过程总是体现在一定的活动,尤其是在解决问题的活动中,所以通过对解决问题过程的分析,可以加深对思维过程的认识。现代认知心理学认为,问题解决是人或系统寻找操作序列以达到目的的过程。通过对人们在问题解决中如何一步步达到目标进行研究,最终从不同的问题类型中总结出问题解决的四个阶段。

### 1. 提出问题

问题就是矛盾,提出问题的过程也是发现矛盾的过程。在日常生活工作中,处处有矛盾,不断地解决这些矛盾,是人类社会生活发展的需要。将这些社会需要转化为个人思维任务,就是问题的提出。问题提出的能力与人对活动的积极态度、认识兴趣和知识水平有关。首先,人对活动的态度越积极,就越易发现活动中的问题。其次,认识兴趣也在提出问题中起着重大作用。有求知欲的人能在别人忽略的地方发现问题,能从一些熟知的、已有事实中提出问题,因为他们不满足于对事物的通常解释,要进一步追求现象内部的原因与结果。最后,提出问题在一定程度上也取决于个人已有的知识,知识不足既会刺激人提出他所不了解的一些问题,但另一方面,一个人又会因缺乏某方面知识而看不出事物的复杂性,妨碍问题的提出。

### 2. 明确问题

明确问题就是分析问题,暴露矛盾,找出主要矛盾的过程。具体而言,就是知道有问题,知道哪里有问题,有什么问题等。明确问题之所在,也就抓住了问题的核心。明确问题需要有一定的技巧与方法。首先,明确问题要把问题分解为局部问题,暴露出具体的矛盾,进而在具体问题中找出主要问题,在具体矛盾中找出主要矛盾。其次,明确问题还要全面、系统地掌握感性材料。矛盾及问题是由具体的事实材料组成的,只有在具体材料真实而丰富的情况下,才可通过对其进行综合分析,抓住关键问题、主要矛盾。最后,明确问题也离不开知识经验。丰富的知识经验可以帮助人们分析问题,找出问题的关键和主要矛盾。

### 3. 提出假设

提出假设就是从当前问题的分析出发,首先假设解决问题的原则、途径和方法,在对之进行分析论证之后,再实施的过程。假设的提出离不开已有的知识、必要的实际行动和直观的感性。首先,知识经验能否在解决当前问题中顺利运用,与知识掌握的程度有关,也与已有知识跟当前问题的关系有关。若已有的知识掌握不够，就容易受具体情景束缚，运用起来就困难。其次，当任务比较困难、不易用言语表达时，尝试性的实际行动对假设的提出是有帮助的，特别是解决一些技术任务的时候，更是如此。另外，我们还常常借助具体事物、示意图表等来解决问题。但在运用直观感性的过程中，要注意表象材料与问题的匹配性。

#### 4. 检验假设

这是解决问题的最后一步。检验假设有两种方法：一是实际行动，即按照假设去一步步解决问题。若实际行动成功，问题顺利解决，则证明了假设的正确。这样，既检验了假设，又解决了问题。若实际行动失败，则证明假设是错误的，这就需要具体分析原因，重新提出假设，直到问题顺利解决为止；二是进行推论，即用思维活动来检验假设。一些无法以实际行动检验的问题，常采用这种方法。

### 三、问题解决的影响因素

问题解决的过程受多种因素的影响，有些因素能促进思维活动对问题的解决，有些因素则妨碍思维活动对问题的解决。

#### 1. 个人的背景知识

有关的背景知识，能促进对问题的表征和解答。只有依据有关的知识才能确定解决问题的方向、途径和方法。探索的技能在解决问题中不能替代实质性的知识。

#### 2. 智慧水平

智慧水平是影响解决问题极其重要的因素。智慧水平高的学生，解决问题较易取得成功，智慧水平低的学生，解决问题较易遭受失败。这是因为智力中的推理能力、理解力、记忆力、信息加工能力、科学分析能力等成分都影响问题解决。研究表明，智商不但与顿悟式解决问题成正相关，而且与尝试错误式解决问题成正相关。

#### 3. 认知特性

认知特性如对问题的灵活机动性、敏感性以及提出多种新异假设的能力、迁移的能力等，都对问题解决有明显的影响。另外，认知方式如场独立性和场依存性、冲动性和反省性也与解决问题的一般策略有关。所谓解决问题的一般策略，是指问题解决者用来调节他们的注意、学习、回忆和思维的技能。有人认为，解决问题的能力随不同领域的兴趣、经验和能力倾向而变化。

#### 4. 动机的强度

勃尔奇(H. G. Brich)的实验表明,在动机的强弱和解决问题的成效之间存在着一种曲线的关系。勃尔奇的实验研究类人猿解决用竿子取得食物的问题。实验发现,当类人猿受饿不足6小时的时候,取得食物的驱力(即动机)非常弱,它们很容易受到与实验任务不相干因素的影响;当类人猿受饿超过24小时的时候,取得食物的驱力非常强,它们会把注意力完全集中于食物这个目标,而忽视解决问题的各种必要情况;当类人猿受饿在6~24小时之间的时候,驱力强度适中,它们的行动最灵活的,注意力不易分散,因而会快速解决问题。对人类而言,若解决问题者急于求成或者积极性不高,都不利于问题的顺利解决。所以,为了顺利解决问题,个体应该保持中等强度的动机,避免过高或过低的动机。

#### 5. 个性特征

气质、性格等个性特征也影响着解决问题的效率。理想远大、意志坚强、情绪稳定、谦虚勤奋、富有创造精神等优良个性品质都会提高解决问题的效率。相反,缺乏理想、意志薄弱、情绪不稳、骄傲懒惰、墨守成规等消极个性品质都将有碍于问题的解决。一些个性特征对问题解决具有两面性。如好动、果断、大胆、自信和自我评价能力等个性特征,如果处于中等程度,可以促进问题的解决,但当大胆果断近乎冲动、自信近乎专横独断与自命不凡、自我批评变成自我贬低时,结果将会适得其反。

#### 6. 问题的刺激特点

当你解决某一个问题时,这个问题中的事件和物体将以某种特点呈现在你面前,如空间位置、距离、时间、形态以及物体当时表现出的特定功能等。这些特点以及它们之间的关系将影响你对问题的理解和表征。某些特点的呈现方式能直接提供解决问题的线索,便于寻找解答的方向、途径和方法,而某些呈现方式则可能掩蔽或干扰解决问题的线索,增加解答的难度,甚至导入歧途。

#### 7. 功能固着

功能固着是由德国心理学家邓克尔(Dunker.K,1945)提出的。功能固着是指一个人看到某种物品有一种惯常的用途后,就很难再看出其他用途。双索问题实验说明了功能固着对问题解决的影响。该实验中,在一间房屋的天花板上悬着两根绳子,实验者要求被试将绳子的两端系在一起。实验者在附近的桌子上放了一些诸如钳子、螺丝刀等工具。但是,被试抓住绳子的一端走向另一根绳子试图系起来时,才发现这根绳子的终端无论如何也无法达到另一根绳子。即使是被试用钳子夹住绳子的终端延长这根绳子,也终归无济于事。那么究竟怎么来解决这个问题呢?对于这样的问题,就要摆脱功能固着的影响,以不平常的方法使用物品,问题就很容易解决。如,你可将钳子系在一根绳子的终端并使它像钟摆一样摆动,这时,你再抓住另一根绳子的终端走过来,你就能很顺利地完成这个任务。解决这个问题的关键就是凭借工具的重量使一根绳子摆动而不是借用工具延伸绳子。人们通常不能解决这个问题是由于他们很少考虑具有特定功能的物品不平常的用途。在日常生活中,我们经常碰到类似现象,如一个螺丝松了,我们非得用螺丝刀,而往往想不到一个卡片或小刀就能解决问题。这种功能固着使我们倾向于以习惯的方式运用物品,忽略物品的其他功能,从而妨碍问题的解决。

### 8. 反应定势

**反应定势**是指以最熟悉的方式作出反应的倾向。定势有助于问题的快速解决,但有时,定势也会使解决问题的思维活动刻板化,从而妨碍问题的解决。迈尔(Maier,1930)最早开始研究解决问题中反应定势的作用。他在实验中对部分被试给予了暗示性的指导语,其他的则没有这样的指导语,实验结果表明:前者多数被试都解决了问题,而后者绝大多数被试都不能解决问题。该实验表明了定势对问题解决的促进作用。

陆钦斯(Luchins,1942)的量水问题实验则说明了定势在问题解决中的妨碍作用。在实验中,见表6-1,实验者告知被试有三个大小不同的杯子,要求被试利用这三个杯子量出一定量的水。比如:三个杯子的容量分别为21毫升、127毫升和3毫升,要求量出100毫升的水。算式为$127-21-(2\times 3)$,用此法做如下序列实验。实验结果表明,通过1~5的实验被试可能形成了B—A—2C的公式的定势,受此影响,对序列6和序列7,他们仍会用同样方式解决问题。其实,后两序列完全可用更简便的方法($A-C$ 和 $A+C$)来解决。

表 6-1 陆钦斯实验序列

| 序列 | 三个杯的容量 | | | 要求量出的水的容量 |
| --- | --- | --- | --- | --- |
| | A | B | C | |
| 1 | 21 | 127 | 3 | 100 |
| 2 | 14 | 163 | 25 | 99 |
| 3 | 18 | 43 | 10 | 5 |
| 4 | 9 | 42 | 6 | 21 |
| 5 | 20 | 59 | 4 | 31 |
| 6 | 23 | 49 | 3 | 20 |
| 7 | 15 | 39 | 3 | 18 |

### 9. 酝酿效应

当人们反复探索一个问题而长时期无结果时,要将问题暂时搁置几个小时、几天或数周后,再回来解决往往能获得成功,这种现象称为酝酿效应。它打破了解决问题不恰当的思路定势,从而促进了新思路的产生。许多科学家在研究工作中都报告过许多类似经历。

### 10. 联想效果

联想效果,实质上就是启示的效果。姜德生(A. J. Judson)等人在一个实验中,让被试去解决"双索问题"。被试分成两组:一组须先识记一个表单上的词,其中除了实验无关词外,还包括"绳索"、"摆动"和"钟摆"等实验有关词;另一组则只识记一些和双索问题无关系的词,然后让他们分别去解决问题。结果发现,第一组比第二组更迅速地解决了问题。这是因为第一组被试由表单中的实验相关词得到了启示或引起了联想。从某种程度上来说,善于解决问题的人也就是善于随时随地感受启示或进行联想的人。

总之,影响问题解决的因素是多种多样的,它们不是孤立地起作用,而是互相联系、互相影响、综合地影响着问题解决的效率。

## 四、问题解决的策略

问题解决的策略主要是指问题解决的一般途径与方法。现代认知心理学认为,人们解决问题一般有两种策略:算法式策略和启发式策略。

### (一)算法式策略

算法式策略是指按照解决问题的各种可能性逐个去尝试,最终找到答案的方式。这种通过尝试错误找到答案的方法是解决问题时不常采用的方法,它虽然能保证获得答案,但是需要大量的尝试,费时费力,尤其是在问题复杂、问题空间很大时,人们就很难通过这种方法解决问题。例如,一个保险箱上有4个转钮,每个转钮有0~9十个数字。要找到密码,就要逐个尝试4个数字的随机组合,这需要相当长的时间。

### (二)启发式策略

启发式策略是指人们根据规律或已有的知识、经验和窍门解决问题的方式。

该种方式只是进行选择性的搜索。虽然冒着不能解决问题的风险,但可把尝试的次数减到最小,从而迅速、经济地解决问题。启发式策略常用的具体策略如下:

### 1. 搜索策略

搜索策略的特点是,问题解决者在到达目标状态的进程中要通过许多决策点。下棋就是一个例子,每走一步都要作出决策,沿着正确的途径连续成功地作出正确的决策,最后才能成功解决问题。

在使用搜索策略过程中,如果面临许多可选择的移动时,对各种可能有效的移动都要尽量考虑,这是广度第一的策略。另外,也可只选择某种走法一步步走下去,不考虑其他的选择,并检验由此产生的路径是否能够解决问题,这是深度第一的策略。在每一个决策点选择一条通路向前移动,假如此通道不通目标,就返回到该节点选择另一条可选择的途径。

### 2. 目的—手段分析

目的—手段分析是指人们认识到当前问题与所要达到的目标存在着差异,把要解决的问题划分为一系列子目标,通过逐个解决子目标而缩小问题空间,减小差异,从而最终解决问题。该策略首先是鉴别当前状态和目标状态。以旅行为例子,即当前状态是指一个人现在在什么地方,目标状态是指一个人最终应该在什么地方。其次,是考虑试图采取什么样的行动,能减少目标状态与当前状态之间的差距。一般来说,减少目标状态与当前状态有两种方法。一是,可以通过采取一个会使当前状态与目标状态更相似的步骤来做,如某人第一次要从重庆到北京图书馆,他要解决问题的第一步是如何到重庆火车站,然后再解决从火车站到北京站(如买票、等车等等),到北京站再解决如何到北京图书馆。二是,可以通过采取一个会把目标状态更靠近当前状态的步骤来做。比如,河内塔问题的解决很好的应用了这一方法,该任务是把三个圆盘从 A 柱移到 C 柱,一次只能移动一片,大圆盘不能压在比它小的圆盘上。这个问题可分成几个子问题,第一个子目标是把最大的圆盘移到 C 柱,完成后下一个子目标是把第二大的圆盘移到目标柱上,最后是把最小的圆盘移到 C 柱。图 6-2 表示河内塔问题的解决步骤。

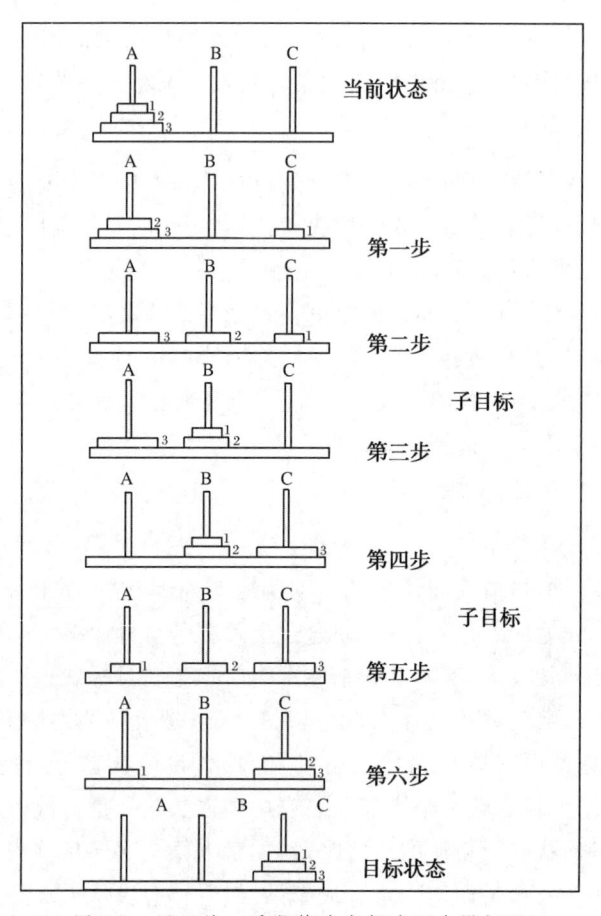

图 6-2 用目的—手段策略来解决河内塔问题

### 3. 爬山法

当一个人的目标是要到达山顶而又没有清晰明确的路标时，可以总选择向上走的路，而假如发现自己下坡了就转换走另外的路。把这运用到问题解决上，就意味着只选择使你靠近目标的方法，这种策略称为爬山法。它的主要不足之处是可能会把一个小山坡当做目标中的大山顶。正如大家所知,爬山有时必须往下走几步，同样在解决问题时，为了最后到达目标状态，有时也必须采取一些似乎偏离了目标的步骤，但人们往往很难接受这样的做法，所以常常不能达到真正的山顶。

### 4. 逆向推理法

逆向推理法就是从目标出发逐步反推。如果用旅行来比喻问题解决,即一个人可以从 A 点(起始状态)开始试图到达 B 点目标状态,即要找到一条把人从起点带到终点的通路,而有时候当发现从 A 点到 B 点取得进展很困难时,可以反过来设想,从 B 点到 A 点的通路,这样可能会有帮助。也就是说,可以从最后的目标状态反向思考,也可以从中间的子目标状态反向思考。但这个策略只能在目标状态规定得相当具体时才有效,例如,前面谈到的河内塔问题就属于这种问题类型。平面几何问题的反证法就是逆向推理法,即从求证的问题出发,寻找需要的条件。人们在解决问题时,若顺向推理歧路较多,逆向推理则往往有效,这就是逆向推理法的作用。

### 5. 类似法

人们会有这样的经历,一个类似的简单问题的解决,会有助于手头上复杂问题的解决。这种根据事物间的相似解决问题的方法,称之为类似法。如鲁班从丝茅草割手而发明了锯子,这就是类似法。这些问题类似之处可能是几何相似、动态相似、功能相似、结构相似等。类似法有两种形式。

第一种形式是根据目标的相似性寻找解决问题的步骤。如表 6-2 所示,8 张牌放在 3×3 的方格中,一共有九个方格,八格中都有牌,只有一格是空的,牌可以移到空格,也可由空格移出,目标在于使牌由表1变成如表2的格式。

表 6-2 八张牌问题

| 2 | 1 | 6 |
|---|---|---|
| 4 | * | 8 |
| 7 | 5 | 3 |

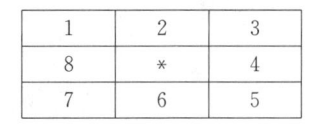

表1

| 1 | 2 | 3 |
|---|---|---|
| 8 | * | 4 |
| 7 | 6 | 5 |

表2

解决这个问题的第一步有 4 种可能。第一种可能是移动 8 号牌,第二种可能是移动 1 号牌,第三种可能是移动 4 号牌,第 4 种可能是移动 5 号牌。而大多数人首先是移动 4 号牌,这就是由于受到相似性的影响,移动 4 号牌最接近最后的目标。

第二种形式是问题解决的个体直接从头脑中调用相关的知识经验来解决当前问题。这种情况依赖于问题解决者对问题有充分深刻的理解,从问题的阐述中就能够构造出一个正确的具体的问题表征。通常,专家比新手更可能运用这种方法,因为专家具有丰富的解决特定类型问题的知识经验,从而使他们更有可能按基本原则将问题分类,直接运用类似法解决问题。

## 五、决策

每天我们都要作出很多的判断与选择,如,今天出门需要带上雨伞吗？我能相信这个人吗？我是该投篮还是该把球传给那个手感不错的队员？如此等等。其中,有的极其重大,如在何处建造一座大型水库。有的看起来则是无关紧要,例如,今晚是去看电影还是去看足球赛。那些重大的判断与选择往往意味着决策。决策对人的生活具有重要的作用,正确的决策可以使工作事半功倍,错误的决策可能会导致不必要的损失。

### (一)决策的概念

决策是面对各种问题的方案进行评估比较后做出最终选择的过程。在日常生活、工作和学习中,人们经常需要选择方案,来解决所遇到的各种各样的问题,但并不是所有方案选择都称之为决策,心理学认为不确定性、复杂性问题是定义决策的首要条件。只有当一项任务超出了人的认知加工能力范围时,才可以称之为决策任务。

### (二)决策的过程

决策的过程主要包括七个阶段:问题的组织、评价后果、评价不确定性、评价抉择、敏感性分析、信息的收集和选择。

#### 1. 问题的组织

决策者在这个阶段要注意三个问题。首先,在决策时,需要辨别和确定决策的问题是什么,为此决策者应收集问题领域内所有的背景信息,同时也应该征求他人的意见,因为别人也可能曾经遇到过类似的问题。其次,需要明确在哪些维度上评价抉择,即决策开始前确认主要的不确定性因素。以公司招聘员工为例,候选人的智力、动机、工作经验等都可能成为聘任员工的评价标准,因此也是决策的维度。第三,明确在哪个细节水平上分析决策,通过决策树法可能有助于解决这个问题。通过问题的组织,决策者不仅可以了解决策问题的重要性,而且能够简化解决问题开始前提出的假设,避免决策过程变得复杂。

#### 2. 评价后果

决策者在这个阶段的主要问题是评价抉择所依据的维度是否恰当。美国心理学家基尼(K. L. Keeney)和雷法(H. Raiffa)提出判断决策维度是否合适的五条标准:(1)完整性,提出的维度应覆盖问题的主要方面;(2)操作性,提出的维度应对决策者有意义;(3)可分解性,能够把维度进一步分解为多个亚维度;(4)非多余性,选择的维度不应重复或者类似;(5)最少性,选用的维度数应尽量少而且有效。

### 3. 评价不确定性

在问题的组织中,决策者已经知道哪些抉择是确定的,哪些抉择是不确定的。在这一阶段,任务就是把不确定性抉择进行数量化,即对其进行概率估计。

### 4. 评价抉择

决策者使用什么样的准则来评价抉择。常用的抉择标准有:(1)效益准则,指决策者追求所有可能结果中效益最大化的观念;(2)悲观准则,决策者对客观情况所抱的悲观想法,即做最坏的打算;(3)乐观系数准则,决策者对抉择的评价既不乐观也不悲观,即折中考虑。

### 5. 敏感性分析

决策者在这个阶段的主要问题是决策分析的目的性,即提供有关决策问题的数量和行动方案的期望值。在进行决策分析时,决策者不论采用哪种数据来建构决策情景的模型,都可能会出现错误,因此,敏感性分析在决策过程中是非常必要的。通过敏感性分析,人们能够检验在什么范围之内采取行动方案。即使问题信息的范围不确定,或对其存在分歧时,通过敏感性分析也能够保证决策的客观性。

### 6. 信息收集

决策者在这一阶段主要需要考虑信息收集,即在原有信息的基础上,决策者增加额外信息时,需要付出什么代价。决策者没有掌握充分的信息,往往会推迟决策,而这种行为可能导致不必要的损失。因此,信息的收集对于决策者来说是非常重要的。

### 7. 信息选择

决策者在这一阶段面临的主要问题是选择。在完成六个步骤后,决策者会遇到一个简单问题,即各个方案对决策问题的分析是否充分。对这一问题的回答,一般要根据代价、收益、情景局限性等方面进行综合考虑。如果这些问题的答案是肯定的,那么决策者往往选择期望效用最大的抉择。

## 本章知识结构图

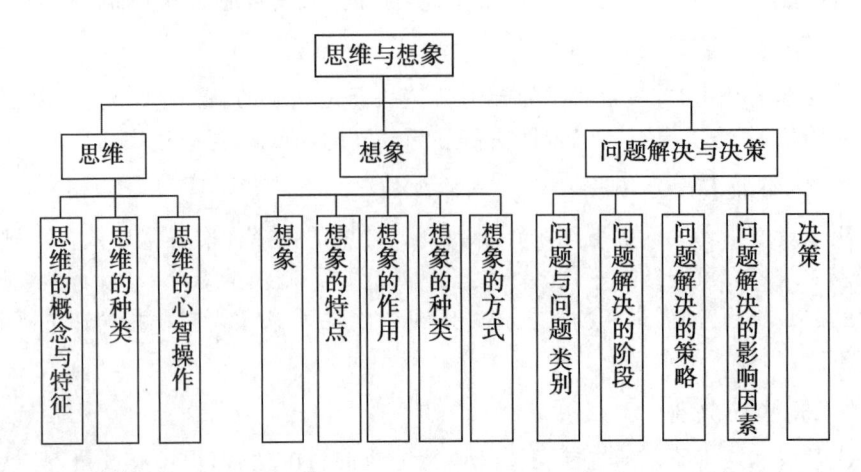

```
                        思维与想象
          ┌────────────────┼────────────────┐
         思维             想象          问题解决与决策
    ┌─────┼─────┐   ┌───┬───┬───┬───┐   ┌────┬────┬────┬────┐
  思维的  思维的 思维的  想象 想象的 想象的 想象的 想象的 问题与 问题解 问题解 问题解 决策
  概念与  种类  心智       特点 作用  种类  方式  问题类 决的  决的  决的影
  特征         操作                        别    阶段  策略  响因素
```

## 一、基本练习题

1. 名词解释：

   思维、思维的逻辑性、思维的层次性、直观动作思维、具体形象思维、抽象逻辑思维、上升性思维、求解性思维、决断性思维、聚合式思维、发散式思维、常规思维、创造性思维、判断、分析、综合、比较、分类、具体化、推理、有意想象、无意想象、再造想象、创造想象、幻想、抽象过程、概括过程、思维的间接性、想象、粘合、夸张、拟人化、典型化、问题状态空间、结构良好问题、结构不良问题、语意丰富问题、语意贫乏问题、对手问题、非对手问题、常规问题、非常规问题、问题、问题解决、算法式策略、功能固着、酝酿效应、广度第一策略、深度第一策略、目的—手段分析、爬山法、逆向推理法、类似法、启发式策略、决策

2. 思维可以划分为哪些种类？
3. 思维的心智操作有哪些？
4. 表象和想象的主要区别是什么？
5. 想象的种类和形成方式有哪些？
6. 问题的类别有哪些？
7. 问题解决可以划分为哪几个阶段？
8. 问题解决的影响因素有哪些？
9. 问题解决的策略有哪些？每种策略有什么特点？
10. 举例说明问题解决策略在日常生活中的具体应用。

11. 什么是决策？决策的过程是怎样的？

## 二、你身边的心理学

1. 韩信点兵：传说汉朝大将韩信点兵方法特殊。他一不让士兵报数，二不要下级军官报告人数，只要让士兵变换队形进行操练。他在每次变换队形时向队尾看一眼，这支队伍有多少人他就心中有数了。有一次检阅千人以上的队伍，这支队伍列成4路纵队，队尾2人；列成5路纵队，队尾1人；列成7路纵队，队尾也是2人；列成11路纵队，队尾3人。至此，韩信已算出了这支队伍的实际人数。想一想韩信是怎么计算出来的？

2. 在日常生活中，各个领域都有自己的专家，如数学家、物理学家、医学专家、律师、象棋大师等。这些具有专门知识的人，比新手或者专门知识较少的人，解决相应的问题要容易得多。是什么原因使得专家对问题解决更为容易呢？

3. 当你驾驶在一个陌生的城市里，要去市图书馆但不知道路线，你手上拥有一份城市地图，你将采取怎样的策略到达目的地？

# 第七章 创造性

## 导 学

"神舟"飞天、"嫦娥"探月、高速铁路冲击500公里时速、超级计算机运算速度达到亿亿级……这一系列令人惊奇的事件背后,都离不开一种重要的人类品质——创造性!正是创造,推动着人类不断进步,推动人类不断认识世界、改变世界以及人类自身!本章将讨论创造性这一令人着迷的现象,并讨论开发、培养创造性的多种方法。

本章的学习重点是理解创造性的含义与过程,影响创造性的因素以及创造性的培养。本章的难点是理解创造性的测量。

### 【阅读材料】航天服的创造发明

在神舟七号宇航员太空行走所需舱外航天服的研制过程中,科学家们遇到了一个问题:宇航员到舱外进行维修安装等活动时,上肢部分非常重要,既要保证安全强度,又要让关节灵活自如,这似乎是对不可调和的矛盾。要保证强度,就要充气加压,这样服装就会膨胀,上肢就会变得僵硬,活动阻力很大;反之,肢体活动灵活了,安全强度又无法保证。怎么办呢?一天晚饭,望着眼前盘中的大虾,愁眉不展的工艺师李智突然找到了灵感:虾全身也是硬壳,为什么就能行动自如呢?他仔细观察虾的身体构造,发现是层叠的虾壳给了虾很大的灵活性,工作人员们恍然大悟。他们通过仔细研究虾背的构造,利用仿生学原理,创新出套接式的关节结构,既保证了安全强度又满足了出舱活动时肢体灵活的需求。

航天服的研制过程,是一个具有代表性的创造过程。那么创造性是什么?如何衡量一个人的创造性的高低?影响或制约创造性的因素有哪些?如何有效地培养和开发创造性?我们将在本章中进行具体讨论。

# 第一节  创造性的基本问题

## 一、创造性的含义

创造性（creativity），也称为创造力，源于拉丁文 creare 一词。creare 意指创造、创建、生产和造就等。在心理学界，关于创造性，迄今尚无一个统一、精确的定义。不同的心理学家对"创造性"一词的理解和使用有很大的差异。有的强调创造的主观性，有的强调创造的客观性；有的侧重创造过程，有的侧重创造结果；有的从创造的认知风格出发，有的从创造的动机及人格因素入手；有的则采取兼顾的方式来界定创造性。

不同的心理学家从不同的角度理解创造性，给出了多种定义，促进了人们科学地理解创造的涵义。随着理论探讨和实验研究的深入，心理学家对创造性的认识逐渐趋同。美国著名心理学家斯腾伯格（1999）提出，关于创造性的定义存在两个共同要素：新颖性和适用性，他将创造性定义为"创造性是一种创造既新颖又适用的产品的能力"。这一创造性的定义逐渐得到多数心理学家的认同。这一界定是根据结果来判定创造性的，判定标准其一是新颖性，指前所未有、推陈出新的，也包括独创的、独特的、预想不到的；其二就是适用性，指在特定的情境中，不超出现有条件的限制，并且产品是有用的，或者有社会价值，或者有个人价值。

之所以采用这两个判定标准，主要基于以下两点原因。一方面，人的创造性通常是通过进行创造活动、产生创造产物体现出来的。因此根据产品来判断个体是否具有创造性是合理的。另一方面，由于产品通常是可以触摸的客观事物，或可以进行交流的思想观念，因此可以对产品所体现的创造性予以评价。而如果以个体的创造过程、人格因素等作为判定标准，将受到心理学对个体的心理过程、个性特征的本质研究状况的限制。由此可见，以产品为标准更适宜，既符合心理学研究的操作性原则，又能够获得较高的可信度。

从新颖性出发，创造性有两种不同的表现形式：一种是在旧事物的基础上进行改良革新，如工厂的技术人员对传统的生产方法进行优劣分析，然后克服原有的不足，增加新的优势，提高生产效率，这种技术创新便是所谓的"推陈出新"。另外一种表现是主要不依赖于现成的旧事物，而通过创造"灵感"产生独特的新事物，如爱因斯坦坐在椅子上忽然想到人如果没有了椅子的支持会发生什么现象，后来他通过思想实验提出了著名的相对论,这种发明创造重在"前所未有"。

从创造性的适用性出发,也可以将创造性区分出两种不同的表现形式。一种是社会的创造性,即创造性产物的主要作用是推动社会发展,对于人类文明的进步具有一定的历史意义;而创造性的另一种表现为个体的创造性,即创造性产物的主要作用是帮助个体解决问题,有利于个体自身的活动。

## 二、创造性是一种心理素质

创造性究竟是一种特殊的能力或智力品质,抑或其他的心理现象呢?当代学者认为:创造性是人类所特有的、利用一定条件产生新颖独特、可行适用的产品的心理素质。创造性这种素质是人类所特有的、所有人都具有的一种心理素质。为什么将创造性视作一种心理素质呢?原因有以下两点。

首先,人的创造性并非任何时候都得以表现,只有当这种潜在的素质外化为能力的时候才表现为创造力。也就是说,虽然我们以产品的新颖性和适用性作为一个人是否有创造性的主要判断标准,但这并不意味着没有进行过创造活动、没有生产出新颖产品的个体就一定不具有创造性。有无创造性和创造性是否表现出来是两回事。具有创造性并不一定能保证生产出新颖的产品。创造产品(包括观念和实物)的产生除了取决于个体的这种素质的高低,还需要有相应的知识、技能以及使创造性活动顺利进行的一般智力品质和个性品质,同时还受到众多外部因素,如机遇、环境条件的影响。只有多种条件同时具备,创造性才有可能转化为创造力并产生产品。因此,国内学者俞国良提出创造性也有内隐和外显之分。内隐的创造性指创造性以某种心理能力的形式存在,它为主体产生创造产品提供可能;外显的创造性指潜在的可能外化为物质的事实,体现出主体的创造能力。

其次,人的创造性并非每个个体都能得以充分展现,不同个体的这种潜在素质的充分发挥与否差异较大。有的个体头脑中不时有新观念闪现,表现出较强的创造性;而有的个体经过长期思考仍可能未有创新,被认为创造性不强,甚至认为这样的个体没有创造性。实际上,如果倾向于将创造性看作人类所共有的一种潜质,而不将之视作智力品质或外显的能力,那么就易于解释以上情况。因为人的潜质存在一个极其显著的特性——发展性。在一段时期内,不同个体表现出水平不同的创造性,仅仅因为他们的潜质开发程度不同。从这个意义上讲,我们更应该重视人类创造性的培养与开发,让多数人的创造潜质更加充分地表现出来,造福于社会和自身。

## 三、创造性活动的主要表现形式

韦纳德(Vlad,2009)指出,在创造性的早期研究中,通常把创造当做是天才特有的活动。当代心理学家认为:创造,每一个人都能进行并经常进行,只是创造活动有大有小而已(Rich,2009)。

### (一)"小"创造

"小"创造(Little Creativity),一方面可以看做是人们在日常生活起居、行走坐卧、人际交往等方面表现出来的创造性活动。例如:一个家庭成员烹制了一种新的菜肴;一个小学生画了一幅特别的画、讲了一个自编的笑话等等,都属于创造。另一方面,人们在科学技术领域或者社会、管理、教育等领域,做出的小发明、小创造、小革新,也属于创造。

### (二)"大"创造

所谓"大"创造(Big Creativity),则是指对人类文明的发展有重大影响的创造活动。从人类的创造实践来看,这样的创造活动主要有三种表现形式:科学发现、科学发明与文艺创作。

#### 1. 科学发现与发明

科学发现和发明是人们在科学技术领域创造活动的主要形式。

科学发现是对客观事物自身的状况及规律的认识有了新的突破、新的进展,获得了新的认识,即找到本来就存在的但尚未被人们知晓的事物和规律。它以发现新事物、新规律或事物的新特征为己任,其标志就是提出新概念、新假设、新模型、新方法或者新结构等。例如门捷列夫发现元素周期律、牛顿提出的三大定律、居里夫人发现了放射性元素镭、爱因斯坦提出的相对论。这些发现都是前人未曾发现过的、但的确存在的事物和规律。人们的这些活动也属于创造。

科学发明则是人类运用自然法则,按照一定的目的去改变和调整客观对象,从而获得新的事物或事物新的状况、结果和方法等。很明显,科学发现应该走在技术发明的前面,科学基础研究的落后,必然导致技术发明的落后。例如我国古代的四大发明、张衡发明的地动仪器、瓦特发明的蒸汽机、诺贝尔发明的安全火药、爱迪生发明的白炽灯、莱特兄弟发明的飞机等等。这些事物都是前所未有的,而且也具有社会价值,这就是创造。

当然发现和发明不仅仅局限于科学技术领域,其他领域中也存在大量的创造。

例如李白的诗歌、曹雪芹的小说等文学作品以及达·芬奇的画等都是创造。这些属于另外一种创造形式——创作。

### 2. 文艺创作

文学艺术领域的创作不同于科学发现和技术发明，它主要是构思新颖独特的故事情节和人物形象，通过一定的艺术形式，表达作者对社会的深刻认识和对社会的思想情感。

创作主要包括两个方面：一是故事情节、思想内容和任务形象的创作；二是文艺形式、风格和技法的创作。在这两方面中，后者比前者具有相对的稳定性。例如英国文学大师莎士比亚的悲剧创作的艺术风格和技巧对今天的悲剧创作仍然有深刻的影响；产生于我国古代的国画创作技法，迄今我们还在不断地继承与发扬。文艺形式、风格和技法随着社会的进步和科技的发展不断丰富和发展。同时，人们的思想观念会随着社会的发展和变革不断发生更新和变化，因此有着不同思想内容、故事情节和人物形象的文艺作品被不断地创作出来。

## （三）"小"创造向"大"创造的转换

曼得克思等（Maddux等，2009）指出，"小"创造和"大"创造并不是截然不同的。任何重大的发明创造都是在一系列小发明、小革新的基础上产生的。苏诺维奇（Surowiecki，2008）就认为，技术上的小小革新，一点一滴地逐步积累起来，到一定的程度，就可能产生重大突破，成为"大"创造。

# 四、创造的过程

"神七"舱外宇航服的发明过程表明：创造不是突然爆发的，是经过长时间思考、探索后的最终结果。那么，创造的过程究竟是什么样的呢？下面介绍两个有代表性的观点。

## （一）王国维的"三重境界"论

王国维是清代学者，在《人间词话》中，对创造的过程作了如下总结：
"古今之成大事业、大学问者，必经过三种境界：昨夜西风凋碧树。独上高楼，望尽天涯路。此第一境也。衣带渐宽终不悔，为伊消得人憔悴。此第二境也。众里寻他千百度，蓦然回首，那人却在，灯火阑珊处。此第三境也。"此等语皆非大词人不能道。

创造的过程可以分为三个阶段：第一阶段，寻找目标的发现问题阶段；第二阶段,探索、寻找答案阶段;第三阶段,顿悟阶段。这是中国学者对创造过程的最早描述。

## (二)华莱士的四阶段模型

华莱士(G. Wallas,1926)把创造过程分成准备阶段、酝酿阶段、明朗阶段和验证阶段四个阶段。

### 1. 准备阶段

在这个阶段里,创造主体已明确所要解决的问题,围绕这个问题,收集资料信息,并试图使之概括化、系统化,了解问题的性质,澄清疑难的问题,形成自己的知识等,同时开始尝试和寻找初步的解决方法。但有时这些方法行不通,问题的解决出现了僵持状态。除此之外,创造主体有关知识的学习、技能的训练等创造之前的必备条件也包括在这一阶段内。

### 2. 酝酿阶段

这个阶段最大的特点是潜意识的参与。对创造者来说,需要解决的问题表面上被搁置起来,个体并没有有意识地做什么工作。在这个阶段,个体表面上暂时搁置了问题,实际上潜意识仍在继续思考,因而该阶段常常叫做探索解决问题的潜伏期、孕育阶段。

### 3. 明朗阶段

经过酝酿期,问题的解决一下子变得豁然开朗。在特定情景下,创造主体突然被特定线索启发,创造性思维凸显,以前的困扰一一化解,问题顺利解决。这一阶段伴随着强烈的情绪变化,而这些变化是在问题解决的一刹那出现的,是突然的、完整的、强烈的,给创造主体极大的快感。这个阶段通常被称为灵感期、顿悟期。

### 4. 验证阶段

在这个阶段,个体对整个创造过程进行反思,验证解决问题使用的方法是否正确。在这个阶段,把抽象的新观念进行具体操作,提出的解决方法必须详细、具体。如果试验并检验是好的,问题便解决了。如果提出的方法行不通,则以上阶段必须全部或部分重新进行。

许多研究证实了华莱士的观点。例如,帕特里克在实验室条件下通过研究写诗、绘画和解决科学问题的过程来探讨创造性思维。参与研究的被试分成年龄和性别匹配的两组:一组是受过训练的专业人员,另一组则是非专业人员。他给每个被试一种刺激物:给诗人一张风景画,给画家一首约翰·密尔顿写的诗。当他们工作时,鼓励他们谈论他们的工作、所遇到的问题和处理问题的倾向。实验者借助录音机记录他们的活动。实验不限定时间,每经过一段时间,就让被试填写有关"工作的方法和问题"的问卷。帕特里克从这些数据中得到了一般的结论,其中之一是创造所经历的一系列阶段:(1)准备阶段。在这一阶段中,被试自己熟悉情境和材料。(2)酝酿阶段。问题开始明朗,提出假设,作品最终的一些片断出现了。(3)明朗阶段。面对特定的目标,并且开始朝着目标工作。(4)验证阶段。被试对实现目标的方法进行彻底的修订、改动,直到完成。帕特里克的研究结果支持了华莱士的观点。

以上四个阶段只是创造过程的一般模式。在实际的问题解决过程中,几个阶段可能会不断重复才能最终成功地解决问题。例如,在准备阶段,创造者放弃了一些材料和观念,而对另一些观点做更仔细的探索,使急需解决的问题有了初步方案,于是这个阶段往往会很快地过渡到明朗期和验证期,使问题得以解决。因此,四阶段模型具有一定的灵活性。

### (三)创造过程模型的问题

无论是王国维的"三重境界"论,还是华莱士的四阶段模型,都显示出创造是一个长期复杂的过程。而现实情境中的一些创造活动,如脱口而出一句幽默话语,似乎并没有经历复杂、长久的过程。实际上,任何心理活动的发生都要经历一定的过程,只是有的需要的时间长,有的需要的时间短。创造活动也是这样,一些创造活动(如科学发明、技术发明、文艺创作等"大"创造)需要较长的时间,而另外一些创造活动(如灵感一闪、即兴发挥)就不需要太长的时间,但同样要经历准备、酝酿、明朗、验证等四个阶段。

## 第二节 创造性的测量

在实际生活中,有的人能够时不时地创造出一些新异实用的事物,有的人能做出一些重大发明,而有的人终其一生也无创造发明。这些现象表明,个体的创造性是不一样的,有的人高,有的人低。那么,如何衡量一个人创造性的高低呢?这就是创造性的测量问题。

### 一、创造性思维的测量

创造性思维既包含发散思维,也包含聚合思维。因此,创造性思维的测量涉及发散思维和聚合思维的测量。发散思维的测量工具有很多种,如南加利福尼亚大学测量、托兰斯创造性思维测量、芝加哥大学创造性测量、威廉姆斯创造性测量,其中托兰斯创造性思维测量运用最为广泛。聚合思维的测量工具则较少,其中有代表性的是远距离联想测验。

## (一)托兰斯创造性思维测量

这一测量是美国心理学家托兰斯(E. Torrance,1968)编制的,其中部分题目由南加利福尼亚大学测量的某些项目改编而来。该测量分为三套,共有12个分测量(或活动),每套都有两个复本,以满足在实际研究中对创造性进行初测和复测的需要。

第一套是关于言语方面的创造性,共有五个主题、七个分测量。前三个分测量是根据一张图画(画中有一个小精灵正在溪水里看自己的影子)推演而来。具体的内容包括:(1)提出问题。要求被试列出他对图画内容所想到的一切问题。(2)推测原因。要求列出图画中所发生的事情的各种可能原因。(3)猜测后果。要求列出图画中所发生的事情的各种可能后果。(4)产品改进。要求对一个玩具图形列出所有可能的改进方法。(5)不寻常用途。(6)不寻常问题。要求对同一物体提出尽可能多的不同寻常的问题。(7)纯粹假想。要求被试推断一种不可能事件发生后将出现的各种可能后果。

第二套是关于图形方面的创造性,包括三项分测量,都是给被试呈现未完成的或抽象的图案,要求被试完成,并使其具有一定的意义。三项分测量分别是:(1)图画构造。呈现一个蛋形图案,让被试以此为基础去构造富于想象力的图画。(2)未完成图形。向被试提供10个由简单线条勾出的抽象图形,让他们完成这些图形并加以命名。(3)圆圈或平行线测量。共包括30个圆圈(或30对平行线),要求被试根据它们,尽可能多地画出互不相同的图画。

第三套是关于听觉形象方面的创造性,包括两个分测量。全部指导语和刺激都用录音磁带的形式呈现。这两个分测量是:(1)声音与想象。采用四个被试熟悉和不熟悉的声音系列,各呈现三次,让被试分别写出联想到的事物。(2)象声词与想象。用10个模仿自然声音的象声词各呈现三次,同样让被试分别写出所联想到的事物。

三套测量实行分别计分。言语测量从流畅性、灵活性和独特性三个方面记分。流畅性是指在规定时间内(如1分钟)表达出的观念多少。灵活性指思维的灵活多变,能够从多个角度观察问题。例如,要求说出砖块所有可能的用途,灵活性低的个体的一般反应是:盖房子、修仓库、铺路面、筑围墙等,事实上,这些反应仅仅局限于"建筑材料"这一种范围内;灵活性高的个体则可能做出这样的许多不同种类的反应,例如做门槛、压纸、打狗、当板凳……独特性是指对事物表现出超乎寻常的见解,提出不同凡响的新观念。例如能对砖块想到一些非同寻常、让人想不到的用途。图画测量除了以上三项外,还要加上严密性记分。声音和象声词的测量只记独特性。托兰斯从所有分测量中得出一个总的创造性指数来代表个体的创造性思维水平。操作手册中提供了详细的记分标准,以及信度、效度资料。托兰斯创造性测量适用于自幼儿到成人,一般采用集体施测方式。对于四年级以下儿童,多采用个别口头方式施测,对所有测量均有严格的时间限制。

### (二)远距离联想测量(Remote Associate Test,RAT)

梅德尼克(Mednick,1962)将创造性、独创性视为个体的远距离联想(Remote Associate)能力,一个人的创造性可以通过训练其对同样刺激产生不同联结来得以提高。创造过程是组合相互关联的元素,使之成为一个满足特定要求的新的联结。创造性就是把头脑中的观念按照不寻常的、新颖独特而且有用的方式加以组合,从而形成一种新联结的能力。因此,创造性就是那种在意义距离遥远、表面上看似不存在联系的事物之间建立新联结的能力。

该测量题目是从遥远联系体中抽取出来的一系列三个字或词组成的项目。被试的任务就是寻找第四个与这三个字词都发生联系的字词。如,给被试呈现"正"、"相"、"空"三个字,要求被试寻找第四个与这三个字都能发生联系的字,标准答案是"真"字。大多以大学生为对象进行集体施测,也可个别施测,有时间限制,但时限比较宽松。测量结果根据被试联想反应的数目记分。

梅德尼克的远距离联想测验与托兰斯的创造性思维测量不同。该测量最大的特点是测试被试建立词与词之间新联系的能力。它实际上是考察被试的聚合思维能力,即从不同词的具体特征中找出它们的共同特征,这是体现个体思维聚合水平的一个重要指标。所以这一测量同发散思维测量有很强的互补性。

## 二、创造性人格的测量

对个体创造性人格和创造性行为的测量,目前还没有比较成熟的标准化测验量表。这有待于进一步的研究和开发。

人们在设计用来评定与创造性行为有关的人格的测量工具时,一般都是通过研究高创造性个体的共同人格特点进行的。其中最为常用的人格评定量表为卡特尔(Cattel,1962)的十六项人格因素测验(Sixteen Personality Factor Questionaire,简称 16PF)、艾森克人格问卷(EPQ)、明尼苏达多相个性问卷(MMPI)等。

### 三、创造性产品的测量

创造性产品是个体所有创造性活动的最后产物,它最直接地体现了创造性的高低。因此一些学者认为创造性研究应该从分析个体的创造性产品出发。分析个体的创造性产品,通常使用两种方法:专家评判法和公众评价技术。

专家评判法,即由专家来评判个体创造性产品的创造性特征,是创造性产品评价中常用的一种方法。但是,专家评判往往存在评价标准不一致、同样产品评价结果大相径庭的缺陷。

公众评价技术(Consensus Assessing Technique,CAT)是由阿玛拜尔(T. Amabile,1982)为弥补专家测量技术的缺陷而设计的。阿玛拜尔认为,如果不同的观察者都认为某一个产品是创造性的,那么这个产品就是富有创造性的产品。因此,在评价一个产品的创造性的时候,一般采用多个评价者进行评价的方法。

### 四、创造性环境的测量

个体所处的环境(工作环境或生活环境)同样影响着个体的创造性。因此,测量同创造性有关的环境因素,一方面可以预测个体的创造性成就,另一方面可以采取相应措施来改善、设计环境,促进人们的创造性。

常见的创造性环境测量工具有家庭教养方式测量、家庭社会经济地位测量等。阿玛拜尔(Amabile,1989)及其同事还设计了一种工作环境量表。

鉴于创造性本身的复杂性,我们在评价个体创造性的时候,要注意综合考虑各方面因素,运用多种测量工具,从多个角度综合评估个体的创造性。

## 第三节 影响创造性的因素

个体的创造力有高低之分,那么,究竟是什么原因导致的呢? 在研究早期,人们倾向于把创造性看成一个纯粹的心理过程,或者个体差异的结果。因此早期研究集中在创造性的认知过程和人格特征上。但随着研究的深入,人们发现,许多有关创造性的问题和现象,是认知过程和人格特征所无法解释的。近年来,创造性的研究日益受系统观的指引。人们已经逐渐认识到:要解释新东西为什么产生、何时产生、在何地产生等这些问题,就必须全面考虑外部因素和内部因素对个人的影响。

## 一、创造性系统模型

心理学家希克森特米哈伊(Csikszentmihalyi,1993)提出了一个相当完善的创造性系统模型(见图7-1)。他认为,对创造性的研究要同时重视个体的自身因素和影响创造性的外部因素。

影响创造性的外部因素主要有两个大的重要部分:一是文化因素,称之为"领域"(domain);二是社会因素,称之为"场"(field)。创造就是一个只有在个人、文化、社会相互作用中才能观察到的过程。根据系统观(如图7-1所示),文化(即模型中的"领域",可以理解为知识领域)是创造性的一个必要成分。

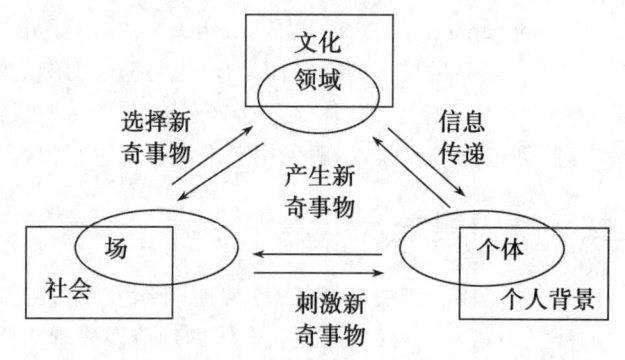

图7-1 创造性系统模型图

这是因为脱离某个知识领域去讲创造是不可能的。"新"东西针对"旧"东西才有意义,新奇的思想不能存在于真空中,它必须以已有的事实、规则为基础。例如一个人能成为有创造性的作曲家、化学家,是因为音乐、化学这些领域是存在的。同样,如果一个人具有音乐天赋,但他不学习音乐,也就不可能在音乐上有创造性的成就。人们能通过领域中已有的知识来创造,也能通过领域中已有的知识来评价创造出来的产物。没有规则就不可能有例外,没有传统就不可能有创新。当一个人使某个领域产生了某种能随着时间传递下去的变化时,创造就发生了。有一些人比别人更有可能创造,或者是因为个人因素;或者是因为他们有好运气处于这个领域的适当位置,使他们能更好地接触这个领域;也或者他们的社会环境使他们有充足的时间去实践,即他们有更多的该领域中的知识,这是创造的一个非常重要的因素。而且,也正因为存在一个运用文字符号的可记载和观察的文化,才使得他们的想法能够被那些接受过相应培训的人所评价、分享和接受。

社会,在模型中称它为"场",也是使创造得以发生的一个重要成分。在这里,社会不是广泛意义上的社会。当一个人在某一个领域使该领域产生了某种变化后,创造便产生了,但这种变化只有随时间传递下去,才有意义,才能称之为是创造性的成就。但实际上,大多数新奇的事物很快就被忘掉。所发生的变化只有被领域中的权威或者专家认可后,才会被人们广泛采用。这些有权利的"把关者",就称其为"场",它一般是一个领域中的社会组织。他们决定某个领域的范围和内容。每个领域的"场"大小是不一样的。例如,在物理学中,少数权威的大学教授组成一个场,他们的观点就足够说明爱因斯坦的思想是有创造性的,而大多数人根本不理解相对论,只是跟在这些教授之后认定爱因斯坦是有创造性的。然而,有些领域的把关者,不是少数人,包含的范围很广,甚至包括了整个社会。比如说,如果出现了新口味的可口可乐,整个国家的人都可以决定是否接受它。各个领域的把关者都要评价出现的新东西,并决定它们是否能被纳入该领域中。

在某种程度上,从事创造研究的心理学家也组成了一个场。例如,在教育领域,这个场通常由老师或者评价孩子的创造作品的人组成。他们决定着什么样的行为表现、什么样的产品是具有创造性的。

系统模型中的"个体",是指创造的主体。要强调的是,这里的"个体"不只是进行认知活动的人,而是整体的人。个体所拥有的知识、动机特点、思维特点、人格特点等,都影响着个体的创造性。

## 二、影响个体创造性的外部因素

个体所处的文化环境、社会环境、组织环境、家庭环境、学校环境等都对个体的创造性产生着影响。下面重点讨论文化环境和家庭环境对创造性的影响。

### (一)影响创造性的文化因素

文化是指一个特定人群所共同享有的一个复杂系统,这个系统包括认知、行为、风俗、价值观、规定,还包括关于一群人与他们的社会的和物理的环境相互作用的各种符号(语言)。文化中的诸多因素对创造性都有很强的影响,文化中的某些观念对创造性的影响尤甚。

文化的某些观念上的特征(例如价值观、个人主义—集体主义倾向、对待顺从或传统的观念)对创造性有着极大的影响,它们可能起激励作用也可能起阻碍作用。

**1. 个人取向或集体取向的价值观及其对创造性的影响**

东西方在价值观念上存在很大差异。西方文化强调个人价值,东方文化则强调集体价值。根据托兰斯等人(Torrance,et al.,1993)的观点,个人主义文化比较看重独立、自立和创造性;而集体主义文化强调顺从、合作、责任感和对集体中权威的认同。这种差异对创造性的发展和表现有着深刻的影响。一般来说,个人主义取向的价值观更有利于创造性的发挥。同时要看工作任务的性质:在强调个人能力和水平的工作中,个人主义或个性化的人格特点特别有利于创造性;而在强调集体协作的工作中,两种取向的价值观均十分重要。

### 2. 成就和工作的伦理观及其对创造性的影响

在成就和工作的伦理观方面,西方人把创造性定义于可观察的创造性产品上,强调积极主动性和卓有成效的价值观,鼓励开拓创新,做出一番前人未做过的、杰出超凡的事业。这种观念应该说培养了用西方标准来衡量的创造性。而东方文化,特别是传统的中国文化则要求人们不偏不倚,走中庸之道,并预见未来的危险性。这种观念使人们更愿意维持现状,因而在某种意义上说容易压抑创造性的发挥。

### 3. 对顺从和传统的态度及其对创造性的影响

西方人尊重个人权利,向往自由,崇尚平等,不盲从于权威和传统,这在一定程度上有利于创造性的发挥。相对而言,东方人更加维护等级制度,顺从权威,尊重长辈,强调做事情要符合自己的身份。这些观念对个体的创造能力、创新精神具有一定的负面影响,导致个体观念和行为上的保守性。在观念上,不敢超越传统一步,认为一切都是好的、既定不变的、可被接受的,使得个体缺少质疑的品质;在行为表现上,不愿出头露面地表述不同见解,不敢别出心裁地展现自己的思维过程,从而使得个体往往循规蹈矩、谨小慎微、墨守成规,最终导致创造性的埋没。如在过于强调"听话"的文化中,培养出来的学生在处理社会事务时会显得过于循规蹈矩、游刃不足,遇到突发情况时还会张皇失措、一片茫然,临时应变的能力、创造性明显不足。

## (二)影响创造性的家庭因素

影响创造性的家庭因素涉及家族史、家庭教育方式、父母的行为方式、父母对教育的重视程度等,它们对个体创造性的发展影响最大。

### 1. 家族史

布鲁姆(Bloom,1985)的研究发现,在钢琴、神经外科、数学等几个领域中的集大成者,通常都有一种家族史,即至少两代人参与从事同样的领域或与之紧密相关的领域。在这种环境中成长,自然就有更多可能性接近、参与这个领域,这是很重要的。如果没有这些有利条件,儿童参与这个领域的可能性就降低了。

### 2. 家庭教育方式

家庭教育一般有三种方式:压制型、溺爱型和民主型。压制型和溺爱型教育方式不能充分调动孩子的自主性和主动性,易使孩子形成依赖、顺从、无主见、创造水平低等性格特点。民主型的家庭教育可调动孩子的创造动机,使儿童积极参加各种活动,在活动和实践中提高创造性。

### 3. 父母的行为特征

父母是孩子的第一位心灵工程师和个性塑造者。父母的人格特点和行为特征与儿童创造性密切相关。中国有句古话:"其身正,不令而行;身不正,虽令不从。"说的就是榜样力量的重要性。无独有偶,美国心理学家班杜拉(A·Bandura)的社会学习理论也强调榜样的作用,他认为个体可以通过观察他人的行为学会新的反应,而且人类的许多行为都是通过观察学习习得的。他人即榜样(models),通过这种观察学会的行为反应,即为榜样仿效作用(modeling)。如果父母对事物充满强烈的好奇心,喜欢刨根问底,做事情坚持不懈、一丝不苟,并试图通过不同的方式解决问题,孩子在父母的榜样的作用下,潜移默化地习得创造性的思维方式和创造性人格品质。

### 4. 父母对教育的重视程度

父母的受教育程度在孩子天赋发展过程中起着十分重要的作用。受过教育的父母知道如何培养孩子,并愿意为孩子提供丰富多彩的成长环境。然而,创造力强的父母不一定都受过良好的教育,很多杰出的科学家、文学家、政治家等的父母不乏普普通通的工人、农民或知识分子。美国心理学家布卢姆所做的一项研究显示,雕塑家的父母受正规教育的程度及社会经济状况千差万别,但是这些父母有一个共同的特点:愿意并能够为他们有艺术天赋的孩子提供发展其才能所必需的良好条件,如为孩子购买艺术材料,提供活动场地,带他们去参观博物馆等。

## 三、影响创造性的个体心理因素

大量的研究表明,个体的动机、知识、思维、人格,都对创造过程和创造性发挥着重要的影响。

### (一)动机与创造性

创造性动机是推动个体进行创造的力量。根据来源,这种力量分为内部动机和外部动机。假如个体认为他是出于对活动的兴趣而积极主动去参加某项活动，那么，他是为内部动机所驱动的；假如个体参加活动是为了获得活动以外的外部目标（如避免惩罚、获得奖励），那么他就具有外部动机。

日常经验和心理学实验研究都证明：内在动机比外在动机更有利于个体创造活动的产生和创造性的发挥与发展。常见的创造性内在动机包括：求知欲、好奇心、成就动机、喜爱挑战性、强烈的情感体验。其中，成就动机指人们希望从事对他们有重要意义的活动并在活动中克服障碍，施展才能，力求取得完满结果的一种动机。一般而言，成就动机由"力求成功"的需要和"避免失败"的需要两种成分的构成状况来决定。如果力求成功的需要高于避免失败的需要，那么成就动机的分数就高，反之就低（Mehta等，2009）。所以，成就动机高的人，是积极追求成功而不怕失败的人。同时，情感在创造性活动中，尤其是在艺术创造中，起着很重要的动机作用。托尔斯泰曾经多次谈到激情在创作中的作用。"我们的创作没有激情是不成的。一切作品要写得好，它就应当是从作者的心灵里唱出来的。"

外部动机是指个体在外界的要求和外力的作用下所产生的行为动机。研究发现，外部动机对创造性的影响具有两面性。一方面，外部动机不利于创造性的产生，这种观点得到了很多实验证明。在一个实验中，向一组儿童许诺讲完故事就可以玩照相机，结果这组儿童讲的故事更少创造性，而那些仅仅是参加了这两项活动（两项活动间没有联系）的儿童讲的故事更有创造性。此外，当个体在别人的注意下工作，强烈地感觉到别人在观察、评价他时，会表现出更少的创造性行为（Amabile等，1990）。另一方面，研究表明在某种情况下，外部动机对创造性有积极的促进作用。比如，告诉参加实验的人，在这种特别任务中怎样获得成功和产生创造性，并且在创造性行为增加时给予奖励。格拉夫（Glover，1980）就用这种方法做了一个有趣的实验。他首先测量了8个儿童在"特殊用途测验"中的平均成绩，在进行了5次平均成绩测量后，向儿童解释在测验中根据哪些方面来给创造性记分：流畅性（做出许多不同的反应），灵活性（在反应中运用的动词形式数——如瓦罐盛各种东西，用瓦罐把各种东西砸碎），详尽性（每一种反应中的用词量），独创性（这种反应出现的次数比较少，是比较罕见的反应）。8个儿童分为两组，每一个单元的开头告诉儿童：每天得分最多的人可得到额外的休息时间以及饼干和牛奶。先连续进行5天，每一天都告诉儿童要奖赏流畅性好的人，5天后，则要奖励灵活性好的人。结果表明：受到奖赏的创造性方面的得分略高于平均成绩。取消奖赏后，得分恢复至平均水平。

## (二)知识与创造性

研究表明,丰富的知识是进行创造发明的前提条件,创造性的高低同时受制于知识掌握的质量状况。知识的质和量共同影响着创造性的高低。

### 1. 知识的大量学习与创造性

海斯(Hayes,1989)等人对具有高创造性的领域进行研究后,提出了达到专家级水平所应遵循的"十年定律"的观点:从接触某领域到第一件有意义的作品问世,个体要投入大量的时间——"十年",说明要有所创造就要掌握该领域的大量知识和各种技能,为创新打下基础。同时,个体在有所成就前所进行的专门练习几乎需要达到最大量。为了产生创造性成就,个体需要做好充分准备,要长期专心于某一领域。加德纳(Gardner,1993)对七个需要创造性的领域进行了研究,每个领域以一位著名人士为代表:爱因斯坦(Albert Einstein,逻辑数学)、毕加索(Picasso,绘画)、格雷厄姆(Martha Graham,动觉协调)、斯特拉文斯基(Igor Stravinsky,音乐)、甘地(Mahatma Gandhi,人际关系)、弗洛伊德(Sigmund Freud,精神分析)和艾略特(T. S. Eliot,语言学)。研究的主要结论是,个体在成名之前要在该领域有相当长的发展期。近期关于多文化经验与创造性关系的研究(Leung等,2008)也发现,个体经历(学习)外国文化的相关知识,有利于促进个体的创造性。当然,知识越多,不一定运用知识和发展知识的创造性就越强(张庆林,2002)。获取大量知识,只是为创造性提供了基础,要真正有所创造,必须注重所获取的知识的质量。

### 2. 知识掌握的质量

如果学习知识时死记硬背,运用知识时生搬硬套,积累知识时在头脑中胡乱堆砌,那么,就会出现知识越多,创造性越低的情况。张庆林等(2004)认为,有利于创造性发展的知识学习应该实现以下"五化"的标准:

(1)概念化。所谓概念化,是指学生在学习时能借助于书面文字的表达在头脑中真正建立起科学的概念,达到真正的深刻理解。

(2)条件化。个体平时学到的知识如果无法灵活使用,知识就变成了僵死的知识。这些知识仅在与当初知识获得时的条件相似的背景中才能加以应用,这样的学习对创造性的提高没有任何作用。

(3)结构化。据研究,专家头脑中有 5 万~20 万个知识组块。如果每个知识组块都有一个"触发条件",那么在解决问题时同样很难在头脑中的数以万计的"触发条件"中找到与眼前问题相同的条件,从而难以提取出解决眼前问题所需的知识。因此,大量"产生式"必须结合成一个系统,有必要对这些数以万计的知识组块再进行组织、抽象、概括、归类等等,形成一定的层次结构网络或图式结构,并且每一种图式也必须在大脑中"标明"其触发条件。当知识以层次网络方式表征时,一定要加强上层的知识节点(抽象知识)与下层的知识节点(相对更具体的知识)之间的联结,要能够非常顺利地进行从具体到抽象(例如对眼前具体问题的归类判断)和从抽象到具体(例如理解抽象知识的实例和具体应用方法,能用具体事例支持抽象知识)的动力传递。这样的结构因加强了联系的可能而更有利于创造的产生。

(4)自动化。古话"熟能生巧"正是例证。许多实验证明:知识的创造性的灵活运用与对知识的掌握程度密切相关。熟练的、自动化的知识有助于产生创造性思维。有研究发现,10岁的小围棋迷一般记忆力并不特别好,一般推理思维能力也不特别强,但是他们在围棋比赛中常常表现出很强的创造性,这得益于他们娴熟的围棋知识(特别是关于围棋布局的知识)。

(5)策略化。策略化是指学科专业知识的学习必须和关于如何创造性运用和发展知识的策略性知识结合起来,这样的学习有利于创造性的提高。学习者要应用策略化知识去监控自己的学习。不仅要意识到自己的加工材料,而且要意识到自己的加工过程和加工方法(元认知),不断反省自己的策略是否恰当以优化自己的加工过程。

总之,知识的学习必须做到概念化、条件化、结构化、自动化、策略化,才能在解决问题的过程中有效地提取和应用这些知识,并创造性地解决问题。

### 3. 知识的结构

知识结构,也是制约个体创造性发挥的重要因素。促进创造性的知识结构,应该包含六个方面(张庆林等,2004):

(1)基础知识。

也称一般知识或外围知识,是指中学阶段前所学的全部知识以及社会生活各个领域的一般常识。基础知识不牢固,就很难掌握更加高深的专业知识。

(2)专业知识。

也称学科知识或圈内知识,即所从事的创造活动领域中的知识系列。它是一个包括同一领域、同一方向的相关学科的联合体。

(3)哲学知识。

是在科学认识与实践活动的背后起作用的高度抽象的知识结晶,是最概括的方法论。它对人的认识和实践有巨大的指导和催化作用。

(4)方法论知识。

这方面的知识包括科研方法、学习方法、记忆方法、思维方法等。掌握这些知识能使已有的基础知识和专业知识得到更加合理有效地运用,开拓创新。

(5)创造技法知识。

这是人们根据创造活动中的经验和创造性思维发展规律总结出的创造发明原理和实用创造技巧方法。它们可以在所有的创造活动中灵活地借鉴使用。

(6)隐含知识。

隐含知识是相对于传统的知识即显性知识而言的。显性知识指传统的那些能够被编纂整理并能用语言和文字等大众传播工具传播的知识。而隐含知识指的是个体在实践生活中领悟获得的知识。这种知识难以用语言表达,不能由他人传授,对个人在工作中走向成功有着举足轻重的作用(Sternberg,1995)。

总之,知识是进行创造的必要条件,要获取最大量的知识以及对知识优质掌握,包括一定的理论基础知识、深厚的专业知识、广博的临近学科知识、有关方面的科学技术发展状况的前沿知识以及在实践中积累的关于"如何做"的隐含知识。同时具备了这些知识可以促进创造性潜能的发挥。

### (三)思维与创造性

创造性思维活动是人的创造性得以发挥和创造成果得以形成的决定因素。可以说,创造性思维是创造性的核心。创造性思维能力的强弱,在很大程度上决定了人的创造能力的高低。

创造性思维指主体在强烈的创新意识驱使下,通过综合运用各种思维方式,对头脑中的知识、信息进行新的思维加工组合,形成新的思想、新的观点、新的理论的思维过程。简言之,凡是突破传统思维习惯,以新颖独创的方法解决问题的思维过程,都可以称为创造性思维。这种独特的思维常使人产生独到的见解和大胆的决策,获得意想不到的效果。

创造性思维是相对于常规思维来说的,也有人把这种思维称为再造性思维(汪安圣,1992)。与常规思维不同,创造性思维的基本特征是新颖性,它要求打破惯常的解决问题的方式,将过去的经验更新、加以综合,给问题以新的解决。创造性思维突出地表现在科学发明、文学艺术创作以及其他各种创造活动中。例如,图 7-2 (a)是一个正方形,将这个正方形分成 4 个形状大小完全相同的图形,下面提供了几种常见的划分方法(图 b、c、d),如果再找一些"不常见"的分法,就需要创造性的思维了。

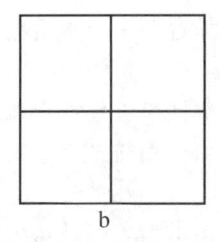

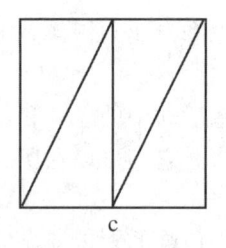

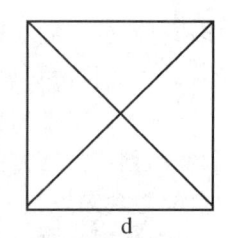

图 7-2 四等分正方形

创造性思维包括发散思维和聚合思维。所谓聚合思维是指人们解决问题的思路朝一个方向聚敛前进,从而形成唯一的、确定的答案。发散思维可以使人的思路活跃,提出各种各样的待选方案,特别是它能打破思维定势,促进新的问题表征方式的形成,从而提出出乎意料的独特见解。任何创造活动,都是发散思维和聚合思维共同作用的结果。

例如邓克尔(K. Duncker)的"治疗肿瘤"问题:一个人的胃里面生了一个肿瘤,因为各种原因,不能采用手术的方式直接将肿瘤切除。医生决定使用一种放射线进行治疗。但是,放射线的强度要足够强,才能破坏肿瘤。不过,这种强度的放射线也会破坏肿瘤四周的健康组织。怎样才能既破坏肿瘤又不伤害到健康组织?

对于这个问题,人们首先进行发散思维:找出一条达到胃部的通道;把健康的组织移出射线的通道以外,在射线和健康的组织之间插进一道保护墙;把肿瘤移到表面上来;在通过健康组织时把射线的强度降低,等等,然后就要靠聚合思维从中找出最好的解决方案。这个最好解决方案的前提是在通过健康组织时,把射线的强度降低,并推演出具体的治疗办法;通过透镜发出一束量大而微弱的射线,使肿瘤恰好在焦点上,从而受到强烈的辐射。

从这里可以看到,只有发散思维和聚合思维共同起作用,才能有效地促进问题表征方式的不断转变并顺利地解决问题。

## (四)人格与创造性

在心理学中,人格是指一个人的稳定的心理特征和行为倾向,它揭示了人的个体差异和行为的一致性。行为的一致性有两种形式:跨环境的和跨时间的一致性。跨环境的行为一致性主要指人的典型行为不会随环境的不同而不同。跨时间的行为一致性主要是指人的典型行为不会随时间不同而不同。人格因素对个体创造起着极为重要的作用。林崇德(2002)指出,创造性人才=创造性思维+创造性人格。

吉尔福特(1959)对创造性个体的人格特征进行了深入的研究,结果表明创造性的人有八个特征:(1)有高度的自觉性和独立性,不肯雷同;(2)有旺盛的求知欲;(3)有强烈的好奇心,对事物的机理有深究的动机;(4)知识面广,善于观察;(5)工作中讲求条理性、准确性与严格性;(6)有丰富的想象力、敏锐直觉、喜好抽象思维,对智力活动与游戏有广泛兴趣;(7)富有幽默感,表现出卓越的文艺天赋;(8)意志品质出众,能排除外界干扰,长时间地专注于某个感兴趣的问题之中。

总的来看,各类创造性人格有 8 个共同特征:(1)求知欲强,喜欢接受各种新事物;(2)想象力丰富,富于幻想;(3)好孤独,全身心投入所从事的事业中;(4)对未知东西有强烈的好奇心,敢于探索,渴求发现,不满足于已有的结论;(5)坚忍不拔,执著追求,深深理解自己行为的价值;(6)独立自信,不从众,不轻易相信别人的看法;(7)自制力强,能克服困难达到成功的目的,并在此过程中体验到快乐;(8)反叛,不顺从。

## 第四节 创造性的培养

根据创造性的系统观,影响创造性的因素包括内部因素和外部因素。要开发和培养个体的创造性,需要从内外两方面进行综合考虑。然而,外部因素在很大程度上并不为个人所控制,同时外部因素通过影响个体内部因素进而影响个体创造性。因此,我们需要讨论如何通过改变内部因素来开发和培养个体的创造性。除了知识、人格等因素外,培养创新思维和创造性动机,是提升个体创造性水平的直接途径。

### 一、创新思维的培养

创新思维的培养方案很多,其中最著名的有头脑风暴法、强制联想法和设问法等。

#### (一)头脑风暴法

在广泛运用的数百种创造技法中,头脑风暴法被认为是一种最基本也是最重要的创造方法。它不仅作为一种独立的创造技法在各种创造活动中广为运用,而且还常常作为许多其他技法的组成部分,使其他技法的使用效果更加有效。

头脑风暴法(Brainstorming)是美国心理学家奥斯本(Osborn,1953)专门为团体使用而设计的。在头脑风暴法的练习过程中,参与者受到鼓励充分地表达思想,不管这个思想看起来多么奇怪和疯狂,练习中严禁批评、嘲笑。

头脑风暴法的基本方法是:针对要解决的问题,召集 5~10 人的小型会议,按照一定的步骤,在轻松融洽的气氛中,使与会者敞开思想,自由联想,各抒己见,充分发挥创造性,在短时间内产生大量的可能有价值的设想。

该方法以集体思维的方式进行,以提供知识互补、思维共振为条件,弥补个人思维时可能遇到的知识缺漏、思路狭窄的不足;同时鼓励畅所欲言,克服传统讨论会上压抑创造性的缺陷,从而促进大量新颖设想的产生。

### 1. 原则

使用头脑风暴法应遵循四个原则:

(1) 自由思考原则。这一原则是指与会者要敞开思想,不受传统逻辑和常规思维的限制和束缚,推陈出新。每一位参与者都要大胆想象,自由发挥,想法越新奇越好,越多越好。与会者还要充分发挥联想和想象,通过多向、侧向、逆向思维等方式提出解决方案。同时,参与者和主持人都应牢牢记住一条指导方针:同中求异、正中求反、多向辐射。只有这样,才能使头脑风暴法真正为培养创造性思维服务。

(2) 禁止评判原则。在自由畅想期间,对自己或他人提出的设想不作任何评价性结论。创造性设想的产生是一个诱发深入、发展完善的过程。有些看似荒谬的设想有可能引发出有价值的东西。因此,如果过早地进行评判,可能会导致一些有价值的设想被扼杀。禁止评判除了禁止批评还包括禁止表扬,诸如"这个想法太妙了"之类的话会使想法提出者产生骄傲或自满情绪或是使其他参与者产生冷落感,妨碍创造性的发挥。

(3) 追求数量原则。这是指在有限的时间里所提的设想数量越多越好,与会者要尽可能多地提出设想。奥斯本认为,理想答案的获得常常是逐渐逼近的过程。在头脑风暴法进行的过程中,参与者初期提出的设想往往不成熟,但越往后提出的设想越完善、越深刻。在后期提出的设想中,有实用价值的设想所占的比重逐渐提高,显示出质量递进效应。因此,主持人应创造积极活跃的氛围,鼓励、启发参与者尽量多发表意见。

(4) 结合改善原则。指与会者通过联想等方法把他人的设想加以综合改进以形成新的设想。头脑风暴的本意就是让与会者通过相互启发、相互激励产生思想火花的碰撞、共鸣以产生新思想。而大家提出的设想大多是未经深思熟虑的、不假思索涌现出来的,有时仅仅是一种思路,具有很大的可加工性。对其进行结合改善,往往能收到事半功倍的效果。同时,为了使结合改善工作高效进行,可以采取自我提问的方法来提醒自己。总而言之，与会者要发挥"拿来主义"，兼收并蓄，在他人意见的基础上提出更新更好的想法。

以上四原则相辅相成、各有侧重。第一条原则突出解放思想，这是创新思维产生的基础；第二条原则追求活跃气氛，是发挥创造性的保证；第三条原则强调数量，是获得高质量设想的前提；第四条原则强调启发、改善设想，是会议是否成功的标准。可见，这四条原则缺一不可，只有深入理解、领会和贯彻这些原则，正确使用"头脑风暴法"，才能有效地培养创新思维。

### 2. 要求

(1) 对主持人的要求。主持人必须平等对待每一位参与者；熟悉创造技法；有较强的组织能力；对与会者提出的所有设想，无论好坏，都要及时地记录下来并按先后次序编号，并置于与会者都能看清的地方；善于启发，掌握进程。主持人要善于控制、引导进度。

(2) 对与会者的要求。与会者要注意倾听别人的观点，并从中受到启发；踊跃发言，大胆地说出自己的任何想法，哪怕这个想法荒谬可笑，毫无意义，因为这种想法说不定会给其他参与者带来一些灵感；不能私下交谈或者代表他人发言，始终保持会议只有一个中心；设想表述简单明了，且每次只谈一个设想，以获得充分的扩散机会和激发他人想法的机会。

(3) 对时间的要求。整个会议持续时间以20~60分钟为宜。会议时间只需主持人掌握，不需告知与会者。否则，在临近散会时，人们会松懈下来考虑其他事，影响设想的产生。

### 3. 程序

(1) 准备阶段。此阶段在会前进行，主要做四项工作：选择理想的主持人；由主持人与问题提出者一起详细分析要解决的问题；确定参加会议的人选，人数以5~15人为宜；提前几天将问题通知与会者，使与会者对问题有充分的酝酿。

(2) 热身阶段。此阶段的目的，一是使与会人员进入"角色"，暂时忘掉个人的工作和私事，把注意力集中到会议上来；二是造成激励气氛，畅所欲言的气氛不是一下子就可以形成的，需要一个升温并逐渐强化的过程。经过"热身"阶段就可以促使与会者的大脑开动起来并形成有利于激发创造性思维的气氛，使得在畅谈阶段开始时与会者的大脑能处于极度兴奋活跃的高潮状态。此阶段只需要几分钟即可，具体做法是提出一个与会上所要解决的问题毫无关联的简单问题，促使与会者积极思考并说出自己的想法。

（3）明确问题阶段。此阶段，通过分析陈述问题，使与会者全面了解问题，开阔思路。

（4）畅谈阶段。在此阶段，与会者充分发挥想象力，克服种种心理障碍，借助与他人的知识互补和情绪鼓励，通过联想和想象等思维方式提出大量创造性设想。畅谈阶段是头脑风暴法中的实质性阶段。

（5）对设想的加工整理阶段。会上提出的设想大多都未经过仔细考虑，有待于在此阶段进行加工完善后才有实用价值。此阶段的任务包括对设想的整理、评选和发展等。

头脑风暴法通常用于群体，但个体也可以使用，只要个体试图产生一系列可能的解决问题的行为和方法，并对此进行批判和评价，直到它相对完善，都可叫做头脑风暴法。一般而言，群体进行脑力激荡的效果更好。

一般来说，头脑风暴法只适用于解决比较简单的问题。如果问题涉及面广，包含因素多，需要仔细推敲研究，就不适合用这种方法。此外，对会议中所得建议和设想的整理评选，工作量大，所需时间多。因此，在活动中需要结合使用多种方法以获得创造性想法。

### （二）强制联想法

联想是创造性思维的一种。联想可以活跃知识，达到对知识的举一反三、触类旁通，出现创造的灵感。在强制联想的方法中，最具代表性的是查阅产品样本法和焦点法。

#### 1. 查阅产品样本法

查阅产品样本法是将两个或两个以上彼此无关的产品或想法，强行联系在一起，从而产生独特性想法。这个方法简单易行，只需打开产品样本，随意选择两个项目，强制性地把这两个无关联的东西联系起来，使它们合二为一，产生独创性的设想。这个方法的优点是思维随着这种看起来毫无关系的两件事的"联系"而产生，跳跃比较大，能够克服个人经验的束缚，启发人们的灵感，产生新想法；缺点是，这种强制性的联想由于没有内在的某种联系，因而得到的设想，有许多是毫无道理的"畸形"组合，因此，对于强制联想产生的设想要加以分析鉴别。在人们进行创造时，根据查阅产品样本法做出的发明是很多的。比如，保温杯就是暖水瓶的保温胆与杯子的强制联想的结果，还有带电子表的圆珠笔，带小风扇的手电筒，底层带抽屉的床等等。

### 2. 焦点法

焦点法是指一个项目是指定的,作为创造性联想的"焦点",个体可以任选另一个项目。焦点法要求紧紧围绕这个"焦点"进行联想,可以从任选的事物联想到焦点,还可以反过来进行联想,从焦点联想到任选一事物。

以电话生产为例,运用焦点法的做法是:(1)要生产新型的电话,以电话为强制联想的焦点。(2)另一项目可以任选,比如玫瑰花。(3)将玫瑰花与电话之间进行强制联想:玫瑰花形状——玫瑰花形状的电话;玫瑰花的香味——发出玫瑰花香味的电话;玫瑰花的颜色——玫瑰色的电话;玫瑰代表爱情——推出"情人节电话促销活动——我和玫瑰有个约会"。(4)进一步发展每一种想法。例如选取第二种设想:玫瑰香——花香——各种香味的电话。(5)从众多设想中,选择有市场前景的电话进行试制。

从思维的形式上看,焦点法是思维指向某一固定点的收敛过程,它要求人们从多角度、多层次考虑某一问题,以产生解决问题的合适做法。

## (三)设问法

设问法指对要改进的事物进行分析、展开、综合,以明确问题的性质、程度、范围、类型等,通过设问使问题明朗化,进而找到解决问题的方法。设问法的特点是以提问的方式寻找发明的途径,并从多角度、灵活地看问题。

### 1. 5W1H 法

5W1H 法是美国陆军首创的提问方法,是一种通过提问为什么、做什么、何人、何时、何地以及如何做等六个方面的问题,形成创造方案的方法。它的运用步骤是:(1)对一种现行的方法或现有的产品,从六个角度检查其合理性。这六个问题是:为什么(why)、做什么(what)、何人(who)、何时(when)、何地(where)、如何(how)。(2)将发现的难点列出。(3)讨论分析,寻找改进措施。如果现行的方法或产品经过六个问题的审核已无懈可击,便可认为这一方法或产品可取;如果有哪一个答复不能令人满意,则表示这方面还有改进的余地。如果哪方面的答复有独到的优点,则可以扩大产品的效用。5W1H 法属于抓住主要矛盾进行分析的方法,实用性强,效果显著。当然有些技术问题在进行 6 个方面的分析后,还要使用具体的技术方法和手段,才能解决问题。

后来,有人把 5W1H 法发展成 5W2H,把 how 分成怎样(how to)和多少(how much)两个提问。

### 2. 奥斯本设问法

奥斯本设问法又称检核表法，它以提问的方式，对现有的产品或发明，从不同的角度加以审核、讨论，从而形成新的发明的方法。

奥斯本设问法的使用步骤是：(1)对一件产品或某一事物，从多个方面加以提问，根据不同情况可得到一系列新设想；(2)对所有设想逐一分析，最终产生解决这一问题的综合方案。所提出的问题可归结为九个方面：①能否将产品的形状、制造方法、颜色、声音、味道等加以改变；②能否将现有的发明应用到其他领域；③能否在现有的发明中，引入其他创造性设想；④能否在现有发明的基础上略加改造，使它增加功能，延长使用寿命；⑤能否将现有的发明或产品缩小体积，减轻重量或者分割化小；⑥能否用其他材料代替原有的产品或发明；⑦能否将现有的发明更换一下型号或更换一下顺序；⑧能否将现有的产品、发明或工艺颠倒过来；⑨能否将几种发明或产品组合在一起。使用奥斯本检核表法解决一个技术问题时，常常可以从几个提问中同时受到启发，综合考虑得出最佳方案。

设问法的优点是能克服个别人不愿提问的缺点，克服不能综合多种观点看问题的局限，促使个体从多种角度、多个方面运用多种方式去思考并解决一个问题；缺点是忽略了对技术对象的客观规律的认识。所以在使用这种方法解决较复杂的技术发明问题时，仅能提供一个大概的思路。要做出有使用价值的发明还需要与其他技术方法进一步结合。最初使用设问法进行发明创造时，可能不如自发的创造那么自然，但是坚持下去，久而久之，提问题会成为一种良好的思维习惯。原来封闭式、直线式的思维方式得到改善后，就能熟练应用设问法进行创造。

## 二、创造性动机的培养

培养创造性动机，就是要使个体接纳创造，对创造感兴趣并乐于主动创造。创造性动机的培养可以促进个人进行创造性活动的积极性，提高创造效率。常用的培养创造性动机的方法有三种：

### (一)创造性榜样示范

通过榜样示范创造的魅力，使个体感受创造带来的喜悦和成就，激发创造的热情。常见的榜样示范法包括：阅读科学家、文学艺术家创造发明和创作的故事；参观科技馆、展览馆；聆听专家关于创造过程的讲述或报告等。

## (二)培养创造习惯

创造不是纸上谈兵,需要切实行动。心理学家费斯汀格指出,人们对某个事物的态度很大程度上由个体是否做过相关的行为决定。如果做过某事并从中体验到积极情绪,人们就会倾向于喜欢做这件事。因此,培养个体的创造性的最好办法是鼓励他尝试创新。例如,创造机会让他想一个与众不同的新东西、新方法等。长期如此,可以形成"创造的习惯"。

## (三)奖励创新行为

在个体进行创新活动的过程中,要即时给予适当奖励。如:积极地关注并参与其中;给予肯定和赞赏;分享创造带来的愉悦等等。

总的说来,创造性的培养需要对相关知识、技能的掌握,需要创造性动机的激发,也需要创造性人格的培养。只有同时从三方面着手,才能促进创造性思维的发展,表现出创新活动!

# 本章知识结构图

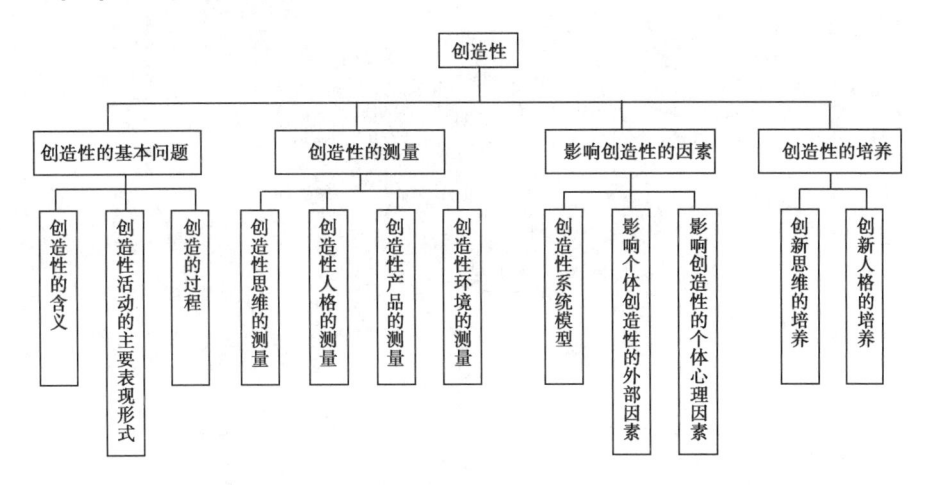

```
                              创造性
        ┌──────────────┬──────────────┬──────────────┐
  创造性的基本问题   创造性的测量   影响创造性的因素   创造性的培养
   ┌────┬────┬────┐  ┌────┬────┬────┬────┐  ┌────┬────┬────┐  ┌────┬────┐
  创造  创造  创造  创造  创造  创造  创造  创造  影响  影响  创新  创新
  性的  性活  造的  性思  性人  性产  性环  性系  个体  创造  思维  人格
  含义  动的  过程  维的  格的  品的  境的  统模  创造  性的  的培  的培
        主要        测量  测量  测量  测量  型    性的  个体  养    养
        表现                                    外部  心理
        形式                                    因素  因素
```

## 一、基本练习题

1. 名词解释:

创造性,科学发明,科学发现,酝酿期,专家评判法,公众评价技术,5W1H法,创造性系统观,创造性动机,概念化,焦点法,查阅产品样本法,头脑风暴法,策略化,奥斯本设问法,头脑风暴法。

2. 创造性活动的主要表现形式有哪些?
3. 解释创造过程的三重境界论。
4. 举例说创造过程的四阶段模型。
5. 测量创造性思维的根据有哪些?
6. 如何测量创造性人格?
7. 阐述创造性的系统模型。
8. 影响个体创造性的内外因素有哪些?
9. 知识对创造有什么影响?
10. 什么样的人富有创造性?
11. 头脑风暴法的操作程序是什么?
12. 如何激发创造动机?

## 二、你身边的心理学

1. 你身边有富有创造性的人吗?仔细观察他们,看看他们都创造了什么。
2. 你有这样的经历吗?当某个难题百思不得其解时,暂时放下一段时间,你会突然灵光一闪,找到问题的答案。

# 第八章 意识与注意

## 导 学

医学发现有一类病人患有"疾病感失认症",他们完全无法意识到自身病症的存在,尽管这些病症在他人看来已经非常严重。这类病人失去了对自我病症的意识。那么什么是意识,为什么心理学要研究意识?这些问题都会在本章中得到回答。本章将介绍意识的一些基本问题,特殊的意识状态睡眠、梦、催眠和与意识密切联系的注意。

本章的学习,重点是意识的不同水平,睡眠的阶段,梦的心理学解释,无意注意,有意注意,有意后注意,注意的品质等。

在学习中可能遇到的难点有:理解什么是意识以及意识的几种特殊形态,睡眠、梦与催眠的特点;理解注意是一种特殊的心理状态。

### 【阅读材料】我们的一天

一天中我们是如何度过的呢?清晨起来,做一下简单的运动之后,你会感到特别的神清气爽。上课了,尽管老师在讲台上幽默风趣地讲解着课文,可你却心不在焉,直到下课,也不知道老师讲了些什么。下课了,同学们在你周围兴高采烈地高声谈论着什么,可你正在思考着某个问题,对他们的谈话根本没有听到。中午吃饭时,你无端想起某件事来,脑子里思潮澎湃,暂时忘记了吃饭……夜晚来临,你感到眼皮渐渐地变得沉重起来,思维开始变得不清晰。于是你洗漱完毕后,上床进入了梦乡。

从上面的材料,我们可以看到,在这一天当中,我们经历了不同的意识状态,对自身以及周围世界的觉知水平随着不同的意识状态而有所不同。那么,意识是什么呢?意识各水平的特点与状态如何?我们将逐一深入了解。

# 第八章 意识与注意

## 第一节 意识的基本问题

### 一、意识概念的内涵

意识,是一个充满神秘色彩而又难以解释的谜。它在所有心理反映的形式中居于最高层,是人类所独有的心理现象。到目前为止,人们对什么是意识还没有一个确切的定义。意识本身非常复杂,可以从以下几个方面来理解:

(1)意识是一种觉知。这种觉知可以分为三个水平。第一是基本水平,是对你正在知觉和可知觉的信息进行反应的觉知。如在乡间旅途中你感觉到清新的空气扑面而来,感觉到心情很放松,也就是说在基本水平。第二个是中间水平,意识依赖于将你从真实客体和当下环境中解脱出来的符号知识,你可以思考和操纵不在眼前的课题。如你正准备做一顿丰富的大餐,你会计划做什么菜,买什么食材和怎么做,你可能还会思考每种菜用什么样的餐具来盛放,餐桌上的摆设等,你所计划和思考的内容都没有真实地发生。第三是高级水平,对你自己作为一个有意识、会思考的个体的觉知。如在一次任务完成后你可能会去反思在任务过程中自己做得好和不好的地方,会去考虑其他人会怎么评价你的这次任务。也就是说在这一水平上,人们会有自我意识。

(2)意识是一种高级的心理功能。其高级之处在于它对个体的身心系统起统合、管理和调控的作用。正如一位将军,它监督着恰似其下属官兵的其他心理官能和行为,在系统运行良好时,维持这种状态;在系统运行有误时,发号施令,对其进行调节。可以说,意识不只是对信息的被动觉察和感知,更重要的是,它具有能动性和调节作用。

(3)意识是一个多维度、多层次的心理系统。从无意识到意识到注意,体现了意识是有不同层次或水平的连续体;从觉醒、惊奇、愤怒到警觉,体现了意识的一般性变化。

由此可见,意识是在觉醒状态下的觉知,它既包括对外界事物的觉知,也包括对自身内部状态的觉知,它既涉及觉知时刻的各种直接经验,也包括我们对这些内容和自身行为的评价。

☕【阅读材料】有关 N.N 的个案

N.N 来自加拿大,由于交通事故而脑部受伤。N.N 虽然能够说出一些具体的事情,如什么时候搬过家,去哪里度过假,但他的主观时间意识因此而受到严重损伤。如问他昨天干什么去了,他无法回答;问他明天将要干什么,他也无法回答。他无法将自己的一生串起来。因此,他对自己过去做过什么、将来会干什么毫无意识。

## 二、意识的水平

人具有各种意识水平,所谓意识水平是指在某一时刻一个人对自己的活动能够觉知的程度。根据意识水平的可控与否,可以划分出两类意识水平体系:可控的意识水平和不可控的意识水平。

### (一)可控的意识水平

#### 1. 焦点意识

焦点意识指个人全神贯注于某事物时所得到的清楚明确的意识经验。例如,在上课时,集中注意听老师的讲授所得到的意识,即为焦点意识。我们的一切有目的的行为活动都是在焦点意识水平上进行的,并且活动目的对自身的意义越明确或对活动越感兴趣,那么我们所得到的意识经验就越明确。另外,个人处于焦点意识水平时,需要付出主观努力。

#### 2. 边意识

边意识指对注意范围边缘所获得的模糊不清的意识。凡是刺激强度微弱、个人似知未知情形下所得到的意识,均属边意识。例如,在电影院中看一部电影,其中一个画面中出现了一种奇异的外星生物,当我们把注意集中到这种生物的外形上时,我们对画面上它周围的事物的意识是不清楚的,这就是边意识。在边意识水平上,个人不需要付出主观努力。

#### 3. 半意识

又称为下意识,指在不注意或只略微注意的情形下所得到的意识。例如,在手术麻醉状态下的人们偶尔会听到手术进行时医生的话语,对这些话语,他们在术后能重复说给医生听,令医生感到非常惊讶。在年轻母亲的身上,我们也可以见到这种半意识,即睡着的年轻母亲,一旦当她的宝宝发出模糊的、微弱的哭声时,她立刻就会听见。在半意识水平上,个人同样不需要付出主观努力。

随着注意力的介入或程度的改变,个人可以在这三种意识水平间相互转换。所以说,这三种意识是可以控制的。

## (二)不可控的意识水平

### 1. 非意识

非意识指个人对其内在身心状态或外在环境中一切变化无所知、无所感的情形。我们身体内部有一些生理变化,如脑电活动、心跳等受自主神经系统所支配的生理活动,这些活动本身我们是完全不能觉知的。

### 2. 前意识

在当前瞬间未被意识到,但却很容易被意识到的经验处于前意识水平。在精神分析理论中,前意识是介于意识与潜意识之间的一种意识层面。潜意识层面下所压抑的一些欲望或冲动,在浮现到意识层面之前,会先经过前意识。在这个过程中,前意识在一定意义上充当了审察者的角色,其工作是除去不为意识层面所接受的潜意识内容,并把它们压抑回潜意识中去。在认知心理学中,前意识是以前储存在长时记忆中的讯息。处在这一水平上的资料比任何时刻意识水平上的资料数量要多得多。这些讯息虽然早已存储在长时记忆之中,但在不使用时,个人对它们并没有意识,只有在必要情形下回忆时,才会对它们产生意识。例如,在我们的长时记忆中,储存着许多英文单词,在平时没有使用它们的时候,我们并没有感觉到这些单词储存在那里;如果我们参加了英语考试,那么我们就会对这些单词产生意识了。

### 3. 无意识

无意识是相对于意识而言的,是个体不曾觉察到的心理活动和过程。与非意识相比,不同之处在于,它会对我们的知觉、记忆、动机和情绪发生影响。与前意识相比,处于无意识水平的经验比处于前意识水平的经验更难以被觉知。在精神分析理论中,无意识又被称为潜意识,是指一种主动的心理活动但却在意识之外进行。其内容包括大量的观念、愿望、想法等,这些观念和愿望因为和社会道德存在冲突而被压抑,不能出现在意识中。弗洛伊德认为,可以把人的心理比作一座冰山,意识是露出水面的冰山顶端,它只占人的心理很小的一部分,冰山的大部分位于水面之下,除了有一部分是前意识之外,大部分是潜意识的。常见的无意识现象有以下几种:

(1)无意识行为。有时人的行为,特别是那些自动化了的行为,不受意识的控制。例如,一个熟练的滑冰者,可以一边滑冰一边毫无困难地思考其他问题,或者与身旁的同伴说话,而没意识到自己是如何维持自身平衡的。

(2)对刺激的无意识。阈下知觉指人在活动时,有时没有觉察到对他们的行为产生了影响的事件,而实际上,这些事件对他们的行为产生了或大或小的影响。例如,以远快于意识觉知的速度向被试呈现一张有一只鸭子的图片,当要求被试画出一张自然风景时,相比那些没有呈现鸭子图像的被试,他们会在风景中画出较多与鸭子有关的形象(Eagle,Wolitzky & Klein,1966)。也就是说,虽然被试不能报告出开始屏幕上闪过的鸭子的形象,但鸭子的形象确实被知觉到了,并对后来的思维过程有影响。这种现象又称为"阈下知觉"。

(3)盲视。有一类对刺激的无意识是由于脑损伤引起的。这些脑损伤的个体表现出不寻常的感觉机能缺陷,保留着一方面的感觉机能,却丧失了另一方面的机能。有过这样的事例,有脑损伤的病人报告他们不能看,但要求他们做出某种行为,他们却能对刺激作出正确的反映。例如,病人可能报告不能看见桌子上的一支铅笔,却能捡起它,这种现象就是盲视。

# 第二节 意识的不同形态

## 一、睡眠

### (一)睡眠及其阶段

睡眠是意识的一种变化形式,每个人都对它再熟悉不过。人有三分之一的时间是在睡眠中度过的。虽然睡眠是一种熟悉的意识状态,它却广泛地受到误解。人们认为睡眠是生理和精神上的一种静止的统一的状态,在睡眠中大脑是"关"着的。事实上,睡眠者经过了意识的一系列状态,并经历了生理和心理上的活动。当一个人由清醒状态进入睡眠状态时,其大脑的生理电活动会发生复杂的变化,通过精确测量这些脑电的变化并绘成相应的脑电图(EEG),可以很好地了解和揭示睡眠的本质。

根据脑电图的研究显示,当大脑处于清醒和警觉状态时,脑电波是 β 波居多。β 波是一种频率较高、振幅较小的波。而在睡眠中,人们经历了五个截然不同的阶段,每个阶段中脑电波均有变化。阶段1是睡眠的开始,脑电波开始变化,频率渐缓,振幅渐小。在此阶段个体处于浅睡状态,身体放松,呼吸变慢,很容易惊醒。第1阶段大约持续几分钟(1~7分),然后进入睡眠的第2阶段。第2阶段的脑电波在第1阶段的基础上,偶尔会出现被称为"睡眠锭"的高频、大波幅脑电波。在这一阶段,个体很难被唤醒。第 2 阶段持续大约 20 分钟,然后进入第 3 阶段。第 3 阶段中,脑电的频率会继续降低,波幅变大,开始出现 Δ 波。第 3 阶段大约持续 40 分钟,然后转入第 4 阶段。这一阶段通常称为深度睡眠,脑电主要是低频、大波幅的 Δ 波。个体肌肉进一步放松,身体的各项功能指标变慢。第 3、4 阶段的睡眠通常称为"慢波睡眠"。这四个阶段的睡眠共要经过约 90 分钟到 1 个小时,之后睡眠者通常会有翻身的动作,并很容易惊醒,似乎又进入第 1 阶段的睡眠,但事实上,是进入了一个称为快速眼动睡眠(REM)的第 5 睡眠阶段。此阶段中,脑电迅速改变,Δ 波消失,出现与个体在清醒状态时的脑电活动很相似的高频率、低波幅的脑电波。睡眠者的眼球开始快速左右上下移动,而且通常伴随着栩栩如生的梦境。因为如果在此阶段将睡眠者唤醒,绝大多数报告他们正在做梦。似乎眼睛的移动和梦境有一定关系。第一次快速眼动睡眠一般持续 5 分钟到 10 分钟。与快速眼动睡眠阶段相对的前面四个阶段,因为没有眼动现象,因此统称为非快速眼动睡眠。

睡眠的这五个阶段构成了一个睡眠周期。在一个夜晚中,人们通常会重复睡眠的周期四到五次。随着夜晚慢慢过去,周期会逐渐改变。深度睡眠(第 4 阶段睡眠)的时间在前半夜要远多于后半夜。快速眼动睡眠在周期中持续的时间越来越长。最后一次可以长达 1 小时。所以可以说,大多数的梦是发生在一夜的后期。

在不同年龄阶段的人身上,睡眠阶段所持续的时间也有所不同。新生儿在一天的 24 小时中会睡 6 到 8 次,加起来超过 16 个小时。并且,婴儿在 REM 睡眠阶段花费的时间多于成人。在出生后的几个月里,REM 占了婴儿睡眠时间的 50%,而成人只有 20%。在第一年的后期,婴儿的 REM 时间会下降到大概 30%。此后 REM 时间会继续渐渐减少,直到达到青少年时期的 20% 为止。而老年人的 REM 时间约占睡眠时间的 18%。据此可以推论,婴儿的梦远比成人要多,而老年人睡眠时做梦较少。

### (二)睡眠的功能

个体为什么必须睡眠,即睡眠的功能是什么,对此问题主要存在两种解释。第一种解释是睡眠使工作了一天的大脑和身体得到休息、休整和恢复。当个体活动了一天之后,会有疲倦的感觉。如果没有睡眠,无论是神经传导,还是肌肉腺体的活动都不能达到较佳的水平,并且也无法适时完成新陈代谢作用。另一种解释是与生物进化有关的生态学理论。按此理论的说法,动物睡眠的目的是避免消耗能力,以及在一天中不适应的那段时间里减少将自己暴露给天敌和其他危险来源的机率,从而避免受到伤害。除了以上两种典型的睡眠功能的解释外,睡眠还有一种不是很显著的功能,即它可以帮助个体完成清醒时尚未结束的心理活动。有实验证明,在个人练习后,立即让他睡眠,那么,睡眠者醒来后会有较好的记忆。原因是练习后立即睡眠,可在睡眠中继续完成练习时未完成的信息处理工作。或许我们也有过这样的经历,当我们在清醒时百思不得其解的问题,在睡眠时的梦境中却得到了答案。这种现象也可作为睡眠的这种信息处理功能的佐证。

### 【阅读材料】睡眠类型和人格的关系

现实生活中,有人倾向早睡早起,有人则喜欢晚睡晚起。前一类人被形象地称为"百灵鸟",后一类被称为"猫头鹰"。研究显示两种类型的人可能有着不同的人格倾向。艾森克人格问卷调查结果显示,"猫头鹰"类型的人在内外向分量表的得分明显高于"百灵鸟"型的人,这说明"猫头鹰"类型的人更外向。

## (三)睡眠剥夺

睡眠具有如此重要的功能,那如果剥夺了睡眠时间,对人的身心会造成何种影响呢?有关睡眠剥夺的研究提供了矛盾的信息。一方面,研究表明睡眠剥夺并不像大多数人主观感到的那样有害。另一方面,证据也表明睡眠剥夺可能是一个主要的社会问题,它会降低工作的效率,并使人容易发生意外。

### 1. 完全剥夺

如果人们在一段日子里完全不睡觉,即完全的睡眠剥夺会对被试的情绪和他们在认知、感知—运动任务上的表现有消极的影响(Pilcher & Huffcutt,1996)。然而,这些消极的影响却是微小的。但是完全睡眠剥夺的后果也可能变得很严重:人们很难度过一段较长时间的没有睡眠日子,在三天或四天没有睡眠的情况下,许多人都体验到巨大的困难。

### 2. 部分剥夺

部分睡眠剥夺,或者说睡眠限制,是人们在一段时间里睡得要比通常的时间少。部分睡眠剥夺比完全睡眠剥夺更平常地出现在日常的生活中。部分睡眠剥夺的后果如何呢?近来,大量的研究表明部分睡眠剥夺并不像普遍认为的那样没有危害。研究指出,睡眠限制能损害个体的注意力、反应时、运动协调性和决策(Dinges,1995;Pilcher & Huffcutt,1996)。睡眠剥夺很容易造成交通事故和工厂意外事件。显然的,如果一个人正在开着冲床、开着汽车,或者控制着飞行,这时,注意上短暂的滞后都会造成巨大的损失。近几年来,许多大型的生态灾难,比如,三英里岛的原子核事故,都被谴责是睡眠剥夺所带来的决断和注意延后所致。

### 3. 选择剥夺

这种睡眠主要出现在 REM 睡眠的研究中。在大量的实验室研究中,被试在一段时间的夜晚里,不论他们何时进入 REM 睡眠,他们都会被唤醒。结果发现,它对日间的功能和任务表现几乎没有影响(Pearlman,1982)。然而,REM 睡眠剥夺确对被试的睡眠模式有一些有趣的影响(Ellman et al.,1991),被试会越来越频繁地自发地进入 REM 睡眠。一般人通常一个晚上进入 REM 的次数是 4 次,而 REM 睡眠剥夺的被试在研究者转身后就可以立刻进入 REM 睡眠,REM 睡眠次数明显增加。而且,当一个 REM 睡眠剥夺实验快要结束时,被试可以在没有打扰的情况下睡眠时,经历"反弹效应",即是在实验后的一到三个夜晚,他们在 REM 睡眠阶段会花费更多的时间来弥补他们的 REM 睡眠剥夺。

## 二、梦

### (一)梦的本质和内容

梦到底是什么?通常的观点认为,梦是 REM 睡眠期间的心理经历,具有故事性,包含了栩栩如生的画面,并且一般是古怪的,做梦者好像真的经历过一样。然而近几十年对梦的内容的研究已经显示梦并不像我们通常所认为的那样古怪。人们梦了什么呢?笼统地说,梦并不像平时所说的那样令人兴奋。梦被视为是奇特的,可能是因为人们更常回忆那些在夜晚所做的古怪的梦。霍尔在研究后认为,大多数梦是庸俗的。在这些梦中,环境是熟悉的,人物主要是家人、朋友和同事,零星地点缀着几个陌生人。研究者已经发现某些主题比其他的更频繁地出现在梦中,例如,在人们的梦中常有性、攻击和灾祸。所以霍尔认为,梦倾向于注重那些内在冲突的典型来源,比如,冒险和安全之间的冲突。可以说梦是非常自我的,人们做梦大多数都是关于自己的。

虽然梦似乎属于个人自身的世界,但人们梦了什么会受到他们生活的影响。如果你正努力解决财政问题、为即将到来的考试忧心,或者对一位异性着迷,这些主题很可能会出现在你的梦中。偶然的,梦的内容也会受到个人做梦时外界刺激的影响。例如,威廉在睡眠者正处于 REM 阶段时,将水洒在他们的一只手上。在唤醒没有受到水的影响的被试后,要求他们回答梦见了什么,他发现 42% 的被试都将水纳入了他们的梦中。他们说,他们梦见他们在雨中、洪水中、浴池中、游泳池中,等等。

近几年,研究者们对梦的研究又提起了兴趣,主要集中在梦并不是 REM 睡眠特有的属性上。而且,来自非 REM 睡眠阶段的研究报告已经发现这些阶段的梦没有 REM 睡眠阶段的梦生动和具有故事性。

## (二)梦的理论

### 1. 精神分析的观点

精神分析学家弗洛伊德认为,梦是愿望的满足,人们通过梦中富有愿望的思考满足了在平日里未被满足的需要。例如,在性方面遭受挫折的人会倾向于做富有色情色彩的梦,而一个不成功的人会梦见自己获得巨大的成就。所以,他认为梦是潜意识过程的显现,是通向潜意识的最可靠途径。即是说,梦是被压抑的潜意识冲动或愿望以改头换面的形式出现在意识中。这些愿望和冲动主要是人的性本能和攻击本能的反映,它们不被社会伦理道德所接受。在清醒时,由于意识的监督作用,这些愿望和冲动受到压抑。而在睡眠时,意识的警惕性有所放松,它们就会以改变了的形式出现在梦中。

弗洛伊德将梦境分为两个层面:一是显性梦境,是做梦者醒来后所能记忆的梦境。它是梦境的表面。另一是潜性梦境,是梦境深处不为做梦者所了解的部分。它是梦境的真实面貌。做梦者所陈述的显性梦境实际上是潜性梦境经由伪装后转化而来。伪装的方法有四种:(1)简缩。指显性梦境中的情节要比潜性梦境中的情节少而简单。(2)转移。指从潜性梦境转化为显性梦境时,情节可能彼此转移。(3)象征。指潜性梦境中被压抑的冲动或欲望以象征性的表征出现在显性梦境中。(4)再修正。指在人陈述其显性梦境时,会有意无意地对梦中情节加以修正。通过这四种伪装,潜性梦境便转化为显性梦境,也就成为了梦。

### 2. 生理学的观点

霍布森认为,梦只是大脑皮质下区域突发活动的副产品,其本质是我们对脑的随机神经活动的主观体验。因为维持脑与神经系统的正常功能需要一定量的刺激,但在睡眠时,刺激减少,这时神经系统就会产生一些随机活动。我们的认知系统试图对这些随机活动进行解释时便产生了梦。

### 3. 认知的观点

这种观点认为梦具有一定的认知功能。例如卡特怀特提出梦提供了一个解决日常问题的机会。根据她的认知、问题解决的观点,在醒时和睡眠中的思考有着很大的连贯性。可见,在睡眠中,认知系统依然对储存的知识进行检索、排序、整合等,这些活动的一部分会进入意识,就成为梦境。

所有这些理论更多的是建立在推测而非研究的基础上。部分原因是由于梦的这种私人的、主观的性质,对这些理论进行实证研究很困难。所以,梦仍然是一个谜。

## 三、催眠

催眠是一种类似睡眠而实非睡眠的意识恍惚状态。这种恍惚的意识状态是在一种特殊情境下,通过催眠师的诱导而形成的。催眠术即是由催眠师所设计的特殊情境和所采用的诱导方法的合称。催眠是一个系统的程序,用来引导出增强的易受暗示性状态。它也可能导致消极的放松、狭窄的注意范围和扩大的幻想。催眠一般在安静、灯光暗淡的室内进行。被催眠者要相信催眠师以及催眠本身的无害性,这样才更容易被催眠。

【阅读材料】容易接受催眠的人有哪些特征?

(1)经常做情节生动的白日梦

(2)想象力丰富

(3)容易沉浸于眼前或想象中的场景

(4)依赖性强,经常寻求他人的帮助

(5)对催眠的作用深信不疑

(6)有经验分离的经历,即体验过记忆或自我的一部分与其余部分分离开来

一般来说,个体在上述几个特征上的倾向越强,越容易被催眠。目前心理学家已经研究出多种测量工具用来测量催眠感受性,其中最著名的是斯坦福催眠感受性量表。它包括十二个项目,每一个项目表明一种活动,由被试跟随催眠师的暗示去行动,每通过一个项目得一分。得分越高,表示在接受催眠时,可能进入催眠状态就越深,也即催眠感受性越高。

### (一)催眠的步骤

催眠大体上会遵循以下的顺序:(1)暗示被试眼睛疲倦,无法睁开;(2)暗示被试感官逐渐迟钝,将不会感到刺痛,即在催眠状态下失却痛觉;(3)暗示被试忘却一切,只记得催眠师所讲的话与要他做的事;(4)暗示被试将经验到幻觉;(5)暗示被试催眠过后,醒来时,将忘却催眠中的一切经验;(6)暗示被试醒来做某些活动。

被试进入催眠状态后好像是睡着了,但其实并不是睡眠。通过脑电图显示,催眠时的脑电波和被试清醒时是一样的。惟其在催眠状态下的思维、言语和活动是

在催眠师的暗示下进行的,而不像在清醒状态下是受自己意识控制的。

## (二)催眠状态下的心理特征

催眠是意识状态的一种特殊形式,既似睡眠又非睡眠。在催眠状态下被试的心理一般会出现以下七种现象:(1)主动性反应减低。被试在刚进入催眠状态时,意识活动的主动性大大减低,他们接受催眠师的指示去活动。(2)注意层面趋窄化。进入催眠状态的被试,他们对周围环境中的刺激不再注意,而只注意催眠师的指示。如果催眠师暗示被试周围的声音均听不见,而只能听见催眠师的声音,那么,被试就会听不见周围的其他声音。(3)旧记忆还原现象。被试在清醒的时候,记不起自己曾经历过的一些事情,但是当他们进入催眠状态后,如果催眠师问到相关的情况,他们却能生动地讲述出来,俨然就像又回到当时的情境中一样。(4)知觉扭曲与幻觉。这是催眠状态下的一个显著特征。在催眠师的诱导下,被试会将一种物品说成是另一种物品,或者歪曲物品的属性;他们也会将不存在的事物当成是存在的事物,或者存在的事物当成是不存在的事物。(5)暗示性增高。当被试一旦进入催眠状态后,其暗示性就大大地增高,被试会完全接受催眠师的指示。(6)催眠中角色扮演。这是指被试在催眠状态下,听从催眠师的指示,可以扮演与本人原来性格不同的另一角色,并表现出符合该角色的一些复杂行为。(7)催眠中经验失忆。被试在被催眠期间所受的暗示会影响他们以后的行为,其中一种就是催眠中经验失忆。如果催眠暗示被试他们在被催眠期间什么也没有发生,那么正如被暗示的一样,被试在事后宣称什么也记不得了。

## (三)对催眠的不同解释

多年来研究者只能肯定催眠是一种特殊的意识状态,对于催眠状态的成因,以及它究竟代表一种什么样的心理历程,到目前仍有巨大的争议。近年来最常用来解释催眠现象的观点有两类:角色扮演的观点和意识分离的观点。

### 1. 社会认知或角色扮演的观点

美国社会心理学家斯班诺斯等认为催眠情境下的人所表现的一切行为,只不过是接受催眠师的指示扮演的一个社会角色而已,就像是影视演员在演戏一样。他们认为催眠术引导出了一种平常的意识状态,处于其中的暗示感受性高的人会根据催眠者的指示进行期望,并按其期望行动。根据这种观点,正是受催眠者的角色期望引起了催眠效果,而不是一种特殊的精神恍惚的意识状态。这种观点很重视催眠师与被催眠者之间的关系,只有在被催眠者完全相信催眠师,并自愿与催眠师充分合作,才会产生催眠的效果。

### 2. 意识分离的观点

美国希尔嘉认为,被试经催眠后,其意识分离为两个层面:第一个层面是被试接受暗示之后所意识到的一切新经验;第二个层面是催眠中隐藏在第一个层面之后、不为被试所意识到的经验。换句话说,在催眠状态下,被试的意识状态分离成两层:第一层的意识是在催眠师的暗示下产生的,其性质有可能是不真实的、扭曲的,但这一层意识可以与外界进行交流;第二层的意识是被试根据自己的感觉产生的,其性质是比较真实的。只是因为当时受到催眠暗示的影响,第二层面意识被第一层所掩盖,所以被试不能以口头方式表达出来。

☕【阅读材料】有关意识分离的有趣实验

心理学家通过实验证实了在催眠状态下意识的确一分为二。在实验中,催眠师先暗示被试,催眠后他的左手将失去一切痛觉。当被试进入催眠状态后,催眠师就将他的左手放置入冰水中。一般情况下,手放入冰水中数秒钟后会引起无法忍受的刺痛感,如果这时要求被试口头回答他的左手是否感到刺痛,他的回答是不痛。但如果将他的右手放在按钮上,并告之如果感到左手刺痛,那么就用右手按按钮。结果发现,虽然被试在口头上报告没有刺痛感,但他的右手的确会将按钮按下。这表明,在催眠状态下,口头回答的不痛是在催眠暗示下所产生的意识经验,是失真的、扭曲的。右手按按钮的行为表达出了被试自己的感受,是真实的。

## 第三节 注意

### 一、注意及其功能

#### (一)注意的特征

注意是人脑进行信息加工的第一步。信息必须出现在注意的范围内,再得到注意的集中,这样才会被大脑所加工。简单地说,注意是心理活动对一定对象的选择和集中。当我们在从事某项任务时,我们的心理活动总会选择并集中在某一对象上。

### 1. 注意的选择性

注意的选择性是指人在每一瞬间,他的心理活动选择了某个对象,而忽略了另一些对象。例如,一个人在联欢晚会上看节目,他的心理活动选择了舞台上的演员的动作、表情、台词、服饰等,而忽略了在座的其他观众。对于前者,他的印象很深刻,而对于后者,却只能留下非常模糊的印象。

### 2. 注意的集中性

注意的集中性是指当心理活动选择某个对象的时候,它们会在这个对象上集中起来,即全神贯注起来。例如,一个人在学写毛笔字时,他的注意高度集中在字体的笔画和自己如何动腕、运笔等书写动作上,与此无关的其他人和物,便被排除在他的意识中心之外。注意的集中性有两种情况:一是在同一时间内各种有关的心理活动共同集中于一定的刺激,"聚精会神"可表明这种情况;二是就同一种心理活动而言,它不仅指向一定的对象,而且维持这种指向使活动不断深入下去。

当人的注意高度集中时,注意选择的范围就缩小。这时候,他对自己周围的一切就可能"视而不见,听而不闻"了。从这个意义上说,注意的选择性和集中性是密不可分的。

## (二)注意的功能

注意本身并不是一种独立的心理过程,因为它没有特定的反映内容。注意是与感知、记忆、思维等心理过程相伴而行的。当我们说"注意脚下,有小石块"时,由于习惯,把"看"字省掉了,其实际意义是"注意看脚下,有小石块",所以注意不属于心理过程,而是一种状态,它有三大功能:

### 1. 选择功能

周围环境中存在着大量的刺激,在具体的情境中,并不是所有的刺激对人们都是有用的。由于有了注意的存在,我们可以从当前刺激中选择出有用的感知对象,从保存在头脑中的大量记忆中选择与当前活动有关的回忆对象,从纷繁复杂的信息中选择出思考的对象,这些对象因为受到了注意而进入了我们的意识,从而将它们与那些无关的信息区分开来,使得心理过程能够顺利进行。

### 2. 维持功能

当我们选择了某种感知信息、某些记忆内容后,它们还必须继续保留在意识中,才能得到进一步的加工,这项任务也是由注意来完成的。当注意选择并集中在一定对象之后,会保持一定时间的延续,维持心理活动的进行。

### 3. 调节和监督功能

无论是短期的行为和活动,还是长远的目标,都只有在注意状态下才能对它们进行调节和监督。在具体的活动上,因为有了注意,人们才能有效地监控自己的动作和行为,避免失误,顺利完成相应的工作任务。在长远的目标上,也只有自我的注意,才使人能够对自己的行为与目标相比较,然后加以反馈,在不断监督、反馈、调节的循环中逐渐向目标接近。

## 二、注意的种类

有时候我们是带着一定的目的来注意某事物的,并且需要付出意志的努力来维持;而有的时候我们是自然而然地注意某件事物,并且不需要付出任何意志的努力。从这一点上,我们可以将注意分为无意注意、有意注意以及衍生出的有意后注意等三种。

### (一)无意注意

又称为不随意注意,指事先没有预定的目的、也不需要作意志努力的注意。例如,我们正在教室里专心听讲,突然教室外传来悠扬悦耳的歌声,这时我们会不由自主地把视线往窗外看去,并很自然地注意到外面发生的事情或人物。在这种注意中,人的积极性水平较低。无意注意是人和动物都具有的初级注意。引起无意注意的原因来自两个方面:刺激物的特点和人的内部状态。

#### 1. 刺激物的特点

(1)刺激物的强度。环境中出现的高强度的刺激物容易引起人们不由自主的注意。比如,天空中的雷鸣、闪电,小摊上臭豆腐的气味,被人狠狠地撞了一下等,这些都会引起我们的注意。

(2)刺激物的对比关系。刺激和环境的对比越明显、差异越大,就越能引起人们的无意注意。我们常说的"鹤立鸡群"、"万绿丛中一点红"中的情形就是对比十分鲜明的,其中的"鹤"、"红"就很容易引起人们的注意。

(3)刺激物的新异性。绝对新异和相对新异的刺激都能引起无意注意。前者指该刺激在我们的经验中从未有过;后者指该刺激物在我们经验中有些熟悉但又感到新奇。但在注意的维持上,则是相对新异性更能维持较长的时间。因为如果我们对新异刺激物毫不理解,它们对我们来说是绝对新异的,虽然这样可以引起一时的注意,但终究会因为对它们一无所知而失去对它们的兴趣,注意消失。但如果我们对刺激物有一定的了解,但它们身上又有我们所不知的东西存在,这种适度的新异性会引发我们进一步想要了解它们的欲望,因而维持的注意也更为长久。

### 2. 人本身的状态

(1)需要和兴趣。如果一件事物能满足人的需要或符合人的兴趣,那么它很容易成为无意注意的对象。

(2)情绪和过去经验。不同情绪状态下我们对周围事物的注意可能不同。比如在下雨天高兴的人可能注意到水珠是那么的晶莹剔透,而沮丧的人可能更加注意天气的阴冷。过去的经验也会影响注意的指向。人们在看报的时候注意的信息往往是不同的,以往知识经验的不同是其原因之一。

## (二)有意注意

又称为随意注意,指服从于预定目的、需要作意志努力的注意。例如,当我们在背英文单词的时候,因为认识到背单词对学习英语的重要性,我们便自觉、主动地将心理过程集中指向英文单词上。这时无论单词这种刺激是否强烈、是否新异、是否有趣,我们都必须集中注意。有意注意是注意的一种积极、主动的形式。在种系发展上,它出现得较晚,是人类独有的注意形式。

有意注意相对无意注意来说,具有一定的难度,人们必须作出一定的意志努力。下列条件将有助于维持稳定的有意注意:

(1)在从事某项活动时加深对活动的理解。对于一项活动,如果我们对它的意义认识得越清楚、越深刻,那么我们的积极性就会调动起来,对完成此项活动相关的一切就越能引起和维持有意注意。

(2)要清楚地了解活动的具体任务。在认识到活动的意义之后,如果能清楚地意识到活动的具体任务,这样就能组织自己的行为、将自己的注意集中于所要完成的活动。

(3)运用自我提醒和自我命令。在从事任务的过程中,如果我们对自己进行提醒或自我命令会有效地组织注意。

(4)在进行智力活动时把智力活动和外部的实际动作结合起来,有助于保持注意,更稳定地区分出注意的对象。

(5)排除外界的干扰,创造习惯的工作条件。古时"孟母择邻"就是讲述一位母亲为了排除外界环境对孩子读书的干扰而三次搬家的故事。因为外界干扰会影响注意的坚持,所以在从事某项任务时,我们应设法采取措施,排除与完成该活动任务无关的干扰。

### (三) 有意后注意

有意后注意是指有注意目的,但不需要意志努力的注意。它是有意注意的特殊形式。人在刚开始从事一件工作时,由于对它不熟悉、不感兴趣,所以需要付出意志努力将注意维持在上面,但过了一段时间后对它熟悉了、感兴趣了,这时维持注意就容易得多了。此时,尽管有注意的目的,但不需要努力了。

## 三、注意的品质

### (一) 注意的范围

注意的范围也称为注意广度。注意广度的一种形式是一个人在同一时间内能清楚地观察到对象的数量。研究结果表明,成人注意的平均广度是:黑色圆点 8~9 个,外文字母 4~6 个,几何图形 3~4 个,汉字 3~4 个。

注意广度的另一种形式是感知在时间上分布的刺激物的广度。例如我们在学习外语的过程中,需要练习听力,这实际上就涉及注意在时间上的广度问题。心理学家经过研究得出:刺激物数量越多、呈现速度越快,判断的错误越多,而且越倾向于低估,这种倾向对于视觉刺激物来说更加明显(Taubman, 1950)。

影响注意范围的因素来自下列两个方面:

**1. 知觉对象的特点**

知觉同一类对象,但如果具体对象的特点有异,那么注意的范围也会有所不同。想象一下,在你面前有一些外文字母,分为两类,一类是组成词的字母,另一类是孤立的字母,那么,哪类字母的注意范围大呢?应该是组成词的那类字母。一般地说,知觉对象越集中、排列越有规律,越能成为相互联系的整体,注意的范围就越大。

**2. 知觉者的活动任务和知识经验**

在知觉对象相同的条件下,如果人的活动任务不同或知识经验不同,注意的范围也会不同。如果向你呈现一些图形,要求你说出有多少个,并且不同形状的各有几个,这样的任务就比单纯地要求你说出有多少个图形困难得多,这时,你所能知觉到的图形的数量也要少得多。这是活动任务影响了注意范围的情形。如果让你分别听一句中文句子和一句英文句子,你对中文句子的注意范围就比对英文句子的注意范围要大得多。这就是知识经验影响了注意范围的情形。

### (二)注意的稳定性

注意的稳定性是指注意保持在某一对象或某一活动上的时间久暂特性。它是衡量注意品质的一个重要指标,在人们的工作和生活中具有重要意义。学生只有保持一定的注意稳定性,才能保证知识的有效吸收;外科大夫只有保持长久的注意稳定性,才能保证手术的顺利进行;职员也必须保持一定的注意稳定性,才能完成自己的工作。可以说,没有注意的稳定性,人们就难以完成任何任务。

注意的稳定性与注意对象特点以及个人自身积极性有关。复杂、变化、活动的对象比单调、静止的对象更能引起人们长久的、稳定的注意;如果人对所从事的活动有浓厚的兴趣、持积极的态度,那么他对该活动的注意就比对无兴趣、态度消极的活动的注意要稳定、持久。

常常,要使注意持久地集中在一个对象上,是很困难的。让我们看着图 8-1,我们会时而觉得小方框是突出来的,时而觉得小方框是凹下去的。像这种短时间内注意周期性地不随意跳跃现象称为注意的起伏。注意的起伏在任何一个比较复杂的认识活动中总是要发生的,只要我们的注意不离开当前活动总的任务,那么这种起伏是没有消极作用的。

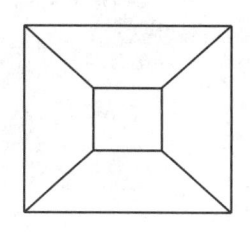

图 8-1　注意的起伏

对于注意起伏的解释有两种,一种意见认为,注意起伏是由于感觉器官的局部适应,对物体的感受性交替而短暂地下降;另一种意见认为,有机体的一系列机能活动都具有节律性,如呼吸、血压等,注意的起伏是由机体这种节律性活动引起的。

### (三)注意的分配

注意的分配是指人在进行两种或多种活动时能把注意指向不同对象的现象。例如,学生一边听歌曲,一边写作业;联欢晚会上,书法家双手同时写字,等等。

注意的分配是有条件的。其中最重要的条件是,在同时进行的几种活动中,必须每一种活动是相当熟悉的,其中一种是自动化了的或部分自动化了的。这样,人对自动化或部分自动化了的活动,不需要更多的注意,而把注意主要集中在较不熟悉的活动上,才使得同时从事几种活动能够顺利进行。另外,注意的分配也和同时进行的几种活动的性质有关。一般来说,把注意同时分配在几种动作技能上比较容易,而把注意同时分配在几种智力活动上就困难得多。

### (四)注意的转移

注意的转移是指人有意地把注意从一个对象转移到另一个对象上,或从一种活动转移到另一种活动上。例如,在复习考试的时候,我们安排了前一个小时读英语,后一个小时做数学题。我们读完了英语,就把注意转移到了做数学题上。这就是注意的转移。

注意转移的快慢和难易主要依赖于两个因素。一是原来注意的强度。如果原来注意的强度越大,注意的转移就越困难、越慢;反之,注意的转移就比较容易、快速。二是新注意的对象的特点。如果新注意对象愈符合人的需要和兴趣,注意的转移就越容易;反之,就越困难。

## 本章知识结构图

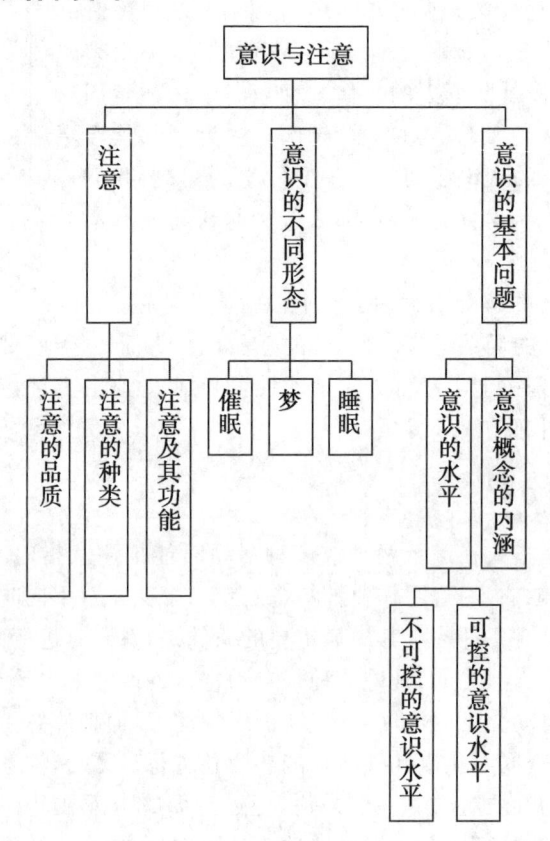

```
                      意识与注意
        ┌───────────────┼───────────────┐
       注意        意识的不同形态      意识的基本问题
    ┌───┼───┐      ┌───┼───┐        ┌───┴───┐
   注  注  注     催   梦   睡       意识的   意识概念
   意  意  意     眠        眠       水平     的内涵
   的  的  及                         ┌──┴──┐
   品  种  其                       不可控  可控的
   质  类  功                       的意识  意识水
           能                       水平    平
```

## 一、基本练习题

1. 解释：

意识，焦点意识，边意识，半意识，非意识，前意识，阈下知觉，无意识，简缩，转移，象征，再修正，部分睡眠剥夺，注意，无意注意，有意注意，注意的选择性，注意的集中性，注意的稳定性，注意的起伏，注意的分配，注意的转移，有意后注意，梦，催眠，催眠术。

2. 什么是意识？
3. 如何划分意识的水平？
4. 睡眠可分为哪几个阶段？
5. 如何解释梦？
6. 催眠状态可能出现哪些现象？
7. 如何解释催眠现象？
8. 如何划分注意的种类，各自有何特点？
9. 注意的品质包括哪几个方面？

## 二、你身边的心理学

请思考一下"聚精会神"、"两耳不闻窗外事，一心只读圣贤书"等中国古代成语说明了一种什么样的心理现象？

# 第九章 智力

## 导 学

通俗地讲，智力反映个体的"聪明程度"。智力是人类智慧的集中体现，同时也与我们每个人息息相关。或许你很想了解自己或他人到底有多聪明，那就让我们大家一起来学习本章内容。本章包括三节，第一节主要介绍智力的界定以及智力发展中的个体差异。第二节介绍几种主要的智力理论。第三节介绍智力测验的信度、效度以及常用的智力测验。本章的学习重点是智力的理论，学习的难点是智力的测验。在本章的学习过程中，大家尽量把理论与实践联系起来，把智力测量的知识运用到现实生活中。

### 【阅读材料】智力发展的极端形式

智商的平均分基本是100，大约50%的儿童智商得分介于90～110之间，大约95%的儿童智商分数在70～130之间，另外的5%的儿童智商得分或者低于70分，或者高于130分。智商分数低于70的，称之为"智障"或"智力落后儿童"；智商得分高于130的，称之为"天才"或"超常儿童"。处在智力发展这两个极端的孩子，无疑将会给儿童本身及其家长带来不少的困惑。

对于智力落后，可以分成四个等级，每个等级的儿童智商得分和日常适应性行为都不相同。轻度智障(IQ分数在50～70)，通常不容易当做智力落后儿童，但是他们的发展显然要慢于正常儿童。这些孩子通过学习可以掌握常用的操作技能，阅读和数学也能达到小学3～6年级水平。中度智障(IQ分数在35～49)通常有明显的动作发展落后现象，特别是语言发展滞后，通过训练，可以学会一些简单的交流、基本的健康和安全行为习惯以及简单的生活技能，但是难以习得阅读和数学能力。重度智障(IQ分数在20～34)有严重的发展落后现象，很少或基本没有交流技巧，对一些基本的自助式训练(比如自己吃饭)或许会有所反应。通过训练，或许可以理解某些言语或反应，系统的习惯训练能有稍微的改进。完全性智障(IQ分数在20

以下)完全没有感觉运动技能,生活不能自理需要人照顾,各个方面全落后,但是有基本的情绪反应,一些锻炼手、腿、下巴等肌肉的运动训练或许对他们有所帮助。

天才儿童,往往还具备其他一些杰出的能力,能够在某些领域(比如文学、数学、领导才能、视觉或行为艺术等)取得卓越成就。美国心理学家推孟早在1921年开展了一项对1500位天才儿童(他们的IQ分数均大于130)的追踪研究,发现这些儿童成年后,总体上无论在受教育水平、社会经济地位、创造性等方面都非常成功。而且,他们在社会中适应良好,患心理障碍和自杀比例显著低于同人群的平均水平。

从以上材料我们知道智力有发展差异,可是智力的本质是什么？智力是遗传决定的还是环境决定的？智力是如何测量的呢？

# 第一节 智力概述

## 一、智力的界定

智力(intelligence)一词人人皆知,然而却没有一个令人满意的、统一的定义。最早给智力下定义的是德国心理学家斯特恩(L. W. Stern,1871~1933),他认为智力是个体以思维活动来适应新情景的一种潜力。十九世纪末,法国心理学家比奈(A. Binet,1857~1911)提出,推理和问题解决的能力是衡量智慧的标志。我国心理学家朱智贤教授认为,智力是人的一种心理特征或个性特点,是偏重于认识方面的特点,是和气质、性格不同的。智力是一种综合的认识方面的心理特征,它主要包括:感知记忆能力,特别是观察力;抽象概括能力,是智力的核心成分;创造力,是智力的最高表现。

在心理学家们对智力是什么进行探讨时,有的心理学家认为,智力这个概念在相当大的程度上是由大众所创造并用之于大众的。美国著名心理学家斯腾伯格(R. Strnberg)就是其中之一。为了获得普通大众对智力的"内隐观",他曾以140位专门研究智力的心理学者与47名"外行人"(一般职业者)为对象,调查了他们对智力概念的理解。调查结果发现,虽然普通大众对智力一词只表达了常识性看法,但在他们的看法中,有相当多的成分与心理学专家的意见相吻合。尤其引起心理学家特别注意的是,普通大众所表示的某些不同于心理学专家的看法中,居然是智力理论中最新、也最进步的观念。

纵览历来心理学家对智力一词所下的定义,可以分为两个取向:其一是概念性定义,只对智力一词作抽象式的或概括性的描述。如智力是解决问题的能力,智力是适应环境的能力等。其二是操作性定义,指采用具体性或操作性方法或程序来界定智力。比如,智力是根据智力测验所测定的能力。智力的操作性定义具有一定实用价值,因为,这样可以避免回答"智力指的是什么"的难题。但智力的操作性定义缺少理论上的价值。操作性定义不能指出智力是什么,因此,人们就不能选择适当的试题来编制智力测验。无法编制恰当的智力测验,又怎能按测验结果评定智力高低呢?

目前,普遍的观点认为智力是人的一种综合认知能力,包括学习能力、适应能力、抽象推理能力等。这种能力,是个体在遗传的基础上,受到外界环境影响而形成的,它在吸收、存储和运用知识经验以适应外界环境中得到表现。

## 二、智力与能力

能力容易与智力发生混淆。能力的涵义很笼统,它在多个方面都有所表现。它可以表现在肢体或动作方面的能力、表现在人际关系方面即交际的能力、表现在处理事物方面的能力等。总的说来,能力指人们成功地完成某种活动所必需的个性心理特征,它可以有多种表现形式。而智力则只是表现在人的认知学习方面。能力具有两层涵义:首先它指个体现在实际"所能为者",其次它又指个体将来"可能为者"。个体"所能为者"是指一个人的实际能力,是个体在先天遗传基础上加上后天环境中努力学习的结果。而"可能为者"是指一个人的潜在能力,它不是指已经发展出来的实际能力,而是指个体在各种条件适宜下可能发展的潜在能力。

人的能力种类很多,可以按不同的标准对能力进行分类。如按照倾向性可划分为一般能力和特殊能力,按照功能可划分为认知能力、操作能力和社交能力,按照在活动中产生的结果与原有知识经验的关系可划分为模仿能力和创造能力等。

## 三、智力与知识

有些人认为知识越多,智力就越高,这种说法对吗?回答是否定的。因为知识与智力是两个完全不同的概念。

知识是人们对客观事物属性及其联系的认识,以知觉、表象、概念等心理形式存在。知识可以通过书籍或其他人造物独立于个体之外。知识按照内容,可分为自然知识、社会知识、思维知识;按照人对知识的反映程度,可分为反映事物外部属性、外部联系的感性知识,反映事物本质属性、内在联系的理性知识;按知识的来源,可分为直接知识和间接知识。直接知识是人类从社会实践中直接获得的,间接知识是人通过书本学习或其他途径获得的,但从其总体来说,都来源于实践。知识的学习是学校教育的基本内容。知识是无穷无尽的,人的一生也只能掌握其中极其有限的部分。

智力是人的一种心理品质,是大脑的功能,是使人能够顺利从事多种活动所必需的各种基本认知能力的有机结合。智力主要反映在注意力、观察力、记忆力、想象力及思维能力。所以智力是人们认识客观事物,并运用知识解决实际问题和适应环境的多种能力的总和。

知识不等于智力。有些人虽然看起来学了许多知识,但只是被动地接受,机械地记忆,不能举一反三、触类旁通,缺乏创造性地解决问题的能力,这就是知识多而智力水平不高的例子。而有些人能将平日所得到的知识自己加以思考,这样在学习知识的过程中智力也随之得到较快发展。例如一个四岁半的孩子,人家开玩笑地问她:"两头牛和两匹马相加等于什么?"这个年龄的孩子一般无法回答这个问题,因为不同单位不能相加。但孩子思考了一下然后回答:"等于四个会耕田的东西。"这是一个多么具有创造性的答案!他知道马、牛都是耕田的东西,能运用所获得的知识灵活地解决问题,具有很高的智力。

知识和智力虽然不能等同,但它们之间有着千丝万缕的联系。智力的发展离不开知识的积累和基本技能的提高,而掌握知识的难易和速度又依赖于智力的发展水平。二者的联系和统一具体表现在:

(1)知识和智力同时存在于一个认识活动中。就知识来说,它是以表象、概念、定理、原理、公式、结论等形式反映客观世界的存在;就智力来说,它是以观察、判断、推理、分析、综合等思维活动来认识客观世界。思维的内容和智力活动不可分,没有无内容的"智力活动",也没有无智力活动的"思维内容"。

(2)知识是智力发展的基础。知识为智力活动提供了广阔的领域。只有有了某一方面的知识,才有可能去进行某方面的智力活动;缺乏必要的知识,就谈不上进行某方面的判断、推理、分析、综合等活动。所谓的"眉头一皱,计上心头",其中"眉头一皱"是智力活动,"计上心头"是通过思考得到的新见解。"计"的产生的基础则是相关方面的大量知识,离开了知识,"计"是无从产生的。所以没有知识,智力活动就是无源之水、无本之木。由此可见,智力发展对知识是有依存关系的,离开了知识的传授,单纯的智力训练是不可能进行的。这就是说,没有无知识的"智力型"人才,没有不传授知识而单纯发展智力的教育活动,把"知识"与"智力"对立起来的提法是不科学的。所以说,一个人的智力是在学习和掌握知识、解决问题的实践过程中,随着知识经验的不断丰富而得到完善和发展的。

(3) 智力是掌握知识的重要条件,智力是开发新知识的工具。掌握知识的速度与质量,又依赖于一定的智力,智力水平越高,学得就越快,越顺利,越好;智力水平越低,学得就越慢,越困难,越差。

## 四、智力发展的趋势

### (一)智力发展的一般趋势

在人的一生中,智力水平随个体年龄的增长而变化。一般来说,智力的发展趋势可分成三个阶段,即增长阶段、稳定阶段和衰退阶段。从出生到 15 岁左右,智力的发展与年龄的增长几乎等速增长,之后以负加速方式增长,增长逐渐减慢。一般在 18 到 25 岁之间,智力的发展达到高峰。在成人期,智力表现为一个较长时间的稳定保持期,可持续到 60 岁左右。进入老年阶段(60 岁以后),智力的发展表现出迅速下降现象,进入衰退期。智力由许多不同的成分组成,智力的各种成分的发展轨迹各不相同,达到顶峰的年龄以及增长与衰退的过程也各不相同。

### (二)智力发展的稳定性和可变性

人的智力是相对稳定的,但也不是一成不变的。美国心理测量学家布朗指出:"一个人的智力测验分数是他的遗传特性、测量前的学习和生活经历以及测验时情境的函数。"个体的智力既有稳定性,又有可变性。双生子纵向追踪研究的结果,得出了双生子儿童在 2 到 15 岁不同年龄间智力测验分数上的相关(见表 9-1)。

表 9-1 不同年龄之间智商的相关系数

| 年龄 | 2 | 3 | 4 | 5 | 6 | 7 | 8 | 9 | 15 |
|---|---|---|---|---|---|---|---|---|---|
| 2 | | 0.74 | 0.68 | 0.63 | 0.61 | 0.54 | 0.58 | 0.56 | 0.47 |
| 3 | | | 0.76 | 0.72 | 0.73 | 0.68 | 0.67 | 0.65 | 0.58 |
| 4 | | | | 0.80 | 0.79 | 0.72 | 0.72 | 0.71 | 0.60 |
| 5 | | | | | 0.87 | 0.81 | 0.79 | 0.79 | 0.61 |
| 6 | | | | | | 0.86 | 0.84 | 0.84 | 0.69 |
| 7 | | | | | | | 0.87 | 0.87 | 0.69 |
| 8 | | | | | | | | 0.90 | 0.78 |
| 9 | | | | | | | | | 0.80 |

从表 9-1 中可以看出,不同年龄儿童在智力测验分数间的相关是有规律可循

的。不同年龄间智商的相关系数随年龄间距的增加而明显减小。例如,2岁和3岁之间的智商相关系数为0.74,但在2岁和7岁时智商间的相关减少到0.54,在2岁和15岁之间智商的相关只有0.47。也就是说,两次测验时间间隔越长,智商间的预测力越低。同时,儿童第一次测验时年龄越小,预测力越低。测验分数在短期内具有较高的预见性。一个人在8、9岁时的智商分数可以较好地预测他们在15岁时的智商(相关分别为0.78和0.80)。大量的研究获得了类似的结果。

婴儿早期智力测验的预测性较低。一般认为,这可能是由于婴儿期的某些能力尚未发展起来,智力尚未分化所致。对婴儿的测量主要集中在感知运动能力方面,而对较大儿童的测量偏重于言语能力和计算推理能力等方面。这两方面的能力有所不同,也是造成相关较低的一个原因。

**【阅读材料】相关系数与相关**

相关分析探讨数据之间是否具有统计学上的关联性。这种关系说明两个数据之间的共同变化的关系,既包括共同变化的方向(可以是A大B就大这种正相关关系,也可以是A变量增大时B变量减小这种负相关),还包括两变量共同变化的紧密程度——即相关系数。但是相关关系并不是因果关系。比如,某一天你在阳台上同时种了两棵小树苗,之后对小树苗A和B的生长情况进行记录,你就会发现,它们的高度之间呈明显的正相关,而且相关系数很高。可是,这两棵树苗是彼此独立的,它们之间没有任何因果关系。那么,相关系数有什么用呢?有了相关系数,就可以进行A变量到B变量的估算,这就是所谓的回归分析。比如,有一天你爱人要出差,你把其中一棵树苗送给他/她,这样,你看着你的小树苗生长情况就能推测他/她那棵的生长情况了。

## (三)智力发展的差异性

### 1. 智力的个体差异

个体差异是指由于人们在先天的遗传素质、后天的生长环境和所接受教育等方面都不相同,人和人之间在智力上存在着很大的差异。智力的个别差异常常表现在智力的水平、智力的结构和发展早晚三个方面。

首先,在智力发展水平上,不同的人所达到的最高水平极其不同。人类的智力分布基本上呈两头小、中间大的正态分布形式(见表9-2)。在一个代表性广泛的人群中,有接近一半的人智商在90到109之间,而智力发展水平非常优秀者和智力落后者在人口中只占很小的比例。

表 9-2　智商在人口中的分布

| IQ | 名称 | 百分比 |
|---|---|---|
| 140 以上 | 极优等 | 1.30 |
| 120～139 | 优异 | 11.30 |
| 110～119 | 中上 | 18.10 |
| 90～109 | 中等 | 46.30 |
| 80～89 | 中下 | 14.50 |
| 70～79 | 临界 | 5.60 |
| 70 以下 | 智力落后 | 2.90 |

其次，每个人智力的结构，即组成方式上也有所不同。由于智力不是一个单一的心理品质，因此它可以分解成许多基本成分，用单一的智商分数不足以表明智力的特点。例如，有的人记忆力好，有的人观察能力强，有的人擅长逻辑推理但缺乏音乐才能，也有人擅长音乐却在数字计算方面表现得很差。人们之间的智力差异多种多样，不仅仅是一个简单的数量上的差异。

第三，人的智力发展存在早晚差异。有一些人表现出早熟，在很小的时候就崭露头角，但在成人以后智力平平；也有些人前期发展很慢，但大器晚成，后来居上，得到了高水平的发展。

### 2. 智力的团体差异

在不同的人群之间，存在着智力的差异，这种差异叫智力的团体差异。最明显的例子是不同性别的人群的智力差异。大量的研究表明，男性和女性在智力上的差异主要表现在一些特殊能力方面，如空间能力、数学能力、言语能力。男性在空间能力上具有一定优势，这种优势的显示具有一定的年龄特征，其发展趋势表现为随年龄增长而差异加大。女生在小学和初中阶段的数学能力优于男生，但青春期以后，这种优势被男生占有，男生一直把这种优势保持到老年。女性在言语能力上具有较大的优势，与女性相比，男性更容易诊断为阅读障碍者。除了性别之间存在一定的智力差异之外，不同职业、种族之间在智力上也存在着差别。

## 五、智力发展的影响因素

智力由什么决定呢？毫无疑问，遗传与环境！一般而言，一方面智力受个人先天的生物因素的影响，如来自父母及家族的遗传；另一方面，智力也受个人的后天因素的影响,主要包括家庭环境、伙伴、学校教育等。这些先天和后天的因素往往交织在一起,共同影响智力的发展与水平差异。

### (一)遗传因素对智力的影响

智力和身高、外貌一样具有遗传性。为了了解智力在多大程度上取决于遗传,心理学家主要从家谱研究、双生子研究两个方面提供了证据。

(1)家谱研究

关于能力遗传的研究,起始于英国的高尔顿。他选取了977名有杰出成就的个体,比较他们的亲属同样成为杰出人物的可能性与普通人成为杰出人物的概率是否有区别。结果发现,在977个名人(杰出人士)的亲属中,其父亲为名人的有89人,儿子129人,兄弟114人,共332人,占名人样本的二分之一。换句话说,50%的名人至少有一位亲属也是名人。而普通人群中,只有1个亲属是名人。他还发现,随血缘关系的降低,名人亲属成为名人的概率有规则地下降。这种变化模式与身材的家族变化模式非常相似。高尔顿用同样的方法研究了艺术能力的遗传问题。在双亲都有艺术才能的30个家庭中,子女有艺术才能的占64%;父母没有艺术才能的150个家庭中,子女有艺术才能的只占21%。高尔顿断定,在能力的发展中遗传的力量超过环境的力量。

(2)双生子研究

同卵双胞胎具有几乎完全相同的外貌,可是他们的智力水平是否也完全相同呢?在生物学意义上,双生子有同卵双生子和异卵双生子两种。同卵双生子是由同一个受精卵分裂而来,他们具有完全相同的遗传基因。异卵双生子是由两个受精卵发育而成,他们的遗传基因只有部分相同,与兄弟姐妹没有什么差别。通过比较他们的智力水平的相似程度,可以推测出遗传对智力的影响程度。

人们发现同卵双生子之间智力水平非常相似,但是这还不足以说明遗传的作用,因为对他们而言环境也往往是相同的,智力的相似程度既有遗传的影响也有环境的作用。因此研究同卵双生子分开抚养的智力情况,可以进一步探讨这个问题。之所以采用同卵双生子分开抚养的研究,是因为同卵双生子的遗传完全相同,所以如果遗传的作用是主要的,那么即使分开抚养,他们之间智力水平的相似程度与在一起抚养的双生子智力水平的相似程度应该区别不大。

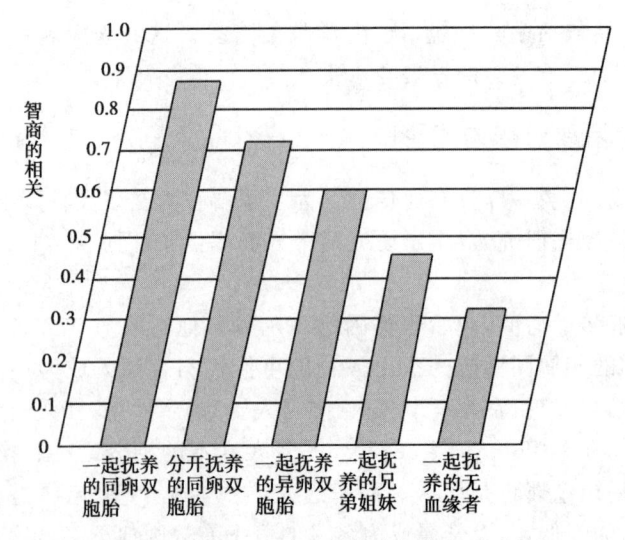

图 9-1 不同血缘关系者智商间的相关系数

研究者总结了世界上已发表的 34 个 4672 对同卵双生子研究和 41 个 5546 对异卵双生子研究,结果发现:一起抚养的同卵双生子智商间的平均相关达到 0.86,而一同抚养的异卵双生子智商间的平均相关只有 0.60(图 9-1)。而分开抚养的同卵双生子即使生长在不同的家庭环境中,他们的相关系数达到 0.69～0.78,几乎与一起抚养的双生子无异。由于分开抚养的同卵双生子生长在不同的家庭环境中,因此他们之间在智商上的相似性更能证明了遗传的影响。

另外,养子女与养父母及养子女与亲生父母在智商上的相关,为了解遗传对智力的影响提供了另一种证据。大量收养研究的结果发现,被收养儿童与他们的亲生父母在智商上的相似程度显著地高于他们与养父母的相似程度。还有研究结果表明,家庭间环境的影响随年龄的增大而减小;相反,遗传的影响却随年龄的增加而越来越大。总之,以上证据表明,智力发展中遗传发挥了举足轻重的作用。

### (二)环境因素对智力的影响

环境因素主要包括家庭环境、学校教育、社会实践等方面。心理学研究提供了多方面的证据证明环境因素对儿童智力的发展有着非常重要的影响,特别是家庭环境。比如,收养儿童的研究表明:被收养儿童的智商与养父母的智商也有一定程度的相关,由于他们与养父母在遗传上没有任何相似,所以只能将这种智商的相关归因于环境的影响。同理,对于生活在同一家庭中遗传上没有任何血缘关系的兄弟姐妹,他们的智商间也有一定的相关。

另一方面,收养前后父母社会经济地位的变化对儿童智力发展的影响,也可提供环境因素影响智力的证据。如果环境对智力有影响,那么,长期生活在贫困环境中的儿童一旦被收养到社会经济地位较高的家庭中去,其智商也应该有所提高。研究表明,亲生父母社会经济地位低的儿童,一旦被社会经济地位高的养父母收养,与生活在原来家庭环境中相比,IQ 分数会有明显的增加,通常在 10~12 分左右。

学校教育对儿童的智力发展也有着显著的影响。儿童是否接受教育,接受较好和较差的教育,其智力之间存在着差异。学校教育可以通过多种途径影响智力的发展,一种最明显的方式就是知识的传授。学生通过系统地接受教育,不仅掌握了知识和技能,而且也发展智力。对儿童和青少年来说,发展智力是与系统学习和掌握知识技能分不开的。在学教教育中,学生思维和言语能力有明显提高。"强师手下出高徒"也说明了教育、训练对发展智力的意义。吸引学生参加课外科技小组、绘画小组、体操小组等,丰富校内外生活内容,也有利于学生智力的发展。在课外活动小组中,常常会涌现出许多小发明家、小气象家、小农艺家、小画家,这对他们智力的发展和一生的事业都将产生深远的影响。学校教育能促进多种智力技能的发展,并且各种智力技能在不同儿童身上的发展水平是各不相同的。如何实现因材施教,最大限度地发挥学生的潜能,是教育工作者也是心理学工作者最迫切的任务。

人的智力是在社会实践活动中最终形成起来的。离开了社会实践活动,即使有良好的素质、环境和教育,智力也难以形成和发展起来。关于这一点,我国古代思想家王充早就指出"施用累能",即智力是在使用中积累的。他说:齐的都城世代刺绣,那里的平常女子都能刺绣;襄地传统织锦,即使不聪明的女子也变成了巧妇。这是因为天天看到,时时练习,自然就熟练了。

遗传和环境对人的智力都有重要的影响,但这两方面不是彼此孤立存在的,而是决定了智力的不同方面,共同影响个体的智力发展进程。遗传因素是智力发展的基础,它决定了智力发展的可能范围(最高、最低水平限度);环境因素决定了智力将落到这一范围的哪一点,即决定了智力发展的具体程度与现实性。因此,对于每一个儿童来说,我们应该做的就是提供最合适的环境,让他们的智力能发展到遗传所决定的最高水平。

### 【阅读材料】早期干预能提高智力吗？

早期干预是否能提高儿童的智力水平，是近年来人们颇为关注的问题。大多数人对此会给出肯定的回答，认为丰富的环境刺激有利于儿童能力的发展。研究发现，孩子出生后，如果睡在有花纹的床单上，床上吊着会转动的音乐玩具，他们仰卧时，就能自由地观察这一切。那么，两星期后，他们就会试着用手抓东西。而没有提供类似刺激的婴儿，要到5个月时才出现这种动作。研究还发现，缺乏母亲抚爱的婴儿，可能出现智力发展上的问题。因为他们缺乏母爱，没有安全感，不敢探索环境，而探索环境正是智力发展的重要条件。因此，看起来早期干预的确能够提高儿童在智力测验上的分数。

但当研究者追踪早期干预的持久效果时，结果变得更为复杂起来。美国的米尔沃基计划（Milwaukee Project）是一项大型的早期干预研究。在这个研究中，儿童的母亲为IQ分数在75以下的黑人妇女，实验组儿童在6个月时接受特别干预，如教母亲如何照顾孩子，每天在婴儿促进中心训练几个小时等，实验干预在儿童6岁时结束。在干预过程中，实验组和控制组每隔6个月接受斯坦福—比奈智力测验和韦氏儿童智力测验，并在7、8、9、10、14岁时分别接受其他测验。研究结果表明，在6岁时，实验组儿童的平均智商为119，控制组为87，智商分数相差达32分之多。但这种差异随着时间的增长而减弱。在7岁时，两组的IQ分数差为22分，在14岁时为10分；在14岁时，实验组的平均IQ为101，控制组为91（Garbar，1988）。也就是说，早期干预对儿童智力有明显的积极影响，但这种积极作用随年龄的增长而逐步减弱。

# 第二节 智力理论

智力理论是指心理学家对人类智力做出的理论性、系统性的解释。它对深入理解智力的本质、合理地设计测量智力的工具、科学地拟定智力培养计划都有重要意义。这里，我们以各种理论的基本取向为标准，将几个最有影响力的智力理论分成两大类。

## 一、心理测量学取向的智力理论

心理测量学取向的智力理论指智力理论的建立是以智力测验为工具，采用因素分析的观念与方法,从测验结果中分析出彼此相关的各个不同因素,然后用分析所得的因素来界定智力的性质。采用心理测量学建立的较有影响的智力理论,主要有三种理论:

### (一)斯皮尔曼的二因素说

英国心理学家斯皮尔曼(C. Spearman)发现,几乎所有心理能力测验之间都存在正相关。斯皮尔曼提出,在各种心理任务上的普遍相关是由一个非常一般性的心理能力因素或称 g 因素决定的。在一切心理任务上,都包括一般因素(或称 g 因素)和某个特殊因素(或称 s 因素)两种因素。g 因素是人的一切智力活动的共同基础,s 因素只与特定的智力活动有关。一个人在各种测验结果上所表现出来的正相关,是由于它们含有共同的 g 因素;而它们之间又不完全相同,则是由于每个测验包含着不同的 s 因素。斯皮尔曼认,g 因素就是智力,它不能直接由任何一个单一的测验题目度量,但可以由许多不同测验题目的平均成绩进行近似的估计。

### (二)卡特尔流体与晶体智力说

卡特尔(Raymond Cattell,1963)提出了流体智力和晶体智力理论。他认为,一般智力或 g 因素可以进一步分成流体智力和晶体智力两种。流体智力(Fluid Intelligence)指一般的学习和行为能力,由速度、能量、快速适应新环境的测验度量,如逻辑推理测验、记忆广度测验、解决抽象问题和信息加工速度测验等。有些人学习能力很强,琴棋书画样样精通,这说明他/她的流体智力发展得很好。晶体智力(Crystallized Intelligence)指已获得的知识和技能,由词汇、社会推理以及问题解决等测验度量。比如小学 1 年级的孩子由于练习可以正确、快速地指认出几百个国家的国旗,但是在其他方面没有发现特别之处,说明长期的训练促进了这方面的智力的提高。

卡特尔认为,流体智力的主要作用是学习新知识和解决新异问题,它主要受人的生物学因素影响;晶体智力测量的是知识经验,是人们学会的东西,它的主要作用是处理熟悉的、已加工过的问题。晶体智力一部分是由教育和经验决定的,一部分是早期流体智力发展的结果。

到 20 世纪 80 年代,进一步的研究发现,随着年龄的增长,流体智力和晶体智力经历不同的发展历程。流体智力随生理成长曲线的变化而变化,在 20 岁左右达到顶峰,在成年期保持一段时间以后开始逐渐下降;而晶体智力的发展在成年期不仅不下降,反而在以后的过程中还会有所增长。此外,心理学家们的研究发现,流体智力属于人类的基本能力,在个体差异上,受教育文化的影响较少。因此,在编制适用于不同文化的所谓文化公平测验(Culture-fair test)时,多以流体智力作为不同文化背景的个体进行智力比较的基础。在大多数智力测验中,均包括偏重于测量晶体智力和流体智力的两类题目。

### (三)Guilford智力结构理论

因素分析发展到新的阶段是智力的"结构说"。它强调智力是一种结构,它是从结构的角度来分析智力的组成因素。智力是什么样的结构呢?艾森克(H. J. Eysenck)于1953年首先提出智力三维结构模式。该模式包括三个维度:心理过程(知觉、记忆、推理)、测验材料(语词、计数、空间)和能量(速度、质量)。在艾森克的基础上,吉尔福特(J. P. Guilford,1897～1987)于1959年提出了新的智力三维结构模式,认为智力由操作(即思维方法,可分认知、记忆、发散思维、辐合思维、评价五种成分)×内容(即思维的对象,可分图形、符号、语义、行动四种成分)×结果(即把某种操作应用于某种内容的产物,可分为单元、种类、关系、系统、转换、含义六种成分)所构成的三维空间(120种因素)结构。智力活动的产物是指运用智力操作所得到的结果。

比如,一位家长用图画书给2岁的婴儿讲解各种动物,包括老虎、狮子、松鼠、猫、狗、熊猫等,孩子已经认识了这些动物。之后在讲解另一本故事书时,书中出现了一种动物,家长也不知道画的是什么,看起来什么都不像。正在发愁时,孩子指着画面大声说"小松鼠"。在这个看似简单的过程中,智力的思考内容是"视觉图像",操作主要是"回忆",孩子要努力回忆出很多自己认识的动物,然后很快找到其中一个最相似的,而思考结果是最简单的"类别"。同样,其他任何一个智力过程都可以被分解成这样三个维度来理解。

20世纪60年代以后,随着认知心理学的兴起与发展,吉尔福特根据因素分析和信息加工原理,将智力视为以不同组合方式对不同信息加工的各种能力的综合系统。他不断充实自己的三维空间结构,从120种因素扩大为150种,最后是180种因素(见图9-2)。

吉尔福特的三维智力结构模型同时考虑到智力活动的内容、过程和产品,这对推动智力测验工作起了重要的作用。1971年吉尔福特宣布,经过测验已经证明了三维智力模型中的近百种能力。这一成就对智力测验的理论与实践,无疑是巨大的鼓舞。

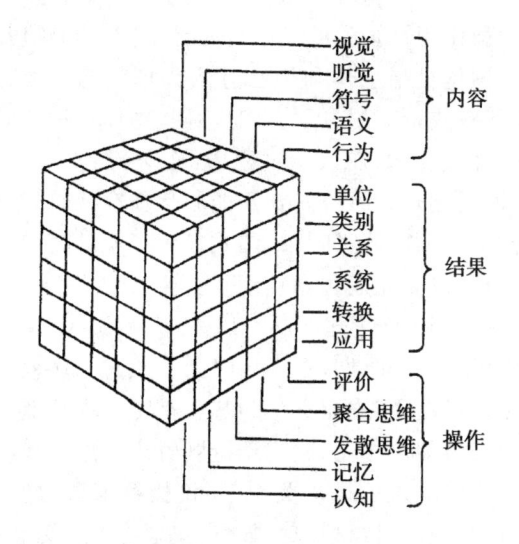

图 9-2 三维智力结构模型

## 二、认知发展取向的智力理论

20 世纪下半叶认知心理学兴起后,对智力的研究出现了另一条重要的研究途径,即信息加工途径。所谓信息加工,指的是对信息的接收、存储、处理和传递。认知心理学家关心的不是智力活动的结果,而是信息加工过程。信息加工取向的最大特点是,运用信息加工理论及神经生理学的影响,对智力不再斤斤计较其组成的成分(因素),而是注意它在处理现实生活中的功能。他们探讨的问题是:为了解答某种任务,必须经历哪些智力操作,测验成绩的哪些方面取决于过去的学习,哪些方面取决于注意、短时记忆或信息加工速度等。因此,信息加工取向不是试图以因素去解释智力,而是确定构成智力活动基础的记忆、注意、表征、思维、想象等心理过程。

### (一)皮亚杰的发生认识论

20 世纪五六十年代以来,皮亚杰(Piaget)认知结构学说广为流行。皮亚杰从主客体相互作用、机能主义、建构主义的方法论出发,阐述了智力是什么、智力的性质及其发展机制,并对智力的发展从运算的阶段上作了划分。他认为智力是一种适应,是同化和顺应之间的一种平衡。这种适应是心理形成的适应,有其内在的内容和功能。内容指由逻辑运算系统构成的认知结构(或称图式),功能是指认知结构的反映抽象化和平衡作用。智力的发展过程乃是同化和顺应之间平衡不断打破不断地重建的过程。同化是指主体利用已有的心理结构——图式,将外界刺激吸收到原有结构中,引起图式量变的过程。顺应是指主体为适应新的环境,改变原有的图式,以创立新图式的过程。在认识过程中,面对新刺激,主体首先倾向于把新刺激纳入原有图式(即同化),当原有图式不能同化新客体时,主体将改变原有图式以适应新环境(顺应)。在顺应的过程中,图式发生了质的变化。

按皮亚杰研究发现,自婴儿期到青年期,智能发展分感觉运动阶段(0～2岁)、前运算阶段(2～7岁)、具体运算阶段(7～11岁)以及形式运算阶段(11岁以上)四个时期。个体智能发展的四个时期,在开始时间上虽有个体差异,但是各时期出现的先后顺序不会改变。可以说,皮亚杰认为智力是结构和功能的统一体,智力不断发展变化着。与其他智力理论相比,图式理论既解析出最简单的智力功能构件,又揭示了这些功能构件之间的矛盾运动关系;不仅描绘出智力发展生生不息的宏观过程,还揭示智力活动微观的组织根源。显然,皮亚杰的智力整体观揭示了智力活动的根本规律。

### (二)加德纳多元智力理论

多元智力理论是由美国心理学家加德纳(Gardner,1985)提出的。他认为,智力的内涵是多元的,由七种相对独立的智力成分所构成。每种智力都是一个单独的功能系统,这些系统可以相互作用,产生外显的智力行为。这七种智力为:

(1)言语智力。渗透在所有语言能力之中,包括阅读、写文章以及日常会话能力。

(2)逻辑—数学智力。包括数学运算与逻辑思维能力,如做数学证明题及逻辑推理。

(3)空间智力。包括导航、认识环境、辨别方向的能力,比如查阅地图和绘画等。

(4)音乐智力。包括对声音的辨别与韵律表达的能力,比如拉小提琴或作曲等。

(5)身体运动智力。包括支配肢体完成精密作业的能力,比如打篮球、跳舞。

(6)人际智力。包括与人交往且能和睦相处的能力,比如理解别人的行为、动机或情绪。

(7)内省智力。对自身内部世界的状态和能力具有较高的敏感水平,包括认识自己并选择自己生活方向的能力。

加德纳的智力多元论,对传统的智力观念提出了新的诠释。加德纳的多种智力理论冲破了狭隘的传统的智力观的桎梏,在智力理论的发展上有许多进步之处:首先,加德纳的理论拓宽了智力的概念,拓宽了观察人类智力表现的视野;其次,加德纳的智力理论代表了在信息加工心理学影响下智力研究发展的一种新的趋势;再次,加德纳的研究方法比较独特,开辟了一条不同于其他研究者的途径;最后,他非常重视现实的社会情境和文化背景。

### (三)Sternberg 智力三元论

美国耶鲁大学的心理学家斯腾伯格(Robert sternberg,1985)试图在更为广泛的意义上解释智力行为,提出了智力的三元理论(triarchic theory of intelligence)。他认为,一个完备的智力理论必须对智力的三个方面予以说明,即智力有三种成分:成分性智力、经验性智力以及情境性智力成分。

1. 成分性智力(componential intelligence)。斯腾伯格认为,成分性智力是指在问题解决情境中,运用知识分析资料,经过思维、判断、推理最终达到问题解决的能力。它涉及思维的三种成分,即元成分、操作成分和知识获得成分。元认知成分指控制行为表现和知识获得的过程,它负责行为的计划、策略与监控,如确定问题的性质,选择解题步骤,分配心理资源,调整解题思路等;操作成分是指接受刺激、将信息保持在短时记忆中、比较刺激、从长时记忆提取信息,以及做出判断反应的过程,负责执行元成分的决策;知识获得成分是指用于获取和保存新信息的过程,负责新信息的编码与存储。在认知性智力活动中,元成分起着最重要的核心作用,它决定人们解决问题时使用的策略。例如,对类比推理过程的研究发现,推理能力强的人完成得比推理能力差的人更快,也更准确,但他们在进行解题中先花费较多的时间去理解问题,而不是急于得出答案。

2. 经验性智力(experiential intelligence)。智力的第二个方面涉及内部成分与外部世界的关系,它指根据经验调整所运用的成分从而获益的能力。经验性智力既包括有效地应付从未见过的新异事物,也包括自动地应付熟悉的事情。在任务非常熟悉的时候,良好表现依赖于操作成分的自动执行,如阅读、驾车、打字时的自动编码等;而在任务不熟悉时,良好的成绩依赖于元认知成分对推理和问题解决的辅助方式。

3. 情境性智力(contextual intelligence)。在日常生活中,智力是适应环境、塑造环境和选择新环境的能力,智力这方面的特点称作情境智力。为了达到目标,凡是有一定智力的人都能运用操作成分、知识获得成分和元认知成分。但是,智力行为是因条件的改变而变化的。在不同的情境中,人的智力行为有不同的表现,比如,一个人在实验室中解决物理问题时所用到的知识和元认知成分,与他力图摆脱尴尬处境、平息家庭冲突时所用到的知识和元认知成分完全不同。有些人可能并不具备很高的学历,也可能难以清楚地表达他们是如何处理现实事物的,但他们却非常擅长解决日常事务问题,例如解决人事纠纷和讨价还价。在这种意义上又称作实践智力。

斯腾柏格的智力三元论,在理论上将传统智力理论上智力的观念扩大。自从智力三元论问世以来,智商是否等于智力的问题,成了心理学上新的争议。按照智力三元论的主张,智商不能代表智力。要想以测量的方式鉴别智力的个体差异,智力测验的传统编制方式,显然已不能满足要求。

综合以上各智力理论,大致可以看出近年心理学上智力理论研究的新方向是系统化、综合化。这一新的发展方向,必将影响智力测验的发展。

# 第三节　智力测验

早在两千多年以前,中国的先哲们就提出了许多测量人的智力以及其他心理特征的思想和方法。据张耀翔考证,中国在战国时代已有九连环试验。在 20 世纪 20 年代,被美国哥伦比亚大学教授 Ruger 采入他的心理学实验中,并将实验结果著为《中国连环》(the Chinese Ring Puzzles)一书,得到学术界的关注。七巧板是另一项中国人对世界智力测验的贡献。七巧板的创用年代早于世界上智力测验中广泛使用的任何拼板。而且,张耀翔认为,当今世界上许多智力测验中的拼图部分,可能就是受了七巧板的启发而编制的。尽管如此,真正的现代智力测验的出现只是近一百多年的事。

## 一、智力测验概述

### (一)智力测验的起源与发展

☕【阅读材料】高尔顿与生理计量法

在 19 世纪 80 年代,英国生物学家高尔顿的行为个别差异研究被认为是智力测验工作的开始。高尔顿相信,人类的一切知识来自感觉器官。因此他以各感觉器官的敏锐度为指标,以线条长短(视觉)与声音强弱(听觉)的判断为试题,从而测量并推估智力的高低。此种偏重感官的生理计量法虽可以作为个别差异评定的工具,但是测验结果在教育上实用价值欠佳。因此,到19世纪末,科学心理学兴起之后,心理学家们放弃了高尔顿生理功能取向,改以心理取向鉴别人类的智力。

### 1. 比奈－西蒙与心理年龄

19世纪末20世纪初法国实施义务教育制,这就需要有一种方法能够鉴定哪些儿童不能接受普通学校教育,而需要特殊教育。这是最早的智力测验的初衷。比奈(Binet)和他的同事西蒙(Simon)受命承担了这一任务,他们开始研究怎样在公共学校对智力迟钝的儿童进行最佳的教育。他们认为,在制定教育计划之前,必须先确立一套测量所教儿童的智力的方法,并于1905年编成了世界上第一套智力测验——比奈－西蒙智力量表。

该测验研究的关键意义在于把智力操作成绩量化。具体做法是,对每一个实际年龄的儿童都制定一组问题或测验条目。这些条目的特点是:可以客观地记分;在内容、性质上因年龄而有区别;不受儿童生活环境差异的影响;要求通过判断和推理而不是机械记忆来解决。把这些条目对所有年龄的儿童进行测试,找出适宜于各个不同年龄的相应条目作为衡量各年龄智力的标准依据。比如,某个题目刚好7岁的儿童有60%能够完成,就把这个题目作为代表7岁儿童一般智力的标志。对每个年龄都找出6个题目作为智力标志,每个题目都代表2个月的智力。累加一个人所完成的题目数,就可以得到这个人的心理年龄(Mental age,简称MA)。因此心理年龄就是受测者能完成的测题所代表的年龄。如一个5岁儿童完成了所有5岁组的题目,还完成了3个6岁组的题目,他的心理年龄就是5岁6个月。如果某儿童的心理年龄等于其实际年龄(Chronological age,简称CA),则为普通儿童;如果超过实际年龄,则为资优儿童;如果低于实际年龄,则为智力落后儿童。因此实际年龄是指受测者的生理年龄。心理年龄这一术语一直沿用至今。

### 2. 推孟与比率智商

比奈－西蒙测验很快传到了美国。斯坦福大学的心理学家推孟(L. Terman)于1916年修订发表了比奈测验的美国版,命名斯坦福－比奈智力测验。由于当时美国劳工雇佣和后来第一次世界大战录用士兵军官的需要,这一测验在美国很快得到推广普及。

推孟对比奈测验衡量智力的方法做了重大修改。以前的比奈测验在用智力年龄作为直接指标时遇到一个问题。例如,一个5岁的迟钝儿智力年龄为3岁。随着他年龄的增长,到了10岁时,他的智力年龄并不是3岁,而是6岁。这就是说,智力迟钝者的智力发展特征是智力年龄并不一定保持比实际年龄低两岁的水平,而是会越来越落后于实际年龄。这样如果直接用心理年龄并不能反映出相对于实际年龄的落后程度。但大致说来,智力年龄和实际年龄的比值 MA/CA 却是相对稳定的。于是推孟首先引入了智商(intelligence,简称 IQ)的概念。因此所谓智商是指受测者的智力水平,通常可以用心理年龄与实际年龄的比值来表示,也可以用一个人的智力偏离本年龄组平均水平的方向和程度表示。具体公式是

$$IQ=(MA/CA)\times 100$$

假设某人,其实际龄为 8 岁 2 个月,如果以月为单位,他的实际年龄为 98 个月,也即 CA=98。

该人接受斯坦福—比奈智力量表测验后的成绩是:

通过 8 岁组的全部题目,其基本心理年龄即为 96 个月;

通过 9 岁组 4 个题目,再加 8 个月;

通过 10 岁组 2 个题目,再加 4 个月

11 岁组(及以后)的题目全未通过,月数不再增加;

总的成绩,其心理年龄计为 108 个月。

则此人的智商即为:IQ=MA/CA×100=110

按此公式计算,智商是心理年龄与实足年龄的比值,故而称为比率智商(ratio IQ)。公式内乘以 100 的目的是消去小数,以整数值表示智商的高低。由比率智商的计算方式看,它基本上仍沿用了早期比奈的心理年龄的概念,只是改用智商之后,能以数值表示智力,使智力品质的心理特征更具科学意义。

### 3. 韦克斯勒与离差智商

斯坦福—比奈量表创用的比率智商的方法,一致沿用了很多年。只是在对施测结果进行解释时必须参照本年龄组样本。比如,一个 5 岁儿童的测验成绩是 110,在同龄群体中,该个体的智商要比其他 84% 的人高。如果一个 10 岁儿童的测验成绩也是 110,那么,他的智商也同样优于其他 84% 的同龄个体吗?答案是否定的,因为每一年龄组样本的正态分布曲线可能不同,有可能 10 岁组儿童,智商必须提高到 115,他在该年龄群体的位置才能达到 84%。为了解决这一问题,著名心理测验学家韦克斯勒(David Wechsler,1896~1981)创用了一种离差智商(deviation IQ)。之所以如此命名,是因为采用了统计学上标准差的观念来表示智商的高低。标准差是用来表示一组数值分布的分散情形,标准差的数值愈大,分散性或变异性也愈大。标准差的计算方法是:样本中的每一数与平均数相减,所得差值平方之后求和,再除以样本数,最后开方得到的平方根即为该样本的标准差。所谓离差智商,是指一个人的智力偏离本年龄组平均水平的方向和程度。测验规定,100 为平

均水平,该年龄50%的人低于该水平,50%的人高于该水平。如果一个人智商分数高于100,则表示高于平均水平;若小于100,则表示低于平均水平。这种智商的特点,并不能知道一个人知道什么或能做什么,它反映的是一个人与其同年龄组人的智力分布相比较下,所处的水平位置。离差智商的公式是:

$$IQ = \frac{15 \times (\chi - \overline{X})}{S} + 100$$

$\chi$ 是个人分数,$\overline{X}$ 是进行测验标准化时抽测的同年龄组平均分,$S$ 是标准差。100 分为定义的平均智商。从公式中可以看到,如果 $\chi$ 大于平均分 $\overline{X}$,则智商大于 100 分;若两者相等,则智商等于 100 分;否则就小于 100 分。

在解释智力测验结果时,韦克斯勒的做法是,先把测验结果的原始分数转化为标准分数(Standard Score),使其平均智商为 100,标准差为 15。因此,任何个体,只要在智力测验上得到的智商是 115,那么他在群体中的位置就是优于 84% 的人。图 9-3 的正态分布曲线有助于理解离差智商的含义。直到现在,虽仍以智商(IQ)一词表示智力的高低,但实际上指的是离差智商所代表的概念。

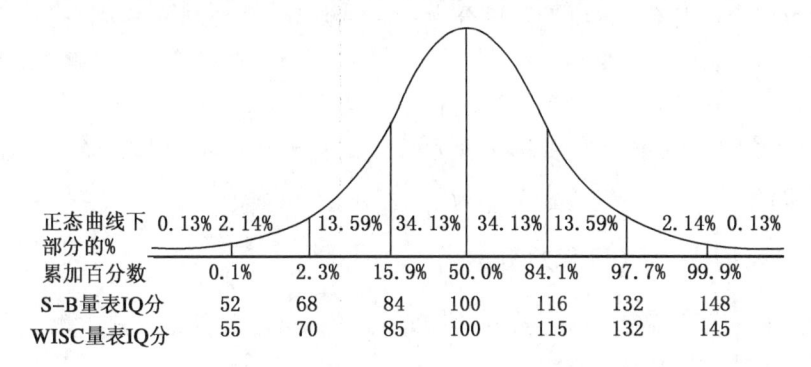

| 正态曲线下部分的% | 0.13% | 2.14% | 13.59% | 34.13% | 34.13% | 13.59% | 2.14% | 0.13% |
|---|---|---|---|---|---|---|---|---|
| 累加百分数 | 0.1% | 2.3% | 15.9% | 50.0% | | 84.1% | 97.7% | 99.9% |
| S-B量表IQ分 | 52 | 68 | 84 | 100 | | 116 | 132 | 148 |
| WISC量表IQ分 | 55 | 70 | 85 | 100 | | 115 | 132 | 145 |

图 9-3　正态分布与智力测验分数

## (二)智力测验与性向测验、成就测验的关系

智力测验与性向测验和成就测验同属能力测验范畴,三者既有相似之处,又有区别。能力测验是一个概括性名词,这类测验主要以应答的速度和正确性为指标判定结果。一般是分数越高或正确答案越多表明能力越强,成就越大。由于对能力的认定与实施目的不同,实际使用时,能力测验被分为智力测验、性向测验(又称能力倾向测验)和成就测验。

目前通用的智力测验一般注重的是表现在认知活动中的稳定的一般能力,如言语能力、数学能力、记忆能力、空间知觉、推理能力等。通用的智力测验如比奈智力量表、韦氏儿童智力量表等,这些都可视为对个体的基本能力素质的考察。

性向测验泛指用以测量潜在才能的测验。其目的在于发现儿童的潜在才能,深入了解其长处和发展倾向。如美国大学入学考试用的学能测验(Scholastic Aptitude Tests, SAT),这一测验度量的是到大学后学习成功的可能性。潜在才能是指个体未来发展的可能性,即在给予一定的学习机会时可能达到的水平,而不是个体现在已经具有的能力。

成就测验或称成绩测验,主要考察受测者在学习和训练后所具有的知识和技能水平,由于它被广泛地应用在教育工作中,因此,有时也被称为教育测验(educational test)。根据不同的标准,还可以对之进行更为细致的分类。影响成就测验成绩的不仅是能力,而且包括习得的知识。

## 二、常用的智力测验

智力测验根据不同的维度可以分为不同的类型。按照能力类别分,有一般能力(智力)测验和特殊能力测验;按照实施对象可以分个别测验和团体测验;按照测验的内容或材料可以分为言语性测验和非言语性测验;按照测验关注的焦点分为速度测验和难度测验。不同的测验各方面有着很大的不同,这里介绍几个比较有代表性的智力测验。

### (一)斯坦福-比奈智力测验

比奈的智力测验发表后,美、英、德、日、意等国分别将其翻译成本国文字并结合各自的国情予以修订。其中以1916年推孟在美国斯坦福大学修订的版本最负盛名,称为斯坦福—比奈测验(Stanford-Binet Test),并广泛地流传到世界各国。在我国,最早是陆志韦于1924年翻译并修订的斯坦福—比奈测验。

斯坦福—比奈测验是一种个别施测的标准化智力测验,自1916年修订完成并广泛使用后,又经过1937年和1960年两次修订,内容上作了很多变动,1986年出版第四版。适用于2～18岁的被试。测验题目经过严格的筛选,按从易到难的顺序排列在各分测验中,由受过专门训练的测试人员对儿童进行单独测量和计分。目前的版本由15个分测验构成,代表着4个主要的认知领域:言语推理、抽象或视觉推理、数量推理和短时记忆。在测验过程中,每一步骤的实施必须遵照标准程序。测验一般从低于儿童年龄的较容易的题目开始,在儿童不能回答更难的问题时结束。

### (二)韦克斯勒智力测验

韦克斯勒智力量表(Wechsler Intelligence Scales)是美国临床心理学家韦克斯勒于 20 世纪中期编制的三种智力量表的总称,是目前世界上使用最多的智力测量工具。它包括韦氏成人智力量表(简称 WAIS),测量 16 岁以上成人的智力;韦氏儿童智力量表(简称 WISC),用于 6～16 岁学龄儿童;韦氏幼儿智力量表(简称 WPPSI),测量 4～6 岁半学龄前儿童的智力。这三种量表项目类别相似,只是内容及难度方面存在差异。

韦克斯勒认为:"智力是个人有目的地行动、理智地思考以及有效地应付环境的整体的或综合的能力。"基于这种认识,他在成人智力量表和儿童智力量表中都设计了 11 个分测验,以对智力进行全面考察。这些分测验分别度量个体的言语能力和操作能力。言语能力的测量包括常识、词汇、类比、理解、算术和记忆广度,操作能力包括图片排列、填图、积木、译码、拼图等。

韦氏量表的一个重要特点是摒弃了心理年龄的概念,保留了智商概念。它运用统计方法,以儿童在同一个年龄团体中成绩所处的位置确定智商高低。用这种方法确定的智商称为离差智商。它的另一个显著特点是,不仅给出了一个人的智商总分,而且还给出了言语和操作两方面的各个分量表分,使我们可以更加清晰地了解一个人的智力结构以及他在智力发展上的优势与弱点,从而对培养和补救提供了科学依据。韦氏智力量表进行个别施测。个别施测不仅使测量更加准确、减少干扰,而且可以获得许多其他信息,如对待测验结果的态度、情绪表现等,从而有助于做出更准确的判断。

### (三)团体智力测验

团体智力测验最早出现在第一次世界大战时期。面对 150 万应征入伍者,为了适应战争的需要,美国陆军先后研制了甲、乙两种纸笔型团体智力测验。团体智力测验被广泛用于学校、企业、军队等人员选拔和招聘工作中。目前,广泛应用的团体智力测验是英国的瑞文标准推理测验(SPM),由 60 道题目组成,图 9-4 是两个瑞文标准推理测验的题目示例。

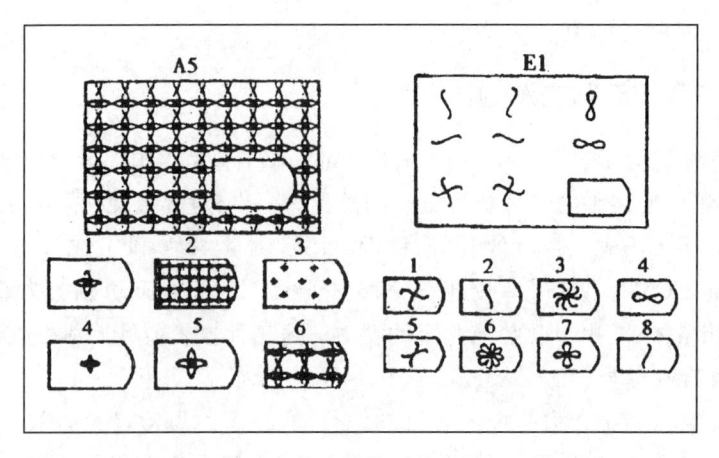

图 9-4 瑞文标准推理测验的题目示例

## 三、智力测验的施测对象及意义

智力测验,通俗地说就是测量人的聪明程度的方法。由于人们认识到智力对人的成长具有十分重要的作用,所以智力测验颇受欢迎,尤其是儿童智力测验。目前,智力测验主要用于三个方面:医学方面、儿童保健方面、学校教育及人才选拔方面。根据这三方面的用途,有以下情况的孩子,可以考虑做智力测验:(1)出生时有窒息、产伤、颅内出血或体重不满 2500 克的孩子;(2)患有某些染色体异常、遗传性代谢缺陷(比如先天愚型、苯丙酮尿症)等疾病的孩子;(3)患有由于碘缺乏导致的呆小病的孩子;(4)出生后发生颅脑损伤、感染(如脑膜炎)、缺氧(如由于某些疾病导致休克、昏迷或惊厥大发作)、中毒(一氧化碳或其他化学毒素如铅、汞等造成的中毒);(5)怀疑患有"多动症"、"孤独症"等疾病的孩子;(6)虽然没有明显的疾病史,但在儿童生长发育过程中发现其语言表达、动作灵敏度、对外界的反应以及计算、模仿能力都比同龄儿童低下的孩子;(7)上学后多次考试成绩不及格,并可以排除不用功或学习方法不当的孩子;(8)孩子处处表现比同龄孩子优秀,比如动作的掌握模仿的逼真程度、语言的表达能力、计算数学题的速度、回答问题的能力、对外界事物的反应等等,对这样的孩子可作智力测验;(9)幼儿园或学校进行某种专业(如绘画、计算、知识竞赛等)人才选拔时,可采用智力测验的方法进行筛选;(10)某些家长或学校根据自己的孩子或学生的特点,也可以提出智测要求。

评价儿童智力发育主要有三个方面的意义:(1)为早期教育提供依据。儿童生长发育有其规律性,早期教育应依据其规律性,不能超越其实际水平和能力,不能要求过高、过急;(2)及早发现有缺陷的儿童。充分利用早期神经系统可塑性强的时机,改善环境进行训练,及早进行干预,以促进其智力发育;(3)辨别智愚,因材施教。如有的小儿动作发育较迟钝,有的语言发育较晚,可根据每个儿童存在的具体问题加强教育和训练。

儿童智力测验的目的在于了解儿童的智商状况,有目的、有针对性地实施教育,提出适合儿童发展的目标,挖掘他们的最大潜能。但是,如果把握不当,过分相信测验结果,有可能陷入误区。著名心理学家潘菽说:"心理测验是可信的,但不能全信;是可用的,但不能完全依赖它。"因此,在看待智力测验的结果时,正确的态度是慎重,也许这是对智力测验意义的最好诠释。

## 本章知识结构如下

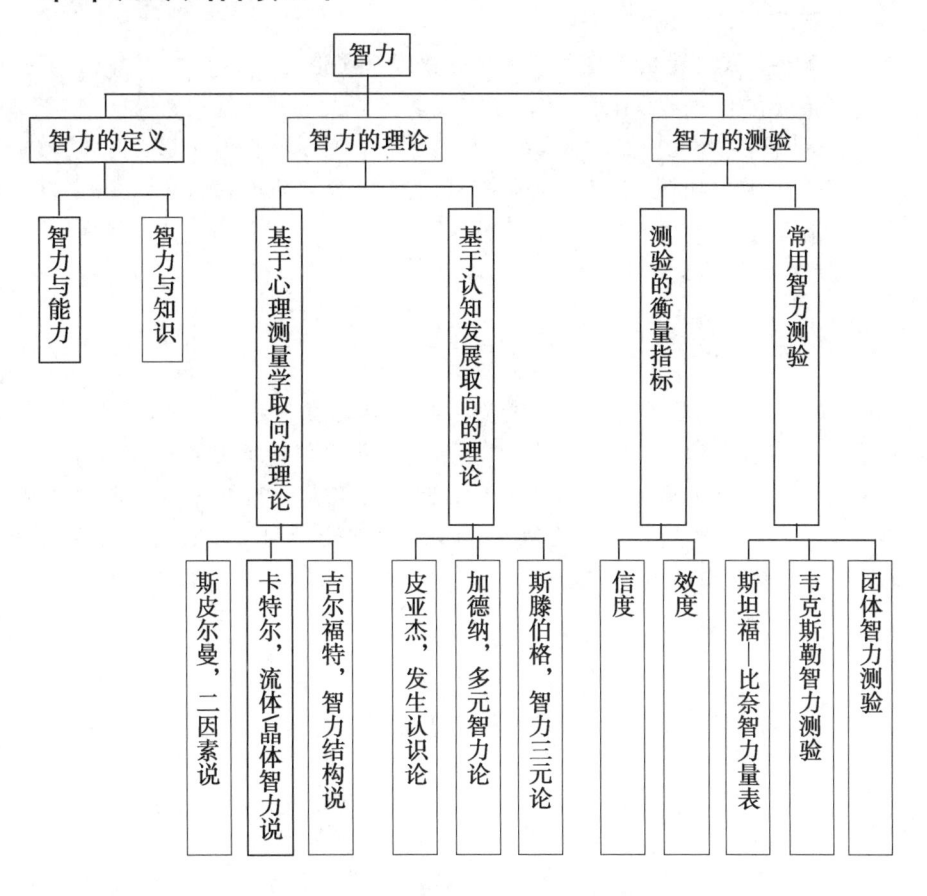

```
                              智力
        ┌──────────────────────┼──────────────────────┐
     智力的定义              智力的理论              智力的测验
      ┌───┴───┐         ┌───────┴───────┐         ┌──────┴──────┐
   智力与  智力与    基于心理测量    基于认知发展        测验的        常用智力
    能力    知识    学取向的理论    取向的理论       衡量指标        测验
            ┌──────────┼──────────┐   ┌──────┼──────┐  ┌──┴──┐  ┌─────┼─────┐
         斯皮尔曼,  卡特尔,   吉尔福特, 皮亚杰, 加德纳,斯滕伯格, 信度 效度 斯坦福 韦克斯勒 团体智力
          二因素说  流体晶体   智力结构  发生认  多元   智力                —比奈   智力测验  测验
                   智力说     说       识论   智力论 三元论              智力量表
```

241

## 一、基本练习题

1. 名词解释:

智力、能力、个体差异、个体所能为者、个体可能为者、智商、同卵双生子、异卵双生子、比率智商、离差智商、智力理论、心理测量学取向的智力理论、g因素、s因素、流体智力、晶体智力、信息加工取向的智力理论、内容、功能、同化、顺应成分性智力、元认知成分、操作性成分、知识获得成分、经验性智力、情境性智力、标准差性向测验、潜在才能、成就测验、智力的群体差异。

2. 简述智力与能力的关系。
3. 分析智力与知识的关系。
4. 如何理解智力的个别差异?
5. 请简述斯皮尔曼有关智力研究中的两因素理论。
6. 何谓流体智力与晶体智力,二者在发展趋势上有什么区别?
7. 简述斯腾伯格智力三元论,并分析它对教育实践有何指导意义。
8. 简述加德纳的多元智力理论,并分析它对教育实践有何指导意义。
9. 现有智力测验中存在什么局限性?
10. 试说明影响智力发展的各种因素和作用。

## 二、你身边的心理学

唐代诗人王勃小时候被人称为神童,6岁时就写得一手好文章,9岁时读颜师古注的《汉书》便能指出书中的错漏,10岁时以一个月的时间竟能通读六经而无一点障碍,27岁时所写《滕王阁诗序》成为辞赋中的名篇。而唐宋八大家之一的苏洵,到了27岁,才开始下决心努力学习,后来也成了大学问家。这两个人成才的现象反映了智力发展中的何种现象?

# 第十章 情绪与情感

## 导 学

  情绪是人类心理现象中最丰富多彩的一个组成部分,喜、怒、哀、乐等像调色剂一样为我们的生活赋予了各种色彩。在本章中,我们将会一起学习以下重点内容:第一,情绪、情感、情商的概念;第二,情感的种类,即道德感、理智感、美感;第三,情绪的基本种类,即快乐、愤怒、恐惧、悲哀;第四,情绪、生活压力与心理健康之间的关系,如何应对生活压力以及调节情绪的常用方法。

  本章的学习难点在于:第一,理解情绪与认知、意志、个性之间的相互关系;第二,掌握情绪与情感之间的区别与联系;第三,了解情绪表现与情绪识别的渠道和方法;第四,区别心境、激情和应激三种不同状态的情绪。

### 【阅读材料】每天我们都会体验多种情绪

  夜深了,你独自躺在床上,难以入眠,脑海中充满了许多想法和情感。在白天的工作中,你有一件事情没有处理好,可能伤害了某个人,这使你感到羞愧。你又想到身在另一个城市的父亲,他正在辛勤地工作着。晚上看了一部电影,影片的诙谐幽默深深地感染了你,你发出了由衷的笑声。然后在让自己快乐的同时,你却有着一种内疚感。当想到几个月前结束的一段感情,你便陷入深深的痛苦之中,这些都使得你睡意全无。

  这是一个人度过的一个非常平常的一天,但是在这一天中,这个人表现出了愧疚、愉快和痛苦等多种情绪,可见情绪和情感已经成为我们生活的必需品。那么人为什么有喜、怒、哀、乐等不同的情绪?人是怎样识别他人的情绪和情感的?当我们心情抑郁、悲伤的时候,怎样从低沉的情绪中崛起从而保持心理健康呢?本章我们将讲述情绪的故事,用科学揭开情绪的真相!

# 第一节　情绪、情感与情商

## 一、情绪

### (一)情绪定义

情绪是指人们对环境中的某种客观事物和对象所持态度的身心体验。我们的日常生活充满着情绪,有时欣喜若狂,有时焦虑不安,有时孤独恐惧,有时满腔怒火,有时悲痛欲绝……这一切使我们的生活时而阳光灿烂,时而阴云密布,形成了一个五彩缤纷的情感世界。

情绪不是自发的,它是由各种刺激引起的。这些刺激有时是内在的,有时是外在的;有时是具体可见的,有时又是隐而不显的;有时影响相当持久,有时又来得快、去得快。所以,生活中的任何人、事、物的变化,都会影响人的情绪。风声、雨声、读书声、国事、家事、天下事……都会令人产生不同的情绪。柔和的阳光、松软的沙滩、清凉的海风,让人心旷神怡;拥挤的街道、喧哗的市场、吵闹的人群,使人烦躁不已;过重的任务、考试的压力、关键的选择,让人紧张焦虑。诸如此类,都是引起情绪的外在刺激。引起情绪的内在刺激也有很多,有的是生理因素,如腺体的分泌、疾病、外伤等,当我们头痛、头晕、胸闷、气短时,极少有人会处之泰然,大多都会感觉到不愉快、不舒服;有的是心理因素,如记忆、联想、想象等,会使我们产生不同的情绪。想到悲伤的事,不觉潸然泪下,这是我们每个人都有过的经历和体验。

在情绪状态下伴随产生的生理变化与行为反应,很多时候是我们不容易控制的。如遇到极度或突然的高兴、悲伤或愤怒时,人的心脏和脉搏的速度都会加快,皮肤电也会发生变化。基于这个原理,测谎仪(图 10-1)诞生了。

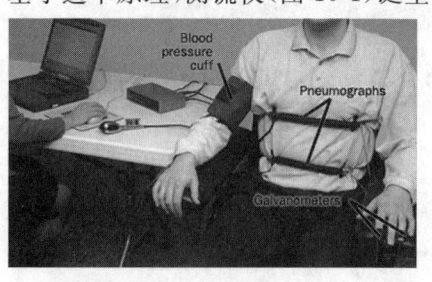

图 10-1　测谎仪

测谎仪是由一些绷带和自动记录仪组成的,右臂的绷带是记录脉搏心跳的,胸部的绷带是记录呼吸速度、次数的,左手指上的绷带是记录皮肤电流反应的。各种波动、变化自动记录成为不同的曲线,研究者根据这些曲线的变化来推测受测者是否说谎。不过,测谎仪的使用应该谨慎,这是由于引起人生理变化的原因很多,未必就是说谎导致的。对于一些经历丰富的人来说,他们在某种程度上能够有意识地控制自己的一些情绪反应。所以,测谎仪的记录只能作为参考,不能作为判决的依据。

## (二)情绪与认知、意志、个性的关系

人的认知活动、情绪活动、意志行动统称为心理过程,简称知、情、意。三者是紧密相连,相互作用的。正是由于三者的相互作用,使人的情绪带有明显的社会历史制约性和个性倾向性,与动物的情绪有了本质的区别。

情绪与认知的关系,主要表现在二者的相互影响上。一方面,情绪总是伴随一定的认识过程而产生的,所以认识是情绪的基础,并引导情绪的发展。所谓"知之深,爱之切"就是认识影响情绪的典型表现,即随着认识的深入,感情的卷入程度也在加深。我们在读《红楼梦》的时候,随着对人物、事件的了解,或喜悦或悲伤,或哀愁或担忧,或惋惜或愤怒,也是认识活动作用于情绪的结果。另一方面,情绪反过来对认识过程也有很大的影响。在日常生活中,当我们心情愉悦、情绪高昂时,做任何事都觉得非常有劲,效果很好,这就是积极的情绪情感促进了认识活动,从而提高学习和工作的绩效;在情绪低落、非常悲伤或愤怒时,则表现出压抑、懒惰、无法开展工作,即使硬着头皮完成任务,也容易出错或效率低,这就是消极的情绪情感妨碍了认识活动,降低活动效率的写照。

情绪与意志的关系是情感激励意志,意志调控情感。一般说来,高尚的、稳定的、强烈的情感,特别是道德感、理智感与审美感,都是一个人意志活动的强大推动力,而种种低级的、动摇的、萎靡的情感,则是一个人意志活动的障碍。另一方面,意志在情感的激励下产生之后,它又会反过来调节和控制情感。一般说来,意志越坚强,就越能使积极的情感持续下去,使消极的情感得到克服;反之,一个意志薄弱的人,他会成为情感的奴隶。

情绪与个性之间也存在相互影响的关系。人有七情六欲,这说明人类的情绪情感具有共性,但是由于人与人之间在文化传统、家庭环境、价值观、个性特征等方面的不同,情绪情感在共性中又表现出差异性。鲁迅说过:"穷人绝无开交易会折本的懊恼,煤油大王哪会知道北京捡煤渣老婆子身受的酸辛,灾区的饥民,大约总不去种兰花,像阔人的老太爷一样,贾府上的焦大,也不爱林妹妹的。"这就是情绪

情感差异性的反映。日常生活中,有的人情绪易激动,易动感情,多愁善感,对人富于同情心;有的人则显得冷漠无情,事不关己高高挂起;有的人精力旺盛,充满热情;有的人则不以物喜、不以己悲等。这些说明人的情绪是受个性倾向性制约的。与人的需要、价值观相符合的事物,会引起满意、愉快、高兴、肯定、自信等积极的情绪情感;与人的需要、价值观不符的事物,会引起不安、焦虑、愤怒、苦闷等消极的情绪情感。

## 二、情感

### (一)情感的定义

情感就是情的感受方面,即情绪过程的主观体验。情感这一概念只用于人类,特别用来描述人的高级社会性情感,对动物一般不用情感这一概念。情感是具有稳定而深刻的社会含义的高级感情。它所代表的感情内容,诸如对事业的酷爱、对美的欣赏时,所指的感情内容不是其语义内涵,而是指对这些事物的社会意义在感情上的体验。

情感一词包含一个"感"字,有感觉、感受之意,还包括一个"情"字,又不同于感觉之解。这说明情感既包括与感觉、感受相联系的"感",又包括与同情、体验相联系的"情"。因此,情感的基本内涵是感情反映的"觉知"方面,集中表达感情的体验和感受。

### (二)情感的种类

情感是同人的社会性需要相联系的态度体验,人的社会性情感主要有道德感、理智感和美感。

#### 1. 道德感

道德感是用一定的道德标准去评价自己或他人的思想和言行时产生的情感体验。不同时代有不同的道德标准,在我们社会主义国家,崇尚爱国主义、集体主义、见义勇为和互帮互助等在人们理解的基础上产生的情感体验。在青年期,随着世界观的初步形成和人生理想的确立,人的情感也更为独立和稳定,对人的行为有一种持久而强大的推动力。当他的行为符合自己的理想和价值追求时,就会感到自尊、自重,有一种自豪感;当他的所作所为同自己坚持的理想和价值标准相违背时,就会感到痛苦、懊悔,甚至丧失自尊心。显然,这种情感体验具有明显的自觉性,能对自己的行为产生调控和监督作用。

## 2. 理智感

理智感是在智力活动中，认识和评价事物时所产生的情感体验。例如，人们在探索未知事物时表现出的兴趣、好奇心和求知欲，科学研究中面临新问题时的惊讶、怀疑、困惑和对真理的确信，问题得以解决并有新的发现时的喜悦感和幸福感，这些都是人们在探索活动和求知过程中产生的理智感。人们越积极地参与智力活动，就越能体验到更强烈的理智感。

理智感是人们从事学习活动和探索活动的动力。当一个人认识到知识的价值和意义，感受到获得知识的乐趣以及追求真理过程中的幸福感时，他就会不计名利得失，以一种忘我的奉献精神投入到学习和工作中。居里夫妇在提炼镭的艰辛历程中，以及发现镭的那一刻，所体验到的理智感可能不是一般人所能体会到的。

## 3. 美感

美感是用一定的审美标准来评价事物时所产生的情感体验。在客观世界中，凡是符合我们的审美标准的事物都能引起美的体验。一方面，美感可以由客观景物引起，如桂林山水的秀丽、内蒙古草原的苍茫、故宫的绚丽辉煌、长城的蜿蜒壮美，可以使人体验到大自然的美和人的创造之美；另一方面，人的容貌举止和道德修养也常能引发美感，甚至一个人身上善良、纯朴的性格，率直、坚强的品性，比身材和外貌更能体现人性之美。人在感受美的时候通常会产生一种愉快的体验，而且表现出对美的客体的强烈的倾向性。所以，美感体验有时也能成为人的行为的推动力，沉醉其中，乐此不疲。在生活中，由于人的价值追求和审美情趣的多样化，对美的见解也多有不同，如有的人喜欢花好月圆的美，有的人却以丑木、怪石为美；有的人喜欢绚丽和精致之美，有的人却喜欢悲壮和苍凉之美。

美感会受到社会生活条件的限制。不同民族、不同阶层的人们对美的评价标准不尽相同，对美的体验也自然不同。随着社会的进步和观念的开放，人们接触到越来越多的异域风俗和文化，我们应该在坚持本民族文化传统中正确的审美观念的同时，去鉴别和吸收其他文化中积极、健康的审美情趣。

# 三、情绪和情感的区别与联系

## （一）情绪和情感的区别

在现实生活中，情绪和情感是紧密联系在一起的，但从各自产生的基础和特征表现上来看，二者又有所区别。

第一，从需要的角度来看，情绪更多地与人的物质或生理需要相联系。如婴儿的哭、笑等情绪表现多与饥、渴、冷、暖等生理性需要有关,当个人的生命财产安全受到威胁时会感到焦虑恐惧,这些都是人的情绪反应。情感则更多地与人的精神或社会需要相联系,如看到有人不遵守社会公德而产生厌恶、蔑视等情感,乐于助人会使人产生赞赏、钦佩等情感。

第二,从发生时间的早晚来看,情绪发生早,情感产生晚。人出生时会有情绪反应,但没有情感,而且情绪是人和动物所共有的,情感则是人所独有的。人刚生下来时,并没有道德感、成就感和美感等,这些情感反应是随着儿童的社会化过程而逐渐形成的,也是随着人的年龄增长而逐渐发展起来的。

第三,从反应特点来看,情绪带有情境性、机动性、暂时性、外显性和不稳定性,它往往是由身旁情境所引起,又常伴随着情境的改变而变化。此外,情绪具有冲动性和较明显的外部表现,如人高兴时会手舞足蹈、愤怒时会咬牙切齿、悲伤时会泪流满面、苦闷时会垂头丧气,所以,情绪表现常会喜怒无常,很难持久。情感则具有稳定性、持久性、深刻性和内隐性,是在多次情绪体验的基础上形成的稳定的态度体验,不为情境所左右。如对一个人的爱和敬佩,可能是持续一生的。情感更多的是内心的体验,较深沉和内隐,很少有冲动性,且不轻易流露出来。正因为如此,情感特征常被作为人的个性和道德品质评价的重要方面。

### (二)情绪和情感的联系

情绪和情感虽然不尽相同,但却是不可分割的,它们总是彼此依存、相互交融在一起的。一方面,情绪是情感的基础和外在表现,情感是情绪的深化和本质内容。稳定的情感是在情绪的基础上形成的,同时又通过情绪反应得以表达,因此离开情绪的情感是不存在的。另一方面,情绪的变化又往往受情感倾向性、深刻性所制约。当人们干一件工作的时候,总是体验到轻松、愉快,时间长了,就会爱上这一行;反过来,在他们对工作建立起深厚的情感之后,会因工作的出色完成而欣喜,也会因为工作中的疏漏而自责难过。

## 四、情商

情商即情绪智力,全称是"情绪智力商数"。它是衡量一个人情绪智力水平高低的一项指标。情绪智力是相对于智力而言的,如果说智商分数更多地被用来预测一个人的认知能力和学业成就,那么情商分数是指一个人的感受、理解、控制、运用和表达自己以及他人情感能力的总和。智商代表了人的一般智力水平,智商的高低反映着智力水平的高低;情商则代表了人的情感智力水平,情商的高低反映着情感品质的差异。情商对于人的成功起着比智商更加重要的作用。1995年,美国心理学家格尔曼对情商作了更明确的说明,他认为情商包括五个方面的能力:

### 1. 认识自身情绪

中国人常说,人贵有自知之明。这实际上是说,社会生活中的每个人都应当对自己的素质、潜能、特长、缺陷和经验等有一个清醒的认识,同样对自己在生活中的情绪一个明确的认识。只有清楚自身的情绪感觉和喜好,才能做适当选择,成功主宰生活。

### 2. 妥善管理情绪

人人都有情绪,情绪若随着境遇作相应的波动,是正常又合乎人性的。若情绪太极端化或长时间持续地僵化,当事人不能掌握调节情绪的方式,这个人很容易被情绪所困扰。情绪化的人,不但事业不能成功,连正常的生活和工作也可能受影响。所以,明白情绪之后,也要懂得管理情绪。

### 3. 自我激励

人生不如意事,十常八九。人在不如意的时候,往往比刹那间的快乐更令人刻骨铭心、意志消沉。在失意时保持积极向上的思想,在冲动时能够克制、忍耐,保持沉着,有效分辨眼前享乐与长远成就,保持高度热忱,推动自己走向成功。

### 4. 认识他人情绪

知己知彼,百战百胜。如果有一颗体贴别人的同情心,能从不同参与者的角度看事物及设计行为方式,那么这个人的目光必定会更深入更远大,也更容易找到合作的伙伴。

### 5. 人际关系的管理

人际关系包括在社会交往中的影响力、倾听与沟通的能力、处理冲突的能力、建立关系、合作与协调的能力和说服与影响的能力等。人际关系就是管理他人情绪的艺术,可以从人缘、领导能力及人际和谐显示出来。能与其他人合作,成就自然无可限量。

从以上我们可以看出,情商是良好的道德情操,是自我激励,是持之以恒的韧性,是同情和关心他人的善良,是善于与人相处、把握自己和他人情感的能力等。简言之,它是人的情感和社会技能,是智力因素以外的一个重要内容。

## 第二节　情绪表现和情绪识别

### 一、情绪表现

情绪表现也称表情,是指情绪在有机体身上的外显行为。它包括面部表情、姿态表情和声调表情。表情是情绪所特有的外显行为,也是人们表达自己情绪的一种方式和手段。研究者发现人的部分表情具有先天遗传性,具有跨文化、跨种族的一致性。即使在高等动物的种属内或种属间,也有表情存在。这些表情起着通讯的作用,如求偶、警告、求救、威胁等信号。部分表情又是后天习得的,并受民族文化的影响。

#### (一)情绪表现的先天遗传性

情绪表现具有先天遗传模式。首先,婴儿生来就具有表情,在出生后一年内,婴儿逐渐显露出兴趣、愉快、厌恶、痛苦等基本情绪表情,这些表情是随婴儿生理成熟而逐渐显现的。故全世界的儿童在悲伤时都会哭,高兴时都会笑。其次,先天盲婴在早期显露出与正常婴儿相同的面部表情,只是由于盲婴得不到来自成人面部表情的视觉强化,他们的表情才在以后逐渐变得淡薄。再次,跨文化研究表明,基本情绪的面部表情模式通见于全人类,具有跨文化的一致性。这说明人类基本情绪的表情是先天预成的程序化模式,外国人的表情不是"外国语",表情在很大程度上使人相通。

达尔文(Charles Darwin,1872)在《人类和动物的表情》一书中指出,现代人类的表情和姿势是人类祖先表情动作的遗迹,即人类的情绪表达是从其他动物类似表达进化而来的。这些表情动作最初具有适应意义,因此,以后就成为遗传的东西而被保存下来。例如,人类婴儿用笑容和啼哭等来表达他们舒适、满足、困倦、饥饿、疼痛的感受,从而保持其生存适应。达尔文曾随英国皇家海军环游世界,在南洋诸岛部落中,观察不同文化之下的不同种族的人,其基本情绪的面部表情,各种族间是一致的。正因为表情有其生物学根源,所以许多最基本的情绪,如喜、怒、哀、乐等原始表情具有全人类性。达尔文对个体不需学习就能表达情绪的推论和看法,获得了现代心理学家们实证研究结果的支持(见图10-2)。

图 10-2 笑的涵义不须翻译(采自 Lindzey,et al,1988)

1972年,埃克曼(Ekman)、弗里森(Friesen)等对六种面部表情作了测定,把代表快乐、厌恶、惊奇、悲伤、愤怒和恐惧的面部表情的照片给五种不同文化(美国、巴西、智利、阿根廷和日本)的人观看,发现五个国家的公民很容易指出每种表情所代表的情绪(表10-1)。从表上看,各民族对表情的判断大同小异。但有一点,表上所列的五个国家都是文明程度较高的地区,那么居住在偏僻地区的人们会有这样的结果吗?带着这一疑问,研究者又选取了新几内亚尚属于原始部落的霍尔族和丹尼族(没有接触过西方文化),结果发现,他们也能正确判断这六种面部表情。而且,把霍尔族土著的面部表情用录像带记录,让美国大学生来评判,也能得到正确的判断。由此,心理学家们认为,人的面部表情具有一致性和继承性。

表 10-1 不同文化的人对表情的判断(表中为判断正确的百分比)

| 表情<br>国家 | 愉快 | 厌恶 | 惊讶 | 悲伤 | 愤怒 | 恐惧 |
| --- | --- | --- | --- | --- | --- | --- |
| 美国(92人) | 97 | 92 | 95 | 84 | 67 | 85 |
| 巴西(40人) | 95 | 97 | 87 | 59 | 90 | 67 |
| 智利(119人) | 95 | 92 | 93 | 88 | 94 | 68 |
| 阿根廷(168人) | 98 | 92 | 95 | 78 | 90 | 54 |
| 日本(29人) | 100 | 90 | 100 | 62 | 90 | 66 |

## (二)情绪表现的社会制约性

人类的基本情绪具有先天遗传性,但其表露却受到社会文化因素的制约,特别是复杂情绪的表露更是如此。由于人类社会关系的多样性与复杂性,社会文化的潜移默化,即使是一些简单的事物,哪怕如同动物一样的需要和情绪,也都会蒙上一层文化模式的外衣。如动物饿了,看见有吃的食物,它就吃;而人吃饭不仅要讲究色、香、味,并且还要遵循一定的时间(一日三餐)和规则(用筷子还是刀叉)。再如情绪,人类婴儿和动物一样,喜怒哀乐都是外显的,而成人情绪的表露则由于受社会文化的制约,有时要力图掩饰自己真实的情绪、情感,或夸大或缩小自己的情绪体验,甚至还故意表现出和内心情绪完全不一致的表情。

情绪表现明显受社会文化因素的影响。例如,欧洲和美国人习惯用亲吻、拥抱表示亲切,而东方人则不太能够接受这种方式,而以微笑、握手、拍肩等方式表示亲切的情感。研究者发现,就是对于同样程度的疼痛反应也具有浓厚的文化色彩:犹太人与意大利人喜欢夸大疼痛,抱怨、毫无顾忌地呻吟、呜咽、哭叫,他们对于自己这种情绪的外显表露并不感到难堪,希望得到医生和家人更多的同情和帮助;而爱尔兰人与美国人则不然,他们能忍受极大的疼痛,认为抱怨、呼喊无助于减轻疼痛,即使是痛得受不住,宁可到单独的房间去哭叫,也不愿意有人在场时表现出痛苦的感受。

但是,在日常生活中,人们想掩盖自己强烈的情绪体验往往是难以完全做到的。心理学家埃克曼等让人们看两部内容截然不同的电影:一部是引人发笑的娱乐片,另一部是令人悲伤的影片。在看之前,要求无论看到的是可笑的还是悲伤的镜头时,都尽可能表现出笑容,而且尽量尝试做到别人看起来是真实的,不是假装的。当在观看电影时,研究者经由特殊装置,在不知不觉中,拍下这些人的面部表情。结果发现,内外不一致的情绪很难做到(见图10-3)。图10-3是其中一个参加者三次笑的表情,左边一张照片真正代表愉快的情绪,其余两张照片,虽带有笑容,但实质上缺乏笑意。

图10-3 笑是假不来的(采自 Ekman,1980)

### (三)言语表情与非言语表情

言语作为人类持有的交际工具,它本身已经表达了一定的思想感情。人们通过言语的轻重缓急、抑扬顿挫来表达情绪情感,这就是言语表情。如语调低沉、缓慢、高低差别不大表示人的悲怨情绪；语调高昂、快速、高低差别较大表示人的喜悦情绪。又如，同样是一句话："你真好!"由于说话时语调的不同，有时表示真心的夸奖，有时表示生气、指责和鄙视。

面部表情是额眉、鼻颊、口唇等全部颌面肌肉的变化所组成的模式。例如愉快时额眉平展、面颊上提、嘴角上翘；悲伤时额眉紧锁、嘴角下拉；轻蔑时嘴角微撇、鼻子耸起、双目斜视等，形成标志各种具体情绪的模式。由于面部表情模式能最精细地区分出不同性质的情绪，因而是鉴别情绪的主要标志。

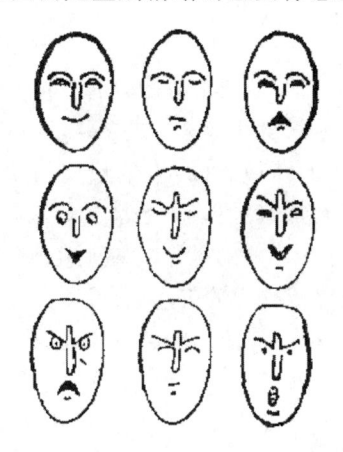

图 10-4　眼、眉、嘴配合的不同面部表情

身段表情是指表达某种情绪状态的身体动作。通常手舞足蹈表示高兴，咬牙切齿、紧握拳头表示愤怒，捶胸顿足表示悔恨或悲痛，手足失措表示惊慌，身体颤抖表示极度愤怒或恐惧等。其中，手势是一种重要的姿态表情，它协同或补充表达言语内容的情绪信息。手势表情是后天习得的，由于社会文化、传统习惯的影响而往往具有民族或团体的差异。

面部表情和姿态表情均由随意运动所支配，因此在一定程度上被随意地控制。姿态表情虽不像面部表情那样能细微地区分各种情绪，但它能与面部表情一起表露情绪信息。也往往在人有意地控制面部表情时，而由身体姿态泄露真情。例如，一个人用和蔼微笑的面容去掩饰对对方的愤怒时，他那紧握的拳头、僵硬的肢体却明白无误地泄露了真情实感。

除面部表情、姿态表情外，声调也是表达情绪的一种形式。声调表情指情绪发生时在语言的音调、节奏和速度方面的变化。例如，悲哀时语调低沉，语速缓慢；喜悦时语调高昂，语速较快。此外，感叹、烦闷、讥讽、鄙视等也都有一定的音调变化。语言是交流思想的工具，言语中音调的高低、强弱，节奏的快慢等所表达的情绪成为言语交际的重要辅助手段。

在上述三种表情形式中,姿态表情和声调表情都不具有代表特定情绪的特异模式,唯独面部表情所携带的情绪信息具有特殊性。因此,面部表情在情绪的通讯交流中起主导作用,姿态和声调表情则是表情的辅助形式。

## 二、情绪识别

### (一)情绪识别的概念

情绪识别实际上并不是针对表情本身的,而是针对着它背后的意义。它包括:(1)通过情绪出现的情境识别情绪。例如,如果要求我们描述恐惧,我们就会提到我们"感到"害怕的某些新近的情境。(2)表情预期的动作。我们观察一个人的表情并询问此后可能产生的行为。(3)体验情绪。任何表情行为的意义都可能与主观的情绪体验或态度有密切联系。观察者以某种感情移入的方式对自己表现这种体验,或者他自己做出部分感情移入的表达活动。

情绪识别的准确度受多种因素的影响。一般说来,快乐和愤怒最容易识别,而恐惧、厌恶等识别较困难。此外,正常成年人的情绪表现可以随意调节,可以加强它,也可以抑制它。情绪可以在没有表情的情况下产生,表情也可以在没有情绪体验的情况下出现。如不高兴却可以面带笑容,非常伤心却可以心平气和。同一种表情可能具有不同的意义。所以,要正确地识别一个人的情绪单凭表情是不充分的,必须结合其他指标综合进行。

### (二)情绪识别的线索

当我们与他人相互交往的时候,不管是不是面对面,我们都不断地表达着情绪,同时也在观察并解释对方的表情。在人际交往过程中,情绪的表达和识别十分迅速及时。伴随着情绪体验,机体外部发生的明显变化,例如,愤怒时胸部耸起,鼻孔张大,身体直立或向侵犯的一方弯曲,嘴唇紧闭或咬牙切齿,紧握拳头,手臂上举或晃动,极度愤怒时甚至身体颤抖,说不出话来;或声音变高、变尖,或言语混乱不清等。机体这些明显的外部变化,就是愤怒时的表情动作。当然,这些表情动作又与机体内部的一系列生理变化有联系。那么,人是借助哪些线索来识别他人的情绪呢?

#### 1. 面部表情

脸部的表情动作,如眼、眉、嘴等的变化,最能表示一个人的情绪。例如,高兴时,嘴角后伸、上层提升、双眉展开、两眼闪光,所谓笑容满面;悲哀时,头部低垂、嘴角下歪、眉头紧锁、眼泪汪汪,所谓哭丧着脸;轻蔑时耸起鼻子、双目斜视,所谓嗤之以鼻等。皱眉可能是一种情绪表现,见到这种面部表情我们就试图解释隐藏在它背后的情绪。

在文艺作品中人们往往可以看到"眉目传情"、"双眼含情脉脉"、"眼睛是心灵的窗户"等描述,以至给人产生一种印象,似乎眼睛是面部表情最能传达情感的部位。实际上并非如此。你不妨做一个实验:用一张硬纸挡住你的面部只露出两只眼睛,然后让别人来识别你所做出的各种情绪表情,结果肯定是他人无法识别。如果你把面部露出的部分逐渐增多,那么,他人就越容易判断你所表现出来的表情。可见,从面部识别情绪的主要线索并不在"眉目之间"。情绪识别是借助许多线索,特别是借助面部那些活动性更大的肌肉群的运动实现的。

面部表情的识别通常是通过向被试呈现各种表情的人头照片,让他们判断是何种情绪或情感。结果发现:最容易辨认的是快乐、痛苦;较难辨认的是恐惧、悲哀;最难辨认的是怀疑、怜悯。有研究者对人的面部表情的识别进行了许多实验研究,把无意义音节与面部表情照片搭配成对,让被试判断表情并学习记忆无意义音节。结果发现,被试识记那些与积极的面部表情照片配对的无意义音节,比识记那些与消极表情照片配对的无意义音节速度快。或者先让被试判断表情照片并确认为某种表情,再让其评定照片中的人的性格。结果发现,多数人认为,积极的面部表情者具有令人喜欢的性格特征,如友好、富有活力、聪明等。

面部表情的识别还存在着个别差异。让精神病医生和职业舞蹈家,通过影片观察一位妇女的表情,判断她的快乐程度。两组被试几乎全部根据面部线索进行判断,很少注意姿势、手势动作等非面部线索。随后把妇女的面部遮上,在失去面部线索以后,两组被试都能按照非面部线索进行判断。最后再重现全部线索,舞蹈家更多地依靠动作姿势来判断情绪,而医生主要是依靠面部表情来判断情绪。可见,职业经验不同,判断情绪所依据的线索也不同。

### 2. 身段表情

身体姿态是表达情绪的一种方式。人在不同的情绪状态下,身体姿势会发生不同的变化:欢乐时,手舞足蹈、捧腹大笑;骄傲时,趾高气扬,挺胸阔步;惧怕时,手足无措;虔敬时,合掌低头等。在日常生活中,即使我们看不清一个人的面孔,但只要能看清他的身体动作也能了解其情绪状态。哑剧演员的面部或涂上白粉或戴上面具,不可能较多地运用面部表情,但人们根据姿势动作仍能理解演员所表达的情绪。所有的舞蹈语词,严格来说都是身段表情动作。我们对舞蹈的欣赏,实际上就是根据身段表情来理解剧中人物的喜怒哀乐。

识别身段表情,其中双手的表情占着很重要的地位。手势常常是表达情绪的重要形式。手势通常和言语一起使用,表达赞成还是反对、接纳还是拒绝、喜欢还是厌恶等态度和思想。手势也可以单独用来表达情感、思想或做出指示。在无法用言语沟通的条件下,单凭手势就可表达开始或停止、前进或后退、同意或反对等思想感情。"振臂高呼"、"双手一摊"、"手舞足蹈"等语词,分别表达了个人的激愤、无可奈何、高兴等情绪。心理学家的研究表明,手势表情是通过学习得来的。它不仅有个别差异,而且由于社会文化、传统习惯的影响又有民族或团体的差异。同一种手势,在不同的民族中可用来表达不同的意思。

**3. 言语表情**

言语是人们沟通思想的工具,人们在音调、节奏速度方面的表现,也是识别情绪的一个重要线索。如悲哀时,音调低、言语缓慢、语音高低差别很小、声音断续;喜悦时,音调高、速度较快、语音差别较大;愤怒时,声音高尖且有颤抖;朗朗笑声表达了愉快的情绪,而呻吟代表了痛苦的情绪。同时,言语中语音的抑扬顿挫也是表达说话者情绪的手段。比如,当播音员转播乒乓球的比赛实况时,他的声音尖锐、急促、声嘶力竭,表达了一种紧张而兴奋的情绪;而当播出某位领导人逝世的公告时,语调缓慢而深沉,表达了一种悲痛而惋惜的情绪。所以人的言语不仅是交流思想的工具,而且也是表达情绪的手段。

**4. 移情**

在人际交往过程中,情绪不但可以被识别,也是相通的。人们彼此间情感的相通,即情感上的相互作用和相互影响,称为感情移入或移情。当我们知觉到别人有某种情感体验时,可以分享他的情感。这种分享并不意味着是同情,也不仅意味着对它的认识,而是对别人的情感产生情绪性反应。在欣赏文学艺术时经常可以见到移情现象。因为文学艺术是以情感人为特点的。优秀的文学艺术之所以能激起读者或观众的情感波涛,移情是最重要的原因。

情绪识别是一种复杂的认知过程,包含观察、分析、判断、推理等。情绪识别的准确度受到多种因素的影响。面部表情、身体姿势、手势和语调等,构成了人类的非言语交往形式,心理学家和语言学家称之为"体语"。人们之间除了使用语言沟通达到互相了解之外,还可以通过由面部表情、身体姿势、手势以及语调等构成的体系,来表达个人的思想感情和态度。在许多场合下,人们不需使用语言,只要通过观察脸色、看看手势、动作、听听语调,就能知道对方的意图和情绪。

# 第三节 常见的情绪类别

人的情绪情感是非常丰富多样的。自古以来许多学者就试图对情绪情感进行分类。例如,据我国古代名著《礼记》记载的"七情说",将情绪分为喜、怒、哀、惧、爱、恶、欲七种;在《白虎通》一书中,分为喜、怒、哀、乐、爱、恶六类;古希腊的亚里士多德把情绪分为欲望、愤怒、恐怖、欢乐、怜悯等五种;17世纪的笛卡尔把原始情绪分为惊奇、爱悦、憎恶、欲望、欢爱、悲哀等六种。可见,这些分类既有相同之处,也有不同之处,并没有完全统一的分类。现代关于情绪情感的研究,往往从不同的角度、依据不同的标准分类,一般认为有四种基本情绪,即快乐、愤怒、恐惧和悲哀。

## 一、四种基本情绪

快乐是指一个人盼望和追求的目的达到后产生的情绪体验。由于需要得到满足,愿望得以实现,心理的急迫感和紧张感解除,快乐随之而生。快乐有强度的差异,从愉快、兴奋到狂喜,这种差异与所追求的目的对自身的意义以及实现的难易程度有关。

愤怒是指所追求的目的受到阻碍,愿望无法实现时产生的情绪体验。愤怒时紧张感增加,有时不能自我控制,甚至出现攻击行为。愤怒也有程度上的区别,一般的愿望无法实现时,只会感到不快或生气,但当遇到不合理的阻碍或恶意的破坏时,愤怒会急剧爆发。这种情绪对人的身心伤害是明显的。

恐惧是企图摆脱和逃避某种危险情境而又无力应付时产生的情绪体验。所以,恐惧的产生不仅仅由于危险情境的存在,还与个人排除危险的能力和应付危险的手段有关。如一个初次出海的人遇到惊涛骇浪或鲨鱼袭击会感到恐惧无比,而一个经验丰富的水手对此可能已经司空见惯,泰然自若。婴儿身上的恐惧情绪表现较晚,可能是与他对恐惧情境的认知较晚有关。

悲哀是指心爱的事物失去时或理想和愿望破灭时产生的情绪体验。悲哀的程度取决于失去的事物对自己的重要性和价值。悲哀时带来的紧张释放,会导致哭泣。当然,悲哀并不总是消极的,它有时能够转化为前进的动力。

人类最基本的情绪与动物的情绪表现有本质不同。即使是人的生理性需要也打上了社会烙印,人们不再茹毛饮血,满足吃、喝、住、穿的需要会考虑适当的方式和现有的社会条件。

## 二、情绪状态的种类

情绪状态是指在一定的生活事件影响下,一段时间内各种情绪体验的一般特征表现。根据其强度和持续时间可将情绪状态分为心境、激情和应激。

### (一)心境

☕【阅读材料】

有这样一则寓言。有人问镜子:"你怎么能够清晰地映出别人的样子呢?"镜子回答说:"别人给我的我从不占有,心中无物,自然清静。"

镜子因胸中无物而善鉴万物,那么人呢?苏小妹也曾说:"心存牛粪,看人都如牛粪;心存如来,看人都是如来。"这谈的就是心境!

"仰天大笑出门去,我辈岂是蓬蒿人",是一种豁达的心境;

"朱门酒肉臭,路有冻死骨",则是一种为民生民计深受煎熬的心境;

"蓦然回首,那人却在灯火阑珊处",是一种瞬间有所获的美好心境;

"国破山河在,城春草木深",则是一种忧国忧民的心境。

心境是一种微弱、平静和持久的情绪状态。生活中我们常说"人逢喜事精神爽",指发生在我们身上的一件喜事能让我们很长时间保持着愉快的心情;但有时候一件不如意的事也会让我们很长一段时间忧心忡忡,情绪低落。

心境具有弥散性和长期性。心境的弥散性是指当人具有了某种心境时,这种心境表现出的态度体验会朝向周围的一切事物。一个在单位受到表彰的人,觉得心情愉快,回到家里同家人会谈笑风生,遇到邻居会笑脸相迎,走在路上也会觉得天高气爽;而当他心情郁闷时,在单位、在家里都会情绪低落,无精打采,甚至会"对花落泪,对月伤情"。古语中说人们面对同一种事物,"忧者见之而忧,喜者见之而喜",也是心境弥散性的表现。心境的长期性是指心境产生后要在相当长的时间内主导人的情绪表现。虽然基本情绪具有情境性,但心境中的喜悦、悲伤、生气、害怕却要维持一段较长的时间,有时甚至成为人一生的主导心境。如有的人一生历尽坎坷,却总是豁达、开朗,以乐观的心境去面对生活;有的人总觉得命运对自己不公平,或觉得别人都对自己不友好,结果总是保持着抑郁愁闷的心境。

导致心境产生的原因很多,生活中的顺境和逆境,成功和失败,人际关系的亲与疏,个人健康的好与坏,自然气候的变化,都可能引起某种心境。但心境并不完全取决于外部因素,还同人的世界观和人生观有联系。一个有高尚人生追求的人会无视人生的失意和挫折,始终以乐观的心境面对生活。

心境对人们的生活、工作和健康都有很大的影响。心境可以说是一种生活的常态,人们每天总是在一定的心境中学习、工作和交往,积极良好的心境可以提高学习和工作的绩效,帮助人们克服困难,保持身心健康;消极不良的心境则会使人意志消沉,悲观绝望,无法正常工作和交往,甚至导致一些身心疾病。所以,保持一种积极健康、乐观向上的心境对每个人都有重要意义。

### (二)激情

激情是一种爆发强烈而持续时间短暂的情绪状态。生活中的狂喜、狂怒、深重的悲痛和异常的恐惧等都是激情的表现。和心境相比,激情在强度上更大,但维持时间一般较短暂。

激情具有爆发性和冲动性,同时伴随有明显的生理变化和行为表现。当激情到来的时候,大量心理能量在短时间内积聚而出,如疾风骤雨,使得当事人失去了对自己行为的控制力。《儒林外史》中的范进听到自己金榜题名,狂喜之下,竟然意识混乱,手舞足蹈,疯疯癫癫;有些人在暴怒之下,双目圆睁,咬牙切齿,甚至拳脚相加。但这些激情在宣泄之后,人又会很快平息下来,甚至出现精力衰竭的状态。

激情常由生活事件引起,那些对个体有特殊意义的事件会导致激情,如考上大学,找到满意的工作等;出乎意料的突发事件会引起激情,如多年失去音信的亲人突然回归,常会欣喜若狂。另外,违背个体意愿的事件也会引起激情。中国古书中记载,春秋战国时期的伍子胥过昭关,因担心被抓回楚国,父仇不能报,一夜之间竟然愁白了头。可见,不同的生活事件会引起不同的激情。

激情对人的影响有积极和消极两个方面。一方面,激情可以激发内在的心理能量,成为行为的巨大动力,提高工作效率并有所创造。如战士在战场上冲锋陷阵,一往无前;画家在创作中,尽情挥洒,浑然忘我;运动员在报效祖国的激情感染下,敢于拼搏,勇夺金牌。但另一方面,激情也有很大的破坏性和危害性。激情中的人有时任性而为,不计后果,对人对己都造成损失。一些青少年犯罪,就是在激情的控制下,一时冲动,酿成大错。激情有时还会引起强烈的生理变化,使人言语混乱,动作失调,甚至休克。

在激情发生的时候,人很难用意志加以控制。但是,人却可以有意识地防止激情的发生,使这种情绪达不到突然爆发的程度。如在激情爆发之前,默默数数,张开嘴,把舌头在嘴里转几十圈,强迫自己做一些同激情动作相反的动作等,可以在一定程度上减弱激情的强度。

### (三)应激

应激是出乎意料的紧张和危急情况引起的情绪状态。在日常生活中突然遇到火灾、地震,飞行员在执行任务中突然遇到恶劣天气,旅途中突然遭到歹徒的抢劫等,无论天灾还是人祸,这些突发事件常使人们心理高度警醒和紧张,并产生相应的反应,这都是应激的表现。

人在应激状态下常伴随明显的生理变化,这是因为个体在意外刺激作用下必须调动体内全部的能量以应付紧急事件和重大变故。这个生理反应的具体过程为:紧张刺激作用于大脑,使得下丘脑兴奋,肾上腺髓质释放大量肾上腺素和去甲状腺素,从而大大增加通向体内某些器官和肌肉处的血流量,提高机体应付紧张刺激的能力。加拿大心理学家塞里(Seley)把整个应激反应过程分为动员、阻抗和衰竭三个阶段:首先是有机体通过自身生理机能的变化和调整做好防御性的准备;其次是借助呼吸、心率变化和血糖增加等调动内在潜能,应对环境变化;最后当刺激不能及时消除,持续的阻抗使内在机能受损,防御能力下降,从而导致疾病。

应激的生理反应大致相同,但外部表现可能有很大差异。积极的应激反应表现为沉着冷静,急中生智,全力以赴地去排除危险,克服困难;消极的应激反应表现为惊慌无措、一筹莫展或者发动错误的行为,加剧了事态的严重性。这两种截然不同的行为表现,既同个人的能力和素质有关,也同平时的训练和经验积累有关。

## 第四节 情绪调节与心理健康

### 一、情绪对健康的影响

#### (一)情绪对健康的正面影响

良好的情绪对促进心身健康有积极作用。保持愉快、乐观的情绪状态能增强有机体的抵抗力,提高适应环境的能力,减少疾病发生的可能性。如果在此基础上能保持适度的兴奋和紧张,那么对健康的正面影响会更明显。因为健康的情绪不仅能提高工作的效益和耐久性,而且能增强机体的活力,促进良好的食欲和睡眠,使机体产生强大的生理、心理驱力,保证神经、内分泌系统机能的正常运行及免疫功能的提高,从而使机体处于健康状态。

笑声和幽默最能体现情绪对健康的促进作用。人们推断,欢笑是通过改善呼吸作用降低血压,肺的扩张导致血液中的氧增加,心血管系统因此得到锻炼。艾克曼宣称,因微笑而导致的面部肌肉放松动作可以对神经系统、心血管系统和呼吸系统起到一种镇静作用。下一次当你感到痛苦时,你可以尝试着在脸上堆起一种高兴的微笑,尝试着使你的眼睛中也充盈着笑意。幽默可以帮助病人分散注意力。当你因为观看或阅读某些东西而大笑不止时会"忘记"疼痛。笑不仅是一种令人愉快的经历,还是一种积极的自然现象,有助于保证身体最大限度地获益。欢笑很可能真的是最好的药物!

## (二)情绪对健康的负面影响

任何过度的、不适当的情绪都是对健康有害的,尤其是过度的愤怒、憎恨、忧愁、惊恐、抑郁等消极情绪对健康的损害更为明显。一方面,不健康的情绪可以导致心理活动失去平衡;另一方面,它还会引起身体各系统、器官的生理生化反应及行为障碍,如自残、自杀行为等。科学研究证明癌症与经常压抑愤怒情绪有关;易激怒、有敌意的人容易患高血压;急躁、情绪反应强烈易患心脏病;长期抑郁容易患结肠炎;压抑情绪容易患溃疡等。

### 1. 情绪影响神经系统

神经系统是不良情绪首当其冲的影响对象。不健康的情绪可以使神经系统的功能发生紊乱,从而无法正常支配机体的各系统、器官而损害健康。过度激烈、紧张的情绪会引起大脑机能失调,进而使交感和副交感神经的兴奋与抑制功能失去平衡。另一方面,过度消沉的情绪可以降低神经系统的活力,使机体抵抗力下降,增加疾病侵犯的机会或使疾病久治难愈。

### 2. 情绪影响心脏和血管

心脏和血管是对情绪反应最敏感的器官,它们总是很快卷入情绪的兴奋中。我们经常会有这样的体验:兴奋激动时,心跳加快、面红耳赤;惊慌恐惧时,心跳加快、面色苍白。这都是因为激情状态下心血管变化所致。激动、紧张会引发心血管紊乱、心律不齐、血压升高,久而久之就会产生病理变化,如高血压、冠心病,严重时还可能出现脑血栓和心肌梗死。由于强烈兴奋、盛怒的情绪刺激引起心脏病猝发突然死亡的事例时有发生。据说周瑜就是被诸葛亮三气之下引起心脏病而死的。心理医学研究表明:急躁、易怒、任性、要求过高并长期处于焦虑、紧张情绪状态的人易患高血压和冠心病。

### 3. 情绪影响消化系统

消化系统是对情绪变化敏感的另一个器官。很多人都有这样的体验：心情忧愁时即使是山珍海味也难以下咽，心情愉快时粗茶淡饭也津津有味。这说明消化系统的功能受情绪的左右。著名的"胃瘘"实验有力地证明了情绪对胃肠道功能的影响。心身医学家沃尔夫选择一名胃瘘病人作为观察对象，当病人情绪低落、抑郁时，通过胃瘘管可看到胃蠕动消失，胃黏膜因血管收缩而变得苍白，胃液分泌减少，胃酸浓度降低；当病人处于焦虑或愤怒状态时，胃蠕动加剧，胃黏膜充血变红，胃液分泌增加，胃酸含量升高，有时甚至可以看到胃黏膜受到胃液的侵蚀。这一实验能够解释人为什么忧愁时不思茶饭，生气时反而饭量增大。这是因为愤怒时胃的上述变化会使胃对食物的消化能力过度加强引起饥饿，大量进食可以缓解紧张状态，减轻高酸度的胃液对胃黏膜的侵蚀。

### 4. 情绪影响免疫系统

情绪状态及其所伴随的反应直接影响免疫系统的功能。拉伯特等人的研究证实，人为地诱发情绪状态会对被试的免疫系统功能产生因果性的影响。研究者让女大学生观看了两段录像，一段是幽默的，另一段是悲伤的。结果发现，观看了幽默的录像后，被试的免疫系统活动得到增强；而看了悲伤的录像后，被试的免疫系统活动受到抑制。研究还发现，人们免疫系统功能的基线水平与其应对日常问题的情绪活动方式之间存在明显的相关。那些经常运用幽默作为应对机制的被试，健康问题较少；而那些经常运用哭喊作为应对机制的被试，健康问题较多。

由此可见，积极的情绪有助于身心健康，消极的情绪会引起人的各种疾病。

## 二、情绪调节与健康

### （一）情绪调节的实质

一般认为，情绪调节是个体管理和改变自己或他人情绪的过程。在这个过程中，通过一定的策略和机制，情绪在生理活动、主观体验、表情行为等方面发生一定的变化。

情绪调节过程有以下特点。首先，情绪调节包括所有正性和负性的具体情绪。被调节的情绪首先是那些让人感觉难受的负性情绪，如愤怒、悲伤。另外，正性情绪在某些情况下也需要调整。那些成绩好的学生，如果表现过分的满意、骄傲和幸福，可能会引起别人的妒忌。其次，情绪调节不仅只针对具有强烈感受和过高生理唤醒的情绪，较低强度、需要增强的情绪也需要调节。换言之，情绪调节既可以是抑制、削弱、掩盖的过程,也可以是维持和增强的过程。第三,情绪调节过程是在一些策略和机制作用下,情绪被管理和调整的过程,它既包含意识的、努力的、控制的调节,也包括无意识、无须努力的、自动的调节,可以将它理解为一个从意识到无意识的连续体。

### (二)健康情绪的必备条件

控制和调节情绪并不是单靠方法和技巧就能解决的。要想获得稳定、健康、欢快的情绪,首先必须具备一种气质。能够很好驾驭自己的情绪活动并保持健康情绪的人,并不是在怒气产生时才想到制怒、在忧愁来临时才开始解愁。也就是说,并不是等到不良情绪已经来临,才开始进行情绪的控制和调节的。他们那种稳定的、健康的、欢快的情绪来源于坚强的、旷达的、高尚的个性素质。靠着这些素质,他们才能经受得住种种挫折、失意和打击,才能在得意和失意、欢乐和痛苦、胜利和失败的起伏沉浮中,保持健康和稳定的情绪。因此要成功地控制和调节情绪,首先就得培养自己具备经得起生活中种种考验的素质。

(1)正确的人生态度。人们的情绪活动首先是建立在一定人生态度基础上的。生活中面对同样的环境或遭遇,不同的人的情绪反应有很大的差异。在现实生活中,不顺心的事情有时仍然难以避免,失恋、失学、疾病以及被嘲讽、压制都有可能碰到。只有确立正确人生态度的人,才能不被压垮,才能百折不挠,始终保持乐观向上的情绪,保持健康的心理。

(2)宽广的胸怀。度量宽广、心胸豁达,是保持情绪健康的基本条件之一。日常生活中,在情绪上容易大起大落或者陷入不良情绪状态的人几乎都是心地不宽、胸怀狭隘的人。我们应该学会从小事中超脱出来,开阔视野,旷达胸怀,把自己的注意力更多地集中到为之奋斗的事业上,集中到那些对人生更有意义的方面。

(3)适应生活的能力。适应能力是接受生活现实的能力。人们往往对那些令人高兴、满意的现实比较容易接受,对那些扫兴、失意、倒霉的现象就不容易接受,就想不开、闹情绪,好像通过发牢骚、到处辩解,这些事就能摆脱似的。适应能力还包括正确地估价自己。不能正确估价自己也会引起对生活的不适应。例如对自己的能力、才华估计偏高,追求过高的目标却难以达到,因而就容易产生挫折感和失败感。

(4)坚毅的性格。情绪的波动还同人们的性格有着密切联系。性格不同的人,在情绪活动特征上也会有很大的不同。有的人性格坚强,遇到失意和伤心事情挺得住。而有的人性格软弱,遇到失意和伤心事情,则容易被不良情绪所征服。性格豪爽的人,一般的小事不大放在心上,不会因此引起情绪被动。有的人却斤斤计较,情绪波动的机会也就多一些。可见要保持健康的情绪状态还必须考虑到自己的性格特征,注意克服性格方面的缺陷。

(5)对情绪的认识与觉察。监控情绪时时刻刻变化的能力是自我理解和心理领悟力的基础。没有能力认识自身的真实情绪就只好听凭这些情绪的摆布。因此,我们要学会觉察自己真正的情绪。通过探索自己的各种情绪,对外在、内在与中间领域觉察及记录整理每天的情绪等方法来增加自己对情绪的认识与觉察。提高理智水平和评价水平,正视和理解情绪,学会做情绪的主人。

### (三)情绪调节的方法

每个人都有自己的情绪状态与模式,在愤怒之时,乱发脾气会影响人际关系,不发脾气,长期压抑又伤害自己的身心。因此对不良情绪需要调节、控制,常见的情绪调节方法如下:

#### 1. 运动法

据心理学研究发现,最好的情绪化解方法之一是运动。因为当人们在沮丧或愤怒时,生理上会产生一些异常现象,这些都可以通过运动使生理恢复原状。生理得到恢复,情绪也就恢复正常。研究证明,跑步、转圈、疾走、游泳等运动可使心率加快,促进血液循环,改善机体对氧的吸收利用,从而使人精神振奋,是化解不良心态的最有效的方法之一。

#### 2. 大笑法

笑是人类独有的表情,是调节身心的重要方法。"笑"可以使人心情舒畅,精神愉快,从而驱除疲劳、治病防病,并通过调节情绪,使人保持良好的心境。家庭若常有欢乐笑语荡漾飘洒,那家人一定少有忧愁烦恼。

#### 3. 幽默法

幽默是生活的调味品,是一种美丽的"转化剂",使痛苦变为愉快。因此,生活中不可缺少幽默。要培养自己幽默的性格,面对困境和挫折时,有时不妨幽默一下。保持开放的心态是培养幽默性格的基础。经常保持乐观向上的心态,热爱生活、生命、大自然,珍惜友情、亲情、爱情,就能心情愉快,烦恼、忧愁就会远离身边。

#### 4. 谈话法

对付坏心情的最好办法之一是把心里的话说出来,把自己的烦恼、苦闷、忧愁一股脑儿全说出来,便会有如释重负的感觉。找人谈谈自己的苦闷和忧愁,不仅可以缓解自己的焦虑与悲伤,还能得到热心朋友的劝慰与帮助。

### 5. 自我暗示法

暗示是通过语言的刺激来纠正或改变人们的某种行动状态或情绪状态的方法，可分为自我暗示和他人暗示两种。自我暗示是指有意识地将某种观念暗示给自己，从而对情绪和行为产生影响。例如，如果你遇到了挫折，你可以用"人生不如意之事十有八九"来安慰自己；如果你的疑虑来自缺乏自信，那就想象自己成绩斐然，一帆风顺；当走进考场，产生恐惧心理时，可以自我默诵"不要怕，怕是不能解决问题的"等，以此来消除恐惧心理；当你要发怒时，可轻声告诉自己"不要发怒，发怒有害无益"；当你陷入忧愁时，可反复用言语暗示自己"忧愁于事无补，还是振作起来面对现实吧！"在使用暗示技术时，要避免运用消极的自我暗示，必须使用积极的自我暗示。

### 6. 宣泄法

宣泄是通过特有的形式，将积聚在心里的痛苦、忧愁、委屈等发泄出来的一种心理调节方法。不良情绪之所以危及人的身体，是由于人在感情冲动时，体内能量骤增超出了机体的承受力，这时如不能及时发泄体内多余的能量，就会危害身体。

宣泄有合理与不合理两种。那种不分场合、不顾影响，一有怒气就大动肝火，一有痛苦就大喊大叫，一有冲动就不顾后果蛮干一通的行为，就属于不合理的宣泄。这种宣泄于事无补，不仅不能将不良情绪发泄出去，反而会带来更大的烦恼。

合理的宣泄，一方面可以将不良情绪发泄出去，另一方面又不会引起危害，所以是一种比较好的形式。比如，生气时，你可以去打球、猛跑一阵，等满头大汗、气喘吁吁之时，气恼之情就会减弱，不良情绪得到了合理的宣泄。另外，哭也是一种有效的宣泄方式。心理学证明，人因情绪冲动而流出的泪与受风刺激流出的泪成分不尽相同——前者蛋白质高于后者。人因情绪冲动而流泪，能把体内因精神受到沉重压力而产生的有关化合物散发出来并排出体外，从而调节情绪，维护心理平衡。

### 7. 转移法

所谓转移，是指当遇到令人不愉快的人和事时，有意识地运用各种方法把注意力转移到自己感兴趣和喜欢做的事情上去，这是一种很有效的心理调节方法。其目的是为了分散和转移注意力，摆脱不良影响，使自己从不良心理状态中解脱出来。如，居里夫人在丈夫突遇车祸横死的灾难面前，没有消沉，而是用工作的劳累冲淡内心的伤悲，使自己无暇去回忆以前的岁月。这样不但第二次荣获诺贝尔奖，而且也帮助自己走出了心理的阴影。

## 本章知识结构图

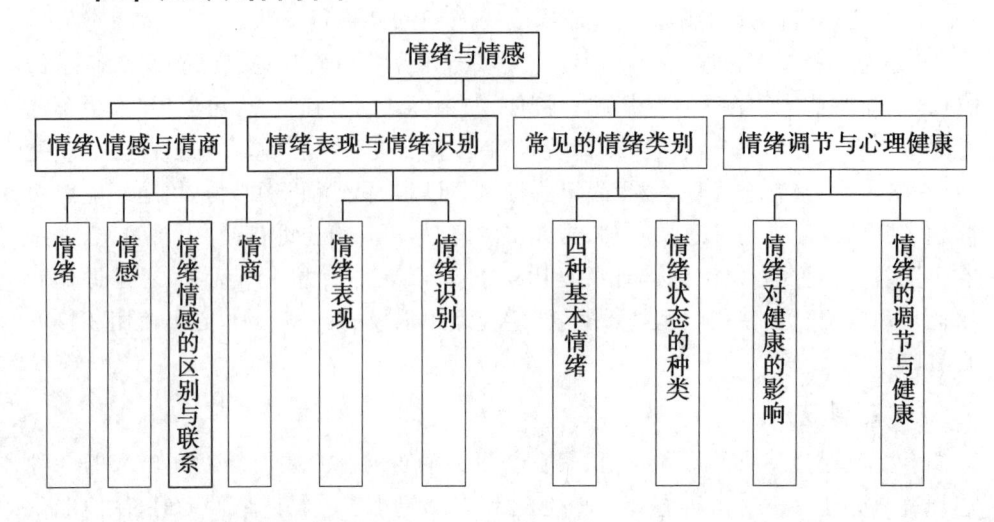

```
                          情绪与情感
        ┌──────────┬──────────────┬─────────────┬──────────────┐
   情绪\情感与情商   情绪表现与情绪识别   常见的情绪类别   情绪调节与心理健康
   ┌───┬───┬────┬──┐    ┌────┬────┐      ┌────┬────┐     ┌────┬────┐
   情绪 情感 情绪情感 情商  情绪表现 情绪识别  四种基本  情绪状态   情绪对健康  情绪的调节
              的区别                           情绪     的种类    的影响    与健康
              与联系
```

## 一、基本练习题

1. 名词解释：

情绪,情感,道德感,理智感,美感,情商,情绪表现,言语表情,面部表情,身段表情,声调表情,情绪识别,移情,快乐,愤怒,恐惧,悲哀,情绪状态,心境,激情,应激情绪调节,适应能力,暗示,自我暗示,宣泄,转移,心境,激情,应激。

2. 简述情绪表现的社会制约性。

3. 简述情绪的种类。

4. 简述情绪与情感的区别与联系。

5. 简述我们是借助于哪些线索来识别他人的情绪的。

6. 情绪对我们的健康有哪些负面影响?

7. 当在生活中遇到不良情绪时,我们可以采取哪些方法来调节?

## 二、你身边的心理学

1. 如果你将自己面带微笑并持续半分钟,你将开始感到高兴;如果你紧锁眉头,你将感到苦闷和烦恼。想想这是为什么呢?

2. 当你在生活和工作中感到有不良情绪时,你是如何应对的呢?

# 第十一章 意 志

## 导 学

你有坚强的意志吗？意志是什么？它在我们的日常生活中有什么作用呢？在本章中，我们将要一起学习的重点内容是意志的品质、意志的心理过程、意志品质的培养方法。

在本章中你要遇到的难点可能有：第一，理解意志行动的过程；第二，理解动机冲突的四种类型并学会分辨四种类型的动机冲突；第三，理解意志品质并学会锻炼意志的方法；第四，理解意志失控的概念并学会应对意志失控的方法。

意志在生活中有着重要的作用，要在充分理解意志的基础上学会正确处理动机冲突、有效应对失控、培养良好意志品质等。

### 【阅读材料】霍金——坐在轮椅上的科学家

斯蒂芬·霍金，剑桥大学应用数学及理论物理学系教授，当代最重要的广义相对论和宇宙论家。他与彭罗斯一起证明了著名的奇性定理，获得了1988年的沃尔夫物理奖。但让人钦佩的不仅仅是他在科学上的成就，更是他那勇敢顽强的精神。因为患有卢伽雷病，他被禁锢在轮椅上20年之久。在他失声之前，只能用非常微弱的变形的语言交谈，这种语言只有在陪他工作、生活几个月后才能通晓。他不能写字，看书必须依赖于一种翻书页的机器，读文献时必须让人将每一页摊平在一张大办公桌上，然后他驱动轮椅如蚕吃桑叶般地逐页阅读。然而他身残志不残，克服困难，勇攀科学高峰。他在1998年还撰写了《时间简史》，这是部优秀的天文科普小说。

霍金的故事告诉人们，不屈不挠的意志是影响成就的重大因素。什么是意志、意志过程是怎么样的、意志有哪些品质、我们该如何培养良好的意志品质等这些问题，都将在本章中进行深入的分析。

# 第十一章 意志

## 第一节 意志的基本问题

意志能够调控行动,具有一定的自由度,但并不是绝对的。受意志支配的行为称为意志行动,意志行动过程可以分为采取决定和执行决定两个阶段。

### 一、意志的概念

意志是为了实现一定的目的,有意识地支配、调节个人的行为以克服困难的心理过程。意志通过行为表现出来,受意志支配的行为称为意志行动。

首先,意志行动具有明确的目的,这类目的性行为为人类所特有。动物在适应环境过程中对环境也会发生作用,但是这种受本能控制的行为,没有经过思考和计划而确立的目的,因此不是意志行动。即便是人的行为,如果没有明确的目的,也不是意志行动。例如,咳嗽、手遇火而缩回,不是预先确定目的的行动,即使在行动过程中存在困难,也构不成意志行动。只有预先确定目的,并由目的所调节、支配的行动,才是意志行动。例如,当手遇火后,为减少痛苦而迅速涂上药物;学生为了掌握知识,为自己制订学习计划并坚持执行……这些都是意志行动。简而言之,没有目的的行动不是意志行动。

其次,意志是与克服困难相联系在一起的心理过程。人们为了实现一定的目的,往往需要克服不同种类和程度的困难。例如,登山者要攀登高峰就得忍受缺氧和严寒的痛苦;运动员要取得金牌就得进行长期艰苦的训练;模特要保持良好的身材就得严格遵循合理的饮食安排……在这些行动中,人们必须意志努力,有计划地组织自己的行动、克服困难,以达到预定的目的。阻碍人们实现目的的困难一般可分为外部困难和内部困难两类。外部困难是外在条件客观造成的障碍,如天气恶劣、人手匮乏、设备陈旧等;内部困难是来自于行为者自身的障碍,包括畏惧困难、犹豫不决的态度、胆怯的性格、懒散的生活习惯、知识经验不足、能力有限、身体状况不佳等。

**【阅读材料】越王勾践的卧薪尝胆**

春秋时期,吴国夫差打败了越国。越王勾践逃到会稽后屈辱求和。勾践在吴国做苦役时饱受吴国对他的精神和肉体折磨。勾践不仅给阖闾看坟,给夫差喂马,还给夫差脱鞋,服侍夫差上厕所。勾践回国后,不忘在吴国受辱的情景,立志灭吴。但他唯恐眼前的安逸会消磨志气,就用柴草当做褥子,还在吃饭的地方挂上一个苦胆,每逢吃饭时,就先尝一尝苦味,还自己问:"你忘了会稽的耻辱吗?"时时提醒自己灭吴的目标。这就是后人传诵的"卧薪尝胆"。勾践卧薪尝胆,励精图治,最终雪耻灭吴。

在以上材料的事例中,越王勾践确立了雪耻灭吴的目标,如果没有坚强的意志,不能忍辱负重,克服层层的困难,励精图治,他就不可能取得成功。

## 二、意志的特点

### (一)意志是意识的能动表现

意志是一种坚持目的、克服困难的心理过程,是内部意识向外部动作的转化,因此,意志是意识的能动表现。人们为了实现自己的理想、达到自己的愿望、履行自己的义务,就必须意识到行动的目的和方法,认识到什么是需要的,什么是克服困难、坚持到底就可以达到的,这是意识的能动作用,也是意志行动的表现。但是,也不是所有自觉的、有目的的行动都有意志努力的性质,只有当意识活动遇到困难时,意志行动才表现出来。例如,平时我们感到饥饿时吃饭是有意识的行动,但通常都不包含意志努力的成分。而在运动员进行的高山强化训练中,大强度的运动和剧烈的高山反应使他们产生强烈的头晕恶心症状,这时哪怕吃一点流食也会呕吐,但要达到训练的目的就必须吃下东西。在这种情况下,普通的进食行为就需要做出巨大的意志努力。

### (二)意志通过行动表达

意志总是离不开行动,意志总是表现在行动之中。运动员坚持不懈地训练以提高成绩是意志的表现;战士在风雪中一动不动地站岗以完成守卫任务是意志的表现;学生在课堂上不受外界的干扰专心听讲,课后不顾游戏、小说的诱惑以完成学习计划是意志的表现……在这些行为中,意志既表现在发动和坚持符合目的的行动上,也表现在抑制和制止不符合目的的行动上。

### (三)意志能调控行动

意志对行动的调控作用有两个方面:一是发动,一是抑制。前者表现为发动和激励人去从事达到一定目的所必需的行动,后者表现为抑制和制止与预定目的相矛盾的愿望和行动。通过这两方面的作用,意志实现着对人的活动的支配和调节:不仅调控人的外部动作,还可以调控人的心理状态,包括人的认识活动和情绪状态。

复合的自我调节,在达到目标的过程中,既需要意志发动和激励人去从事达到一定目的所必需的行动,又需要意志抑制和制止与预定目的相矛盾的愿望和行动,综合形成意志调控系统。

### (四)意志自由的相对性

人的意志是既是自由的,又是不自由的。说它是自由的,是因为在一定的条件下,人可以根据自己的意愿自主地选择目的,发动或制止某种行动,按照某种方式、方法行事。而意志不自由的一面在于在这些意志行动中所表现出来的人对客观现实的改造作用,并不意味着人的意志能从自然规律中独立和超脱出来,不是绝对自由的。也就是说,人的一切行动都必须服从客观规律和人对客观规律的认识,否则就会在实践中碰壁。因此,在相对的、有条件的意义上,意志是自由的;在绝对的意义上,意志又是不自由的。

总的来说,人们对客观规律的认识越多,越能运用客观规律,人类的意志也就越自由。一个人掌握的自然科学知识和社会科学知识越多,就越善于运用规律,他对主观世界和客观世界的改造也就越主动、越自由。而人的知识与能力的获得又依赖于人的意志努力,即勤于学习、勇于探索、不断地实践创新。

## 三、意志行动的过程

受意志支配的意志行动有其发生、发展和完成的历程。意志行动过程可以分为采取决定和执行决定两个阶段。采取决定阶段是意志行动的开始阶段,它决定意志行动的方向,规定未来意志行动的轨道,是完成意志行动的重要的、不可缺少的开端;执行决定阶段是意志行动的完成阶段,在这个阶段里,人的内部的意志活动转化为实际行动。

### (一)采取决定阶段

采取决定阶段也叫准备阶段,包括动机冲突、确定行动目的、选择行动方式和方法、制订行动计划等环节。

### 1. 动机冲突

人的意志行动是由一定的动机引起的,这是因为人的意志行动总是指向一定的目的,而一定的目的又是由一定的动机所引起的。人的需要多种多样,因此,人的动机也是多种多样。各种动机可能和平共处,也可能相互冲突。动机冲突的过程是对各种动机权衡轻重、评定其社会价值的过程。如果各种动机之间的矛盾得不到解决,人就会处于犹豫、彷徨、不安等状态;反之,当某种动机占优势时,人就会在它的引导下采取行动。根据意志行动表现为接近或回避某一目标的特点,可以把动机冲突分为以下四种类型:

(1) 接近－接近型冲突。两种或两种以上目标同时具有吸引力,但却只能选择其中一种目标,像这种不得不择其一而放弃其他的矛盾心理状态,被称为接近－接近型冲突,也称双趋冲突。例如,在特定的时间,既想照顾家庭又想成就事业;在金钱有限的情况下,顾客选择商品时觉得这件也好、那样也不错等。

解决接近－接近型冲突的方法,通常是放弃一个目标,或者同时放弃产生冲突的目标而追求另一个折中目标。例如周末休闲,既想去郊游,又想和朋友去泡吧,最后可能是去郊游,也可能是去泡吧,还可能是约上朋友去逛公园。

(2) 回避－回避型冲突。当两种或两种以上的目标都是人们力图回避的事物,却又必须接受其中一种才能回避其他目标时,就产生回避－回避型冲突,也称双避冲突。例如,某人得了虫牙,疼痛难忍,但他知道医治虫牙也是一件痛苦的事情,所以迟迟不肯就医。在这种情况下,牙痛和治疗他都想回避,但他又必须选择其中一个才能回避开另外一个:他要么接受由虫牙带来的苦痛,要么接受牙医的治疗。由此引起的冲突就属于回避－回避型冲突。回避－回避型冲突的解决方法,常常是接受了其中一种目标。

(3) 接近－回避型冲突。对同一目标产生两种对立的动机,一方面想要实现它、并且为实现它而努力,另一方面又害怕实现它、并且竭力回避它,像这种对同一目标兼具好恶的矛盾心理状态,被称为接近－回避型冲突,也称趋避冲突。例如,想做好事,又怕被别人嘲笑;想参加竞赛,又害怕失败等。

(4) 多重接近－回避型冲突。在实际生活中,接近－回避型冲突常常出现一种更复杂的形式,即人们面对着两个或两个以上的目标,而每个目标又分别具有吸引和排斥两方面的作用。人们无法简单地选择一个目标,而回避或拒绝另一个目标,必须进行多重的选择。由此引起的动机冲突叫做多重接近－回避型冲突。例如,某人是某公司的副总经理,另外的公司出高薪聘请他去任总经理。如果他选择跳槽,就可以获得更高的经济收入和职位,但必须重新适应工作环境、协调人际关系;如果他留在原公司,有习惯了的工作方式以及良好的人际关系,但经济收入就要差些,职位也不一定能升上去。对各种利弊得失的考虑,就会引发多重趋避冲突。如果几种目标的吸引力和排斥力差别较大,要解决这种冲突就比较容易;如果几种目标的吸引力和排斥力比较接近,那么,解决这种冲突就要求人们对各种可能性进行深入的思考,因而要花费较长的时间。

#### 2. 确定行动目的

随着动机冲突的解决,就进入了确定目的的过程。意志行动是一种有目的的活动,人们首先确定某种目的,即明确行动所期望的结果,并以这种目的来调节行为,这是意志行动的前提。在确定行动目的的过程中,必须考虑目的的主观价值、明确性、达到目的的难度和自我效能感。只有在充分考虑这些因素的基础上确定的目的,才会在一定的环境中,通过个体的意志努力得到实现。从几个目的中选择并确定行动目的是一个决策过程。有效的决策必须建立在相关情报和信息的基础上,包括特定目的的意义和价值,根据主、客观条件预测可行的方案和执行该方案的前途等。

#### 3. 选择行动方式和制订行动计划

对于行动的方式、方法的选择,也有各种不同的情况。有时只需要提出行动的目的,行为的方式和方法就可以确定。这通常发生在实现那些熟悉的行动的时候。在许多情况下,达到同一目的可能的方式和方法不止一种,这时就需要进行选择。行动方式、方法的选择会受到个体的智力水平、动机水平以及个人知识经验等因素的影响。

在复杂的意志行动中,为了实现所做出的决定,必须有达到目的所必要的计划。缺乏必要的计划,甚至在很明确地选择目的和方法的情况下,也不可能实现意志行动。有时需要把达到最终目的的行动划分为许多阶段,每个阶段又应当有必须达到的目标和实现的方式、方法。按阶段进行活动,最后完成规定的任务。

解决动机冲突,完成行动目的和行为的方式、方法的权衡比较,最后做出决策,即按照一定的标准从若干个方案中选择一个最佳方案或最满意的方案,就完成了意志行动第一阶段的任务,接下来就是按所做出的决策一步一步实施计划。如果把第一阶段叫做"头脑中的行动",那么第二阶段就是"实际上的行动"。

## (二)执行决定阶段

执行决定阶段包括开始行动、面临困难、处理挫折等环节,是意志行动最重要的部分。在执行阶段,意志的强弱主要表现在两个方面:一方面坚持预定的目的和计划好的行动程序,另一方面制止那些不利于达到目的的行动。在这个阶段,个体往往需要根据实践的结果及时调整、修改行动方案,包括审定自己的目的,检查行动的方式、方法并坚持正确,抛弃错误。所以,是否执行决定、怎样执行决定是衡量意志是否坚强的主要标志。

### 1. 开始行动

从做出决定过渡到执行决定,在时间上往往因具体情况而有所不同。有时在做出决定之后立即就过渡到执行决定阶段,这种情况通常在下列条件下发生:行动的目的和实现行动的方式、方法比较明确具体,完成行动的主客观条件已经具备,而行动又要求不失时机地去完成。例如,消防队员在救火现场做出爬上云梯救人的决定,医生对遭受重大创伤的病人做出止血的决定,都必须立即执行。有时,决定只是比较长期的任务或者未来规划的纲领,这样的决定不需要立即执行,仅仅是将来行动的企图。例如,同学们打算在暑假里进行社会实践,目的、计划都明确了,决心也下了,但并不立即行动,因为行动的时间是在暑假里,目前还只是一种计划。所以,判断一个人的意志是否坚强,不是简单地看他是否立即行动,而是看他在应该行动的时候,有没有采取行动。俗话说"该出手时就出手",如果在应该行动的时候犹豫不决、瞻前顾后,表明他还没有下定决心,也是意志薄弱的一种表现。

### 2. 面临困难

在执行决定的过程中要使行动得以持续,往往会遇到各种各样的困难,需要意志长期不懈的努力。一方面善于抑制、抵抗不符合行动目的的主客观因素的干扰,一方面善于长久地维持已经开始的符合目的的行动,做到锲而不舍、有始有终。

在执行决定的过程中往往有许多困难,通常在下列情况下意志行动难免会受到影响:

(1)要求个体付出巨大的努力,而个体本身的懒惰、保守、悲观等消极的个性品质使个体缺乏战胜困难的决心和信心。

(2)抉择阶段被暂时压抑的期望在执行决定的过程中重新抬头,使个体产生新的心理冲突。

(3)个体想到新的方法或手段可能与预定的目的或原有的计划发生矛盾,令人踌躇,干扰行动的进程。

(4)遇到新情况、出现新问题,而个体做出决定时没有充分考虑到各种主客观条件,没有预见到事物的发展变化,缺乏应付新情况、解决新问题的知识和技能,会使人犹豫不决。

各种困难都会妨碍意志行动的实施,只有解决了这些困难才能将意志行动贯彻到底,达到预定的目的。但有时还需要改变原先的决定,根据新的决定采取行动。意志不仅表现在善于坚持贯彻既定的决定上,也表现在善于在必要时果断地放弃原来不符合客观情况的决定,采取新的步骤。

### 3. 处理挫折

挫折是指个体的意志行为受到无法克服的干扰或阻碍,导致预定目的不能实现时所产生的一种紧张状态和情绪反应。例如,准备去参加一个会议却遇上交通堵塞而不能按时到会,因此产生的烦躁不安、内心紧张就是挫折反应。

挫折包含情境、认知和行为三层涵义。挫折情境是指干扰或阻碍意志行动的情境,如演员由于紧张过度而表演失误。挫折认知是指个体对挫折情境的认知、态度和评价,这是产生挫折和如何对待挫折的关键。挫折情境能否构成挫折,在很大程度上取决于个体对挫折情境的评价。例如,同样得了60分,有的学生感到失败和沮丧,有的学生略感难过,还有的学生完全无所谓。挫折行为是指伴随着挫折认知而产生的情绪和行为反应,如愤怒、焦虑和攻击等。当挫折情境、挫折认知和挫折反应同时存在时,就构成心理挫折。不过,有时只是挫折认知和挫折反应这两个因素,也可以构成心理挫折。例如,某人总是怀疑周围的人在议论自己,每当别人发出笑声,都认为是在嘲笑自己,因而产生紧张、烦恼、愤怒等情绪挫折反应,甚至对他人进行报复。

挫折是不可避免的,任何人在生活和工作中都不可能一帆风顺,总会有这样那样的干扰和阻碍使得预定的目的达不到。挫折对人有利也有弊,不完全是消极的。在某些情况下,它可以激发人更强大的意志力,促使人更加坚定地向预定目标奋进。

## 四、意志行动的生理机制

意志活动是人脑的机能,是神经系统多部位、多层次整合活动的结果。由于意志活动的复杂性,其具体的生理机制至今尚未探明。

大脑额叶在意志行动中具有非常重要的意义。大脑额叶是形成意志的目的的器官,它随时将活动的结果与预先拟定的计划目的进行校核。鲁利亚等人的研究表明,额叶损伤的患者丧失了形成行动的愿望,不能独立地产生行动计划,行动的意志调节受到严重损伤,随意运动程序的机制遭到破坏。这与运动区损伤时,运动的执行环节遭到破坏是不同的。

网状结构在行为的意志调节中也有重要意义。行为的意志调节必须以大脑皮质的优势兴奋中心为前提,要使大脑皮质建立的优势兴奋中心必须高于正常的动力供应。而网状结构则是皮质动力供应的特殊电池和操纵台。

## 五、意志与个性和成就的关系

意志与认知、情绪情感以及个性和成就等都具有密切的关系,意志与认知和情感的关系在前面已经述及,这里仅谈谈意志与个性和成就的关系。

### (一)意志与个性的关系

意志和个性的关系十分密切。理想、信念和价值观以及兴趣爱好等个性倾向性制约着人的意志表现。崇高的理想、坚定的信念、强烈的兴趣爱好或认为某事很值得去做等会激发出强大的意志力量,促使人克服各种困难和障碍,从而达到目的,即使原本意志薄弱的人也可能如此。这提示在培养意志力的时候,要高度重视理想、信念、价值观以及兴趣爱好等的作用。

意志对个性的形成和发展具有十分重要的意义。坚强的意志有利于高品质的个性倾向性的形成,也有利于形成良好的情感品质,有利于能力的发挥,有利于形成健康而有魅力的个性。

### (二)意志与成就的关系

一般来说,成就的高低与意志水平的高低是一致的。意志坚强的人自觉性较强,并能克服困难,艰苦奋斗,直至达到目的,因此,往往取得较好的成就。反之,意志薄弱的人往往难以取得好的成就。

**【阅读材料】一颗糖和两颗糖**

美国心理学家瓦尔特·米斯切尔于20世纪60年代在斯坦福大学的一所幼儿园做了一个著名的实验。在试验中,瓦尔特·米斯切尔事先在那些仅有4岁的儿童面前放上一颗棉花糖,告诉他们:"你们可以吃掉这颗糖,但如果能等到我出去一会后回来再吃,就能吃到两颗。"当他刚离去后,有的小孩就迫不及待地吃掉了;有的小孩等待了一会儿,但还是忍不住把糖吃掉;剩下的那些孩子则坚持等候了对他们来说很漫长的20分钟,吃到了两颗棉花糖。

10多年后,这些孩子长大了,参加了大学入学考试,结果是那些坚持得到两颗糖的孩子的平均分比得到一颗糖的孩子要高出210分(总分800),他们的智商水平并没有明显的差别。

这则材料说明了自制力品质与学业成功的重要关系。可见,意志是我们学业和事业成功的保障,拥有坚强的意志做后盾,就有利于成功。

## 第二节 意志品质及培养

意志行动在不同的人身上表现有所不同,有的人能独立采取决定,有的人则容易受别人影响;有的人坚决果断,有的人则优柔寡断。构成意志力的稳定因素的意志品质在意志行动中贯彻始终。了解意志品质,对培养优良的意志品质和克服不良的意志品质具有重要作用。

### 一、意志品质

构成意志力的稳定因素就是意志品质,意志品质主要包括自觉性、果断性、自制力和坚韧性。

#### (一)自觉性

自觉性指将意志建立在对客观事物深刻认识的基础之上,有清晰明确的行动目的,有完备合理的实现途径和方法。意志自觉性意味着行动不是一时的冲动和偶然举动,而是经过深思熟虑的,能认识到行动的意义,能够自觉地、有效地控制和调节自己的行动,一心为实现预定目的而勇往直前。

与自觉性相反的是易受暗示性和独断性。具有易受暗示性的人,表现为盲从、没有主见,只能在得到提示、命令、建议时才表现出积极性,而且他们很快屈从别人的影响,对别人的思想、行为会不加批评地接受。易受暗示性的人对别人的思想、行为会不加分析地接受,其行动不是从自己的认识和信念出发,而是受他人影响的结果,也缺乏坚定的决心和信心。独断性是另一个极端。独断性的人在表面上看似乎能独立地采取决定并执行决定,实际上缺乏自觉性。他们不考虑自己采取的决定是否合理,以自己的意愿代替客观事物发展的规律;当客观环境发生变化时,也不肯更改自己的目的和计划,常常毫无理由地拒绝考虑别人的任何批评和劝告,固执己见,一意孤行。

### (二)果断性

果断性是一种善于迅速地明辨是非、能及时采取有充分根据的决定,并且在深思熟虑的基础上去执行这些决定的品质。具有果断性的人善于审时度势,能全面而又深刻地考虑行动的目的及其达到的方法,善于对问题情境做出正确的分析和判断,洞察问题的是非真伪。这种能力使他们在应对心理冲突时能当机立断、不踌躇,在采取行动时敢作敢为,在不需要立即行动或情况发生变化时,又能立即停止已做出的决定和行动。例如,战场上指挥员的当机立断直接决定战争的胜败;驾驶员的果断也使他们能化险为夷、转危为安。意志的果断性和智慧的批判性、敏捷性密切关联。由于明辨了是非和利害关系,认识到行动有胜利的把握,才坚决采取行动,在复杂情境中表现出高水平的果断性。果断性必须以正确的认识为前提,以大胆勇敢和深思熟虑为条件。

与果断性相反的意志品质是优柔寡断和草率。优柔寡断的人在决策时常常犹豫不决,冲突和动机斗争没完没了;在执行决定时,常出现动摇,拖延时间,怀疑自己的决定。草率决定主要是由于懒于思考而轻举妄动,为了立即摆脱随着选择目的所产生的使他不愉快的紧张状态而不考虑主、客观条件,也不考虑后果,贸然抉择。优柔寡断和草率都是缺乏勇气、缺乏主见、意志薄弱的表现。

### (三)自制力

自制力指善于掌握和支配自己行动的能力,包括自觉地、灵活地控制自己的情绪和动机,约束自己的行动和言语等。自制力反映着意志的抑制职能,表现在意志行动的全过程中。在采取决定时,自制力表现为能够进行周密的思考,不为周围环境中各种诱惑所左右,做出合理的决策;在执行决定的过程中,自制力表现为克制与实现目的不一致的思想情绪,排除外界干扰,把决定贯彻到底。自制力还表现为对自己的情绪状态的调节,例如,能克制住自己的恐惧、懒惰、害羞、激情、暴怒、愤慨、失望等消极情绪和冲动行为,不论胜利还是失败都能激励自己前进,忍耐克己。

因此具有自制力的人,组织性、纪律性特别强,情绪较稳定,行为过程中注意力能高度集中,甚至达到"忘我"的境地;反之,则思想易开小差,并时常破坏纪律,逃避责任。

与自制力相对立的意志品质是任性和怯懦。任性者不顾他人的需要和自己行为的消极影响,不想控制自己的思想、情感,不能约束自己的行动,为所欲为。怯弱者在行动时畏缩不前、惊慌失措。

### (四)坚韧性

坚韧性是指一个人在执行决定时,以充沛的精力和顽强的毅力,百折不挠地克服重重困难,坚持到底的品质。坚韧性是坚持工作、完成艰巨任务的前提。经得起长期的磨炼被认为是意志坚韧的基本特征之一。意志的坚韧性在于,一方面善于抵抗不符合行动目的的主客观诱因的干扰,做到面临千纷百扰,不为所动,目标专一,不达目的誓不罢休;另一方面善于长久地维持业已开始的符合目的的行动,能在行动中做到锲而不舍,有始有终。同时,具有坚韧性的人在情况变化时,也能灵活地采取新措施,直到实现目的。

与坚韧性相反的意志品质是动摇性和执拗。动摇性表现为缺乏坚韧的毅力,遇到困难就怀疑预定的目的和所采取的方法,不能长期地控制自己的行动,放弃或改变自己的决定,不善于迫使自己去完成预定的计划,做事见异思迁、虎头蛇尾,不能做到有始有终。执拗的人只承认自己的意见、自己的论据,并以此作为自己行动的依据,即使这些论据是错误的或不好的,仍然一意孤行。

**【阅读材料】2008年奥运会八金得主菲尔普斯**

2008年8月17日北京奥运会游泳比赛水立方的收官之战、男子4×100米混合泳接力决赛落幕,美国队在菲尔普斯的带领下获得金牌。菲尔普斯也成功地打破了前辈施皮茨单届奥运会获得七金的纪录,独揽八枚金牌,成为了水立方最大的赢家。

在提到自己的成功时,菲尔普斯认为仅有天赋而没有后天的努力是不会变成天才的。他将教练送给他的"如果你休息一天,实力就会倒退两天"当做自己的座右铭。一直以来,他都坚持早上5点钟起床训练的习惯,从未间断。他在过去的7年时间,2500多个日子中仅有5天没有下过水。正是靠着这种坚持不懈和坚强的毅力,菲尔普斯取得了令人仰视的成就。

菲尔普斯的成功不是偶然的,正是他的优秀的意志品质,例如坚韧性等,他才会取得令人仰视的成就。

意志的四种主要品质是相互联系的,都是通过意志行动体现出来,如果缺少意志品质中任何一种,就必然会在性格上带来某种缺陷。在四种品质中,坚韧性是其他三种主要品质的综合表现。缺乏自觉性的人没有明确的行动目的,因而无从谈坚持;没有果断性的人,不能当机立断,很难想象在面对困难和诱惑时他会坚持预定的目的和方法不动摇;缺乏自制力的人不能使行动的主要目的压倒其他动机,当然也无法坚持。所以,在一定意义上,坚韧性是在其他意志品质基础上发展而来的。

## 二、良好意志的培养

良好的意志品质不是与生俱来的,而是在后天的生活中培养起来的。培养良好意志品质的途径很多,下面列举主要的几种策略。

### (一)针对意志类型,采取措施

意志力的培养既包括整体,也包括个别意志品质的完善,在培养的过程中应该针对不同的意志发展状况,采取针对性的措施。对于执拗性应该从自觉性、目的性着手,关键是从认知上理解固执与顽强的区别;胆小而易受暗示、犹豫不决的,要从具体的行动中培养大胆、勇敢、果断的品质;对于十分冒失而轻率决定的,要培养沉着、耐心的品质,理解勇敢与蛮干、轻率的区别;对于过分活跃和缺乏自制力的,要提高控制行为的能力;对于缺乏毅力的,应激发坚韧精神。

### (二)明确目的,增强责任感

在意志行动中,人们所确定的目的有远近之分,目的的社会意义和人对目的的自觉程度也有所不同。培养意志,首先必须激起完成任务的强烈愿望,要使远近目的结合起来。如果人的行动只有短近的目的,容易使人缺乏生活的意义,只看见眼前的得失,是不能形成坚强的意志品质的。如果只有大目标而没有小目标,容易使人产生高不可攀的感觉,引起沮丧,放弃目标,从而无所事事。因此,只有大小目标相互结合,才能使人对生活充满感情,不断进取,在实现目标的征途中培养自己的意志,从而形成良好的意志品质。

高度的责任感可以使人增添克服内外障碍的力量。在意志行动中,无论是内外障碍的遭遇和克服,或者是目的的实现与否都会引起情感;情感在意志的支配下,又可变为行动的动力去促进人们克服困难和坚持实现目的。一个具有高度责任感的人,会最大限度地与各种不利因素斗争,为争取达到目的而努力;会克服懒惰和不良习惯,形成坚定性和自制力的意志品质。

### 【阅读材料】高考压力对意志品质的正面作用

高考压力对学生意志品质的正面作用主要表现在促进了自觉性、自制力、坚韧性等成才必备的意志品质的高度发展。

在自觉性方面,不少学生做到了完全不要家长、教师的督促。自己能做好全面的学习计划,每天紧张而有序地自觉学习。

在自制力方面,学生们表现尤为突出。各种有强诱惑力的事情、活动,如电视节目、文娱活动、聚会、打游戏机等都被学生用理智克制,甚至压制下去了。

在坚韧性方面,为了达到考上理想大学的目标,学生们能以充沛的精力、顽强的毅力投入到枯燥的学习中,具有不断与自己内心的疲劳、分心、松懈、外界干扰、诱惑做斗争的勇气和毅力,体现了高度的坚韧性。

这则材料说明,为了考上理想的大学这一目标和任务,在高考压力下学生们可能会培养出优良的意志品质。

### (三)参加实践,获得经验

为培养坚强的意志品质,必须参加到实践活动中去,在活动中承担一定的责任。实践有助于掌握丰富的知识和熟练的技能,有助于人们监控活动的过程,有助于人们锻炼如何在活动中设定目标,有助于培养自我效能感。丰富的知识和熟练的技能有助于我们正确而迅速地采取决定和执行决定,也能提高我们克服困难的信心和决心。这些无疑能培养良好的意志品质。

意志是在克服困难中表现,并在克服困难中成长的。在实践过程中,通过向自我挑战有助于培养独立性、果断性、坚定性和自制力。困难最能磨炼人的意志,因为越是困难的工作,越需要意志。当然,在锻炼中要根据各人的实际情况和循序渐进的原则,逐渐增加活动的难度。

### (四)从小事做起,自我锻炼

现实生活是由一点一滴的小事积累而成,其中绝大部分都属于意志行动,意志的坚韧性就是在这些小事中培养出来的。例如每天坚持早起锻炼,不以身体疲劳、天气不好或节假日等为借口间断锻炼,持之以恒。越是如此越能培养坚韧性。再例如,每天写一篇日记。虽然写一篇简短的日记只需要几分钟,但常年坚持下去,却需要一个人的坚韧性作为支撑。写日记同时还是一个增强内省的机会,反思意志锻炼的成果。

### (五)融入集体,群帮互助

集体对意志品质的培养有很大的影响。如果一个人对他所属的集体具有归属感,那么,他就会重视集体的意见,在行动中,他会关心其他成员,积极协调与群体的关系,调整自己的行为。在行动中表现出的才智、决断力和自制力,能够获得群体的肯定性反馈。这种反馈又可以变成一种推动进一步奋进的动力。

此外,群体中先进个体还会产生榜样的作用。榜样示范了如何设立目标,如何处理和面对困难,自我调整,从而达到培养意志品质的目的。

总之,良好的意志品质并不是与生俱来的,需要在后天的生活中通过学习而培养起来。学会提升意志力的方法有利于我们培养良好的意志品质,进而成为具有坚强意志的人。

## 第三节 意志控制及失控

意志是学业和事业成功的保障,但在日常生活中,各种挫折和困难会导致意志失控。因此,要理解如何去控制意志和如何处理意志失控,这样才能更好地通过意志这一心理过程来实现行动目的。

### 一、意志控制

#### (一)意志控制的内涵

意志控制是指通过意志和行动上的努力,使事件的进程和结果与期望的目的相一致的过程。意志的控制作用按照其指向性可以分为对外和对内两种情形。指向外部的意志控制是按照人的期望和目的来改变环境。例如,我们改造荒漠土地使其焕发绿色生机。指向内部的意志控制是按照人的期望和目的来改变或塑造自身的素质。例如,我们坚持锻炼身体加强身体素质。

意志对环境和自身的控制作用是密切联系的。对环境的控制往往离不开意志对自身的控制,意志对自身的控制也离不开意志对环境的控制,因为意志对自身的控制往往通过人的行为表现出来,而人的行为又往往指向一定的事物。

要实现意志对环境和人自身的控制作用,既需要对某些行动进行激励,也需要对某些行动进行克制。意志对行动控制的激励和克制作用是在具体的活动中互相联系的。为达到预定的目的所采取的行动越有力,就越能克制与预定目的相矛盾的行动。正是通过这种激励和克制作用,意志实现着人对环境、对自身的控制作用。

### (二)自我控制与意志控制的关系

意志控制与自我控制是两个既紧密联系又相互区别的概念。从联系上看,意志控制与自我控制在本质上都是对人的心理和行为的调节和控制;从区别上看,两者的作用对象有所不同,着重点也不同。意志控制是人通过对其心理和行为的调节和控制,使自身的心理及行为朝着预定的目的发展,以实现对环境或自身素质的改变。自我控制是个人对自己心理与行为的主动掌握,从人具有自我意识的角度对人的意志行动进行考察,使其与个人价值和社会期望相一致的过程。意志控制着重于人是如何意识、调节自己的行为,而自我控制则着重于人是如何意识、调节自己的意志。意志与自我控制的关系,相当于认知与元认知的关系。因此,人对自己意志的监控与调节是否得当取决于人的自我控制能力,并且从根本上说,自我控制能力影响着意志行动的效果。

## 二、失控

失控是指人在面临有威胁性的情况而自己又无力应付时就会觉得对事件失去了控制能力,失控是意志行为遭受挫折的表现。失控的时间因威胁性程度和个体失去控制能力的程度而有长有短。例如,考试失利这种失控,时间较短,经过努力可能很快就会消除;而监狱中被判无期徒刑的囚犯,他的失控时间就很长了。

### (一)失控的原因

导致失控的原因很多,大致可以分为外部的原因和内部的原因两类。外部原因包括自然环境和社会环境对人的生命安全所造成的威胁,人世间的生、老、病、死以及人类的能力不可抗拒的力量所引起的失败等。内部原因是指由人自身所造成的困扰。例如，由于决策失误将目标定得太高，因为酗酒使人的神经无法发挥正常的功能等。有一些心理因素也会导致失控，常见的有默许自己失控、不能超越当前的环境用长远的眼光去看待事物、控制失败形成了滚雪球效应以及过度控制等。

### (二)失控后的反应

失控后人们的反应虽各不相同，但一般都有寻找信息、对困难反应加剧、产生抗争或消沉、寻求帮助等行为反应。

#### 1. 寻找信息

一个人受挫后最先产生的反应通常是渴望得到更多的信息，以便合理地、全面地认识自己所处的困境。这种反应往往会带来两个后果：一是对环境影响更加敏感；二是对所获得的信息的加工更加粗糙。例如，一个人患了一种自己不懂的疾病时往往会想方设法寻找信息来了解、认识这种疾病。他会向医生咨询，向得过或者听说过这种疾病的人打听这种病的后果以及治疗方法，对周围人们关于这种疾病的谈话会特别敏感，还可能通过网络、报刊、杂志等寻找相关信息。通过这些行动，他对自己所患的这种疾病会有较全面的认识，也可能会找到医治这种疾病的方法，从而治好疾病，恢复健康。

#### 2. 对困境反应的加剧

人在失控时都有恢复控制的倾向。如果人事先没有预料到困境，在失控后又得不到关于困境的信息，不能对困境进行干扰、排除，那么，他对困境的消极反应就会加剧，如出现心跳加快、紧张焦虑等反应，并且这些消极反应不容易被消除。

【阅读材料】

在 1972 年 Glass & Singer 做了一项关于环境控制的实验。实验让三组被试分别在无噪音、被试不可控制的噪音和被试可以控制的噪音的实验条件下完成一项作业，然后让后两组被试在无噪音条件下再完成一项作业，结果发现，不可控制的噪音不仅干扰了第一项任务的完成，而且也降低了后一项任务的完成水平；而可控制噪音组则不影响后一项任务的完成水平。

这说明，失控在困境消失之后，仍会对以后的行为产生不良的影响。失控使得对困境的消极反应加剧。

### 3. 抗争

当人已有的控制能力或即将具有的控制能力被强行取消或受到威胁时,就有可能产生抗争反应。抗争可能引起愤怒、敌意和攻击情绪、复控、改变对结果的认识、象征性复控等情绪反应和相应的行为反应。

引起抗争的主要因素是个体对结果进行选择时受到了外力的威胁,本来可以做的选择被外力取消,或者自己将要做出选择时受到外界的压力,这时人们就会抗争或反抗。在失控时,如果个体对选择的自由程度的期望越大、认为原本所希望的结果的价值越大或这个方面的控制能力被取消会影响到对其他方面的控制,则个体抗争的强度和坚决度就越大。

### 4. 消沉

消沉也称习得性无助,是个体在失控时的另一种反应,是指个人经历了挫折与失败后,面临问题时产生的无能为力的心理状态与行为。它与抗争相反,抗争会产生愤怒和敌意,并努力挽回失去的控制,而消沉则自认失败并放弃改变困境的努力。消沉常产生于试图努力改变某种不利情形却屡遭失败的时候。如果屡次挽回控制力都没有成功,人就有可能停止努力,变得消沉。

## 三、应对失控

人生的征途不可能一帆风顺,失控、挫折时常可能发生。能否有效地处理失控不仅决定于个体经受挫折时的心理状态、对失控的认识、评价和理解,还取决于个体的态度以及应对的行为方法。应对失控的有效方法包括对挫折的合理认知、改善挫折情境、总结经验、调节抱负水平、寻求帮助等。

### (一)合理认知

首先要认识到万事万物不可能人人都可以随意操控,各种目标也不是随随便便就可以达到的,挫折是普遍存在的。从某种意义上讲,挫折是生活中的一部分,关键在于人们怎样认识和看待它。如果认识到挫折是生活中不可避免的组成部分,就对超出自己控制的状况有了较充分的心理准备,面对挫折不灰心、不后退,敢于向挫折挑战,能把挫折作为前进的阶梯、成功的起点。

其次应该认识到挫折具有两重性:挫折并不都是坏事,它促使人为了改变情况而奋斗,能磨炼性格和意志,增强创造能力和智慧,使人对生活、对人生认识更加深刻、更加成熟。

## 【阅读材料】

"失败也是我需要的,它和成功对我一样有价值,只有在我知道一切做不好的方法以后,我才能知道做好一件工作的方法是什么。"——爱迪生

"人们的灾祸常称为他的学问。"——《伊索寓言》

这两则名言告诉我们困难和挫折是成功的重要条件,正是困难和挫折成就了成功。我们要学会正确对待困难和挫折。

### (二)改善情境

情境失控是产生挫折和挫折感的重要原因,如果挫折情境得到改善和消失,挫折感也会随着消失。对失控情境的改善,首先应预防挫折的发生,即对一件事情的成功或失败做出正确的估价。挫折发生之后,认真分析引起挫折的原因,设法改变、消除或降低其作用的程度。改变情境的另一种办法是暂时离开挫折情境,到一个新的环境中去或改变环境的气氛,给受挫折者以同情、支持和温暖。

### (三)总结经验

善于总结失败和挫折中的教训。一方面从失败中吸取教训,以积极态度冷静地分析遭受挫折的主、客观原因,及时找出失败的症结所在,发现自己的弱点,力争改进。另一方面,要发现自己的优点和长处,从而振作精神,鼓起战胜挫折的勇气,树立信心,提高对挫折的承受能力。

### (四)调节抱负水平

抱负水平是指个体在从事活动前,对自己要达到的目的或成就的标准。它是人们进行成就活动的动力,而能否成功则取决于抱负水平的高低是否适合个体的能力或条件。抱负水平过低或过高都容易发生挫折感。抱负水平过高,在达不到预定的目的时,就容易产生挫折感;抱负水平过低,也会产生无能的挫折感。所以要使个体在活动中产生成就感又不至于受到挫折,就要提出既适合个体能力水平又具有挑战性的标准。

### (五)寻求帮助

寻求外界帮助是人们面临失控状态时常用的一种行为策略。当一个人遭受挫

折后,向朋友倾诉自己的心里话,能使自己从挫折中解脱出来,内心的紧张也会逐渐减弱。同时,还可以从朋友那里得到鼓励、信任、支持和安慰,重新振作精神,战胜困难和挫折。

总之,日常生活中的挫折和困难是不可避免的,我们也会经常遇到意志的失控。但我们可以通过对挫折的合理认知、改善挫折情境、总结经验、调节抱负水平、寻求帮助等方法来处理意志失控,从而学会控制意志,完成我们的意志行动。

## 本章知识结构图

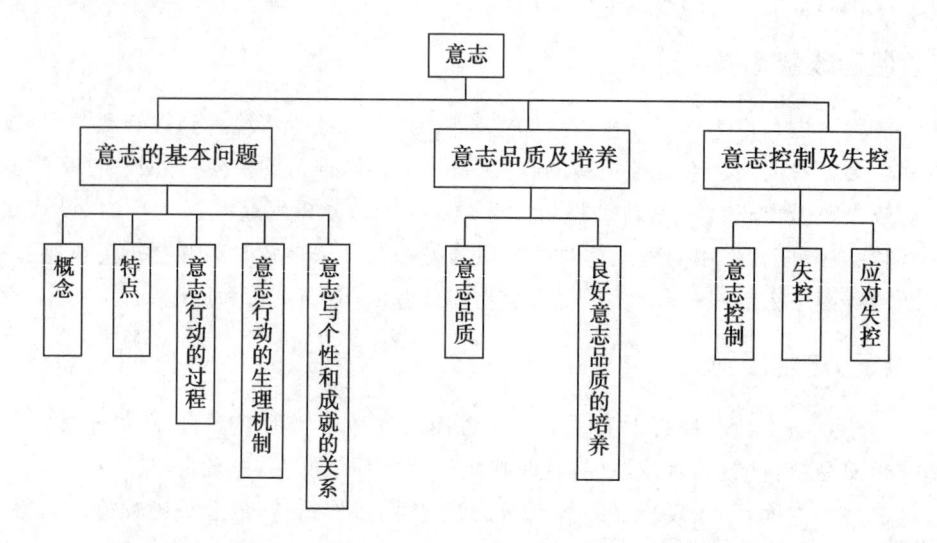

```
                            意志
        ┌───────────────────┼───────────────────┐
    意志的基本问题       意志品质及培养       意志控制及失控
    ┌──┬──┬──┬──┐       ┌────┴────┐        ┌────┼────┐
   概  特  意  意  意    意志品质  良好意志  意志控  失控  应对
   念  点  志  志  志              品质的培养  制          失控
           行  行  与
           动  动  个
           的  的  性
           过  生  和
           程  理  成
               机  就
               制  的
                   关
                   系
```

## 一、基本练习题

1. 名词解释:

意志,意志行动,采取决定阶段,接近—接近型冲突,回避—回避型冲突,接近—回避型冲突,多重接近—回避型冲突,执行决定阶段,自觉性,果断性,挫折,挫折情境,挫折认知,挫折行为,意志品质,自制力,坚韧性,意志控制,失控,消沉,抱负水平。

2. 意志有哪些特点?
3. 意志行动的过程包括哪些阶段?
4. 动机冲突有哪些类型?
5. 意志有哪些品质?

6. 意志的控制作用有哪些?

7. 失控后会有哪些行为反应?

## 二、你身边的心理学

1. 你是否有这样的经历:明天要考试,但是今天晚上电视在直播你最喜欢的节目。这时候你在经历哪个冲突类型？你又将怎么选择呢？

2. (唐)太宗问魏徵:"观近古帝王,有传位十代者,有一代两代者,亦有身得身失者,朕所以常怀忧惧,或恐抚养生民不得其所,或恐心生骄逸,喜怒过度。然不自知。卿可为朕言之,当以为楷则。"徵对曰:"嗜欲喜怒之情,贤愚皆同。贤者能节之,不使过度,愚者纵之,多至失所。……伏愿陛下常能自制,以保克终之美,则万代永赖。"这段对话,说明意志品质中的哪些品质？

# 第十二章 性 格

## 导 学

性格是我们经常挂在嘴边的一个词语。在现实生活中,我们会发现性格迥异的人,有的活泼开朗,有的内敛含蓄,有的果断刚毅,有的优柔寡断……这体现的就是性格的个体差异。这一章我们将要一起学习的重点内容是:性格的概念,性格的类型,性格形成的影响因素,性格形成的基本理论以及性格评定方法。

本章中你将会遇到的难点可能有:第一,理解性格概念;第二,理解性格形成的各种影响因素;第三,理解和应用性格形成的基本理论;第四,掌握和应用性格评定的几种常用方法。

通过学习这一章,我们将能更好地理解性格的个体差异,了解对性格形成有重要影响的各种因素,进而更好地培养和塑造自己的性格。

### 【阅读材料】性格与人的幸福和健康息息相关

性格决定着人的行为方式,甚至影响着一个人的命运。苏东坡有言:古之立大事者,不惟有超世之才,亦必有坚忍不拔之志。坚忍不拔就是人的一种性格。可以说,人生的成功与失败其根源之一就在于性格。

性格还影响一个人的健康。科斯塔和麦克雷(1980)以 1100 名 35 至 85 岁的男性被试为研究对象,探讨了性格与主观幸福感的关系。结果发现,外向的人中年生活及以后的生活比内向的人要幸福一些;神经质程度较轻的人对于中老年生活的变化的适应性要比神经质程度严重的人好些。神经质指容易焦虑、充满敌意、敏感和强迫行为等。神经质严重的人更倾向于把中年的问题看作危机,他们担心自己的健康,因为退休而感到沮丧和失望,并且处于压抑和绝望的边缘。彼得森、塞利格曼和瓦利恩特(1988)则进行了一项对哈佛毕业生 35 年的纵向研究。结果发现一个人的解释风格会影响他的健康,那些对自己的生活习惯上以悲观或者消极的态度进行解释的人比乐观的人更容易罹病或者生命周期更短。

从以上材料可以看出,性格对于一个人的成长和发展有着极其重要的作用。那么性格是什么？性格的类型有哪些？性格的形成受哪些因素影响？如何评定性格？本章将对这些问题进行逐一解答。

# 第一节　性格概述

## 一、性格的概念

性格指个人对现实的稳定的态度和习惯化了的行为方式。例如,善良或凶残、诚实或虚伪、勤劳或懒惰、勇敢或懦弱等都是对人的性格特征的描述。性格表现在人对现实的态度和他的行为方式之中。态度是个体对待他人、对待社会以及对待自己等方面的一种心理倾向,它表现在一个人的行为方式之中。例如,当他人遇到困难时,有人伸出友爱之手,有人却熟视无睹。当集体的利益受到损害时,有人奋起保卫,甚至不惜牺牲自己的生命;有人却趁火打劫,见利忘义。这就是人们对待同一事物的不同态度和表现出的不同行为方式,这也就构成了人们的不同性格。可见,性格是具有核心意义的个性心理特征,它表现了一个人对现实的稳定态度,并表现在一个人的习惯了的行为方式中。

性格是一个人独特的、稳定的个性特征,它具有跨情境和跨时间的一致性。例如,说某学生性格内向,就说明该学生不仅在教师面前,也在同学或他人面前表现得安静、沉默。同时,不仅现在表现如此,在过去或将来的很长一段时间仍然表现如此,变化不大。应当注意的是,并不是人对现实的任何一种态度都代表了他的性格特征。在有些情况下人对待事物的态度是属于情境性、偶然、一时性的。例如,一个人处理事情通常很果断,偶尔表现出优柔寡断,那么优柔寡断就不能看做是此人的性格,而果断才是他的性格特征。同样的,也不是任何一种行为方式都可以表明一个人的性格特征,只有习惯化了的行为方式,才能表示其性格特征。如一个很灵活机敏的人,在某种特殊情况下,一反常态,变得行为呆板,这完全可能是情境或其他一些原因导致的现象,此时不能把呆板视为此人的性格特征。

性格是由许多性格特征所构成的统一体。构成性格的特征大体可分为对现实的态度、认知、情绪、意志等方面:(1)性格的态度特征是对现实的态度,是性格最重要的组成部分。这方面的性格特征主要是指个人对社会、对集体、对他人、对自己以及对学习、工作、劳动的态度中所表现出来的性格特征。如在对待社会和集体方面,有的表现为关心社会、关心集体,乐意履行对社会、对集体的义务,有的表现为对社会、对集体漠不关心。对待他人方面,有的表现为诚恳、正直、诚实、有同情心、有礼貌等,有的表现为虚伪、狡诈、淡漠、冷酷、傲慢等。(2)性格的认知特征是指人们在感知、记忆、思维、想象和言语等认知过程中所表现出来的个体差异。如在感知方面,属于被动感知型的人,易受暗示,易被环境干扰,而属于主动观察型的人,则不易受环境干扰,能按照自己的目的、任务进行观察,具有主动性、独立性、计划性;属于快速感知型的人,感知速度快,反应迅速,但观察不深入,不持久,粗枝大叶,而属于精确感知型的人,观察深入精细,表露出敏锐的判断力。(3)性格的情绪特征是指人们在情绪活动时在强度、稳定性、持续性以及主导心境等方面表现出来的个别差异。例如,情绪强度特征表现为个人受情绪影响程度和情绪受意志控制的程度。如有的人情绪体验比较微弱,总是冷静地对待现实,容易用意志控制;有的人情绪体验比较强烈,很难以用意志控制,仿佛整个自我都被情绪支配着。(4)性格的意志特征主要表现在独立性、坚定性、果断性和自制力四个方面。例如,独立性指个人有能力作出重要的决定并执行这些决定,有责任并愿意对自己的行为所产生的后果负责,深信这样的行为是切实可行的。

性格的各种特征之间不是孤立、静止地存在着,而是相互联系、相互制约的。性格特征相互间的这种作用,叫做性格结构的动力性质,它表现为三方面:(1)各种性格特征之间存着一定的内在联系,并相互制约。例如,一个对工作认真负责、一丝不苟的人,常常也有较好的坚持性和自制力;相反,一个人对工作马虎草率、不负责任,在性格的意志特征上也常常表现为缺乏自觉性,自制力和坚毅性较差。由于性格特征有着内在的联系,因此可以根据一个人的某种性格特征推知其他的性格特征。(2)在性格的各个侧面,在各种不同的场合,有时以某个侧面表现出来,有时又以另一个侧面表现出来。例如,雷锋在日常生活中以"处处为国家着想,事事要精打细算"的格言要求自己,表现出艰苦朴素、勤俭节约的性格特征;但他一旦得知群众有困难,则又表现出慷慨解囊、助人为乐的性格特征。在不同的情景下,性格以不同的侧面表现出来,不仅说明性格特征的多样性和复杂性,而且说明所有这些性格特征在每个具体人身上,是有机地联系在一起的、是统一的。(3)在性格的可塑性上。一个人的性格一旦形成,就具有相当的稳定性。但这种稳定性并不是绝对的,在一定条件下也会发生变化,表现出可塑性。客观生活环境的变化,是性格发生改变的重要外部因素。这样的客观生活环境往往是对当事人来说意义重大或者意料之外的事件。客观生活环境的变化必须与人主观上的自我调节结合在一起,共同来改变性格。例如,一个性格开朗,善于交际的人,由于生活中遭受了重大不幸事件的打击,会变得消沉、抑郁;而一个性格内向,不善于交际的人,由于从事公共关系工作,性格会逐渐变得开朗,善于交际。

## 二、性格有好坏之分

性格具有好坏善恶之分。性格有好坏之分的主要原因主要在于:(1)性格特征具有社会文化的价值。每一种文化都有它所崇尚的性格,这是每一种文化得以延续和发展起来的条件。一些性格特征符合某种文化需要,而一些性格特征则不符合。例如,有研究表明,农业社会的文化崇尚责任和服从的性格,因为在农业社会,人们必须按时播种和耕作,才能获得食物。渔猎社会的文化则崇尚个人成就、独立和自信的性格,因为在渔猎社会,人们必须发挥高度的主观能动性和高超技艺,才能获得食物(Barry, Child & Bacon,1959)。(2)性格特征具有道德评价意义。任何社会都会对各种性格特征进行道德评价,其评价的标准就是该社会的道德标准。例如,在我们中国,善良、诚实、谦虚是优良性格,而狡诈、凶残、虚伪则是不良性格。(3)性格特征与个人的潜能发挥、心身健康有密切关系。例如,勤奋、勇敢、坚毅等优良性格,有助于个人潜能的发挥和事业上取得成就;而懒惰、怯懦、优柔寡断等不良性格,则会阻碍个人潜能的发挥,使人一事无成。性格开朗、宽宏豁达,有利于心身健康;而性格粗暴、孤僻忧郁,则不利于心身健康。

## 三、性格类型

性格类型是指按照某种标准对人们的性格所作的分类。心理学家们以各自的标准和原则对性格进行分类。下面介绍几种有代表性的性格类型。

### (一)以生活方式为标准划分的性格类型

#### 1. 斯普兰格的性格类型

德国心理学家斯普兰格(Spranger,1928)把人类的生活方式划分为六种,即理论的、经济的、审美的、社会的、权力的、宗教的,并进而把人的性格划分成相应的六种类型。

(1)理论型:以追求真理为目的,认识成为精神生活的主要活动,情感退到次要地位。总是冷静而客观地观察事物,关心理论,力图把握事物的本质。对实用和功利缺乏兴趣,碰到实际问题时往往束手无策,缺乏生存竞争能力。

(2)经济型:以经济观点看待一切事物,把经济价值提高到一切价值之上,以实际功利来评价事物的价值,重视人的能力和资力。从纯经济观点看待人类,把人类看为生产者、消费者或购买者,以获取财产和利益为其生活目的。

(3)审美型:追求美和美好的创造,把美视为人生最高价值。认为美是人生最伟大的追求,其他事物均不能代替,对所有的事物都要用审美价值来评判。

(4)社会型:把关心他人、爱护他人、增进社会大众的福利视为人生最高价值。其特点是具有仁厚温和的爱心,能设身处地为他人着想,关爱他人,体谅他人,献身于公益事业。

(5)政治型:把支配他人、获取权力视为人生的最高价值。为了拥有权力,支配他人,甚至不择手段,把权力决定一切视为当然正确的。

(6)宗教型:把宗教信仰、拯救灵魂视为人生的最高价值。皈依宗教,体验心灵特殊的充实,注重各种神秘体验。他们富有同情心,以慈善为怀,以爱人爱物为目的。

斯普兰格认为,纯粹属于某种性格类型的人非常少,多数人属于两种或两种以上的混合型。

### 2. 内倾型和外倾型

瑞士心理学家荣格最早将性格划分为内倾型和外倾型,后来美国心理学家艾森克(Eysenck,1970)对其进行了发展。内倾型,又称为内向型,是指个性沉静不善交往的人。外倾型,又称为外向型,是指个性好动善于交往的人。这两种类型主要表现在人际适应上的不同。艾森克对内倾型和外倾型性格特点进行了描述,见表12-1。

表 12-1 内倾型和外倾型性格的特点

| 外倾型 | 内倾型 |
| --- | --- |
| 1. 常注意外界所发生的事情,好追求刺激,勇于冒险; | 1. 倾向于事先计划,三思而后行,严格控制自己的感情,很少有攻击性行为; |
| 2. 随和,乐观,无忧无虑,好开玩笑,情绪来得快,去得也快,易冲动; | 2. 性情孤僻,喜欢自我反省,生活规律较强; |
| 3. 好为人师,好与人说话; | 3. 喜欢读书,不喜欢与人交往,除亲密朋友外,对人总是冷漠,保持一定的距离; |
| 4. 喜欢变化的生活,有许多朋友; | 4. 很重视道德标准,但有些悲观; |
| 5. 善于交际,不喜欢独自学习。 | 5. 安静,不善于交际。 |

(采自 Eysenck & Eysenck,1985)

### 3. A型性格、B型性格和C型性格

弗瑞德曼和诺斯曼(Friedman & Rosenman,1974)根据人们在时间急迫感、好胜心以及易感心身疾病上的不同,把性格划分为 A 型性格、B 型性格和 C 型性格。

A 型性格,或称为 A 型行为模式,即易患冠心病的行为模式。其主要特征是:(1)对时间有紧迫感,做事快,感到时间不够、时间过得快;(2)长期的亢奋状态,总是想同时做几件事情,把工作日程安排得越满越好,每天大部分时间都处于紧张状态;(3)争强好胜,爱与别人比高低,强烈地希望自己主宰自己的身体和社会环境并维护控制权;(4)遇到挫折变得敌意和攻击,对他人怀有戒心,缺乏耐心和容忍。

B 型性格,或称为 B 型行为模式,其主要特征是:(1)悠闲自得,不爱紧张,一般无时间紧迫感;(2)不喜欢争强好胜,有耐心、能容忍等。

有研究表明,A 型性格者冠心病的发病率是 B 型性格者的两倍,而心肌梗死的复发率是 B 型性格者的五倍(张伯源,1985),其中敌意是导致冠心病的主要原因。

C 型性格,又称为癌症倾向性格。其主要特征是:(1)不表现愤怒,把愤怒藏在心里加以控制;(2)在行为上表现出与别人过分合作,原谅一些不该原谅的行为;(3)生活和工作中没有主见和目标;(4)不确定性多;(5)对别人过分耐心;(6)尽量回避各种冲突,不表现负面情绪(特别是愤怒),屈从于权威等。

## (二)以认知方式划分性格类型

认知方式是指个体面对问题时经由其知觉、记忆、思维等心理活动,在外部行为上所表现出来的习惯性特征。下面介绍两组认知性格类型。

### 1. 场独立型与场依存型

场独立型与场依存型是美国心理学家威特金(Witkin,1949)提出的。他长期在美国新泽西州普林斯顿教育测验服务社心理学研究部工作,主要从事心理测验研究。第二次世界大战期间,飞行员常因在云雾中机身翻滚而失去方位感,因而造成失事。为了减少飞机失事,就需要对应征者的方位知觉判断力进行测验。为此,威特金研制了三种测验方法:

第一种,身体顺应测验。在一间小型的倾斜小屋内,让被试坐在一把可以调整方位的椅子上。要求被试坐的姿势不要以倾斜的小屋为转移,要把身体调正。如果在测验中,被试最后调整自己身体是以倾斜小屋为参照系的,则该被试为场依存型的人;反之,如果被试最后调整自己身体不是以倾斜小屋为参照系,而是以自身

的内部经验为参照系,则该被试为场独立型的人。

第二种,棒框测验。在一间暗室内,让被试面对一个可调倾斜度的亮框,框中心安装有一个能转动度数的亮棒,要求被试把亮棒调垂直(与水平面)。如果在测验中,被试依据框的主轴来判断垂直,就属于场依存型的人;反之,被试依据所感觉到的身体位置,把亮棒调成接近于垂直,就属于场独立型的人。

第三种,隐蔽图形测验。这是一种纸笔测验,要求被试把隐蔽于复杂图形中的简单图形找出来。如果被试完成测验的时间比较快,且正确率高,就是场独立型的人;反之,被试完成测验的时间比较长,且正确率低,就是场依存型的人。

场独立型性格的人的主要特征是:(1)在认知活动方面,一般以本人大脑中已有的信息为参照体系,较少受到当时知觉情境的影响,比较关心概念和抽象原则;(2)在人际交往方面,往往是非社会定向的,对社会线索不敏感,比较独立、自信、自尊心强,喜欢孤独的非人际情境,不善于社会交往。

场依存型性格的人的主要特征是:(1)在认知活动方面,一般以认识对象所处的客观场合为参照体系,较多受到当时知觉情境的影响;(2)在人际交往方面,往往是社会定向的,社会敏感性强,容易注意他人提供的社会线索,容易受他人的影响,对他人比较感兴趣,爱好社会交往。

场独立型和场依存型在学习偏爱方面也有明显差异。在威特金(Witkin, Moore, Oltman, et al., 1977)的一项追踪10年的研究中,某大学对1584名(男女各半)学生在入学时进行集体测验,以确定他们是属于场独立型还是场依存型。结果表明,这些学生在大学入学时的选修科目、到大学最后的选科以及在研究院或专科学校的选科,场独立型学生往往偏爱认知改组技能的、与人无关的学科(如自然学科),而场依存型学生则往往偏爱重视人际关系的学科(如初等教育)。同时研究发现,学生从事与他们性格类型相一致的学科学习,其成绩较好。

### 2. 冲动型与思索型

卡根等人(Kagan et al, 1964)提出了冲动型性格和思索型性格的分类,它们的差异主要表现在对问题的思考速度上。

冲动型性格的主要特点是:(1)反应快,但精确性差。该性格的人面对问题时总是急于求成,不能全面细致地分析问题的各种可能性,往往不管正确与否就急于表达出来。有时甚至没有弄清楚问题的要求,就开始解答问题。(2)使用的信息加工策略多为整体性策略,因此当学习任务要求作整体性解释时,成绩较好。

沉思型性格的主要特点是:(1)反应慢,但精确性高。该性格的人面对问题时,总是考虑周全后再做反应。他们看重解决问题的质量,而不是速度。但是当他们回答熟悉的、简单的问题时,反应也比较快。(2)在加工信息时多采用细节性策略,在需要对细节进行分析时,他们的学习成绩较好。

在元认知能力和认知策略方面,两者也存在差异。有研究发现(Kurtz & Borkowski,1987),一至三年级"沉思型"学生,具有更多的元认知知识,能使用较多的策略,记忆成绩也较好。在学习能力上,两种认知风格也有差异。沉思型的学生阅读能力、记忆能力、推理能力、创造力都比较好。而冲动型的学生则往往有阅读困难,学习成绩也不太好。通过训练可以提高冲动型儿童的思考能力。其他研究则认为,沉思型与冲动型学生在不同任务中的表现不一样。当认知任务强调整体性的信息加工时,沉思型学生所犯的错误较多;当认知任务强调细节性的信息加工时,冲动型学生所犯的错误较多(Zelniker & Jeffrey,1976)。

## 第二节 性格的形成及理论

### 一、性格形成的影响因素

人的性格并不是先天种族遗传的,而是后天环境和教育影响和作用的结果。刚出生的婴儿仅仅继承了父母的某些神经生理上的遗传素质,他们还没有表现出自己的性格特性。随着年龄的增长,家庭、学校和社会对他们的影响越来越大,加之他们自身心理的成熟,逐渐形成了区别于他人的性格特征。性格的形成虽然主要和后天因素有关,但它和所有心理现象一样,不能脱离生理素质这个基础。

#### (一)生理因素在性格形成中的作用

**1. 遗传是性格形成的物质基础**

遗传是指有机体生来就有的有机体构造、形态、感官和神经系统等方面的解剖生理特点。正常的遗传素质是正常性格形成的必要物质前提。先天就具有遗传缺陷的人,如染色体遗传异常,其中有一对多了一个染色体(21-三体综合症),不但智力上有缺陷,而且也不能形成正常的性格。

遗传素质的个别差异为不同性格的形成提供了最初的可能。与性格差异形成关系较密切的遗传素质是高级神经活动类型。性格的形成过程就其生理机制来说,是"动力定型"的建立过程。所谓的动力定型是指大脑皮层对刺激的定型系统所形成的反应定型系统。神经活动类型的特点对于性格的形成起着促进或阻碍的作用,主要影响性格形成的速度和难易程度。

### 2. 生理发展在一定程度上制约性格的形成

生理发展是性格发展的物质基础,生理发展的水平和规律,在一定程度上制约性格发展的水平和规律。首先,在人类发展过程中,生理发展和变化与心理相比是较少的。其次,生理发展是有规律的。大脑的机能活动、内分泌腺的活动、机体的新陈代谢和生化反应都对人的性格的形成具有一定的影响。最后,体态容貌、生理特长或生理缺陷等也会对性格的形成产生影响。性格的发展一定程度上要受到先天大脑结构的制约。

☕【阅读材料】不同性格的大脑结构

Simona,Robert 和 Annalena(2009)最近测量了四种性格类型的个体的大脑结构,旨在探讨不同的性格是否和不同的大脑结构相联系。这四种性格分别是:新奇寻求,其表现是冲动行为;伤害回避,其表现是消极和害羞;奖励依赖,其表现是有成瘾性特征;坚韧,其表现是有事业心,工作刻苦而追求完美。结果发现,新奇寻求性格的个体额叶和后扣带回体积较大;伤害回避性格的个体大脑眶额区的体积相对较小;奖励依赖性格的个体尾状核和额叶肠回体积较大;坚韧性格的个体楔前叶、旁中央小叶和海马回体积较大。这些结果表明,不同性格特征的人所具有的大脑解剖学特征是很不同的。

## (二)环境因素在性格形成中的作用

### 1. 家庭因素在性格形成中的作用

家庭是社会的细胞,是儿童最早接触的社会环境。家庭是制造人类性格的工厂。家庭对性格形成的影响,主要表现在家庭结构、家庭气氛、家庭教养方式、孩子在家庭中的地位以及家庭的社会经济地位等。

(1)就家庭结构而言,不同的家庭结构给儿童提供了不同的生活环境,导致儿童形成不同的性格。在两代人家庭中生活的儿童相比三代人家庭中生活的儿童,其性格的独立性、自制力、敢为性、合群性、聪慧性、情绪控制、自尊心、文明礼貌及行为习惯等方面发展得要好。家庭结构不完整,即父母离异或亡故,会对儿童性格的形成不利。

(2)就家庭气氛而言,可以划分为融洽与对抗两种类型。家庭气氛是由家庭中全体人员营造的,但主要是由夫妻关系决定的。家庭中的夫妻关系影响家庭其他成员之间的关系,影响孩子性格的形成和发展。研究表明,宁静畅快家庭中的孩子与气氛紧张及冲突家庭中的孩子在性格上有很大的差别。宁静畅快家庭中的孩子,在家里感到有安全感,生活乐观、愉快、信心十足,待人和善,能很好地完成学习任务;气氛紧张及冲突家庭中的孩子缺乏安全感,情绪不稳定,容易紧张和焦虑,长期忧心忡忡,害怕父母迁怒于自己而受严厉的惩罚,对人不信任,容易发生情绪与行为问题。

(3)家庭教养方式可分为三类,不同的教养方式对孩子的性格形成具有不同的影响。第一类是权威型(专制型)教养方式,这种教养方式表现为父母以权威自居,对孩子的一切行动都加以干涉、限制、斥责,有时甚至打骂孩子;对孩子教育缺乏耐心,要求和希望孩子唯命是从。在这种家庭教养方式下长大的孩子容易形成消极、被动、依赖、服从、懦弱、缺乏自信、自尊心低、对人怀有敌意、做事缺乏主动性,甚至不诚实的性格特征。第二类是放纵型教养方式,这种教养态度表现为父母对孩子百依百顺、百般宠爱,对孩子没有约束,没有限制和要求。在这种家庭环境中成长的孩子容易形成任性、幼稚、自私、野蛮、无礼、独立性差、唯我独尊、蛮横无理、胡闹等性格特征。第三类是民主型教养方式,这种教养态度表现为父母既满足孩子的正当要求,又在一定程度上加以限制;既保护孩子,又给孩子一定的训练;父母间和父母与孩子间关系和谐。父母的这种教养方式使孩子能形成一些积极的性格特征,如谦虚、真诚、活泼、快乐、直爽、自立、彬彬有礼、善于交往、富于合作、思想活跃等。

父母被认为是孩子的第一任教师,是孩子学习的榜样。社会信仰、规范和价值观等首先通过父母的过滤而传给子女。父母的一言一行都潜移默化地影响孩子性格的发展。孩子随时随地模仿父母的行为。因此,孩子与父母的性格往往相类似。

**2. 学校教育的各种因素在性格形成中的作用**

(1)学校教育在儿童的性格形成中起着重要作用。学校是对学生进行有目的、有计划教育的场所。学生在学校里不仅学习、掌握系统的文化科学知识,而且发展智力,接受政治和品德教育,形成优良的性格特征。

(2)知识的学习在性格形成中起着重要作用。学生通过系统地接受知识,了解了自然界和社会发展和变化的规律,这对形成科学的世界观有着重要的意义,对性格的形成和发展也有重要的意义。学生接受知识的过程,也是一种紧张、艰苦的智力劳动过程。在这个过程中,可以培养学生坚毅、顽强的品质,增强学生的组织性与纪律性，养成良好的工作习惯。

(3) 集体对性格的形成有特殊意义。学生参加集体生活，接受集体的委托与要求，受到集体舆论与评价的影响，这对学生性格的发展都有重要的影响。例如，集体的委托与信赖，可以发展学生的责任感、义务感，培养学生关心集体、关心他人的品质，增强学生的自信心，使学生对自己有更严格的要求。

(4) 教师是学生学习的榜样，教师的言行对学生的性格起着潜移默化的作用。一般地说，学生年龄越小，受教师的影响越大。教师不仅对学生言教，还要对学生身教。教师与学生的关系也影响学生性格的发展。有威信的教师，学生言听计从，他的高尚品格，如思想进步、强烈的责任心、富于同情心、谦虚朴素等，会对学生产生深刻的影响。没有威信的教师，学生不愿接受其教育，但他的消极性格，如粗暴、偏心、神经质等，可能对学生产生自暴自弃、不求上进等不良的影响。研究还发现，喜欢教师的学生说谎较少，不喜欢教师的学生说谎较多。可见师生关系也影响到学生诚实性格的形成。

### 3. 文化、社会因素在性格形成中的作用

儿童都是在某种文化、某种社会和某种特定的经济地位中教养起来的。一般的文化背景、社会制度、经济地位都会对儿童性格的形成和发展产生深刻的影响。

(1) 就文化背景来说，它是一个民族或地区长期生活所形成的一种风俗习惯。每个人一出生就受到这种风俗习惯的影响，小到对孩子的喂养方式，大到孩子行为举止、道德规范等方面。因此，不同民族的人，具有不同的性格特征；生活在不同地方的人，其性格特征也不同。

(2) 就经济地位而言，不同的时代、不同的民族、不同的社会生活条件和自然环境都会影响人的实践活动，在性格上打下烙印，从而形成不同时代、不同民族的典型性格。

**【阅读材料】不同文化有不同的性格特征**

1980 年，荷兰社会心理学家 Geert Hofstede 出版了一本叫做《Culture's Consequences》的书。在这本书里，Hofstede 整理了 IBM 公司对自己全球几十个国家员工工作价值观的调查，提出这些国家（或者文化）在权力距离（power distance）、对不确定性的规避（uncertainty avoidance）、个体主义（individualism）和男性特质（masculinity）四个主要维度上有所不同。其中，个体主义与集体主义这个维度不论是在学术界还是在民间都得到了最多的注意。通常认为，美国人和欧洲人的个体主义倾向较为明显，而中国人和其他亚洲人的集体主义倾向较为明显。后来，个

体主义与集体主义这个维度在自我的领域里,又被Markus和Kitayama(1991)引申出相互依存与相互独立的自我构念(independent-interdependent self construals)。通常认为,美国人和欧洲人相互独立的自我构念较为明显,而中国人和其他亚洲人相互依存的自我构念较为明显……

摘自:杨宇(2008).性格与文化研究的三种思路.中国社会心理学评论(第4辑).北京:社会科学文献出版社

(3)社会实践对性格形成的影响。劳动是人最基本的实践活动。个体走上工作岗位后,职业的要求对性格发展也有重要作用。人长期从事某种特定的职业,社会要求他反复扮演某种角色、进行和自己职业相应的活动,从而相应地形成不同的性格特征。例如,科学工作者实事求是,善于独立思考,一丝不苟;文艺工作者活泼开朗,富于想象,感情丰富;飞行员冷静、沉着,有高度责任感等。

### (三)自我意识在性格形成中的作用

性格是在人和环境相互作用的实践活动中形成和发展的,但任何环境都不能直接决定人的性格。它们必须通过人已有的心理发展水平和心理活动才能发生作用。社会各种影响只有为个人理解和接受,才能转化为个体的需要和动机,才能推动他去行动。个体的自我意识对性格形成的作用,随着年龄增大而日益增强。个体已有的理想、信念和世界观等对接受社会影响有决定性的作用。例如,守纪律、责任心等性格特征都是接受与领会外部的社会要求,逐渐将这一要求转变为对自己的内部要求的过程。每个人都是他自己性格的工程师。人是一个高度不断自我完善的调节系统,一切外来的影响都要通过自我调节起作用。从这个意义上说,每个人都在塑造着自己的性格。

随着年龄的增长,自我意识对性格形成的作用越来越明显。因此,根据不同的年龄阶段,可以把性格的发展分为四个主要阶段:

(1)性格的形成期(出生到11岁左右)。儿童出生以后,开始接受周围环境的影响,形成了一定的态度和习惯性行为。3岁以前是性格的萌芽期,自我意识和道德意识开始产生。3~5岁,形成性格的雏形。6~11岁,初步形成性格,自制力、道德观念和行为习惯都逐步发展起来。但这一时期的性格不稳定,易受环境的影响。

(2)性格的定型期(12~17岁左右)。少年期和青年初期是一个心理和生理充满矛盾的时期,也是性格形成的关键时期。教育引导得当就可以形成良好的性格;反之,如果教育引导不当就可能形成不良的性格。进入少年期以后,生理发育日趋成熟，自我意识的作用体现出来，他们希望能够自立，并像大人一样享受一切。但是，他们的心理发育又很不成熟，这样就形成身心发展的矛盾性。如果能够抓住时机，适时教育引导，在自我意识的作用下，就可以形成良好的性格。青年初期性格已基本定型，为今后的进一步发展打下了基础。

(3)性格的成熟期(17~30岁)。情感内容日益丰富多彩，而且越来越复杂，富有热情和激情，形成某些高级情感；自我意识有了较大发展，分化为现实自我和理想自我，能够正确地评价自己的一切。自尊心和自信心都达到了相当高的程度。道德观念、理想和世界观走向成熟。

(4)性格的更年期(55岁至死亡)。人到了55岁以后，生理上走向衰老，成为身心发展的一个转折点。性格在这一时期也会发生一些变化。变化的大小随不同人的不同情况而异。导致性格变化的原因有两种：其一是生理上衰老，使人感到不适应，产生焦虑、烦恼、不愉快的体验，甚至会感到力不从心；其二是生活环境的变化，如离退休、配偶死亡等，使人意识到晚年的来临。由于这两方面的作用，性格也趋于老化。主要表现为性格强化和性格弱化两个方面。前者表现为思想僵化、急躁孤僻和固执己见，后者表现为缺乏信心、遇事犹豫不决等。当然，也有许多人在晚年仍然能保持良好的性格特征，永远保持青春常在。

## 二、性格形成和塑造的理论

### (一)班杜拉的社会学习理论

美国心理学家班杜拉(Bandura,1977)提出了关于性格塑造的社会学习理论。班杜拉认为性格的形成和塑造是人通过观察别人行为而学习的一种复杂的个人行为过程，称为观察学习。它包括四个过程：(1)注意过程，学习者注意到榜样的行为，获取有关信息，具有定向作用；(2)保持过程，即把观察到的行为保持在头脑中；(3)动作再现过程，即把保持在头脑中的信息转化为外在行为；(4)动机强化过程，即把保持在头脑中的行为外化后，能获得反馈，以此激发和维持行为。

班杜拉认为，观察学习要能够实现，首先必须确立一个榜样。这个榜样既可以是现实生活中的，可以是影视作品中的，也可以是文字符号描述的。之后，儿童对榜样的行为进行模仿。榜样的行为能否变为儿童的性格特征的一部分，取决于儿童对榜样的认同程度。如果儿童对榜样的认同程度高，即对榜样佩服得五体投地，则榜样的行为会很快在儿童身上体现出来。如果儿童对榜样的认同程度低，即认为榜样没有什么特别的，或不值得自己去模仿，则榜样的行为不会很快在儿童身上体现出来。

班杜拉认为,除了榜样自身的力量以外,儿童模仿学习的效果还要受到社会的强化。儿童模仿的行为如果被社会所接受,就会给儿童正强化,则该行为就保持下来,成为其性格的组成部分;反之,儿童模仿的行为如果不被社会所接受,就会给儿童负强化,则该行为就会逐渐消失,不会成为儿童性格的组成部分。强化有时是直接的,有时是间接的。

## (二)艾里克森的个性发展理论

艾里克森(Erikson,1963)认为在个性发展中,逐渐形成的自我过程,在个人及其周围环境的交互作用中起着主导和整合作用。每个人在生长过程中,都普遍体验着生物的、生理的、社会的事件的发展顺序,按一定的成熟程度分阶段地向前发展。艾里克森提出了人一生有八个发展阶段,且每个阶段都有特定的发展任务,形成特定的性格特征。

第一阶段为婴儿期(0～2岁)。婴儿在本阶段的主要任务是满足生理上的需要,发展信任感,克服不信任感,体验着希望的实现。婴儿从生理需要的满足中,体验着身体的康宁,感到了安全,于是对其周围环境产生了一种基本信任感;反之,婴儿便对周围环境产生了不信任感,即怀疑感。而这种基本信任感会延续到人的整个一生,包括对人、对社会、对环境的信任感。

第二阶段为儿童早期(2～4岁)。这个阶段儿童主要是获得自主感而克服羞怯和疑虑,体验着意志的实现。艾里克森认为这时幼儿除了养成适宜的大小便习惯外,他主要已不满足于停留在狭窄的空间之内,而渴望着探索新的世界。这个阶段发展任务的解决,对于个人今后对社会组织和社会理想的态度将产生重要的影响,为未来的秩序和法制生活做好了准备。

第三阶段为学前期或游戏期(4～7岁)。本阶段儿童的主要发展任务是获得主动感和克服内疚感,体验目的的实现。弗洛伊德认为这个阶段是产生俄狄普斯情结的时期,对此,艾里克森的看法不同于弗洛伊德。他认为,男女儿童虽对自己的异性父母产生爱慕之情,但能从现实关系中逐渐认识到这种情绪的不现实性,遂产生对同性的自居作用,逐渐从异性同伴中找到了代替自己异性父母的对象,使俄狄普斯情结在发展中获得最终的解决。本阶段也称为游戏期,游戏执行着自我的功能,在解决各种矛盾中体现出自我治疗和自我教育的作用。艾里克森认为,个人未来在社会中所能取得的成就,都与儿童在本阶段主动性发展的程度有关系。

第四阶段为学龄期(7～12岁)。本阶段的发展任务是获得勤奋感而克服自卑感,体验着能力的实现。学龄期儿童的社会活动范围扩大了,儿童依赖重心已由家庭转移到学校、教室、同伴团体等社会机构方面,教师和同伴在儿童的个性发展中发挥着重要作用。艾里克森认为,许多人将来对学习和工作的态度和习惯都可溯源于本阶段的勤奋感。

第五阶段为青年期(12～18岁)。这一阶段的发展任务是建立同一感和防止同一感混乱,体验着忠实的实现。这里的忠实是指忠诚于社会或一定的职业。随着性成熟等生理发展所带来的困扰以及即将成人,这一时期的青少年会问我是谁、我在社会中的位置是什么等一系列关于自我的问题。这种关于自己是谁、在社会中应占什么样的地位、将来成为怎样的人以及怎样成为理想中人的一连串感觉,就是自我同一感。

这一阶段艾里克森提出了"合法延缓期"的概念,他认为这时的青年承继儿童期之后,自觉没有能力持久地承担义务,感到要作出的决断未免太多太快。因此,在作出最后决断以前要进入一种"暂停"时期,用以千方百计地延缓承担的义务,以满足避免同一性提前完结的内心需要。虽然对同一性寻求的拖延可能是痛苦的,但它最后能导致个人整合的一种更高级形式和真正的社会创新。

第六阶段是成年早期(18～25岁)。发展任务是获得亲密感以避免孤独感,体验着爱情的实现。艾里克森认为这时青年男女已具备能力并自愿准备着去分担相互信任、工作调节、生儿育女和文化娱乐等生活,以期最充分而满意地进入社会。这时,需要在自我同一性巩固的基础上获得共享的同一性,才能导致美满的婚姻而得到亲密感,但由于寻找配偶包含着偶然因素,所以也孕育着害怕独身生活的孤独之感。艾里克森认为,发展亲密感对是否能满意地进入社会有重要意义。

第七阶段是成年中期(25～50岁)。这一阶段的主要发展任务是获得繁殖感而避免停滞感,体验着关怀的实现。这时男女建立家庭,他们的兴趣扩展到下一代。这里的繁殖不仅是包括养儿育女、关心和指导下一代成长的需要,还包括从事创造性的工作,创造事物或思想。因此,有人即使没有自己的孩子,也能达到一种繁殖感。缺乏这种体验的人会倒退到一种假亲密的需要,沉浸于自己的天地之中,只一心专注自己而产生停滞之感。

第八阶段为老年期(50岁至死亡)。该阶段的主要发展任务是获得完善感,避免失望和厌倦感,体验着智慧的实现。这时人生进入了最后阶段,如果对自己的一生获得了最充分的前景,则产生一种完善感。这种完善感包括一种长期锻炼出来的智慧感和人生哲学,伸延到自己的生命周期以外,与新一代的生命周期融合一体的感觉。一个人达不到这一感觉,就不免恐惧死亡,觉得人生短促,对人生感到厌倦和失望。

# 第三节　性格评定

一个人的性格总会通过其言谈、行为以及外貌等表现出来,这就为性格的测量和评定提供了依据。在心理学中对一个人的性格的测量可以通过各种方法来实现。

## 一、自然实验法

自然实验法是实验法在自然条件下的运用。由于性格的复杂性,不宜采用严格控制条件的实验室方法。一般认为,自然实验法对测量性格是相当有效的。自然实验法兼有实验室实验法的控制条件和观察法的自然真实这两方面的优点。目前较多地采用教育性实验。教育性实验是把实验法运用于教育过程,在活动中了解学生,并研究有效教育措施的方法。在教育实验时,实验者创设一定的情境,主动地引起被试的某种性格特征的表现,然后主试对被试采取一定的教育措施,影响被试的行为表现,通过观察、分析来了解学生的性格特征及其变化。这种方法能够结合教育进行,比较自然和主动,但要求教师善于设计实验和控制条件。例如,在游戏或上课时,让被试完成一些实验性的作业,来研究学生的责任心、自制力、诚实、果断等性格特征。下面介绍两个著名的测验性格的自然实验。

在一项实验中,研究者为40名保育院的孩子安排了这样一个实验情境:一天夜晚,在孩子们的住房附近地放了一堆湿柴,而在远处山沟里堆放着好多干柴。研究者要求孩子们拾回干柴生火取暖。结果,小部分孩子跑到山沟里拾回干柴,而多数人不敢走远,只把近处的湿柴抱了回来。也有一部分孩子对布置的任务有抵触情绪,他们继续留在屋里,并说些抱怨的话。根据孩子们在实验情境中的行为,可以看出孩子的性格特征,有的勇敢,有的胆怯、动摇,甚至有点怨天尤人,孩子们事先并不了解研究者的意图,他们的行为较真实地表现了自己的性格特点。

在另一个实验中,教师出题让学生考试,考试后收回全部试卷,并复印了一份。然后,教师把试卷和标准答案一起发给大家,要求学生自己判分。在这种情况下,有的学生老老实实地按照原来的试卷评分;而有的学生为了得到好分数修改了原来的试卷,他们认为这样做是不会被老师发现的。实验结束后,教师拿前后两份试卷进行比较,从而了解学生的诚实程度。判分时擅自修改答案的,被判断为不诚实的行为。

## 二、谈话法

谈话法就是评定者同被试面对面地交谈来了解其性格的方法。谈话法对于研究者的要求较高,应具有广泛的知识,包括心理学、社会学、公共关系学以及某些其他方面的专业知识,具有较强的观察力、言词表达能力、人际交往能力和敏捷的思维能力。谈话时应注意自己的仪表风度,态度诚恳热情,给被试留下良好的第一印象,尽量找出双方的共同点,缩短距离,善于捕捉别人不易觉察的细节,能够使对方说出自己的真实情况。交谈的内容包括被试的现状、成长历史、本人和环境的关系,以及在某些环境(学校、公司)里的行为等。进一步也可以了解他对特定的人的感情、态度,对某件事情的有关意见,以及对于自身的认识内容等。此外,还可以找与被试有关的人进行谈话。例如了解一个学生的性格,可以找他的教师或父母谈话。这种谈话有助于进一步了解学生的性格。

谈话法是一种直接获取信息的方法,对性格评定具有重要的意义。但谈话法也有些明显的缺点。首先,谈话法一般需相当长的时间,很难在短期内得到很多材料。其次,由于被试不愿暴露自己的弱点、隐私,或是受到社会期望效应的影响,因此用这种方法对性格作出的评定,往往效度不高。再次,被试对访谈者的态度、印象,将直接影响到谈话的结果。为此,应尽量使晤谈技术标准化,同时谈话者也必须经过专门的训练。

## 三、自陈测验法

自陈测验是一种问卷式的性格测验,量表中包括了许多陈述性的题目,被试可以按题目所描述的作出选择,从而把自己的性格特点陈述出来。自陈测验一般是纸笔测验。它的优点是实施简便,评分也一定,容易数量化或绘制人格侧面图。其缺点是,被试在回答问题时容易受社会期望的影响或隐瞒自己的缺点,同时被试对自己性格的认识也不一定正确,因而会影响测量的效度。几个有代表性的自陈测验是明尼苏达多相人格量表(MMPI)、卡特尔16因素人格问卷(16PF)、艾森克人格问卷(EPQ)、大五人格量表(NEO-PI-R)。

### 1. 明尼苏达多相人格量表 (MMPI)

明尼苏达多相人格量表(Minnesota Multiphasic Personality Inventory,简称为MMPI)是以经验建构的量表,它是由美国明尼苏达大学教授哈萨韦(Hathaway, R)和麦金莱(Mckinley, J)于1943年发表的。该量表后来经过多年的不断修改,目前已是一种探测人格病理倾向的测量工具。其设计是将被试的反应与已知患有某种心理疾病的人的反应相比较来记分的。测量的是 10 种病理倾向:疑病症、抑郁症、癔症、病态人格、男—女性倾向、偏执狂、精神衰弱、精神分裂、轻躁狂、社会内向。共 566 个题。下面是 MMPI 的一些例题,被试在每题后的"是"、"否"或"?"(表示无法肯定)三种答案中圈选一项。

(1)我早上醒来觉得睡眠充足,精神爽快 ·················································· 是否?
(2)我易被声音闹醒 ································································································ 是否?
(3)我喜爱阅读报上关于犯罪的文章 ················································· 是否?

### 2. 卡特尔 16 因素人格问卷 (16PF)

该量表由美国伊利诺州立大学的卡特尔教授于 20 世纪 50 年代编制的人格测验,适用于具有阅读能力的青年、成人及老年人。卡特尔是根据自己研究所确定的 16 种人格的根源特质编制成的。该量表共有 187 个题目,要求被试从三个选择项中选择一个答案。下面是卡氏 16 因素人格问卷的一些例题,被试在每题后的三种答案中圈选一项。

(1)在接受困难任务时,我总是:A. 有独立完成的信心;B. 不确定;C. 希望有别人的帮助和指导。

(2)我的神经脆弱,稍有点刺激就会使我战惊:A. 时常如此;B. 有时如此;C. 从不如此。

### 3. 艾森克人格问卷 (EPQ)

该量表是由英国心理学家艾森克等人编制的人格问卷。有适合于 16 岁以上成人和适合于 7~15 岁儿童两个版本。每个问卷由 100 个左右的题目组成,要求被试对每个题目作出"是"或"否"的回答。每个问卷都包括 4 个分量表:精神质量表(P)、内外倾量表(E)、情绪稳定性量表(N)和效度量表(L)。

目前,该量表在我国北方地区有北京大学心理学教授陈仲庚等人的修订本,在南方地区有湖南医科大学心理学教授龚耀先等人的修订本。

### 4. 大五人格量表 (NEO-PI-R)

该量表是由 Costa 和 McCrae 编制的,是依据大五人格结构模型编制而成,在世界范围得到广泛应用,信度效度得到普遍认同。该量表由 240 个问题组成,分别测查人格特质中的开放性、严谨性(责任心)、外倾性、宜人性和神经质(情绪稳定性)。由于这五个特质的头一个字母构成了"OCEAN",代表了人格的海洋。量表采用 Likert 五点计分的方式,从强烈不同意到强烈同意共五个等级。该量表的简短版本(NEO-FFI)有 60 个项目,每个维度 12 个项目。这两个版本在 2010 年均得以更新(NEO-PI-3 和 NEO-FFI-3)。

在我国,杨国枢和王登峰(1999)确定了中国人的人格结构为 7 个大因素、18 个小因素。这七个大因素为:外向性,善良,行事风格,才干,情绪性,人际关系和处世态度。王登峰和崔红(2004)根据这 7 个因素编制了中国人人格量表(QZPS)。该量表包括 180 个项目。后来王登峰等人也发展了短式七因素量表(QZPS-SF)。

## 四、投射测验法

投射测验就是向被试呈现模棱两可的刺激材料(如墨迹或不明确的人物图片),要求被试对刺激材料进行解释,让他在不知不觉中将其情感、态度、愿望、思想等投射出来。投射测验法是针对自陈测验法的缺点设计出来的。其优点是因被试不明白测验的目的,所以被试的反应比较真实,从而排除自陈测验中可能出现的作假现象。其缺点是测验较缺乏客观效度,并且测验的实施程序、记分以及对结果的解释都必须经过特殊的训练。最常见的投射测验有两种:主题统觉测验和罗夏墨迹测验。

图 12-1 主题统觉测验图例

### (一)主题统觉测验

主题统觉测验(Thematic Apperception Test,简称 TAT)是美国心理学家默里和摩根(Murray & Morgan,1935)创制的。它由 30 张图像和一张空白图片组成。图片多数是人物也有一部分风景。每张图像(如图 12-1 所示)都相当模棱两可,可以作种种不同的解释。被试从中抽取图片 20 张和一张空白图片。当被试看到图片时,凭个人的想象,编造出图像上的故事。编造的故事必须包括:图像的情景,情景发生的原因,将来的演变,可能的结果以及个人的体会。主试根据故事的主题、故事中人物的关系、知觉的歪曲、不平常形式的特征、故事中反复出现的情节以及整个故事的情调(如是悲观的还是乐观的)等对被试的性格作出鉴定。

图 12-1 右边的图片是 TAT 中的图片 5,是一个中年女子站在半开的门旁,向室内观看。例如,被试是一位 30 岁左右的女子,她看了这张图片后编造故事:一位妈妈下班后回家,开门一看,感到惊喜:因为早晨上班匆忙,没有时间收拾房间,家中很乱,现在却变得十分整洁,不仅桌椅都揩得干净,而且花瓶里还插着美丽的鲜花,使人感到愉快;但她不知道是谁收拾的。妈妈忽然看到高高的书橱没有整理,心中一下全明白了。故事反映被试自己的家庭情况,被试有一个和睦的家庭、有一个体贴父母又爱劳动的孩子。

## (二)罗夏墨迹测验

罗夏墨迹测验由瑞士精神病学家罗夏(Rorschach,1921)编制。该测验材料的制作过程是将墨水滴于一张纸的中间,然后将纸对折并用力一压,使墨水四溢,形成不规则但对称的各种形状图形,如图 12-2。罗夏最初以各种不同形状的图形对被试进行施测,最后选择出典型的十张图片(5 张黑色,5 张黑色加彩色),用来作为模棱两可刺激情境的测验题目。图形类似于图 12-2 上的墨迹所示。在施测过程中,每次向被试呈现一张图片,并向被试提出这样的问题:"这可能是什么?""你看见什么?"或"这使你想起什么?"10 张图片都回答之后,被试再将图片看一遍,指明墨迹的哪一部分启发了他的回答,主试根据下列四项标准进行统计:(1)部位:被试是对墨迹全部反应还是对部分反应?(2)决定:被试的反应,是由墨迹的形状决定还是由颜色决定?把图形看成运动的还是静止的?(3)内容:被试把墨迹看成什么东西?是动物还是人或物体?(4)独创性:被试的反应是与众一致还是与众不同?然后确定其性格。

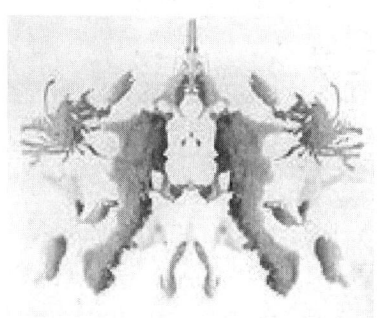

图 12-2 罗夏墨迹测验图例

## 本章知识结构如下

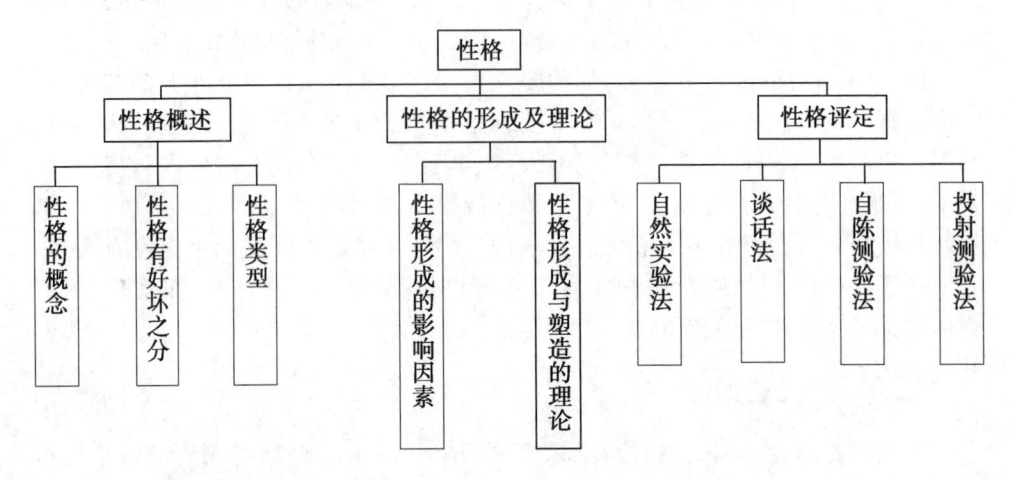

```
                          性格
        ┌─────────────────┼─────────────────┐
     性格概述          性格的形成及理论        性格评定
   ┌────┼────┐         ┌────┴────┐      ┌────┬────┬────┐
  性格  性格  性格     性格形成  性格形成  自然  谈话  自陈  投射
  的    有好  类型     的影响    与塑造    实验  法    测验  测验
  概念  坏之            因素     的理论    法          法    法
        分
```

## 一、基本练习题

1. 名词解释：

性格，性格类型，认知方式，遗传，动力定型，观察学习，投射测验，内倾型，外倾型，场独立型，场依存型，主题统觉测验，罗夏投射测验。

2. 什么是性格？性格具有哪些特征？
3. 简述斯普兰格的性格与气质的区别。
4. 试比较各种性格类型说。
5. 举例说明影响性格形成和发展的因素。
6. 如何评定一个人的性格？
7. 性格 A、B、C 各个类型的特点是什么？

## 二、你身边的心理学

你如何理解"性格决定命运"这句话？

# 第十三章 气质

## 导 学

为什么我们对林黛玉的细致、敏感、孤独、多愁善感、外表温柔留下深刻印象？为什么我们对李逵的粗暴、风风火火过目不忘呢？这些都是不同人物的不同气质特点给我们留下的深刻印象。气质与我们如影随形。在现代社会竞争中，气质似乎可以影响我们的成败。气质也是我们在现代社会中的一张新名片。在本章中，我们共学习三节内容。第一节主要介绍气质的基本问题；第二节介绍气质的测量方法；第三节介绍气质在教育与职业选择中的运用。本章的重点内容为：气质的四种类别及其表现。本章学习的难点为气质与性格的区别与联系。

气质在现代生活中起着越来越重要的作用。通过本章的学习，要学会用气质的适应性来促进自己的工作。在生活与工作中不断修炼自己的气质，你就会发现不同气质类型的人都会取得成功。

**【阅读材料】不同气质不同的行为反应**

以下是现实生活中常见的情景：甲乙丙丁四位观众去看电影时，都迟到了。但是四个人却有不同的表现。观众甲与检票员争执起来，企图进入剧场。他分辩说，原因是戏院的钟走快了，他得赶紧进去，并不会影响任何人，打算推开检票员直接跑到自己的座位上去。观众乙立刻明白，检票员不会放他进入剧场，但通过楼厅比较方便，就自行跑到楼上去了。观众丙看到不让他进入正厅，就想："第一场大概不太精彩，我还是暂且去小卖部等一会，到幕间休息时再去吧。"观众丁想："我老是不走运，偶尔来一次戏院，就这样倒霉。"然后就回家去了。

从心理学的角度看，四个人恰好代表四种气质类型：胆汁质(甲)、多血质(乙)、粘液质(丙)和抑郁质(丁)。那么，什么是气质类型？不同气质类型的人有什么特点？气质是天生的吗？气质会对我们产生怎样的影响呢？本章将进行深入的分析。

# 第十三章 气质

## 第一节 气质概述

### 一、气质概念

气质是人的心理活动和行为的动力特征,主要表现在心理活动的速度、强度、稳定性、指向性等方面。在现实生活中我们可以观察到,有的人性情急躁易怒,遇事冲动而不冷静;有的人则不温不火,遇事冷静沉着;有的人行动、语言缓慢乏力;有的人则动作敏捷,言语迅速而有力量。这些心理的动力特征给个体的心理活动染上了一层个人色彩,体现出不同的气质特征。理解气质概念要注意:

(1)注意区分日常口语中的"气质"与心理学上的"气质"。日常口语中的"气质"指一个人的风度和格调,心理学中的气质概念是人的"脾气"、"秉性"或"性情"。

(2)气质的遗传性。气质受先天生物学因素影响较大,先天因素占主要地位。事实上,气质特征在出生不久的婴儿身上就有所表现,它具有明显的"天赋性"。从婴儿身上可以观察到,有的婴儿好动、不认生、喜欢吵闹;有的婴儿则比较安静、沉稳。这些差异显然不是由于后天生活条件造成的,而是由神经系统的先天特征造成的。气质特征与遗传有关。研究表明,同卵双生子要比异卵双生子在气质上更相似,即使把同卵双生子分别放在两种不同的生活环境和教育下培养,他们仍然表现出相似的气质特点,差异不大。

(3)气质的动力性。作为人的心理活动的动力特征,气质与人的心理活动的内容、动机无关。也就是说气质特点一般不受个人活动的目的、动机和内容的影响,具有较强的稳定性。俗语所说的"禀性难移",就是指气质的稳定、不易改变的特点。例如,一个情绪稳定而内向的学生,即使在熟悉的环境里和热闹的场面中,仍然表现出不爱出风头、稳重内敛的特点。气质的稳定性还表现为在不同的年龄阶段,个体的气质特点是相对稳定的。研究表明,儿童在内向和外向方面表现出来的气质特点,在生命的最初几年内就表现出来了。这些特点在他们后来的生活中很少改变。友好的婴儿倾向于成长为友好的少年,而不友好的婴儿倾向于成长为不善交往的年轻人。

(4)气质具有一定的可塑性。气质不是绝对一成不变的。在生活环境和教育条件的影响下,气质可以得到一定程度的改造。例如,在集体生活的影响下,一些情绪容易激动的人,可能变得较能控制自己;而一些行动较为缓慢的人,可能变得行事迅捷。在有计划、有系统的教育影响下,人的气质被掩蔽和改造的情况表现得更为明显。苏联心理学家格·富尔顿纳多夫曾举过一例:一个女中学生在学校里的表现是胆怯、孤僻、羞涩、烦恼和爱哭,从神经系统类型看属于弱型,在气质类型上属于抑郁质。后来经过研究者与学校配合,引导她积极参加集体活动和社会工作,委托她担负一些重要任务,经过较长期的教育和锻炼,这个女学生明显克服了胆怯、怕羞、孤僻等气质特点,学会了更好地控制自己的情感,表现出主动性、独立性和不怕困难的特点。

气质是一个古老的概念。早在古希腊时代,希波克拉底就在《论人的本性》一书中提出体液说,将人划分为胆汁质、多血质、粘液质和抑郁质四种基本类型。后来,罗马医生盖伦发展了希波克拉底的学说,并用拉丁语来表示由体液配合所产生的心态特点,于是就产生了气质这一概念。

## 二、气质的心理特性

气质由许多心理活动的特性交织而成,这些心理特性也是测量气质的指标。根据现有的研究,主要包括六种心理特性:

### 1. 感受性

感受性是指人对外界刺激的感受能力。感受性是神经系统强度特征的表现,可以根据人们产生心理反应所需要的外界刺激的最小强度来判断。一个人对引起感觉所需要的刺激量越小,其绝对感受性就越大;相反,需要的刺激量越大,其绝对感受性就越小。不同的人对刺激的强度的感受能力是不同的。有的人能够感受十分细微的刺激,对别人言语或行为上的细节也能记得很清楚;相反,有的人则对细微的刺激不敏感,也不注意细节,大大咧咧。

### 2. 耐受性

耐受性是指人在经受外界刺激作用时,表现在时间和强度上的耐受程度。这也是神经系统强度特征的表现。具体表现为注意力集中的持续时间、对强烈刺激和低负荷工作的耐受力、思维活动的持久性等方面。

### 3. 灵敏性

灵敏性是指心理反应和心理过程进行的速度,它是神经系统灵活性的表现。具体表现为注意转移的快慢和难易、记忆的速度和准备性程度、说话的速度、思维的敏捷和灵活程度、动作的灵活迅速程度以及一些不随意的反应性上。

#### 4. 可塑性

可塑性是指人根据外界事物变化的情况改变自己适应性行为的灵活程度。它也是神经系统灵活性的表现。迅速适应环境、情绪上不出现困难、行动果断的人具有较大的可塑性；相反，难以适应环境、情绪上波动较大、行动犹豫不决的人则表现出刻板性或惰性，可塑性较小。

#### 5. 情绪兴奋性

情绪兴奋性是指以不同的速度对微弱刺激产生情绪反应的特性。它是人神经系统的强度特性和平衡性在心理反应上的重要表现。例如，有的人情绪兴奋性很强，而情绪抑制力很弱。这就不只是神经过程强的表现，而且明显地表现了兴奋性强于抑制性的不平衡的特点。情绪兴奋性还包括情绪向外表现的强烈程度。

#### 6. 向性

向性是指心理活动、言语与行为动作反应是倾向于外部还是内部的特性。向性可以分为外倾性和内倾性，它与神经系统功能强度有关。外倾性是神经活动兴奋过程占优势，内倾性是神经活动抑制过程占优势。

## 三、气质理论

### (一)气质的体液说

古希腊医生希波克拉底在长期的医学实践中观察到人有不同的气质。他认为气质的不同是由于人体内不同的液体决定的。他设想人体内有血液、粘液、黄胆汁、黑胆汁四种液体，并根据这些液体混合比例某一种占优势，把人分为不同的气质类型：体内血液占优势属于多血质，黄胆汁占优势属于胆汁质，粘液占优势属于粘液质，黑胆汁占优势属于抑郁质。这样，他把人的气质分为了多血质、胆汁质、粘液质、抑郁质四种类型。

后人把希波克拉底对气质的观点概括为体液说。用体液来解释气质，缺乏严格的科学根据。但在日常生活中的确存在这四种气质类型的典型人物，因此这种气质类型的划分一直沿用至今。具体说来，四种气质类型有如下特点：

(1)多血质

情绪易表露，敏感易变，遇到不如意的事就会放声痛哭，只要稍加安慰，或者又有什么高兴的事出现，很快就能破涕为笑。思维灵活，反应迅速，但往往不求甚解。行动迅速，对工作表现有热情，如果不是条件限制，他要参加一切活动，但工作劲头不长。对环境易适应,喜交往,但交情粗浅。概括地说,多血质以反应迅速、有朝气、活泼好动、动作敏捷、情绪不稳定、粗枝大叶为特征。比如《红楼梦》里的王熙凤可说是多血质的一个代表。

(2) 胆汁质

情绪急躁,反应迅速,不论是高兴还是忧愁,情绪体验都非常强烈,时而暴跳如雷,在情绪爆发之后,很快又平息下来。智力活动具有很大灵活性,但理解问题有粗枝大叶、不求甚解的倾向。在行动上生气勃勃,工作表现得顽强有力。概括地说,胆汁质以精力旺盛、表里如一、刚强、易感情用事为特征。整个心理活动笼罩着迅速而突发的色彩。比如《水浒传》里的李逵就属于典型的胆汁质。

(3) 粘液质

情绪兴奋性较低,反应缓慢但有稳定性。经常心平气和,不容易出现波动的情绪状态,也不外露。喜欢沉思,在进行任何工作之前都做细致的考虑。能坚定执行做出的决定,不慌不忙地去完成工作。对已习惯的工作表现出极大热情,不容易习惯新工作。概括地说,粘液质的特征是稳重,但灵活性不足;踏实,但易于固执拘谨;沉着冷静,但缺乏生气。《西游记》中的唐僧就属于典型的粘液质。

(4) 抑郁质

情绪兴奋性高,体验深刻稳定,但很少外露自己的情绪,反应缓慢且不灵活,具有刻板性。对事物观察细致、敏感。学习和工作易感疲劳,疲劳后也不易恢复。工作中常表现出多虑、不果断和缺乏信心。生活中不爱与人交往,常有孤独、胆怯的表现。概括地说,抑郁质的人以敏锐、稳重、体验深刻、外表温柔、怯懦、孤独、行动缓慢为特征。比如《红楼梦》中的林黛玉就属于典型的抑郁质。

四种气质类型在六种心理特性上的特点,如表 13-1 所示。实际上,不是所有的人都可以完全归属于这四种传统的气质类型,有相当一部分人属于各类型之间的中间类型或混合型。因此我们在判断人的气质时,不要简单地把一个人划归某一种气质类型。

表 13-1 四种气质类型与心理特性的不同组合

|  | 胆汁质 | 多血质 | 粘液质 | 抑郁质 |
|---|---|---|---|---|
| 感受性 | 低 | 低 | 低 | 高 |
| 灵敏性 | 快、不灵活 | 快、灵活 | 慢、不灵活 | 慢、不灵活 |
| 耐受性 | 较高 | 较高 | 高 | 低 |
| 向性 | 外倾 | 外倾 | 内倾 | 内倾 |
| 情绪兴奋性 | 高 | 高 | 低 | 体验深 |
| 可塑性 | 较小 | 大 | 稳定 | 刻板性 |

> **【阅读材料】** 气质类型与一年四季
>
> 希波克拉底认为,每种体液都是由冷、热、湿、干四种性质相匹配产生的。血液是由热和湿配合的,所以多血质的人热情、湿润,好似春天;粘液质是冷和湿的配合,因此粘液质的人冷漠、无情,好似冬天;黄胆汁是热和干的配合,因此胆汁质的人热而躁,好似夏天;黑胆汁是冷和干的配合,因此抑郁质的人冷而躁,好似秋天。

## (二)高级神经活动类型理论

高级神经活动类型学说是巴甫洛夫创立的。他通过动物实验发现,不同动物在形成条件反射时有差异,不同动物的高级神经活动的兴奋与抑制过程有独特的、稳定的结合,从而构成不同的高级神经活动类型。划分高级神经活动类型,主要依据神经过程的基本特性。神经系统的活动有三种基本特性:强度、平衡性和灵活性。

神经过程的强度是指神经细胞接受强烈刺激或持久工作的能力,它有强弱之分。一般情况下,神经细胞的兴奋是与刺激物的强度相适应,强刺激物引起强的兴奋,弱刺激物引起弱的兴奋。但是当刺激物非常强时,就不是每一个动物的神经系统都能以相应强度的兴奋对它发生反应。有些动物对这些刺激很容易形成条件反射,这说明它们的兴奋过程强,有忍受高度紧张的能力;另一些动物对该刺激不能形成条件反射,甚至会抑制和破坏已形成的条件反射,这说明它们的兴奋过程弱。观察神经过程对不间断的抑制状态所能忍受的时间,通常可以确定抑制过程强度。使抑制过程弱的动物维持较长时间的抑制,则可能会引发神经症。

神经过程的平衡性是就神经系统兴奋和抑制两种过程的相对关系而言。如果兴奋过程和抑制过程的强度基本持平,则基本神经过程属于平衡型。神经过程不平衡的动物表现为要么兴奋过程相对占优势,抑制过程较弱;要么抑制过程相对占优势,兴奋过程较弱。

神经过程的灵活性是指兴奋与抑制过程相互转化的速度。如果对刺激的反应快,兴奋与抑制更替迅速,表明神经过程灵活;反之则灵活性低。神经过程灵活的动物,可以顺利地改变已形成的条件反射;神经过程灵活性低的动物,其形成的条件反射不易改变,甚至反射活动发生混乱,引起神经失调。

巴甫洛夫根据这三种特性的独特结合,把动物高级神经活动划分为四种类型:

### 1. 兴奋型

这种类型的特点是：神经活动强度大、不平衡，兴奋活动占优势。容易兴奋，难于控制，所以又叫"不可遏制型"。

### 2. 活泼型

这种类型的特点是：神经活动强度大、平衡而灵活。活泼好动、灵活多变。

### 3. 安静型

这种类型的特点是：神经活动强度大、平衡但不灵活。行动迟缓、反应慢，但庄重而有耐性。

### 4. 弱型

这种类型的特点是：神经活动强度弱，不能承受强刺激。感受性高，胆小而神经质。

表13-2 神经活动与气质类型对照表

| 神经系统的基本特点 | 高级神经活动类型 | 气质类型 |
| --- | --- | --- |
| 强—不平衡 | 兴奋型 | 胆汁质 |
| 强—平衡—灵活 | 活泼型 | 多血质 |
| 强—平衡—不灵活 | 安静型 | 粘液质 |
| 弱 | 抑制型 | 抑郁质 |

巴甫洛夫把高级神经活动类型同四种气质类型相对照，发现它们之间有高度的一致性。巴甫洛夫认为，这四种不同的神经活动类型是人与动物共同具有的一般特性，这种一般特性构成了人的气质的生理基础。高级神经活动类型与希波克拉底划分的四种气质类型的相互关系见表13-2。

巴甫洛夫的高级神经活动类型说较科学地解释了气质的产生。目前我国心理学界现普遍认为，气质的生理机制是神经类型。

## （三）气质的体型说

体型说由德国精神病学家克瑞奇米尔（E. Kretschmer）提出。他根据对精神病患者的临床观察，认为可以按体型划分人的气质类型。根据体型特点，他把人分成肥胖型、瘦长型和筋骨型等三种。

肥胖型产生躁狂气质，其行动倾向为善交际、表情活泼、热情、平易近人；

瘦长型产生分裂气质,其行动倾向为不善交际、孤僻、神经质、多思虑;

筋骨型产生粘着气质,其行动倾向为迷恋、认真、理解缓慢、行为较冲动。

他认为三种体型与不同精神病的发病率有关。

美国心理学家谢尔顿(W. H. Sheldon)也认为,形成体型的基本成分——胚叶与人的气质关系密切。他根据人外层、中层和内层胚叶的发育程度将气质分成外胚叶、中胚叶、内胚叶三种类型。

内胚叶型的人丰满、肥胖,其特点是乐观,行动缓慢,喜爱美食和睡觉,生活悠闲,好交际,行为随和;

中胚叶型的人身体健壮,肌肉发达,体型呈长方形,其特点是好动,武断,富有竞争性,主动积极,咄咄逼人;

外胚叶型的人体型瘦小,体质虚弱,其特点是敏感,善于自制,反应迅速,长于智力活动,对艺术有特殊爱好,工作热心负责,睡眠差,易疲劳。

体型说虽然揭示了体型与气质的某些一致性,但并未说明体型与气质间关系的机制,也没有说明体型对气质是直接影响还是间接影响,二者之间是连带关系还是因果关系。另外,研究结果主要是从病人而不是从正常人得来的,因此,缺乏一定的科学性。

## (四)气质的激素说

气质的激素理论由伯曼(L. Berman)等人提出。该理论认为人的气质是由某种内分泌腺的活动所决定的。他根据人的某种内分泌腺特别发达而把人划分为甲状腺型、脑下垂体型、肾上腺型、副甲状腺型、胸腺以及性腺型。

(1)甲状腺型的体态为身体健康、头发茂密、双眼明辉,其气质特征是知觉灵敏、意志坚强、不易疲劳、精神饱满、处事和观察迅速、容易动感情甚至感情迸发。

(2)脑下垂体型的体态为发育较好,体格纤细,其气质特征是情绪温柔、自制力强、性情强硬、脑力发达、喜欢思考、骨骼粗大、皮肤甚厚、早熟、生殖器发达。脑垂体分泌减少者身材短小、脂肪多、肌肉萎弱、皮肤干燥、思想迟钝、行动懦弱、缺乏自制力。

(3)肾上腺型雄伟有力、精神健旺、皮肤深黑而干燥、毛发浓密,专横、好斗。

(4)副甲状腺型安定、缺乏生活兴趣、肌肉无力、注意力不易集中、妄动、容易激动。

(5)胸腺型单纯、幼稚、柔弱、不善于处理工作。

(6)性腺型常感不安、好色、具有攻击性。

生理学的研究表明,内分泌腺的活动、激素的合成受神经系统支配,同时内分泌腺的活动也影响着神经系统的活动。从皮质与皮质下部位的相互关系以及从神经体液调节来看,内分泌腺的机能对气质的影响是不可忽视的。但是,尽管气质的某些特点与某些内分泌腺的活动有关,气质的直接生理基础主要是神经系统的特征,因此孤立地强调内分泌腺活动对人气质的决定作用是片面的。

### (五)气质的血型说

有的心理学家认为,人的气质是由不同的血型决定的。人的血型分 A 型、B 型、AB 型和 O 型,日本学者古川竹二相应地把人的气质分为四种。

A 型气质的特点是温和、老实稳妥、多疑、怕羞、依赖他人、受斥责就丧气;

B 型气质的特点是感觉灵敏、恬静、不怕羞、喜社交、好管事;

AB 型气质的特点是 A 型和 B 型气质两者的混合型;

O 型气质的特点是志向坚强、好胜、霸道、不听指挥、喜欢指使别人、有胆识、不愿吃亏。

这种理论中经验和臆测的成分较多,缺乏严密的科学依据。

### (六)气质的活动特性说

活动特性说是由美国心理学家巴斯(A. H. Bass)提出的。他用反应活动的特性:活动性、情绪性、社交性和冲动性为指标,区分出四种气质类型。

活动性气质的人总是抢先迎接新任务,爱活动,不知疲倦;婴儿期表现出总是手脚不停乱动,儿童期表现出在教室坐不住,成年时显露出一种强烈的事业心;

情绪性气质的人觉醒程度和反应强度大;婴儿期表现出经常哭闹,儿童期表现出易激动、难于相处,成年时表现出喜怒无常;

社交性气质的人渴望与他人建立密切的联系;婴儿期表现出要求母亲与熟人在身旁,孤单时好哭闹,儿童期容易接受教育的影响,成年时与周围人相处很融洽;

冲动性气质的人缺乏抑制力;婴儿期表现出等不得母亲喂饭等,儿童期表现出经常坐立不安,注意力容易分散,成年时表现为讨厌等待,倾向于不假思索地行动。

用活动特性来区分气质类型是近年来出现的一种新动向,不过活动特性的生理基础是什么,却没有揭示出来。

### (七)气质的行为抑制—行为非抑制理论

行为抑制—行为非抑制理论由美国发展心理学家杰罗斯·凯根(Jerome,kagan,1997)提出。凯根在反思巴甫洛夫的实验时注意到,巴甫洛夫利用兴奋性和抑制性来描述狗的气质,那么人会不会表现出这些特征。他采用观察法和追踪法对儿童在陌生的情景下进行了研究,并以"行为抑制"来描述个体特质的两个极端。在面对陌生的情景、人或事物时,具有行为抑制特质的儿童会比较安静,比较担心,小心谨慎,有的停止他们正在的活动,或寻找自己熟悉的人并回到他们身边;而具有行为非抑制特质的儿童则较稳定,比较大胆,主动接近探索陌生事物或情景。此外,凯根还研究了中枢神经系统环路,利用脑电研究对气质的生物影响因素进行了研究,并探讨了父母双亲的态度、母亲作用、父亲作用的环境因素对儿童气质的影响(苏思惠,王晓燕,冯丽冰,1999)。

## 四、气质与性格的关系

气质与性格相互制约、相互影响。在日常生活中,人所表现的某些性格特征和气质特征难以区分,因此经常把二者混淆,视为同一概念。例如,人们常说某人的性格活泼好动,某人的性子太急或太慢,这些其实讲的是气质特点。性格与气质是个性结构中既有区别又相互联系而交织在一起的两个重要方面。

### (一)气质与性格的区别

气质与性格的区别主要体现在三个方面:

第一,气质更多地受个体高级神经活动类型的制约,主要是先天形成的;而性格更多地受社会生活条件和教育的影响,主要是后天形成的。

第二,气质是人的心理活动的动力特征(即强度、速度等),气质类型无所谓好坏,每种类型都具有积极的一面,也具有消极的一面;而性格是人对现实的态度和行为方式中较稳定的心理特征的总和,表现为个体与社会环境的关系,它有好坏之分,能决定一个人的社会价值和取得成就的大小,具有直接的社会评价意义。

第三,由于影响气质的先天因素较多,因此气质的可塑性较小,变化较缓慢;影响性格的后天因素较多,因此性格的可塑性较大,环境对性格的塑造作用更为明显。

### (二)气质与性格的联系

气质与性格相互渗透,其联系密切而又复杂。不同气质类型的人可能形成相同的性格特征;同一气质类型的人也可能形成不同的性格特征。具体地说,二者的联系有三种情况。

其一,气质会按自己的动力方式影响性格的特点,使性格具有独特的色彩。例如,同是勤劳的性格特征,多血质的人表现出精神饱满、精力充沛;粘液质的人会表现出踏实肯干、认真仔细;同是友善的性格特征,胆汁质的人表现为热情豪爽,抑郁质的人表现出温柔。

其二,气质会影响性格的形成与发展。当某种气质与性格有较大的一致性时,就有助于性格的形成与发展,相反会阻碍性格的形成与发展。例如胆汁质的人容易形成勇敢、果断、主动性的性格特征,而粘液质的人就难以形成上述性格特征。

其三,反过来,性格对气质有重要的调节作用,在一定程度上可以掩盖和改造气质,使气质服从于生活实践的要求。例如,飞行员必须具有冷静沉着、机智勇敢等性格特征,在严格的军事训练中,这些性格特征的形成就会掩盖或改造胆汁质者易冲动、急躁的气质特征。

## 五、气质与能力成就的关系

人的气质可以分为不同的类型,但各种气质类型与人的能力及其将取得的成就没有必然的联系。气质不能决定人的智力发展的高低。在同一领域内有成就的人物中可以找出不同气质类型的代表;在不同实践领域中也可以找出高成就的不同气质类型代表。据研究,俄国四位著名的文学家,如普希金属于典型的胆汁质,赫尔岑属于多血质,克雷洛夫属于粘液质,果戈理属于抑郁质。他们虽属于不同的气质类型,但在文艺领域都取得了很高的成就。达尔文和果戈理一样,同属于抑郁质类型,但他们都在各自的领域取得了杰出的成就。由此可见,每种气质类型的人都可能成为不同的领域的佼佼者,但也可能成为碌碌无为的人(高玉祥,1989)。

虽然气质决定不了人的智力高低和成就大小,但气质特点却可以影响智力活动的方式,进而影响其效率。比如,关于记忆的研究表明:识记材料的数量多、难度大时,神经系统强型的人较弱型的人效果要好;神经系统强型的人记忆大量的无意义音节效果较好,而弱型的人记忆大量有意义的文章较好;在动觉记忆方面,对于不复杂的任务(如再现切线几何图形的长度),弱型的人比强型的人记忆要好。可见,每一类型的气质,都各有优劣,并影响到活动的效率。自觉地扬长避短,发挥优势,正是研究气质的实际意义所在。

### 六、气质的最新研究进展

由于传统的观察和测量方法容易受到被试情绪因素的干扰使其效度不高,目前对于气质的研究,国内外学者主要集中于利用现代神经影像学、分子生物学等科学技术对气质的生物性进行解释(陈会昌,张越波,2000)。

气质的脑电图研究发现,不同气质类型的被试者其脑电图的频率、波幅、发放率和串长都存在着明显的区别,脑电图的测定结果可为气质测验提供神经生理学依据。按照传统的气质类型来看,粘液质脑电图中 a 节律的频率最慢,而胆汁质的频率最快;粘液质的串长时间最长、同步反应的神经元数量最多,表明神经系统稳定性最强,而抑郁质的串长最短、同步反应的神经元数量最少,则神经系统兴奋性最高也最不稳定。

研究者在利用单光子发射计算机断层成像技术(SPECT)对静息状态下被试的局部脑血流和气质性格量表 TCI(The Temperament and Character Inventory, TCI)相关研究中发现:脑血流和气质类型表现出一定的关系,如右侧前部和后部岛脑以及左侧前扣带回的脑血流与新异刺激寻找存在显著正相关。

气质的遗传学研究中研究者通过双生子和寄养子的研究发现遗传和环境的作用对气质的形成和发展影响起着至关重要的作用(李杰等,2009)。

## 第二节 气质的测量

现实生活中存在着各种各样的气质类型,对其进行鉴别和归类具有重要的理论和实践意义。现有的测量气质的方法主要有三种:

### 一、问卷法

问卷法又称测验法或自陈量表法,要求被试对一系列经过标准化的问题作出回答,然后从中分析被试的气质特征。这种方法的优点在于实施简便,评分客观,容易得到量化的结果,因此常为研究者采用。其缺点在于被试在回答时可能不尽真实,在问卷中插入测谎题可在一定程度上克服这一问题。常见的气质量表有以下几种：

### (一)瑟斯顿气质量表

瑟斯顿气质量表由美国心理学家瑟斯顿(L. Thurstone)编制。该量表共有140个题目，包括七类问题，每类20题。每类问题测量的是气质的一个特征，这七类问题是：活动性、刚健性、支配性、稳定性、社会性、沉思性和冲动性。被试根据自己的情况回答"是"、"否"或"不定"。

瑟斯顿气质量表题目举例(叶奕乾等,1997)：

2. 你通常都是工作迅速而且精力充沛吗？（活动性）
7. 你爱体育活动吗？（健壮性）
16. 开会时，你喜欢做主席吗？（支配性）
18. 你能在嘈杂的房间里轻松地休息吗？（稳定性）
21. 你常常称赞和鼓励你的朋友吗？（社会性）
26. 你常因专心思考某一个问题，以至忽略其他的事情吗？（深思性）
65. 你喜欢有竞争性的工作吗？（冲动性）

### (二)斯特里劳气质调查表(简称ST1)

斯特里劳气质调查表是由波兰心理学家简·斯特里劳(J. Strelau)制定的，建立在巴甫洛夫的气质类型理论的基础上。共有134题，分兴奋强度、抑制强度、神经过程灵活性三个分量表。其中44题属测兴奋强度的题目，44题属测抑制强度的题目，46题属测神经过程灵活性的题目。被试根据自己的情况回答问题，符合自己情况的记+1分；介于符合与不符合之间的，或无法回答的记0分；不符合自己情况的，记-1分。

斯特里劳气质调查表项目举例(叶奕乾等,1997)：

短时间的休息就能消除你的工作疲劳吗？（兴奋强度）
讨论时，你能控制无理的、情绪性的争论吗？（抑制强度）
你能够十分容易恢复一项停止了几周或几个月的工作吗？（灵活性）
噪声会干扰你的工作吗？（兴奋强度）
你转换工作容易吗？（灵活性）
如果某人工作很慢，你能适应他吗？（抑制强度）

测试完毕后，分别计算被试在每一部分的得分，参照气质的评价表（见

表 13-3),就可以得出高级神经活动过程的各种特征和类型特点。

表 13-3　气质评价表

| 气质类型 | 高级神经活动类型 | 各种神经过程特点 | | |
|---|---|---|---|---|
| | | 兴奋强度 | 抑制强度 | 灵活性 |
| 胆汁质 | 强而不平衡型 | 正分 | 负分 | |
| 多血质 | 强、平衡、灵活型 | 正分 | 正分 | 正分 |
| 粘液质 | 强、平衡、不灵活型 | 正分 | 正分 | 负分 |
| 抑郁质 | 弱型 | 负分 | 负分 | 负分 |

### (三)向性气质调查表

这是由内曼和科尔施太特(Neyman & Kelstedt)编制的,用来评定内倾和外倾。共有 50 道题。被试根据自己的情况回答"是"或"否"。内—外向被认为是气质的主要维度,对个体向性的测定有助于培养和选拔人才。向性测验集中测量气质的一个维度,施测方便,已经广泛地运用到教育、管理和医学等领域。

### (四)国内的气质调查表

我国心理学工作者陈会昌编制了气质调查问卷,该问卷主要以传统的四种典型的气质类型的行为特征为依据。共 60 个题目,每种气质类型 15 个题目。记分采用问卷式的五等级评定法。很符合自己情况的记 2 分;比较符合的记 1 分;介于符合不符合之间的记 0 分;比较不符合的记负 1 分;完全不符合的记负 2 分。该调查表信度和效度均较高,数据的处理和气质类型的划定较为简便,在我国使用得较为广泛。

## 二、观察法

观察法是指在日常生活条件下,观察、记录一个人的气质特性,从而作出鉴定。例如,教师要了解学生的气质特点,就可以细心观察学生在各种活动中的行为表现,如能否准确而迅速地完成作业,能否坚持老师布置的各种任务;受到表扬或批评时,他们的情绪有什么变化;在集体生活中,他们是否愿意与别人交往;课余时间喜欢做什么,好动还是好静;日常生活中遇到困难时倾向于独立解决还是依赖他人帮助;对新环境是否很快适应等。通过这些,也可以了解一个人的气质。

运用行为评定法确定气质类型,要求在观察、记录一个人日常生活中的行为特征、智力活动的特征、言语的特征以及情绪特征之后,对所得材料进行分析、判断、归纳与组合,然后对照气质心理特征的指标确定其气质类型。优点是简便易行,不需要特殊的工具和条件。但是日常生活中,一个人行为背后的原因多种多样,有时并没有反映出其真实的气质类型。仅根据行为来判断气质是有困难的,也容易出现偏差。因此,在使用行为评定法时,必须对被评者的生活条件、成长经历等,进行全面、深入、细致的了解,并结合实验法、问卷法进行研究,才能把个人的某些稳定的个性与偶然的行为区别开来,进而了解一个人真正的气质特点。

## 三、实验法

实验法是指在实验室使用一定的仪器使被试形成或改造条件反射,观察在此过程中被试的神经系统的基本特性:强度、平衡性和灵活性,从而了解其气质特征。

比如,可以用条件光化学反射的办法测定神经过程的强度。具体做法是:给被试一定强度的光刺激形成血流加快的反应后,不断增强光的强度,如果在超强度的光刺激下,被试仍然保持已形成的光化学反应,就说明他能忍受较强的刺激,是强型,否则就是弱型。

为了测定神经过程的平衡性特征,可以通过比较被试形成阳性条件反射和阴性条件反射所需光的强弱来确定。如果被试形成两种条件反射所需光刺激的强度相等,就说明他的神经兴奋过程和抑制过程是平衡的,即平衡型。如果阴性条件反射形成比阳性条件反射形成所需的光弱,就可以断定抑制过程占优势,反之就是兴奋过程占优势(高玉祥等,1985)。

用实验法测定神经过程的灵活性,通常有两种方法:一是在改造刺激物的信号意义的情况下记录被试的反应时间。在这种情况下,如果被试的反应时间没有明显的变化,说明他们的神经系统比较灵活;如果被试的反应时间明显延长,说明他们的神经系统具有较大的惰性。二是记录定型建立和改造时被试的反应时间。如果被试定型建立的速度比较快、改造的时间比较短,则表明他们的神经系统灵活,反之则表明其神经系统不灵活。

采用条件反射法,在实验过程中能够控制条件,因此测得的结果比较可靠。但是在实验室条件下考察人的神经系统的特性,存在一个较大的问题是许多研究结果之间并不一致;而且条件反射测定法需要一定的仪器,主试必须经过特殊训练。这些为掌握和使用该种方法了解被试的气质造成了一定的困难。

## 第三节　气质在教育和职业选择中的运用

### 一、气质在教育中的运用

教育工作者掌握有关气质方面的知识,有助于更好地了解学生,使工作更有预见性、针对性,提高教育与教学的效果。

(1)作为教育工作者,应该善于区分和正确对待学生气质类型的特征,引导他们发展其积极的方面,克服其消极的方面,使学生在原有气质的基础上建立优良的个性特征。例如,对胆汁质的学生,不要轻易激怒他们,要耐心启发和协助他们养成自制的习惯;对多血质的学生,不要放松要求或使他们感到无所事事,要让他们在有意义的活动中养成扎实、专一和克服困难的精神;对粘液质的学生,不要以冷对冷或急于求成,要允许他们有考虑问题和作出反应的足够时间;对抑郁质的学生,忌公开指责,应当加倍关怀,根据他们的精力、体力与能力,适当调整对他们的要求,多用表扬和鼓励,培养他们的自信心和积极乐观的态度。例如,在课堂提问时,不少学生总把手举得老高,甚至不等老师点名就擅自回答,或答非所问;而另一些学生则从不举手或很少举手,被叫起来回答问题时,往往脸红心跳,一时答不出来。前者大多是多血质或胆汁质的学生,后者往往是粘液质和抑郁质的学生。教师在处理这类问题时,就能体现出其教育艺术。对胆汁质的学生,不要每次都让他们先发言,示意他们耐心等候或想好再回答,答错了不过分训斥,以免引起强烈的对抗情绪;对于多血质的学生,既要发挥他们发言的积极性,还要对他们的发言提出更高的要求;对粘液质的学生晚一点叫他们,让他们有思考的余地,或让他们纠正别人的错误或缺点;对抑郁质的学生,最好有意提出简单的或他们回答有把握的问题,即使答错也要予以鼓励。这样,不仅适应学生的气质,而且可以帮助他们克服各自的气质弱点(韩永昌,王顺兴,朱本,1985)。

(2)根据学生的气质特征有的放矢地进行教学,找到适合学生气质类型特点的、能培养积极个性特征的最好教育途径与方法。有研究表明,各种气质类型的学生,都可以在学习知识、技能方面取得优良成绩,这是因为学生在学习中充分发挥了各自气质的积极特征,克服了消极特征的影响。如胆汁质的学生发挥了思维较灵敏、学习热情高、意志坚强、不服输的特点,弥补了粗心与简单化的学习方式的不足；粘液质的学生以踏实、认真、刻苦、自制力强的优点,弥补了较迟缓与不大灵活的缺点。事实证明,同一种教育方式对不同气质特点的学生所产生的实际效果可能是不同的。比如,尖锐严厉的批评能使多血质的学生感到震动,使其改正自己的缺点,但却使抑郁质的学生感到沮丧和恐惧,从而采取退缩行为。又如,胆汁质的学生容易激动,如果态度过于强硬,粗声大气地同他们讲话,就会惹怒他们,产生师生之间的对立而无法沟通；而用平静和蔼的语调同他们谈话,则会取得较好的教育效果。因此,教师在教学过程中要灵活采用不同的教育方法,充分调动学生气质中的积极因素,在学习的方式和方法上给予个别指导,帮助他们克服气质中不利于知识技能学习的消极因素,真正做到因材施教,有的放矢。

(3)指导学生正确认识和调控自己的气质。教师应该使学生懂得,人的气质是生而具有的,要乐于接受自己的气质,并指导学生通过各种方式认识和分析自身气质的长处与不足,充分调动学生的自我教育能力,将自身气质特点的优势发挥到最佳、不足减到最小。

(4)教师应正确认识与调控自己气质的优缺点,增强自身的言行修养,身体力行克服自身气质中的消极特征,避免对学生产生不良的影响。

## 二、气质在职业选择中的作用

虽然气质不能决定一个人的智力发展和事业成就,但它使人的心理活动染上了某种个人的独特色彩。这种"色彩"会影响活动的性质和效率,因此在职业选择中要考虑气质因素。

### (一)选择职业时,应考虑气质特点

粘液质、抑郁质的人,容易适应持久细致的工作,胆汁质、多血质的人则难以适应；多血质、胆汁质的人容易适应迅速灵活转换的工作,而粘液质、抑郁质的人则难于适应。在选拔、培养某些特殊专业的工作人员时,更应当特别注意个人的气质特征。例如,飞机驾驶员、宇宙航行员、大型动力系统调度员或运动员的选拔和培养,对气质特征有特定的要求:有极其灵敏的反映,有较长时间的身心紧张能力和敢于冒险与临危不惧的精神；而神经系统的兴奋过程弱、反应迟缓的人就不宜从事这些职业。因此,一些特殊职业必须根据它们的特点对将要从事此项工作的人进行预先的气质测定,以便使气质特征符合于活动的要求。测定的项目包括:(1)感受性测定,即根据外界信息达到何种强度时才对被试发生心理作用。这对无线电通讯

专业人员有意义。(2)耐受性测定,即测量在不同环境中,被试的思维、情绪等是否稳定。这对消防人员和飞行人员的选拔有意义。(3)灵敏性测定,即根据神经过程的灵活性指标来衡量。这对侦察员、公安人员的选拔有关。(4)兴奋性测定,即遇到高兴的事情能否控制自己,沉着镇定,不轻易外露。这对军事指挥员、外交人员和演员等的选拔有关。这些测定一般在实验室进行,此外还可以用观察法、问卷法等联合进行。

### (二)气质对职业活动的适应

每一种职业活动都对从事者提出了特殊的气质特征要求,然而在现实生活中,已经在从事着各种职业的人有相当一部分却并不符合职业活动的客观要求。当个人的某些气质特征不适应于普通职业活动的客观要求时,可以通过两种途径使自己适应职业活动。一条途径是扬长避短,使有缺陷的气质特征从另一些特征中得到补偿。例如,一些看管多台机床的纺织女工属于粘液质,她们的注意力稳定,工作中很少分心,这在及时发现和处理断头故障等方面是一种积极的特征,注意的稳定性补偿了她们从一台机床到另一台机床转移注意较为困难的缺陷;另一些女工属于活泼型,她们的注意易从一台机床转向另一台机床,这样,注意易于转移就补偿了注意易于分散的缺陷。另一条途径是端正工作态度,用意志力来克服个人在职业活动中有缺陷的气质特征。一个人的工作态度可以掩盖某种气质的自然表现。不论具有什么气质的人,当以积极的态度投入活动时,都会表现出精神振奋、情绪高涨、干劲十足、不知疲倦;当以消极的态度进行活动时,都会表现出精神不振、情绪低落、缺乏干劲、易产生疲劳。虽然态度对气质的掩盖只起暂时的作用,但在长期从事某种普通职业活动的过程中,具有职业道德修养和坚强信念的人,可以不断地调节自己的行为,这样,适应职业活动的特点也就发展起来了。

### 【阅读材料】如何让自己更有气质?

气质是天生的,但也受后天环境与教育的影响。因此,后天养成更能发挥自己潜力与优势的气质特点也是完全有可能的。通俗地说,我们可以让自己更有气质。那么,如何做到呢?首先,仪容要整洁,不能很邋遢。气质与长相无关。外在怎么说都是给人的第一印象。其次,行姿坐姿要好,给别人形成有精神、充满朝气的印象。再者是谈吐,并非要求讲话很有深度引经据典,而是很简洁明了,且不要说脏话。偶尔在熟人或朋友面前讲几句、开开玩笑是可以的,但一定要注意场合与分寸。相反,要经常给人形成有礼貌、有涵养的印象,多说"谢谢"、"请"、"劳驾"和"对不起"。另外,待人处世态度要温和,戒骄戒躁。最后就是经常找自己的好朋友交流意见,如问问大家对自己的印象如何等。

## 本章知识结构图

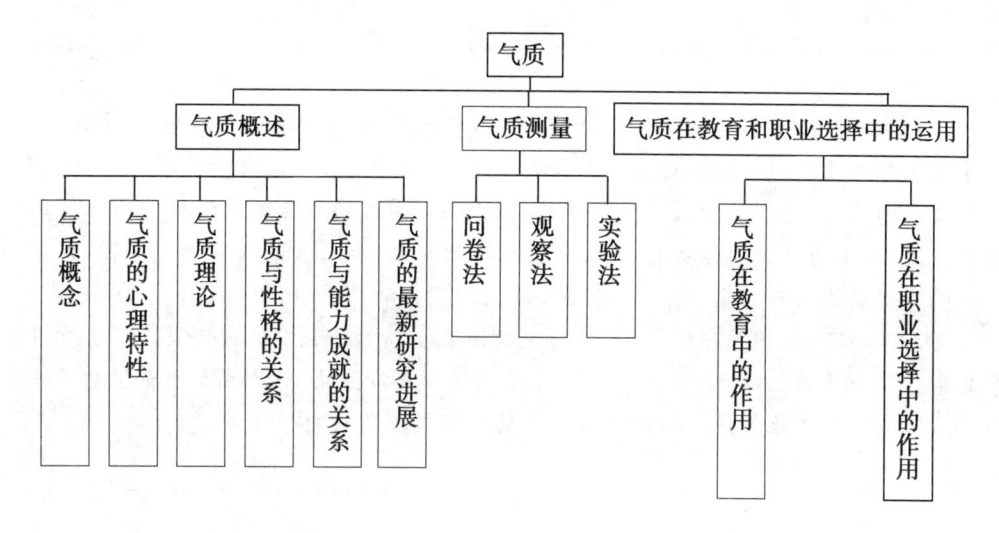

```
                              气质
        ┌──────────────────────┼──────────────────────┐
     气质概述                气质测量        气质在教育和职业选择中的运用
   ┌──┬──┬──┬──┬──┐        ┌──┬──┬──┐            ┌──────┬──────┐
  气  气  气  气  气  气       问  观  实           气质在    气质在
  质  质  质  质  质  质       卷  察  验           教育中    职业选
  概  的  理  与  与  的       法  法  法           的作用    择中的
  念  心  论  性  能  最                                      作用
      理      格  力  新
      特      的  成  研
      性      关  就  究
              系  的  进
                  关  展
                  系
```

## 一、基本练习题

1. 名词解释:

气质,多血质,胆汁质,粘液质,抑郁质,神经过程的强度,神经过程的平衡性,神经过程的灵活性,耐受性,灵敏性,可塑性,情绪兴奋性,向性。

2. 简述并评价几种主要的气质理论。

3. 气质与性格、能力有什么关系?

4. 测量气质有哪几种主要的方法?它们各有哪些优缺点?

5. 如何看待气质在人类的生活和教育中的作用?试举例说明。

6. 分析并描述自己的气质特点。

## 二、你身边的心理学

为什么常说"江山易改,禀性难移"?

# 第十四章　个性倾向系统

## 导　学

　　本章学习个体行为动力的心理学原因，即个性倾向系统的组成和工作方式。主要介绍个性倾向系统的功能与组成成分、需要的种类及代表性的需要理论、动机与需要的关系及动机的功能、代表性的动机理论、学习动机与成就动机的内涵及测验手段、兴趣的内涵及其功能、兴趣发生的心理机制、职业兴趣及其测验手段、价值观的心理结构及其功能、价值观的主要理论模型及测验手段等等。

　　本章学习的重点是理解个性倾向系统的内涵与工作机制、需要的概念、动机概念及理论、兴趣概念及兴趣发生机制的理论、价值观概念及价值观心理结构的理论模型。

　　本章学习的难点是个性倾向性系统的内涵与工作机制。

### 【阅读材料】动机的寓言：孩子在为谁而玩

　　一群孩子在一位老人家门前嬉闹，叫声连天。几天过去，老人难以忍受。于是，他出来给了每个孩子25美分，对他们说："你们让这变得热闹，我觉得自己年轻了不少，这点钱表示谢意。"孩子们很高兴，第二天仍然来了，一如既往地嬉闹。老人再出来，给了每个孩子15美分。他解释说，自己没有收入，只能少给一些。15美分也还可以吧，孩子仍然兴高采烈地走了。第三天，老人只给了每个孩子5美分。孩子们勃然大怒，"一天才5美分，知不知道我们多辛苦！"他们向老人发誓，他们再也不为他玩了！

　　人的动机分为两种：内部动机和外部动机。如果按照内部动机去行动，我们就是自己的主人，就会为自己而玩。如果驱使我们的是外部动机，我们就会被外部因素左右，成为它的奴隶。

　　这个材料中老人运用金钱奖励巧妙地把孩子玩耍的内部动机转换为了外部动机。

# 第一节 个性倾向系统概述

## 一、个性倾向系统的构成与功能

抬眼一望,就会看到匆匆过往的人群,你或许会想,他们走向何处?去干什么?为着什么?这表明你正在试图寻找他人行为的原因。心理学家们普遍认为,人的任何行为都是有原因的,也许有些行为原因并不直观,但仍可通过分析推理而找到。这个原因就是个体心理和行为活动的动力和原因,用术语"个性倾向"(personality inclination)来指代。

个性倾向系统是个体心理与行为的内部动力系统,包括各种具有动力性和稳定性的心理成分,如需要－动机、兴趣－爱好、价值观－信念等。个性倾向系统是个性结构中的活跃因素,是心理活动的基本动力,决定着人对现实的态度,决定着人对认识活动的对象的趋向和选择。个性倾向系统是十分有趣的研究领域,掌握它就可掌握人的行为规律,提高活动的效率,成为自己行动的主人。

在这个系统中,需要是一切活动的基础。需要是一种心理或生理上的缺失或不平衡状态,这种缺失状态是模糊而弥散的,往往缺乏明确的对象。人有生理的需要,如食物的需要、饮水的需要和性的需要等;也有社会的需要,如劳动需要、人际交往需要、成就需要、自尊需要等。人有物质的需要,如食物、衣着、住房、交通工具等;也有精神的需要,如认识的需要,美的享受的需要等。如果个体找到或发现能够满足其需要的对象,则需要就转化为针对这个对象的明确的行为活动,心理学上把这种针对明确对象的满足需要的行为活动的心理倾向称为动机。可见,动机是在需要的基础上发展出来的消除缺失状态的手段或办法。比如,某人希望得到团体的承认,并在团体中享有一定的地位(归属需要和尊重需要),而此时他恰好又处在一个团队当中,那么他就愿意表现出各种能为团队接受的友好行为,此时他就表现出了较强的人际交往动机。

兴趣与爱好是带有情感性的心理倾向成分,它使个体对目标物产生正性情感。当个体对某对象产生兴趣时,他完成与此对象有关的事务时常常动力更足,反映出兴趣对行为动力的放大作用。兴趣与爱好虽然都是行为的情感性力量,但二者还存在一些差别。相比之下,兴趣更原始,其作用更泛化,"一见倾心"、"一见钟情"就是兴趣的一种写照；而爱好则较为固定和特殊，也更深刻。爱好是一种习惯化的情感倾向，一般不是短时间内形成的，而是经过一段时间的了解、交往，并在接触过程中经常获得愉悦感的条件下形成的。比如，培养孩子对书法的爱好就是一个较长期和复杂的过程，需要孩子在长期的活动中取得成功。

对一个人来说，什么是最重要的、想要怎样生活、又必须怎样生活，以及由此而产生的愿望、态度、目标和理想等都是个体价值观的表现，同时也受到价值观的支配。价值观是一种浸透于人的所有行动和个性中的，支配着人评价和衡量好与坏、对与错的心理倾向。价值观的中心成分是信念，信念总是与特定事物或对象相联系，是对某事物或对象价值确定不移的判断，因而信念也是明确观念的集合。在对具体事物的价值进行判断时，有明确信念的个体是不会含糊的。价值观和信念也都是在需要的基础上发展起来的，但它们又经过个体的抽象与概括，形成以语言的方式表达的观念集合体，是脱离具体对象的观念集合，属于个性倾向系统的最高层次。它们制约和调节着人的需要、动机等个性倾向系统成分。

个性倾向系统诸成分的共同之处在于它们对个体行为的动力和导向作用。当某人有某种需要时，无论这种需要是低级生理性需要，还是高级的自我实现的需要，它都能促发我们的某种心理活动：寻找食物，追求成功，以极大毅力忍受眼前的痛苦。当个体形成了音乐兴趣与爱好，他会变得对有关音乐的信息非常敏感，积极地参加音乐会，花费大量金钱购买音乐制品，花许多时间来琢磨音乐，乐此不疲。当某人形成"应用研究更有价值"的价值观之后，就会将大量时间、精力和金钱投入到产品的应用开发上，而对基础理论研究不屑一顾。

个性倾向系统的各个成分并不是孤立的，而是相互联系、相互影响和相互制约的。个性倾向系统的各个成分之间有着明确的共同点，那就是它们都能够成为个体行动的理由或原因，都具有动力作用。但它们之间也存在明确的差异。一般认为，需要和动机是个性倾向系统的动力基础，二者密不可分，更多时候表现为一种本能力量；兴趣和爱好则代表着非理性的情绪力量，具有渲染性和放大作用；信念和价值观则是一种理性的力量，以意志力的方式调节和引导个体的行为，更多的是一种观念性动力。

## 二、个性倾向系统的心理机制：平衡

平衡（homeostasis）是各种个性倾向系统中各种因素发挥作用的机制。平衡原理指的是，任何生理的或心理的不平衡都将激发旨在恢复平衡的行为。因而，一个饥饿的、忧虑的、不安的或者害怕的人,将被激发去做一些事情,以减轻这些紧张状态。平衡原理在两个层面发挥着作用:一个是生理层面,在身体上生而具有的某些调节机构,能够自行运作,经常保持某一适于个体生存所需的标准,以维持生命;另一个是心理层面,此时平衡机制处理的是如情绪、观念等这样的心理动力之间的关系,并力求维持"心安理得"的状态。绝对平衡只是一种暂时状态。事实上,它的水准时时在波动,因而平衡实际上是动态平衡,并非死水一潭。均衡作用波动到某种程度,促使个体活动以恢复均衡的内在力量就会产生,这种内在力量最终造成动机。

通常人们认为,某人采取某种异常行为是其心理上失去了平衡的表现。平衡不仅可以处理生理水平的激素或内分泌变化,也可以处理心理水平的情绪或动机变化,使之动态地维持在一定的范围内,这个范围可称为满足范围。如果某种指标的波动超出这个范围,无论是低于还是高于,都会导致个体采取相应行动,力图将相应指标恢复到满足范围中。比如,"饥不择食"、"饱暖思淫欲"是典型的由生理活动引起的行为反应,而"静极思动"、"身处闹市,向往宁静"则是典型的由心理活动引起的行为反应。它们的共同特点是都经过了平衡机制的调节。

具体来看,平衡可以体现为驱力(drive)的平衡。驱力是一种由生理或心理的缺失状态引起的紧张感。当生理或心理上的某种指标出现不平衡时,相应驱力就升高,个体就必须做出某种行为以降低这种驱力造成的内在紧张感;随着紧张感的减弱,驱力将降低,生理或心理也逐渐恢复平衡,于是行为本身也趋于停止。例如,当一个人长时间不进食时,他的血糖浓度将下降,最初可通过生理机制自动校正(胰腺释放肝脏中贮存的糖质,以保持血液中糖量的适当平衡);但当饥饿时间过长,生理机制不再能维持平衡时,有机体就会产生饥饿感,出现进食需要,在意识的支配下,采取摄取食物行动来恢复平衡。

身体里的生化指标只能在很狭窄的范围内变化或波动,而神经系统和内分泌系统能够精确地反映这种变化,并及时传递到大脑,使个体在心理上产生某种不适感,采取相应行为使生理状态恢复正常。这说明人体对其生理状态的变化是相当敏感的,这也有利于个体的生存;而对心理状态变化的敏感程度则较复杂,气质、性格和年龄、性别、阅历等都对其有影响,不同人之间差异相当大。一般来说,心理敏感性不宜过高也不宜过低。心理敏感性过高的人往往就像刺猬一样,碰一下就会把刺竖起来扎人,让人觉得不好相处;心理敏感性过低的人则是厚脸皮,甚至不要脸,这样的人没有廉耻之心,也就谈不上原则性。

但是,以生理作用为基础的平衡作用,与心理学上的动机有什么关系?这问题可以从两方面来回答:其一是动机本来就具有生理的基础,如饥饿、渴、性等最原始性的动机,其产生都是由于生理上暂时失去均衡作用造成的。均衡作用所维持的是一个适度的、恰好的理想状态,如因外在的或内在的原因使理想状态改变,失去均衡,生理上自会调节要求补充,于是就促使个体产生了因渴而求饮与因饥而觅食的活动。

## 第二节 需要

### 一、需要的涵义及其分类

人们每天吃饭、穿衣、睡觉、劳动、学习、娱乐,日复一日地进行着各种活动,这一切行为的根源不在于他的思维,而在于他的需要。需要(need)是有机体内部的某种缺乏或不平衡状态,它表现出有机体的生存和发展对于客观条件的依赖性,是有机体活动的积极性源泉。例如,血液中血糖成分的下降会产生饥饿求食的需要;而水分的缺乏则会产生口渴想喝水的需要;生命财产得不到保障会产生安全的需要;孤独会产生交往的需要等。只有在满足这些需要之后才可谈得上个体和社会的生存和发展,因此必须采取行动追求一定事物,如食物、衣服、睡眠、劳动、交往等,这就产生人类行为。

人们的需要是多种多样的,可以按照不同的标准对它们进行多种划分。有人采用二分法把各种不同的需要归属于两大类,例如生物性(生理性)需要与社会性需要,或原发性需要与继发性(习得性)需要,或外部需要与内部需要,或物质性需要与心理性需要等。有人采用三大类划分法,认为人类的需要可分成生存的需要、相互关系的需要和成长的需要。

### 二、需要的理论

马斯洛(1954)提出的需要层次模型把人的需要划分为六大类:生理需要、安全需要、归属与爱需要、尊重需要和认知与审美需要、自我实现的需要(如图 14-1)。马斯洛的观点在各种需要理论中影响最大,也最全面,它实际上包含并超越了其他的分类方法。下面以马斯洛的观点为代表,对需要理论加以分析和说明。

图 14-1 马斯洛的需要层次模型

(金字塔从顶到底：自我实现、认知与审美、尊重、归属与爱、安全与秩序、基本生理)

### (一)需要层次理论的来历

马斯洛认为,长期以来,在研究人的时候往往都以病态的人为蓝本,这是一种错误的起点。其实,正像要知道人能跑多快,应该去研究奥运会上的赛跑冠军,而不是去研究残疾人。同样,研究人的本性也只能从现实人的发展中去寻求。马斯洛的研究是从心理学的临床调查开始的。他首先在3000多名大学生中进行调查,后又把"老的"优秀人物作为研究对象。正是在这些已经存在或已经存在过的人身上,马斯洛才在可操作的实验材料中,以组合特征族的形式勾画出了他的"自我实现的人"。

### (二)缺失性需要与发展性需要

马斯洛将人类的需要划分为两大类:一类是由缺失性引起的生存的基本需要,称为缺失性需要;一类是由成长性引起的发展的高级需要,称为发展性需要。马斯洛所说的缺失性需要是人类保持自身存在的基本条件,也是现实的生活条件。这些需要与人体对于氨基酸、钙的需要一样,它们的缺失立刻会引起人的疾病。缺失性需要被划分为严格的层次,"这些需要是以一种层次发展的方式、以一种强度和先后的秩序彼此关联起来的"。

人类生存的第二类需要则是与缺失性需要非常不同的"后需要"。这种需要不是由匮乏引起的,不是为了保持基本生存的需要动机,而是与人如何生存得更好、与自我的生长与发展有关的超越一般需要的动机。马斯洛将这种需要称之为发展性需要。发展性需要的丧失和剥夺会造成精神的不健全,或"人性的萎缩"。在《人性能达到的境界》中,马斯洛具体列举了发展性需要的剥夺所产生的一些症状。从中可看出,人发展和成长的高级需要,也就是人的生活意义。

### (三)基本生理需要最优先

当一个人所有的需要都没能满足时,他首先会被生理需要支配,其他需要是第二位的。一旦生理需要得到了满足,就会出现较高一级的基本需要;而当这一级的基本需要满足后,又会出现更高一层的需要,依次类推,就形成了马斯洛所说的由人类生存的基本需要组成的一个有相对优势关系的等级体系。用马斯洛的话说,"人是一种不断需求的动物,除短暂的时间外,极少达到完全满足的状态。一个欲望满足后,另一个迅速出现并取代它的位置,当这个满足了又会有一个站到突出位置上来。人几乎总是在希望着什么,这是贯穿他整个一生的特点"。

针对传统精神分析和行为主义研究的特点,马斯洛认为,这样做心理学家永远不能认识人类的真正特点和潜力。因此,马斯洛的"需要理论"把"自我实现的人"和"人类潜力"的概念引入了心理学的范畴。马斯洛指出,他要阐述的理论"既要符合理论的需要,同时也要符合已知事实、临床与观察以及实验结果。不过,它最直接的来源是临床经验"。马斯洛的临床经验主要来自健康人特别是其中的优秀分子。

马斯洛认为,物质需要的满足不能真正实现人性的最高境界。人性的最高境界(或人的"最深层的本性")只能是人的价值生活或精神生活,即人的真正的自我实现状态。它是"人性的一个规定性特征,没有它,人性便不称其为充分的人性。它是真实自我的一部分,是一个人的自我同一性、内部核心、人的种族性的一部分、是丰满人性的一部分"。自我实现的人是自由的,支配他们的因素是自身内部的主体自我选择。自我实现的人是真正超越了狭隘自我的人,他在所热爱的工作中获得自我本质确证,是人的创造性的最终实现。总之,这种人几乎具有人所应该具有的一切最完美能力和境遇。

因此,马斯洛事实上超越了传统人本主义,这集中体现在他把可望而不可即的"人类的终极价值"(完美人性,成为人能够成为的一切)变成了可以实现的"自我实现"。马斯洛的"需要理论"从人的低等生理需要出发,一步步扬弃传统人本主义推崇的那些人的自然生理、心理和情感特性,最后在现实中引发出一个在极少数优秀人物那里已经存在的本质状态来,并将其视为人的真正本质。就是说,在马斯洛那里,人性的潜能、发展的最高需要都是现实存在的,人的本质就是现实的人的尚未实现的潜能,它既是现实的,又是理想的,是一般人发展的希望。

### (四)自我实现的人和自我实现需要的区分

自我实现的人是指较为年老的、取得较大成就的、充分发挥自身潜能的、人格与环境自然和谐的人;而自我实现的需要则是一种力图充分发展自己、发挥自己的全部潜能的欲望或动力,它通常表现为争取更大成就的动机行为。因此,一个毫无成就的青少年如果有高远的志向,比如,周恩来年少时就树立了"为中华之崛起而读书"的志向和理想,那么也可以认为他已经具有了强烈的自我实现需要。但是,自我实现者必定是已经取得较大成就的中老年人。

#### 【阅读材料】代理母猴

动物也有不同的需要。哈罗对幼猴的依恋进行了研究。在实验中研究者为幼猴制作了两种"代理母猴",一种是用铁丝制作,并安装了能喂奶的乳房;另一种是用木头制作的,并且用海绵等柔软的物体包裹,内部还安装了一个能够提供温暖的灯泡。研究者考察幼猴和这两种母猴待在一起的时间。结果发现幼猴几乎一直与拥有柔软"皮毛"的木制母猴待在一起,饥饿时才会离开木制母猴去铁丝母猴那里吃奶,吃饱后就立刻返回木制母猴这里。此外,在幼猴害怕时,也会迅速跑向木制母猴寻求安慰。如果幼猴的"接触安慰"需要得不到满足,甚至会出现对牛奶的消化不良。"接触安慰"需要在幼猴依恋的形成中,其重要性大于食物需要。从实验可以看到,幼猴的行为体现出了"接触安慰"和食物这两种不同的需要。此外在人类的研究中也有类似的结果。D. W. 莱维研究了健康人和神经症病人的成长经历,发现婴儿得到关爱和抚慰才能成长为一个健康的人,而神经症病人在年幼时基本需要没有得到满足。

## 第三节 动机理论与应用

### 一、动机的内涵

#### (一)动机概念

动机是一个较古老的话题,在心理学中已经有很长一段时间的研究历史,在日常生活中也经常提及。比如在新闻报道之中经常看到"其犯罪动机仍在调查之中",在探讨某个问题和事件时分析其背后的道德动机等。那么,究竟什么是动机呢? 心理学家一般把动机定义为激发、维持、调节人们从事某种活动,并引导活动朝向某一目标的内部心理过程或内在动力。各种动机理论都一致认为,动机是构成人类大部分行为的基础。当某种需要没有得到满足时,它就会推动人们去寻找满足需要的对象,从而产生活动的动机。这说明需要是动机产生的基础。一些基本生理需要可以暂时地、部分地通过自身自动调节机制加以满足,但真正意义上的满足必须通过人们的具体行为反应才能实现。此时,需要就会推动人们采取行动。当需要推动人们去活动,并把活动引向某一目标时,需要就成为人的动机。例如,热时寻找比较凉爽的地方;饿时寻找食物并奔向有食物的场所;渴时寻找水源等。这时,需要就成为人的活动的动机了。

### (二)需要与动机的关系

需要与动机关系密切,但二者也有区别。需要是一种具体的缺失状态,表现为模糊的盲目的本能的力量,而且越低级本能色彩越强烈。为说明这一特点,有人将需要称为"意向"。动机(motive)则是由特定目标与内在需要相结合而形成的引导、激发和维持个体行为的明确的内在心理原因,可认为动机＝需要＋目标。这一方面说明动机是以需要为基础形成的,另一方面也意味着同一个动机可能由不同的需要或不同的目标组合形成。如学习动机是由多种因素构成的:获得欣赏、排除寂寞、光宗耀祖、追求自身成长等。

动机必须有目标,目标引导个体行为的方向,并且提供原动力。个体对目标的认识,由外部的诱因变成内部的需要,成为行为的动力,进而推动行为。如学校对于要上学的孩子来说是一个诱因,在成人的引导下使孩子对学校有了认识,进而产生了入学的愿望,这种愿望就是孩子行为的原动力。同时,动机是心理活动过程而不是心理活动结果,只能通过任务选择、努力程度、对活动的坚持性和言语表达等外部行为间接地推断个体的动机是什么。比如,通过任务选择我们可以判断个体行为动机的方向、对象或目标;通过努力程度和坚持性我们可以判断个体动机强度的大小。

## 二、动机的功能

从动机与行为的关系上分析,动机具有以下几种功能:

### 1. 激活功能

动机是个体能动性的一个主要方面,它具有发动行为的作用,能推动个体产生某种活动,使个体由静止状态转向活动状态。如为了消除饥饿而引起择食活动,为了获得优秀成绩而努力学习,为了取得他人赞扬而勤奋工作,为了摆脱孤独而结交朋友等。动机激活力量的大小,是由动机的性质和强度决定的。一般认为,中等强度的动机有利于任务的完成。

### 2. 指向功能

动机不仅能激发行为,而且能将行为指向一定的对象或目标。如在学习动机的支配下,人们可能去图书馆或教室;在休息动机的支配下,人们可能去电影院、公园或娱乐场所;在成就动机的驱使下,人们会主动选择具有挑战性的任务等。可见,动机不一样,个体活动的方向和所追求的目标是不一样的。

### 3. 维持和调整功能

动机具有维持功能,它表现为行为的坚持性。当动机激发个体的某种活动后,这种活动能否坚持下去,同样要受动机的调节和支配。动机的维持作用是由个体的活动与他所预期的目标的一致程度来决定的。当活动指向个体所追求的目标时,这种活动就会在相应动机的维持下继续下去;相反,当活动背离了个体所追求的目标时,这种活动的积极性就会降低,或者完全停止下来。有时,人们在成功的机会很小时,也会坚持某种行为,这时,人的信念起决定作用。

## 三、动机理论

早期动机理论是一种高度概括的理论,心理学家们试图建立一种能解释人类所有行为动机的理论,因而几乎所有动机理论都只能对动机做一般性的解释,如赫尔认为动机是一种内驱力,弗洛伊德则把动机定义为本能冲动等。早期动机理论存在严重的轻视甚至无视理性作用的倾向,许多理论把动机看作不受人类理性控制、纯粹被动或受生物本能驱使的行为。

### 1. 无意识动机观

弗洛伊德将性本能看成是人类行为的最基本的动力。依照弗洛伊德的观点,行为基本的动力是受意识排斥的一系列非理性的冲动,如本能欲望、被压抑的感情和心理冲突等。虽然弗洛伊德的理论后由阿德勒、荣格等人加以修改和发展,但他们认为人类最基本的动机是无意识的、不受理性控制的观点却并没有改变。弗洛伊德学说的弱点在于:一是带有浓厚的自传性质。弗洛伊德一再声称,精神分析首先一条就是分析自己,然后才去分析别人。即便是在风烛残年,他仍坚持每天进行自我分析,尤其是分析自己的梦。所以他依靠这种方法得出的结论往往就是不可重复的,他的描述像是一篇离奇的小说。二是弗洛伊德收集的资料主要来自临床案例,特别是他对精神病患者和心理变态者的研究。但他却坚持要把从中概括出来的结论推广到整个人类行为,所以不免有牵强附会和以偏概全的弊病。

☕ 【阅读材料】青少年的犯罪动机

有研究发现,在青少年犯罪过程中,无意识动机是其主要的犯罪动机。青少年犯罪的无意识动机包括多种成分,主要有本能动机(性本能与攻击本能动机)、罪恶情结动机、好奇心动机、逞强动机等。其实质也是行为人生理、心理与行为(环境习得)因素协同作用的产物。其中,本能动机、罪恶情结动机与好奇心动机,更多地与行为人的生理性本能相联系,是无意识中个体无意识内容在犯罪动机上的体现,体现的是个体的本能欲望与早期受压抑创伤的次级后果;逞强动机更多地与行为人的心理功能(认知功能对自我价值感追求)相联系,是无意识中集体无意识内容(人类传承的行为倾向与模式)在犯罪动机上的体现。青少年可能以虚假的或主观真实的亚文化群体规范(如把图腾、禁忌、对抗性行为方式作为自己的存在方式)排斥社会主流文化规范。

### 2. 驱力观

20世纪40年代美国行为主义学派的心理学家赫尔提出内驱力说,认为个体的活动皆起因于有机体内在需求的缺失而产生的内驱力,这种内驱力引起人的行为反应,如果行为结果导致驱力降低,那么以后同样的驱力就会引起同样的行为反应。使驱力得以降低的刺激物与行为之间的多次联结就形成习惯,习惯又会形成一种驱力来影响行为。由内驱力引导的行为可控性低。从桑代克、巴甫洛夫到华生,从赫尔到斯金纳,几乎所有的行为主义研究者都从研究动物心理起家,他们用实验室中对动物的研究所得到的结论,来解释人类的种种行为动机,忽视了人与动物行为的根本区别,结果"在公众以及我们自己学科内的许多人眼中,行为理论已同令人讨厌的形象联系在一起,包括流口水的狗,木偶,把人当做动物一样摆弄和操作"。

### 3. 人本观

自20世纪50年代以来,随着人本主义对西方心理学界的影响越来越大,心理学家们越来越多地认识到人类行为的独特性,他们不再从动物行为中类推,而是注重探讨对人类生活有重要意义的心理问题,重视研究在社会环境下人类的行为动机。人本主义心理学认为,普通人的动机来自于缺乏——他力图满足自己对安全、归属、爱、尊敬、自尊等的基本需要;健康人的动机"主要来自于他对发展、实现的潜力及能力的需要"。马斯洛的自我实现的动机理论引起心理学界的广泛重视。从表面上看自我实现的理论非常强调在动机发展中人的自主作用,但实际上他却从另一个角度强调了动机的不可调控性。马斯洛把追求自我实现作为人类行为最高动力,而在马斯洛的理论中自我实现是个人潜在能力的自我实现,这种潜在能力是一种生物性的,是一种类似本能的生物性的行为,因而把自我实现作为人类行为动机,它也不可能是完全受人类意识控制的。

### 4. 自我－动机研究

20世纪80年代以来,随着认知心理学逐渐在心理学界占据主流地位,几种强调认知尤其是自我认知对动机的作用的理论应运而生,这种理论充分反映了人类认知活动对行为存在影响的事实,因而更准确地反映了人类行为的动机过程。自我归因、自我效能、自我价值等动机理论的出现,表明动机理论的研究进入了一个新的领域——自我－动机研究。自我－动机研究强调自我在动机中的主动和支配作用,注重个体内部一系列的认识活动尤其是自我认识对动机的调节与定向作用,认为只有内部的认识因素才能持续稳定和有效地影响个体的成就动机。比如,个体对自己能力的认识直接影响到个人的自尊心,如果把失败归咎于能力低,或过多地注重行为结果和能力高低的关系,那么就会降低个人的行为动机。

自我－动机研究不再醉心于解释各种动机现象的大理论,而试图深入研究动机的内部机制,注重探讨在某种具体情况下某一具体行为动机,根据观察实验材料,建立各种小型的动机理论。据20世纪90年代初期的统计,自我－动机研究引出了30多种小理论,结束了一种理论一统天下的局面,使人们能从不同的层面深入认识动机问题。

## 四、成就动机

麦克利兰(McClelland)和阿特金森(Atkinson)认为,成就动机是指一个人把自己的活动保持在尽可能高的水平上和不断增加的努力之中,从而把活动的成绩推到最好的心理倾向。一般来说,具有高成就需要的个体是一些有开创性的人,是能够察觉到自己周围的挑战并能成功地应付挑战的人。

阿特金森提出接近成就目标的趋势是由三个因素决定的,这三个因素是:成就需要或渴望成功的动机($Ms$)、成功地完成任务的可能性($Ps$)和成功的诱因值($Is$),这些成分是一种相乘的关系,$Ts = Ms \times Ps \times Is$。在这个公式中,$Ms$代表成就动机,它是一种相对稳定的倾向或者说是一种追求成功的持久倾向,是在个体发展早期通过特殊的儿童教养活动形成的;Ps 代表成功的可能性,指的是一种认知期待,为操纵方便,这种期待变量通常根据一个任务的标准难度来确定;Is 代表成功的诱因值。阿特金森预测 Is 与 Ps 恰好相反,即 Is=1－Ps,这是因为成功的诱因值是"成功自豪感"产生的一种效应。

该理论认为,在一项困难的任务(Ps 低)中成功之后所体验到的自豪感要大于在一项容易任务(Ps 高)成功后体验到的自豪感。在任务难度为中等时(Ps＝0.50),动机作用达到最大值。同时,如果一个人的成功欲望越大(Ms 值越高),中等难度的任务对这个人越具吸引力;相反,一个人越不在乎成功(Ms 值越低),这个人越有可能选择很容易或很难的任务。

### 【阅读材料】范仲淹的成就动机

据说,宋朝的范仲淹从小就懂得立志。有一次,一个算命先生来到了他村里,众多家长和孩子团团围着算命先生,纷纷要求算命先生先给自己的孩子预测未来,面对周围的吵闹,算命先生一时不知道如何是好,不知道该先给哪个孩子看。

恰巧算命先生看到范仲淹从这路过,算命先生叫过范仲淹,索性问他:"我帮你看看未来,如何?"范仲淹说:"你帮我看看,我将来能不能当宰相。"这算命先生可能这一辈子也没有见过一个孩子居然开口就说要当宰相的,吓了一跳。算命先生跟他说:"你小小年纪,怎么口气这么大?"范仲淹有点不好意思,赶紧说:"不然这样好了,你再看看,我将来能不能当医生?"

算命先生有一点纳闷,两个志愿怎么差这么多,就问范仲淹:"你为什么选这两个志愿?"他回答:"不为良相,便为良医,因为只有良相和良医可以直接救民于水火"。算命先生听后很感动,这个孩子念念不忘的是救人,算命先生马上跟他说:"你有一颗心,叫宰相之心,日后一定能当宰相。"范仲淹的气度决定了他的格局,胸怀决定了他的成就、他对国家的忧患意识和实践,终成为一代名流。

一个人的出身不能决定他的将来,一个人的天赋不能决定他的最终成功,一个人的起点不能决定他一生的发展。一个人在他成长的过程中需要有一个支撑点,这个支撑点就是成就动机。高成就动机的人,朝着自己的目标奋进,并最终取得成功。

## 第四节 兴趣及职业兴趣

### 一、兴趣的内涵及发生机制

兴趣是打开未知世界的一把钥匙。在兴趣的推动下,我们愿意去主动探索和学习,并从中获得快乐。学习的最终目的是运用所学知识,而这一过程则是在职业过程中得到实现。在职业选择过程中,如果可以使职业兴趣与职业要求处于和谐一致,则能使人发挥最大的潜能,在自我实现的同时还能为企业乃至社会做出贡献。

#### (一)兴趣的内涵

兴趣(interest)是一种特定的心理状态,表现为对特定对象集中的、持久的、相对无需努力的注意,同时必定伴随着愉快和集中的感情。兴趣能够很好地解释个体乐此不疲的情况。兴趣的个体差异主要表现在三个方面:一是兴趣的指向性差异,有人对音乐感兴趣,有人对体育感兴趣,有人对哲学感兴趣;二是兴趣的广度差异,所谓广度指的是数量范围,有的人兴趣广泛,琴棋书画样样喜欢,有的人兴趣狭窄,除了自己的专业外,对其他内容一概不感兴趣;三是兴趣的稳定性差异,有的兴趣持续时间很短,有的兴趣一生不变。

#### (二)兴趣类别

兴趣基本上分为两方面:个人兴趣和情境兴趣。个人兴趣与个人的需要甚至价值观相联系,是由内向外的活动,通常是一种个性特征或一般倾向;而情境兴趣则与环境因素关系更密切,是由外而内的活动,往往由情境的某些方面(例如新奇或紧张)引起。目前在情境兴趣方面最有代表性的是内容兴趣(text-based interest)。

内容兴趣的产生取决于两个条件,一个条件是事件超出了预期,事物的有兴趣程度与它的不寻常和反常性直接成比例。经常发生的事是令人厌烦的,而异常事件能够激动人心。另一条件是与个人相关。简单地说,就是人们可能对自己所能识别的人感兴趣。例如,学生考试后对自己的成绩比对别人的成绩更有兴趣;而在阅读时,当人物与读者在性别、年龄、生活风格和价值诸方面相匹配时,更易激起读者的兴趣。

内容兴趣的成分包括情绪性兴趣和认知兴趣。当事件有直接的情绪性影响或故事引诱出读者心中代别人遭受体验时,就会激发出情绪性兴趣。因此,情绪性兴趣与个人相关或角色识别相似。而认知兴趣却与此不同。创造认知兴趣的一个途径是以异常或令人惊奇的方式展开事件。出乎意料或新奇必须是可选择的。如果一种情境是完全熟悉的、完全可以预测的,那么它就不会产生很大的兴趣;相反,一个事件如果太陌生或太出乎意料,那么它也不可能被认为是有兴趣的;在完全可以预测和无法预测之间的某一点,兴趣最强。

认知兴趣也由读者的背景知识决定。如果有关的背景知识很少或没有,兴趣倾向于很低,知道得多,兴趣增加;但当读者有关的背景知识很多,达到从段落中不能学到什么东西时,兴趣又减少。认知兴趣也受写作风格的影响。有兴趣的东西不在于说了什么,而往往在于怎么说。例如,作者可以通过违背语义规则,像诗人常做的那样,或通过选择不寻常的或生动的词来增加认知兴趣。

### (三)兴趣的发生机制

目前解释兴趣发生机制的理论假设主要有:需要假设、认知假设和信息假设。

兴趣发生的需要假设主张人的兴趣是在需要的基础上发展起来的,需要的对象也就是兴趣的对象,认为兴趣产生于个体在与环境相互作用时一定对象对个体需要的满足。皮亚杰指出,兴趣,实际上就是需要的延伸,它表现出对象与需要之间的关系,因为我们之所以对于一个对象发生兴趣,是由于它能满足我们的需要。

兴趣发生的认知假设主张兴趣产生于个体的智力活动或思维过程中,而与需要、情绪并没有直接的联系。认知假设认为要引起兴趣,智力活动必须是建构的。它认为建构的智力活动趋向图式形成,并产生好奇、疑问、确定性和一致性,进而产生兴趣;而非建构的智力活动导致图式的分解,并产生忧虑、压力、不确定性和不一致,让人生厌。引起兴趣的智力活动应该是一种动力性的自我调节过程,这种过程与偶然学习、内隐学习和领悟有关,这有利于个体理解(重新建构)对象的性质和含义,进而使个体产生对思维对象的兴趣。最后,引起兴趣的智力活动是创造性的,创造性的思考产生的新奇感和成就感对于个体兴趣的产生非常重要。

兴趣发生的信息假设同样强调智力活动中信息的获得在兴趣发生中的关键作用,同时它也不否认兴趣与需要、情绪的联系。这里所说的"信息"是指能够降低或消除心理不确定性(例如困惑、疑问等)的内容,而不同于认知心理学所说的"信息"。心理不确定性一经产生,个体就会努力消除它们。信息的获取由于能够降低或消除心理不确定性,因而必然与积极的情绪体验和一定需要的满足有关。朱智贤(1989)也持相似观点,主张兴趣是"力求认识、探究某种事物的心理倾向,由获得这方面的知识在情绪体验上得到满足而产生,它与需要相联系"。

兴趣的发生机制认为,引起注意是产生兴趣的开始和保证。一般地说,新鲜事物、特殊事物容易引起兴趣。而要保持新鲜兴趣,最好使新的和旧的刺激相互交替出现。除了安排好新、旧知识的交替关系外,还需要留有一定的信息填补余地。空白点要以个人的经验和想象力为基础的联想来填补,信息填补的间距不宜留得过大,合适的尺度以产生紧凑的、一般能加强情绪作用的表达力为宜。

## 二、职业兴趣理论

随着社会的发展,职业分工愈来愈细,专业训练和职业选择也就成为每个人所遇到的现实问题。职业兴趣也成了心理学家们特别关注的问题。

### (一)职业兴趣的发展理论

精神动力学家认为兴趣表达了个体的深层需要和人格发展,他们强调升华和认同作用影响兴趣的形成。例如,有强烈虐待冲动的人可能有兴趣选择外科医生、雕刻艺术等职业;性冲动受到挫折的人可能成为爱情诗人,或者选择模特儿、演员等与装饰及身体有关的职业。

Super 承认认同和角色扮演在兴趣发展中的重要性,但更强调自我概念的变化与兴趣发展的关系。Super 把通过职业成就而寻找自我认知的过程分为探索阶段和确定阶段。探索阶段又分为三个亚阶段:尝试亚阶段、过渡亚阶段和独立尝试亚阶段。尝试亚阶段的年龄在 14~18 岁,这时期青少年以职业偏好具体化为特征;过渡亚阶段为 19~21 岁,为职业偏好的特殊指向化;21~24 岁是职业偏好履行化时期,称为独立尝试亚阶段。确定阶段由投入亚阶段和提高亚阶段组成,投入亚阶段的年龄在 25~35 岁左右,为职业偏好稳定化时期;在提高亚阶段主要是职业偏好的巩固与提高,年龄为 30~40 岁。

Ginzberg 等将职业选择分为三个主要时期:想象期、尝试期和现实期。想象期年龄小于 11 岁,儿童此期的职业偏好是随意和不现实的。尝试期年龄在 11~18 岁范围,此期又分为兴趣、潜能、价值和转换四个阶段,在这一年龄阶段开始考虑职业所需要的能力,以及职业的内在和外在价值。现实期为 19~21 岁,分为探索和明朗化两个阶段,经过探索阶段失败和成功的经验后,兴趣指向某些明确的职业。

职业兴趣是个体根据生活中的经验渐渐发展而成的,在发展过程中同时受其人格和心理需求特征的影响。个体的职业兴趣在少年期变异较大,一般尚未定型。到了高中阶段其主要兴趣范围开始逐渐形成,20 岁以后职业兴趣基本定型和呈现较稳定的趋势。

## (二) Holland 的职业兴趣理论

在职业兴趣理论中,最具有代表性的是 Holland 的职业人格和工作环境理论。Holland 认为个体的人格类型与环境呈补偿性适应,在相互适应过程中发现自我,并且决定个体在环境中的行为。如果行为在环境中得到足够的强化或满足,个体将保留这种行为;反之则会去改变环境,或者改变自己。根据 Holland 兴趣理论的六边形模式,有六种职业人格类型和六种工作环境。它们分别是实际型、研究型、艺术型、社会型、企业型和事务型。这六个类型按照固定顺序(RIASEC)排列成六边形(如图 14-2 所示)。

(1)实际型:这类人喜欢技术性和体力性工作,喜欢与机械打交道以及各种修理工作。他们的兴趣范围在大自然和户外。他们"行动"多于"思考"。他们倾向于具体问题,不喜欢模糊的、抽象的问题,不善于交际。典型职业为工程师、木匠、电工等。

(2)研究型:有明显科学倾向,喜欢收集信息,发现新的事实或提出新理论,分析和解释资料,倾向于独立工作。具有分析概括能力、数理和科学能力。典型职业为生物学家、数学家、物理学家等。

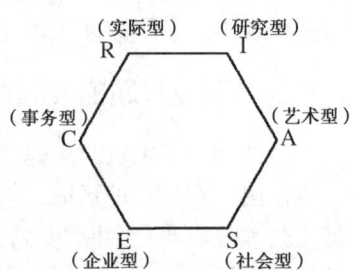

图 14-2 职业兴趣的六边形结构模式图(Holland,1985)

(3)艺术型:重视审美品质,自我表现欲强,参与性强,在活动中表现出艺术兴趣。具有藉文字、动作、音乐、色彩来表达美的能力,典型职业为音乐家、画家、作家等。

(4)社会型:喜欢与人打交道,喜欢讨论问题和社会交际,具有人际交往技巧,善解人意,友善合作。典型职业为教师、社会工作者等。

(5)企业型:追求领导地位和权力,乐于为组织目标或经济成功而工作,喜欢冒人际风险和经济风险以及竞争。典型职业为企业家、官员和经理人员等。

(6)事务型:喜欢具体、实际、精确的工作,与企业型同样在大公司或政府机关工作,但处于执行地位而不是策划地位。工作认真细心,条理性好。典型职业为会计、秘书等。

与职业人格类型相对应,工作环境也分为 RIASEC 六种类型。每一类型都要求与之相关的能力、态度、价值和其他人格特质。根据 Holland 理论,个体倾向于寻求环境与人格的相契合,能如此,就会感到幸福、满足和多产;环境与个体人格不相符合则结果相反。然而个体可能同时具备两种或多方面的兴趣特质,不过会有一种占优势,其他方面相对较弱。如果个体兴趣偏向某一类型,则对六边形相邻的类型的兴趣大于与之相对类型的兴趣。例如与实际型相邻的是研究型和事务型,两者与实际型比较相一致;艺术型和企业型则与社会型比较相一致。

# 第五节 价值观

## 一、价值观的内涵与心理结构

### (一)价值观的内涵

价值观(values)通常被视为相对稳定的个人选择,它受制于一定的社会历史条件。价值观是个性倾向系统的核心内容,是浸透于整个个性之中支配着人的行为、态度、观点、信念、理想的内心尺度。因此,价值观是一种重要的个性倾向系统,对它的了解对于更好地解释和预测个体的行为有重要意义。

价值观是一个极其复杂的观念系统,心理学家对其的认识也存在差异。下面列举出一些有代表性的定义:价值观是态度、动机、目的、可测的量、行为的本质方面、流行的习惯或传统(Kuckhohn,1951);价值观为从一个人的希望、欲求、需要、喜爱、选择以及他认为值得要的、较合人意的、有用的、必须做的,直至社会禁止的、认可的或强制的一切(Baier等,1969);价值观是我们行为的向导(Gabriel,1963);价值观与行为模式和存在的最终状态有关……特殊的行为模式或存在的最终状态是指个人和社会偏爱选择的行为模式或存在的最终状态(Rokeach,1968);价值观是决定个人如何度过他自己一生的那些因素(Raths等,1966);价值观为某种抽象结构,是过去经验的沉积或总结,也是个体从社会环境和物理环境信息输入的复制品(Feather,1980)。

从总的来看,价值观包含七个核心成分或因素。(1)信念。价值观具有比一般看法或意见更高的层次,它是充满情感和人所追求的,表现为有明确的人生信念。(2)终极状态或行为。需要是价值观的基础,人对客体结构和属性意义的认识和评价取决于自身的需要。因此,从这个意义上说,价值观是关于满足人自身需要的终极状态或行为。(3)稳定。价值观是高度概括化的观念结构,它是超越特殊情境的一般抽象物。(4)选择。价值的基本特征是两极性,表现为好与坏、善与恶、美与丑、公正与不公正等等。由于价值观的这一特点，人们往往对有价值的事物都有选择的取向性。(5)指导。价值观对行为有指向作用，它指导行为的选择并进行价值评估。(6)观念的一致。人的价值系统包含多种因素，如审美价值、道德价值、理论价值、经济价值、职业价值等。从总体上来看，这些因素并不是相互矛盾的杂乱结构，而是相互联系、相互影响的有机整体。(7)社会制约。社会存在决定社会意识，价值观绝不是纯个人的体验，它受当时的社会经济文化的影响。因此，不同时代、不同国家、不同社会制度等文化背景下的人们的价值观有所不同。

### 【阅读材料】不同文化背景对价值观的影响

大量的研究发现，不同文化背景对价值观的影响是显而易见的。例如，亚洲人比白种人能更有效地实现父母期望的内化(Stewart et al., 1999)，日本人比美国人更会把维护人际关系的价值置于较高的地位(Ohbuchi et al., 1999)，亚裔美国青少年比白人美国青少年更注重成就、关系感等价值观(Asakawa & Csikszentmihalyi, 2000)。霍夫斯特德(Hofstede, 1980)的大型跨文化研究发现，在以华人为主的社会中，中国台湾被试在集体主义价值观上的得分最高，新加坡次之，中国香港再次之，但这三个地区的分数远超日本、美国、英国和澳大利亚。有的研究还比较过中国人和美国人的主导价值观，认为中国人的价值观植根于儒教，而美国人的价值观植根于犹太一基督教；中国人在尊敬权威、谦逊、服从、善于克制、勤劳等方面的得分显著高于美国人，而在信奉宗教、诚实、乐于助人等方面的得分显著低于美国人。许燕、王砾瑟(2001)在比较北京与香港地区时也发现，京、港两地大学生的主导价值观不同，北京为社会型，香港为信仰型。

## (二)价值观的心理结构

斯瓦茨(Schwartz, 1992)认为价值观的心理结构包括十个方面：

(1)权力——社会地位与威望，控制或支配他人及手段(社会权力，财富，威信，维护在公众中的形象)。

(2)成就——符合社会标准或规范的个人成功(成功，能力，雄心)。

(3)享乐主义——感官享受(愉悦，享受生活)。

(4)刺激作用——兴奋，新奇，挑战生活(多彩多姿的生活)。

(5)自我取向——独立的思想与行为选择，创造和探索(创造性，自由，好奇，独立,选择自己的目标)。

(6)普济主义——理解,欣赏,容忍,对人类福祉及人性的保护(社会公正,言论自由,智慧,美好社会,环境保护,平等)。

(7)仁爱心——维护和巩固人类的福利(帮助,仁慈,诚实,忠诚)。

(8)传统——尊敬,承诺,接纳传统习俗与观念(承认自己是生活中的一分子,虔诚,尊重传统,谦虚,温和)。

(9)依从——对扰乱或危及他人或社会的行为、爱好和冲动的克制(服从,自律,礼貌,尊重同辈与长辈)。

(10)安全——安定,协调,自我,人际关系和社会的稳定(家庭安全,国家安全,社会秩序,整洁,相互支持,归属感)。

图14-3 斯瓦茨(1992)价值观系统的理论结构图

价值因素之间的相关整体结构,如图14-3所示。斯瓦茨提出的价值结构,它具有两个基本维度:(1)开放—保守,即该维度的一端包含自我取向和刺激作用等价值类型,另一端包含安定、依从和传统等价值类型;(2)自我强化—自我超越,即一端包含权力与成就等价值,另一端包含普济主义与仁爱心等价值。享乐主义涉及自我增强和开放维度。从中可看出,可将十种基本价值归纳为四种综合的价值类型,即开放、保守、自我强化和自我超越。

## 二、价值观的测评与澄清

### (一)价值观的测评

价值观的研究工具主要有心理测验和面谈法。目前使用较广泛的价值观测量量表或问卷有:

(1)阿尔波特等人(Allport等,1931,1951,1960)编制的"价值研究问卷"。该量表的设计以斯普兰格的理论为依据,将价值分为六个主要部分:理论的,经济的,审美的,社会的,政治的和宗教的。该量表有两个部分,第一部分有30个选择题,每题有两个答案,其计分为3与0或2与1;第二部分有15个选择题,每题有4个答案,计分为4、3、2、1,用以测量上述六种价值观的相对强度。

(2)莫里斯(Morris,1956)编制的"生活方式问卷"。该问卷包括 13 种生活方式,并对每一种生活方式分别用文字加以界定和描述。按莫里斯的观点,价值观可以分为三类:实选价值,即对不同生活方式所表现的选择行为的实际方向;想象价值,即局限于能够预见后果的选择行为;客体价值,即根据生活方式本身条件来决定什么是值得选取的。莫里斯的生活方式问卷测量的是实选价值。

(3)罗克奇(Rokeach,1973)编制的"价值调查表"。罗克奇将价值观分为工具性价值观与终极性价值观两类,据此构建了价值量表。每种价值体系各有 18 项,每项都有简短的说明,要求被试根据对自己的重要性分别对 18 项价值观排列顺序,以判断其价值观的特点。详细内容见表 14-1。

表 14-1　罗克奇提出的终极性价值观和工具性价值观

| 终极性价值观 | 工具性价值观 |
| --- | --- |
| 舒适的生活(富足的生活) | 雄心壮志的(努力工作,不断进取) |
| 兴奋的生活(有刺激的生活) | 宽广胸怀的(心胸开阔) |
| 成就感(不断做贡献) | 有能力的(能胜任,有效率) |
| 世界和平(消除战争和冲突) | 令人愉悦的(愉悦,高兴) |
| 美的世界(自然美和艺术美) | 清洁的(干净,整洁) |
| 平等(兄弟般的,机会均等) | 勇敢的(敢于坚持自己的信念) |
| 家庭安定(相亲相爱) | 宽恕的(愿意原谅他人) |
| 自由(独立,自由选择) | 助人的(为他人福利而工作) |
| 幸福(满足) | 诚实的(诚恳,真诚) |
| 内心和谐(避免冲突) | 富于想象的(勇于创新) |
| 成熟的爱(肉体与精神融合) | 独立的(自我信赖,自我满足) |
| 国家安全(不受侵犯) | 智力的(理解力强,善思考) |
| 快乐(愉快,悠闲的生活) | 逻辑的(一致性,有理性) |
| 拯救灵魂(超度,灵魂不灭) | 爱的(深情,温柔) |
| 自尊(自我尊重) | 服从的(顺从,尊敬) |
| 社会承认(尊敬,赞美) | 有礼貌的(谦恭,举止得体) |
| 真正的友谊(亲密的伙伴关系) | 负责的(可靠,可信赖) |
| 明智(对生活的透彻理解) | 自我控制的(自我约束) |

(4)塞普尔(Super,1970)编制的"职业价值观量表"。该量表具有三个维度:内在职业价值(与职业本身性质有关的因素);外在职业价值(与职业性质无关的外部因素);外在报酬。共计 15 个因素:智力刺激、利他主义、经济报酬、变动性、独立

性、声誉、美感、同事关系、安全性、生活方式、监督关系、工作环境、成就、管理、创造性。由 45 个项目构成,要求被试用 5 级评分法对 45 个项目进行评分。该量表有修订版(宁维卫,1991)。

测量或量表法是价值观研究的主要方法。它将定性研究与定量研究有机地结合了起来,从而极大地增强了研究的可靠性、可信性。然而用量表往往会筛减一些有益的信息,因此价值观的问卷调查最好能结合运用晤谈法或投射法,这样可以更加深入地了解人们的价值观。

### (二)价值观的澄清

拉思斯等人(Raths et al.,1966)提出的价值澄清理论认为,反思和澄清价值观有益于我们了解自己,悦纳自己,走出困惑。现在许多人很难"重新振作起来",决定似乎过于复杂,压力显得形形色色,变化看来令人极为不安,结果一些人在困惑、冷漠或矛盾中挣扎,是因为未能把握自己的价值观,无法独自发现有意义的和令人满意的生活方式。价值观澄清理论鼓励人们花更多的时间和精力思考与价值有关的问题,鼓励人们更加审视自己的价值观以及整个社会的价值问题,通过这样的努力,人们会表现出较少的困惑和矛盾。澄清价值观包括四个要素:

(1)以生活为中心。首先就是使人们把注意集中在自己生活的某些方面,而这些方面往往是人们所珍视或认为是最重要的。如我们该如何处理友谊、爱情、工作、家庭、金钱、法律与秩序、贫穷、忠诚等问题。

(2)对他人的认可。其次当想要澄清我们的价值观的时候,我们必须客观地接受他人的价值观,不管他们的价值观是多么的混乱或者消极,同时要试图对他人的价值观不做评价地表示理解和尊重。这意味着在澄清自己的价值观时也可帮助他人接受自我。

(3)鼓励进一步的思考。不能只停留在认可的水平,还要进一步全面地思考价值观的问题。这样可以使人们更加明智地做出选择,更加清楚他们所珍爱的事物,可以更好地把我们的选择应用到日常生活之中。

(4)培养个人能力。在澄清人们的价值观之后,人们不但能够认真地看待价值问题,而且能够在以后的几年内独自继续这样做,也就是养成澄清价值观的习惯。

虽然价值观澄清并不是指引生活的唯一因素,比如我们同样需要稳定安全的环境、满足个体基本的物质需要和情感需要,然而审慎、澄清我们的价值观却有益于发现生活的中心与意义的所在,对于了解自己是谁、是否接纳自己、肯定自己、走出困惑有着积极的意义。

### ☕【阅读材料】为什么青少年喜爱追求时尚商品？

2010年，美国行为科学家Sivanathan和Pettit进行了与澄清价值观有关的研究。在实验中发现人们在收到关于自我的负性评价后，会更愿意购买昂贵的商品，来修复自我价值损害带来的威胁。而当他们有机会澄清自我的价值观后，情况会发生变化。

在实验中，被试先进行一个电脑测验——估计电脑屏幕上圆点的数量。之后立刻对他们的测验成绩给予负性反馈，告诉他们自己的测验成绩位于整所大学的后10%。紧接着，一部分学生要从一个清单中选择对他们来说最重要、最有价值的事物，如和家人的关系、健康、幸福等，并描述这些事物的重要性和价值所在。这个过程中，被试可以反思自己的价值观，并有机会修复他们的自尊和自我价值感。而另一组被试要选择那些对他们最不重要的事物，并描述这些事物对其他人潜在的价值。反思这些不重要的事物不能给他们提供修复自尊的机会。最后，让这两组学生中各有一半人想象一只款式独特的手表，而且这样的手表只有少数地位很高的精英人士才能佩戴，而另一半人想象一只普通的大众手表。之后，让被试报告他们愿意花手表零售价的百分之多少来购买这款手表。研究结果显示，对于不能彰显身份地位的普通手表，被试只愿意出手表售价一半的价格；而对于高档手表，却出现了态度上的差异：那些之前澄清和肯定了自我价值观的被试，只愿花大约45%的价格购买手表，而那些没有机会自我肯定的被试，出价达到了零售价的75%。也就是说，澄清了自我价值观、自我肯定之后，人们花高价购买昂贵商品的愿望显著降低了。

这个研究结果还可以解释这样一类社会现象：为什么青少年和年轻人最喜爱追求时尚商品和名牌，他们的钱也相对好挣一些。这是因为，人在年轻的时候，尤其是青春期，价值观还没有成型，青少年的自我意识刚刚觉醒，他们的"自我"还很不稳定：时而夸大时而贬低，缺乏对自己清晰的了解和客观的把握。同时，他们的自尊心又很强，很渴望自己显得与众不同，受人欢迎，或美丽或帅气，充满力量。这时，购买名牌商品装扮自己，成了提升自尊、彰显自我的一条捷径。

## 本章知识结构如下

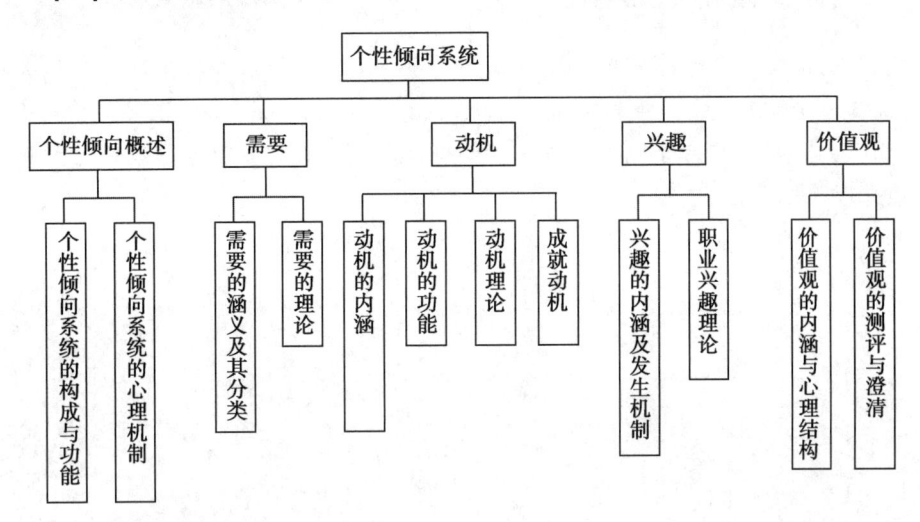

```
                        个性倾向系统
       ┌──────────┬──────────┬──────────┬──────────┐
   个性倾向        需要        动机        兴趣      价值观
    概述
   ┌──┴──┐      ┌──┴──┐   ┌──┬──┬──┐    ┌──┴──┐    ┌──┴──┐
  个性   个性    需要  需要 动机 动机 动机 成就  兴趣   职业   价值  价值
  倾向   倾向    的涵  的理 的内 的功 理论 动机  的内   兴趣   观的  观的
  系统   系统    义及  论   涵   能             涵及   理论   内涵  测评
  的构   的心    其分                           发生          与心  与澄
  成与   理机    类                             机制          理结  清
  功能   制                                                   构
```

## 一、基本练习题

1. 名词解释：

个性倾向系统,需要,驱力,缺失性需要,发展性需要,动机,兴趣,个人兴趣,价值观,成就动机,平衡,情境兴趣,价值观澄清。

2. 马斯洛的需要层次理论的基本内容是什么？

3. 动机与需要的关系是什么？

4. 有哪些主要的动机理论？

5. 自我—动机研究的主要方法与基本观点是什么？

6. 成就动机的内涵与功能是什么？

7. 估计成就动机的基本方法是什么？

8. 兴趣的心理发生机制是什么？

9. 职业兴趣的主要理论及测评手段是什么？

10. 价值观的核心成分有哪些？

11. 斯瓦茨提出的价值观结构模型是什么？

12. 主要价值观测评手段有哪些？

## 二、你身边的心理学

1. 请用本章的有关兴趣与职业兴趣的理论,想想自己的职业兴趣在什么地方,为自己的未来做一个规划。

2. 经常说"有志者事竟成",请用本章知识说说其中的心理学原理以及如何用这些原理来提升自己。

# 参考文献

波果斯洛夫斯基(1979).普通心理学(魏庆安译).北京:人民教育出版社
曹日昌主编(1979).普通心理学(上册).北京:人民教育出版社
岑国桢(2007).青少年主流价值观:心理学的探索.上海:上海教育出版社
陈会昌,张越波(2000).气质研究的新进展.心理科学,(2):214~219
柴王军等(2008).菲尔普斯的奥运传奇与启示.武汉体育学院学报,42(11):46~49
戴维·迈尔斯(2009).心理学精要.北京:人民邮电出版社
Coon D(2004).心理学导论——思想与行为的认识之路(第9版)(郑钢等译).北京:中国轻工业出版社
弗兰克·G.戈布尔(2001).第三思潮:马斯洛心理学(吕明,陈红雯译).上海:上海译文出版社
格里格,津巴多(2003).心理学与生活(王垒,王甦译).北京:人民邮电出版社
Gerrig R J, Zimbardo P G(2003).心理学与生活(王垒等译).北京:中国邮电出版社
郭有遹(2002),创造心理学(第3版).北京:教育科学出版社
高玉祥,程正方,郑日昌(1985).心理学.北京:北京师范大学出版社
高玉祥(1989).个性心理学.北京:北京师范大学出版社
桂世权(2006).心理学.成都:西南交通大学出版社
韩永昌,王顺兴,朱本(1985).心理学.济南:山东教育出版社
黄希庭等(2005).心理学十五讲.北京:北京大学出版社
黄希庭(2007).心理学导论(第2版).北京:人民教育出版社
黄希庭(1997).心理学.上海:上海教育出版社
林崇德(2002).教育与发展,北京:北京师范大学出版社
罗伯特·汤姆生(1985).思维心理学(许卓松译).福建科学技术出版社
路易斯·拉思斯(2003).价值与教学(谭松贤译).杭州:浙江教育出版社
刘建清(2009).论青少年犯罪行为的无意识动机.中国人民公安大学学报(社会科学版),5:122~124
李杰,王凤梅.包呼格吉乐图,李玉玲(2009).气质的神经生物学研究进展——

中华行为医学与脑科学杂志,18(2):190～194

刘晓陵,金瑜(2005).行为遗传学研究之新进展.心理学探新,25(2):17～21

罗跃嘉(2006).认知神经科学教材.北京:北京大学出版社

梁宁建(2006).心理学导论.上海:上海教育出版社

M. 艾森克(2000).心理学:一条整合的途径(上下)(阎巩固译).上海:华东师范大学出版社

Michel R(2004).人类行为遗传学的伦理问题(王德顺译).医学与哲学,25(10):15

孟昭兰(2009).情绪心理学.北京:北京大学出版社

彭聃龄主编(1988).普通心理学.北京:北京师范大学出版社

彭聃龄(2001).普通心理学(修订).北京:北京师范大学出版社

彭聃龄(2004).普通心理学.北京:北京师范大学出版社

彭聃龄(2006).普通心理学.北京:北京师范大学出版社

Roger R. Hock(2004).改变心理学的40项研究(白学军等译).北京:中国轻工业出版社

苏思惠,王晓燕,冯丽冰(1999).气质与脑电图的相关关系.广西医科大学学报,16:38～39

施良方(1994).学习论.北京:人民教育出版社

史蒂芬·霍金(1995).时间简史——从大爆炸到黑洞(许明贤译).长沙:湖南科学技术出版社

陶伯华,朱亚燕(1987).灵感学引论.沈阳:辽宁人民出版社

王曦(2001).意志品质与自我控制能力的实验研究.教育科学研究,5:62～65

文小辉,刘强,周柳,王琪,牟海蓉,张庆林,孙宏进(2010).字母识别任务中左、右视野的视听整合差异.心理科学,33(4):872～875

王登峰,崔红(2004).中国人人格量表(QZPS)的信度与效度.心理学报,36(3):347～358

汪安圣(1992).思维心理学.上海:华东师范大学出版社

王明明(2000).行为遗传学及其进展.辐射防护通讯,20(2):39～40

叶奕乾,祝蓓里(2006).心理学.上海:华东师范大学出版社

杨国枢,王登峰(1999).中国人的人格维度.北京:第三届华人心理学家大会论文

杨宇(2008).性格与文化研究的三种思路.中国社会心理学评论(第4辑).北京:社会科学文献出版社

俞国良著(1996).创造力心理学.杭州:浙江人民出版社
叶奕乾等编(1997).普通心理学.上海:华东师范大学出版社
叶素贞,曾振华(2007).情绪管理与心理健康.北京:北京大学出版社
杨雄里(1998).脑科学的现代进展.上海:上海科技教育出版社
燕国材(1998).新编普通心理学概论.上海:东方出版中心
喻国华等(1995).普通心理学.北京:中国科学技术出版社
张灵聪(2001).自我控制的一种平衡机制——平衡需求.漳州师范学院学报(哲学社会科学版),2:100～103
张伯源(1985).心血管病人的心身反应特点研究.心理学报,17(3):314～322
张春兴(1994).现代心理学.上海:上海人民出版社
张庆林,曹贵康(2004).创造性心理学.北京:高等教育出版社
张庆林等(2002).创造性研究手册.成都:四川教育出版社
周昌忠(1983).创造心理学.北京:中国青年出版社
周晓林(2003).心理学基础研究的发展趋势:认识神经科学.光明日报,2003-10-17
章志光主编(2002).心理学(第3版).北京:人民教育出版社
Alain D(2007). Shopping Centers in the Brain. Neuron,53:7～8
Amodio D M, Harmon-Jones E , Devine P G., et al(2004). Neural signals for the detection of unintentional race bias. Psychological Science,15:88～93
Amabile,T. M., Goldfarb, P. & Brackfield, S. C(1990). Socail influences on Creativity:Evaluation, Coaction and Surveillance. Creativity Research Journal,66(3):6～21
Angela Ka-yee Leung, William W. Maddux, Adam D. Galinsky, *Chi-yue Chiu*(2008). Multicultural experience enhances creativity: the when and how. American Psychologist,63(3):169～181
Amabile,T. M.(1982). Social psychology of creativity:A consensual assessment technique. Journal of Personality and Social Psychology,43(5):997～1013
Amabile,T. M. & Gryskiewicz, N. D.(1989). The Creative Environment Scales:The Work Environment Inventory. Creativity Research Journal,2:231～254
Bandura, A (1977). Social Learning Theory. New York:General Learning Press

Barry, H., Child, I. L., & Bacon, M. K (1959). Relation of child training to subsistence economy. American Anthropologist, 61:51~63

Bloom, B. S. (Ed.) (1985). Developing talent in young people. New York: Ballantine

Costa, P. T., Jr., & McCrae, R. R (1980). Influence of extraversion and neuroticism on subjective well-being: Happy and unhappy people. Journal of Personality and Social Psychology, 38:668~678

Costa, P. T., Jr., & McCrae, R. R (1992). NEO PI-R professional manual. Odessa, FL: Psychological Assessment Resources, Inc

Coon. D (1997). Introduction to Psychology: Exploration and Application. Publisher: Thomson Brooks/Cole

Csikszentmihalyi, M(1993). The Evolving Self: A Psychology for the Third Millennium. Harper Collins

Darold T(1996). The Real Rain Man by Fran Peek. Salt Lake City, Utah: Harkness Publishing Consultants

Eysenck, M. (2004). Psychology: an international perspective. New York: Psychology Press

Erikson, E. H. (1963). Childhood and Society. New York: W. W. Norton & Co

Eysenck, H. J. (1970). The Structure of Human Personality, London: Methuen

Eysenck, H. J. and Eysenck, M. W. (1985). Personality and Individual Differences. A Natural Science Approach. New York: Plenum

Floderus-Myred B, Petersen N, Rasmuson, I. (1980). Assessment of heritability for personality based on a short of the Eysenck Personality Inventory. Behavior Genetics. 10: 153~161

Friedman, M., Rosenman, R. H. (1974). Type A behavior pattern and your heart. New York: Knopf

Gardner, H(1993). Creating minds: An anatomy of creativity seen through the lives of Freud, Einstein, Picasso, Stracinsky, Eliot, Graham, and Gandhi. New York: Basic

Getzels, J. W. & Jackson, P. W(1962). Creativity and intelligence: Explorations with gifted students. New York: Wiley

Garber, H. L. (1988). The Milwaukee project: Preventing mental retardation in children at risk. Washington DC: American Association on Mental Retardation

Glover, J. A (1980). A creativity-training workshop: Short-term, long-term, and transfer effects. Journal of Genetic Psychology, 136:3～16

Guilford, J. P (1967). The nature of human intelligence. New York: McGraw-Hill

Hayes, J. R(1989). Cognitive processes in creativity. In J. A. Glover, R. R. Ronning, & C. R. Reynolds (Eds.), Handbook of creativity, 135～145. New York: Plenum

Harlow J M(1868). Recovery from the passage of an iron bar through the head. Publication of the Massachusetts Medical Society, 2: 327～347

Holden, C(1980). Identical twins reared apart. Science, 207:1323～1327

Kagan J(1997). Temperament and the reactions to unfamiliarity. Child development, 68:139～143

Knutson B, Rick S, Wimmer G E, et al( 2007). Neural predictors of purchases. Neuron, 53: 147～157

Kagan, J., Rosman, B. L., Day, D., Albert, J., and Phillips, W. (1964). Information processing in the child: Significance of analytic and reflective attitudes. Psychological Monographs, 78(1)(Whole No. 578)

Kurtz, B. E. Borkowski, J. G. (1987). Development of strategic skills in impulsive and reflective children: A longitudinal study of metacognition. Journal of Experimental Child Psychology. 43(1): 129～148

Lebedev M A, Nicolelis M A(2006). Brain-machine interfaces: past, present and future. Trends Neuroscience, 29: 536～546

Lykken D T(1982). Research with twins: The concept of emergencies. The Social for Psychophysiolgical Research. 19: 361～373

McClure S M, Li J, Tomlin D, et al( 2004). Neural correlates of behavioral preference for culturally familiar drinks. Neuron, 44: 379～387

Maddux, William W.; Leung, Angela Ka-yee; *Chiu, Chi-yue*; Galinsky, Adam D(2009). Toward a More Complete Understanding of the Link Between Multicultural Experience and Creativity. American Psychologist, 64(2): 156～158

Mednick, S. A(1962). The associative basis for the creative process. Psychological review, 69:220~232

Morgan, C. D., & Murray, H. A (1935). A method for investigating fantasies: The Thematic Apperception Test. Archives of Neurology and Psychiatry, 34:289~306

Plomin R, Crabbe J. DNA(2000). Psychological Bulletin, 126(6): 806~828

Peterson, C., Seligman, M. E., Vaillant, G. E. (1988). Pessimistic explanatory style is a risk factor for physical illness: a thirty-five-year longitudinal study. Journal of Personality and Social Psychology, 55:23~27

Richard E(2005). altruism gene the journal Molecular Psychiatry(on-line), 1:19

Robert P, Essi C (2001). Genetics and Psychology: Beyond Heritability. European Psychologist, 6(4): 22~240

Robert P, Frank M S(2004). Intelligence, Genetics, an Genomics. Journal of Personality and social Psychology, 86(1): 112~129

Rich, Grant J., Big C, Little c, Big M, Little m (2009). American Psychologist, 64(2):155~156

Ravi Mehta, & Rui(Juliet) Zhu(2009). Blue or red? exploring the effect of color on cognitive task performances. Science, 323: 1226~1229

Rorschach, H. (1964). Psychodiagnostics. New York: Grune & Stratton. (Original work published in German in 1921)

Sanjiv K T, Shaohua Xu, Emerson S. et al(2002). Behavioural neuroscience: rat navigation guided by remote control. Nature, 417: 37~38

Sternberg, R. J., et al(Eds.)(1999). Handbook of Creativity. Cambridge University Press

Sternberg, R. J., & Wager, R. K., Williams, W. M., & Horvath, J. A (1995). Testing common sense. American Psychologist, 50(11): 912~927

Surowiecki, J. (2008). The open secret of success. The New Yorker. Retrieved December 23, *from* http://www.newyorker.com/talk/financial/2008/05/12/080512ta-talk-surowiecki

Simona, G., Robert, C. C., Annalena, V. (2009). Individual differences in personality traits reflect structural variance in specific brain regions. Brain research bulletin, 79(5): 265~270

Spranger, E. (1928). Types of men: The psychology and ethics of personality. Halle: Max Niemeyer

Torrance, E. P (1968). A longitudinal examination of the fourth grade slump in creativity. Gifted Child Quarterly, 12:195~199

Torrance, H. C. , et al(1993). An etic-emic analysis of individualism and collectivism. Journal of Cross-Cultural psychology,24(3):366~383

Vlad Petre Glăveanu(2009). Paradigms in the study of creativity: Introducing the perspective of cultural psychology. New Ideas in Psychology,28(1): 1~15

Witkin, H. (1949). Perception of body position of the visual field. Psychological monographs, 6 (whole 7), 1~63

Witkin, H. A. , Moore, C. A. , Oltman, P. , Goodenough, D. R. , Friedman, F. , Owen, D. R. &. Raskin, E. (1977). Role of field dependent and field independent cognitive styles in academic evolution: A longitudinal study. Journal of Educational Psychology, 69:197~211

Zelniker, T. , &. Jeffrey,W. E. (1976). Reflective and impulsive children: Strategies of information processing underlying differences in problem solving. Monographs of the Society for Research in Child Development, 41:1~59